中央财经大学中央高校基本科研业务费专项资金资助
Supported by the Fundamental Research Fund for the Central University, CUFE

中国特色社会主义理论体系研究

基础教育『机会均等化』改革的效应评估：中国经验与治理协同

童健 薛景 著

The Effect of "Equal Opportunity" Reforms in Basic Education: China's Experience and Coordinated Governance

中国财经出版传媒集团
经济科学出版社
Economic Science Press
·北京·

图书在版编目（CIP）数据

基础教育"机会均等化"改革的效应评估：中国经验与治理协同／童健，薛景著．-- 北京：经济科学出版社，2025.7.--（中国特色社会主义理论体系研究）．
ISBN 978 - 7 - 5218 - 6415 - 1

Ⅰ．G639.21

中国国家版本馆 CIP 数据核字第 2024YR6007 号

责任编辑：王　娟　徐汇宽
责任校对：王肖楠
责任印制：张佳裕

基础教育"机会均等化"改革的效应评估：中国经验与治理协同
JICHU JIAOYU "JIHUI JUNDENGHUA" GAIGE DE XIAOYING PINGGU：
ZHONGGUO JINGYAN YU ZHILI XIETONG
童　健　薛　景　著
经济科学出版社出版、发行　新华书店经销
社址：北京市海淀区阜成路甲 28 号　邮编：100142
总编部电话：010 - 88191217　发行部电话：010 - 88191522
网址：www. esp. com. cn
电子邮箱：esp@ esp. com. cn
天猫网店：经济科学出版社旗舰店
网址：http：//jjkxcbs. tmall. com
北京季蜂印刷有限公司印装
710 × 1000　16 开　24.5 印张　380000 字
2025 年 7 月第 1 版　2025 年 7 月第 1 次印刷
ISBN 978 - 7 - 5218 - 6415 - 1　定价：108.00 元
（图书出现印装问题，本社负责调换。电话：010 - 88191545）
（版权所有　侵权必究　打击盗版　举报热线：010 - 88191661
QQ：2242791300　营销中心电话：010 - 88191537
电子邮箱：dbts@esp. com. cn）

前　　言

　　党的二十大报告中阐述了中国式现代化的本质特征，明确提出中国式现代化是人口规模巨大的现代化，是全体人民共同富裕的现代化，是物质文明和精神文明相协调的现代化，是人与自然和谐共生的现代化，是走和平发展道路的现代化。人口规模巨大是中国基本公共服务面对的现实国情，共同富裕是中国基本公共服务均等化改革的价值与政策引领，基本公共服务均等化是促进共同富裕的着力点和必然选择。作为基本公共服务的重要组成部分，基础教育在实现共同富裕和中国式现代化进程中具有基础性、战略性的支撑作用。中国式现代化的本质特征奠定了中国基础教育改革的发展方向，即坚持"为党育人、为国育才"的育人导向，培养德智体美劳全面发展的社会主义建设者和接班人。坚持教育公益性原则，优化教育资源供给与配置，促进教育公平与质量提升，是"十四五"期间建设高质量教育体系的重要内容。

　　20 世纪 80 年代以来，中国基础教育入学制度严格落实"免试就近入学"原则，旨在为每个适龄儿童提供平等入学的机会。免试就近入学原则在公共服务与房屋所有权之间构建了一条强绑定关系，叠加户籍制度的限制，优质学校对口的房屋所有权成为获取优质教育资源的"入场券"。由于优质教育资源具有稀缺性和区域分布不均衡性，在免试就近入学原则下，购买优质学校对口学区房成为家庭教育投资的基本形式。正如张牧扬和陈杰（Zhang and Chen，2018）所述，相较于普通家庭，富裕家庭更有能力增加教育投资以获得更高的教育回报率，天价学区房变成了高收入家庭垄断优质教育资源的"护城河"，低收入家庭获得优质教育资源的"阻断器"，长期下去将造成严重的社会阶层固化的趋势。基础教育阶段的招生与择校问题始终是中国基础教育公平改革的症结所在，"以房择校""学区房乱象""民办择校热""公办名校办民校"等乱象频出，这也反映出当前中国基础教育中优质教育资源供给不足和配置不均的本质，其根源在于教育市场化扩张中的"市场失灵"和教育改革政策中的"政府失灵"（李昌麒，2017）。

基础教育公共服务均等化是基本公共服务均等化的有机组成部分，党的十八大以来，有关部门出台的一系列教育均等化改革措施，可以划分为"质量均等化"措施和"机会均等化"措施两类："质量均等化"措施强调缩小公共服务供给水平的差异，而"机会均等化"措施则强调所有居民有相同的机会（概率）享受优质的公共服务。现有研究主要聚焦在"质量均等化"措施，针对教育资源供给不足和配置不均的现状，有关部门陆续出台了教育集团化办学、新建小学、对口直升、学校合并、教师轮岗和租购同权等一系列改革措施，这些措施在一定程度上促进基础教育公共服务均等化（邵磊等，2020；孙伟增和林嘉瑜，2020；叶菁菁等，2022）。但现有研究尚未解决基础教育的普惠性问题和优质教育资源配置不均问题，且对在优质教育资源配置过程中引入不确定性的"机会均等化"措施关注较少。事实上，在公立学校和民办学校招生过程中引入随机性的"公民同招，民办摇号"政策，在家庭公立学校选择过程中引入随机性的"多校划片"政策，在基础教育的考核过程中引入随机性的名额分配综合评价录取的"中考新政"政策，都是"机会均等化"措施的重要组成部分，是在优质教育资源稀缺背景下实现教育公平的关键举措。

现有的基础教育均等化措施大多属于强制性制度变迁，强制性制度变迁过程往往存在不可回避的隐含成本，即在解决某些社会问题的同时可能引发另一些社会问题（王一涛，2021），但现有研究却没有重视这一问题。基础教育领域的强制性制度变迁背后隐藏着教育市场化扩张中的"市场失灵"和教育改革政策中"政府失灵"间的博弈，教育公平改革的关联性风险溢出可能会造成新的不公平。例如，"公民同招，民办摇号"政策是为了杜绝民办学校掐尖招生乱象，破除教育过度产业化利益集聚，构建公立学校、民办学校有序竞争格局的"起点均等化"措施，但可能带来公立名校生源容纳风险、"以房择优"的不公平风险等关联性风险的溢出，已有研究却没有关注相关问题。同时，强制性制度变迁的"副效应"并不是否定这一政策的理由，而是提醒政策当局要更加注重改革的系统性、整体性和协同性，但现有研究却没有重视这一问题。从政策工具的协同视角来看，不同类型的教育均等化改革措施可能具有政策协同的增量效应。

本书聚焦于中国基础教育"机会均等化"改革实践，系统性评估"市民待遇均等化——租购同权""入学机会均等化——多校划片""起点均等化——公民同招""结果均等化——名额分配综合评价录取"等各类均等化措施的资本化效应和风险溢出效应，从强制性制度变迁制度的"副效应"入手，从理论上厘清各项基础教育"机会均等化"措施的"副效应"，并评估其他"机会均等化"措施和"质量均等化"措施的风险化解效应和政策协同效应。本书的主要内容如下。

第一，中国基础教育改革实践与发达国家基础教育均等化改革实践。本书系统梳理了新中国成立以来基础教育改革各项举措，将中国的基础教育改革分为三个阶段：1949~1985年重塑体系阶段、1986~2011年基础教育全面普及阶段和2012年至今基础教育均等化改革实践阶段。党的十八大以来我国教育发展的方向大致可以归为三个方面，分别是坚持教育的公益性和普惠性、促进教育机会的均等化和促进教育质量的均等化，本书系统性整理了各项基础教育均等化改革措施和各地的实践情况。同时，本书还梳理归纳了发达国家在基础教育均等化改革中的实践，例如美国的"每一个学生都成功"、英国的"无处不在的卓越教育"、芬兰的"高质量、均衡、多元化"以及日本照搬西方经验造成"稳定中的摇摆现象"的负面案例，结合中国实际批判性借鉴对中国有益的国际经验。

第二，基础教育"市民待遇均等化"改革的效应评估。本书利用2016年7月~2018年7月的二手房交易和房屋租赁的微观数据，以率先提出"租购同权"政策的广州市为研究对象，对"租购同权"政策在学区房市场的作用效果进行了实证分析。实证结果显示：（1）"租购同权"政策导致优质学区房价格显著下降了3.41%，而租金却显著上涨了1.15%；（2）不同等级教育资源对口学区房受"租购同权"政策的影响程度不同；（3）"租购同权"政策在各区的实施效果有所差异。这意味着"租购同权"政策的实施不可急于一时，所涉及人群及其相关利益都要从各方面进行考虑；而且，要想保证"租购同权"的完全落地，势必需要其他相关政策的辅助，这是一个缓慢且困难的过程。

第三，基础教育"入学机会均等化"改革的效应评估。本书构建了受家庭教育投资行为影响的学区房市场竞争模型，对比单校划片与多校划片两种教育资源配置模式对学区房价格的影响，并以2018年4月北京市海淀区多校划片改革为例，验证了多校划片政策的效果。理论研究表明，多校划片政策引发家庭对学区房价格进行均值定价，促进了基础教育公共服务均等化，但存在"削尖填谷"效应。实证结果显示，多校划片政策使北京市海淀区整体房价下降了4.5%，且普通家庭进入优质学校的机会显著上升了7%，因此多校划片政策不仅有利于降低优质教育资源的获取成本，也提升了家庭（尤其是普通家庭）的入学机会，促进了基础教育公共服务均等化，带来家庭福利的实质性改善。然而，片区间学区房溢价仍存在，且由片区平均教育质量和优质小学占比的高低决定，这表明教育资源配置改革不能替代优质教育资源供给，政府在推行多校划片政策改革同时要加快推进全域优质教育战略，全方位改变现有的教育选拔体制和教育格局。然而，多校划片对家庭学校选择行为存在结构性差异，受均值定价的资本化效应影响，低收入家庭可能被挤出原本可以选择的公立小学（优质片区教育质量提高对口学区房价格上升了1.3%）；受学校分配结果的随机性影响，高收入家庭出于优质教育资源获取的确定性需要转向选择私立小学就读，这一点表现为优质私立小学附近租金显著上升了6.42%。此外，中国式家庭的教育关切还体现在通勤成本的厌恶上，家庭会选择在学校附近租房来消除多校划片带来的通勤成本提升的影响，这表现为多校划片带来公立小学周边租金显著上涨0.58%。因此，学校分配规则改变是发展中国家解决过度"买房择校"学区房乱象的主要举措，但需要关注家庭教育选择偏好的差异、多元化教育供给机制的协调和多样化教育改革政策的协同。

第四，基础教育"起点均等化"改革的效应评估。本书以2020年3月上海市推行的"公民同招，民办摇号"政策为例，构建学校选择的竞争性均衡模型梳理政策影响机制，并采用双重差分法评估政策效应。研究结果表明：

（1）政策实施后上海市主城区房价上涨了 3.75%，带来了"以房择优"的教育不公平风险溢出，这一资本化效应还呈现出"强者恒强"的态势，会带来中产阶级家庭的非理性择校风险溢出；（2）出于规避不确定性风险的需要，一些家庭会通过选择九年一贯制优质学校来"前置锁定"教育资源，这带来了一贯制优质学校对口房屋价格上涨 5.18%；（3）"多校划片"政策会削弱"公民同招，民办摇号"政策带来的教育资本化溢价。这表明单一的"起点均等化"改革难以促进教育公平，需要同"质量均等化"措施和"机会均等化"措施相配合，从根本上促进基础教育优质均衡发展。

第五，基础教育"结果均等化"改革的效应评估。本书以 2018 年 3 月颁布的"名额分配综合评价录取"政策为例，构建学校选择的竞争性均衡模型梳理政策的影响机制，并采用广义双重差分模型评估政策效应。研究结果表明：（1）政策实施后，优质初中进入市实验性示范性高中的竞争加剧，市实验性示范性高中区内竞争录取率每提高 1 个标准差，上海市学区房价格下降 1.31%，缓解了学区房价格的非理性上涨；（2）政策实施后，家庭对不同初中学校对口学区房重新定价，会综合学校教育质量、名额数量竞争优势和最低分数竞争优势进行再评估，均好的教育投资偏好带来学区房价格的"削峰填谷"效应；（3）家庭的财富结构决定其教育选择的弹性空间，中低收入家庭对政策的响应力度更大，政策实施后低总价、小面积的学区房价格下降更为明显。

基础教育优质均衡发展是中国在基本均衡基础上的迭代升级，要求促进公平与提高质量的并重，基础教育"质量均等化"改革与"机会均等化"改革协同推进正成为中国式教育现代化的推进方向。基础教育均等化改革旨在推进基础教育层面的平等性公平，不仅包括受教育权利平等、教育机会平等和教育过程平等，也包括教育结果平等。中国式教育现代化就是要彰显社会主义共同富裕的本质性特征，不断缩小不同群体的教育差距，提高社会流动性，让广大人民能公平地享受优质教育权利，走出中国式教育现代化的共富之路。

本书由中央财经大学财政税务学院童健副教授和东北财经大学经济学院薛景副教授共同编著。中央财经大学财政税务学院副教授邵磊，中国矿业大

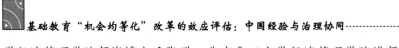

学经济管理学院师资博士后张聪，北京化工大学经济管理学院讲师岳童，东北财经大学经济学院硕士生刘真真、王辉、马爽，中央广播电视总台张慧娟博士等多位老师和同学参与数据收集、整理与分析，章节写作、书稿修改与校对等具体工作，在此表示诚挚谢意！

基础教育公共服务均等化改革，是个庞大的系统工程，尤其是很多改革正处于试点和攻坚战阶段，全面系统深入研究的难度很大。本书进行了一些初步的理论框架梳理和定量分析，以期为研究者和政策制定者提供一定的参考。由于我们的研究水平有限，书中难免存在不足或不妥之处，恳请读者批评指正，以便我们不断改进提高。

目　　录

第 1 章

引　言

　　《论语》中有这样一句话："子曰：自行束脩以上，吾未尝无诲焉。"束脩在古代表示薄礼，也就是说，孔子乐于施教，想拜其为师的人只要略表心意，孔子都愿意提供求学者以学习的机会。在以权贵为核心的春秋时期，颜回、子路等寒门子弟正是受益于此，最终学有所成、才华得以施展。孔子这种"有教而无类"的教育理念流传了两千多年，也成为当前中国基础教育的核心理念。那么，为什么有教无类、教育公平如此重要呢？从个人成长的角度来看，接受教育是个人学习知识、认知世界、得以融入社会生活的重要途径，促进教育公平、保障个人拥有平等获得教育的机会有助于促进人的全面发展。从国家发展的角度来看，一个国家的繁荣富强与发展进步，离不开一代又一代人才的支撑。从社会治理的角度来看，如果教育不公的现象持续恶化，学校根据家庭财富、权势等外在条件分配教育资源，那么，高收入家庭的子女将更容易获得优质教育资源，而中低收入家庭的子女则被拒之门外，长此以往，便会加剧社会贫富差距、激化社会矛盾。因此，促进教育公平，不仅是实现个人价值的重要途径，也是推动国家发展、社会和谐进步的重要方式。

1.1　中国式教育现代化是中国式现代化的基石

1.1.1　中国式现代化的基本内涵与主要特征

2022 年 10 月，习近平总书记在党的二十大报告中系统阐述了"中国式现代化"的概念，即中国式现代化是人口规模巨大的现代化，是全体人民共同富裕的现代化，是物质文明和精神文明相协调的现代化，是人与自然和谐共生的现代化，是走和平发展道路的现代化。其本质要求是"坚持中国共产党领导，坚持中国特色社会主义，实现高质量发展，发展全过程人民民主，丰富人民精神世界，实现全体人民共同富裕，促进人与自然和谐共生，推动构建人类命运共同体，创造人类文明新形态"。

有媒体质疑，在西方已经出现系统的现代化理论之后，中国为什么还要提出"中国式现代化"。对此，我们应该有清楚的认识。

1.1.1.1　中国式现代化是契合中国国情的现代化新路

习近平总书记在《新发展阶段贯彻新发展理念必然要求构建新发展格局》中强调："世界上既不存在定于一尊的现代化模式，也不存在放之四海而皆准的现代化标准"。中国式现代化，是中国共产党领导的社会主义现代化，既有各国现代化的共同特征，更有基于自己国情的中国特色。党的十八大以来，以习近平同志为核心的党中央立足中华民族伟大复兴战略全局和世界百年未有之大变局，统筹推进"五位一体"总体布局、协调推进"四个全面"战略布局，推进党和国家事业取得历史性成就、发生历史性变革，中华民族迎来了从站起来、富起来到强起来的伟大飞跃。实践证明，中国式现代化既不是其他国家社会主义实践的再版，也不是西方国家现代化发展的翻版，而是顺应世界历史发展潮流，具有中国特色、符合中国实际的现代化，是实现中华民族伟大复兴的光明大道。

中国式现代化也为其他国家实现现代化提供了新的选择。当今世界，很多国家都在努力建设现代化。我国打赢了人类历史上规模最大的脱贫攻坚战、实现经济发展质的飞跃，为世界各国谋求经济发展以及全球减贫事业作出了重大贡献，并且带头共建"一带一路"国际公共产品和国际合作平台，促进共建国家和民众共享我国现代化建设成果。这些证明了中国式现代化创造了人类文明新形态，拓展了发展国家走向现代化的途径，为解决人类面临的共同问题提供了中国智慧、中国方案和中国力量，给世界上那些既希望加快发展又希望保持自身独立性的国家和民族提供了全新选择，也为已经进入现代化行列的国家提供了有益经验。

1.1.1.2 中国式现代化符合中国追求共同富裕的治国理念

治国之道，富民为始。几千年来，中华民族始终保有对国泰民安、国富民强的美好期盼与理想追求。从先秦时期《礼记》中描述的"大同社会"，到春秋早期管子的"以天下之财，利天下之人"，再到春秋晚期孔子的"闻有国有家者，不患寡而患不均"，无不体现了追求共同富裕的思想。中国共产党自诞生之日起，便将实现共产主义确立为最高理想和最终目标，把为中国人民谋幸福、为中华民族谋复兴作为初心和使命。

2022 年 8 月，习近平总书记在辽宁考察时强调："中国式现代化是全体人民共同富裕的现代化，不能只是少数人富裕，而是要全体人民共同富裕。"①这句话凸显了中国式现代化与西方资本主义现代化的主要区别。西方资本主义国家通过殖民地掠夺奠定了其物质优势，又靠对劳动者的剥削压榨完成了原始积累，并用强权实行不平等贸易，强化其在世界体系中的支配地位。正如英国评论家卡洛斯·马丁内斯所指，"西方的现代化是帝国主义的现代化"，这并不符合我国以全体人民为中心的治国理念。

中国共产党将共同富裕贯穿于中国式现代化形成和发展的全过程，始终把实现好、维护好、发展好最广大人民的根本利益作为党和国家一切工作的出发点和落脚点，体现了中国式现代化的独特路径。尤其是党的十八大以来，以习近平同志为核心的党中央把握发展阶段新变化，不断加强经济、社会与环境多方面发展，着力解决发展不平衡不充分问题，尤其是不断推进解决教育、医疗和住房等人民群众急难愁盼问题，切实改善全体人民的物质生活与精神生活，为构建共同富裕的新格局奠定了基础。

总而言之，无论是出于中国实际国情的考虑，还是社会主义的本质要求，都决定了中国必须开辟出一条区别于西方国家的中国式现代化道路，而不能照搬照抄西方国家的现代化道路。这既是对中国特色社会主义道路的精准把握，也为其他国家现代化发展提供了理论指导与经验借鉴。

---

① 《习近平在辽宁考察时强调：在新时代东北振兴上展现更大担当和作为 奋力开创辽宁振兴发展新局面》，载《人民日报》2022 年 8 月 19 日。

1.1.2　中国式教育现代化的基本内涵与地位

在未来数年乃至更长的一段时间，中国将继续推进中国式现代化建设、助力实现中华民族伟大复兴，教育高质量发展是重要内容之一。2019 年，中共中央、国务院印发了《中国教育现代化 2035》，这是新时代优先发展教育事业、建设教育强国的纲领性文件。党的二十大报告提出，到 2035 年要建成教育强国、科技强国、人才强国、文化强国、体育强国、健康中国，国家文化软实力显著增强。"教育强国"被摆在了重要位置，充分反映了教育是国之大计、党之大计。换言之，教育将定位在以中国式现代化全面推进中华民族伟大复兴的重要位置。

1.1.2.1　中国式教育现代化的基本内涵

现代化是一个动态的概念，是既定社会发展到一定阶段的产物，是社会发展诸领域的整体性变迁现象或形式。而教育现代化也应被赋予一定历史时期的国家或区域特色。胡中锋和王友涵（2023）认为，中国式教育现代化是以中国特色社会主义理论为指导，以中华优秀传统文化为基础，以当今世界的先进技术为手段，以中国特色教育制度为保障，以促使中国教育达到世界先进水平为目的的发展过程。靳玉乐和王潇晨（2023）认为，中国式教育现代化是以共同富裕为目标追求的现代化，其作用机制表现为：共同富裕是全体人民共同富裕，既要做大蛋糕，又要分好蛋糕，使全体人民共享现代化建设成果。刘训华和代冉（2023）则从高质量教育体系的视角指出，中国式教育现代化是在中国共产党的领导下，以构建高质量教育体系为核心，体现我国人口规模特点与共同富裕特征，指向与建设教育强国相匹配的具有高品质教育供给且高度公平的教育发展体系的综合。

教育公平是中国式教育现代化的价值追求，是我国教育长期坚持的基本原则。2017 年《政府工作报告》提出："办好公平优质教育""我们要发展人民满意的教育，以教育现代化支撑国家现代化，使更多孩子成就梦想、更多家庭实现希望"。教育公平得以突出强调，表明在国家发展战略中，不仅始终坚持优先发展教育战略毫不动摇，更要注重教育公平，让人人公平地享有受教育的机会，与此同时，牢牢把握住提高教育质量这个办好人民群众满意教育的生命线不动摇。"办好公平优质"的教育并非只办好少数重点学校，而是要办好每一所学校，让所有适龄儿童享受基于公共教育均等化的教育。党的二十大报告提出："坚持以人民为中心发展教育，加快建设高质量教育体系，发展素质教育，促进教育公平""加快义务教育优质均衡发展和城乡一体化，优化区域教育资源配置"，为推进高质量基础教育体系建设指明方向。

1.1.2.2 中国式教育现代化的地位与作用

作为中国式现代化的重要组成部分，中国式教育现代化是建设中国特色社会主义现代化国家的基础性、战略性支撑（郭元祥等，2023）。当今世界面临百年未有之大变局，新一轮科技革命与产业变革，对全球经济结构与国际经济关系产生了重要影响。在这种形势形式下，人才的教育培养具有决定性意义。顾明远（2022）、牛楠森和李红恩（2022）以及吴安春等（2022）等学者结合习近平总书记关于基础教育的重要论述，系统性阐述了教育对于我国实现现代化的意义和重要性。

中国式教育现代化是优化社会财富分配、促进共同富裕的良方。相较于高收入群体，低收入家庭的子女在参与教育活动、获得社会资本和发展机会等方面均处于相对弱势的位置。教育能够提升人力资本质量与个人的财富创造能力，向不同社会群体提供公平获得优质教育资源的机会，让更多人通过接受教育改变自己的命运，是提升人民收入水平、避免贫困人口因扶贫中断再次陷入贫困、阻断贫困文化代际传递、从根本上消除绝对贫困的关键（王学男和吴霓，2022）。

1.1.3 基本公共服务均等化是共同富裕的着力点

习近平总书记在《扎实推动共同富裕》一文中讲到："共同富裕是社会主义的本质要求，是中国式现代化的重要特征。"新中国成立以来，中国共产党带领全体人民群众着力解决社会主要矛盾，使得社会生产力不断发展，人民生活水平不断提高。经过长期努力，我国稳定解决了十几亿人口的温饱问题，于 2000 年总体上实现了小康。2017 年，习近平总书记在党的十九大报告中指出，中国特色社会主义进入新时代，我国社会主要矛盾已经转化为人民日益增长的美好生活需要和不平衡不充分的发展之间的矛盾。但我们必须清楚地认识到，我国发展不平衡不充分的问题十分突出，城乡间、区域间差距较大，突出表现在基本公共服务质量均等化程度有待提升（句华，2022）。

基本公共服务事关国计民生，推进基本公共服务均等化是中国共产党推进共同富裕的着力点。2012 年，《国家基本公共服务体系"十二五"规划》首次界定了基本公共服务的内涵，"基本公共服务是旨在保障全体公民生存和发展基本需求的公共服务"。2017 年，《"十三五"推进基本公共服务均等化规划》再次明确了基本公共服务是旨在保障全体公民生存和发展基本需要、与经济社会发展水平相适应的公共服务。2021 年 3 月 30 日，国家发展改革委联合 20 个部门印发了《国家基本公共服务标准（2021 年版）》，指出基本公共服务涵盖幼有所育、学有所教、劳有所得、病有所医、老有所养、住有所居、弱有所扶、优军服务保障和文化体育保障 9 个方面。基本公共服务均等化则是指全体公民都能公平地获得大致均等的基本公共服务，其核心是促进机会均等、维护社会公平，而非简单的平均化。从推动基本公共服务均等化到实现共同富裕，承载了广大人民群众对美好生活的向往，也体现了中国共产党践行初心使命的决心。

基础教育作为基本公共服务的重要内容，具有公共性、普惠性、基础性和发展性，是实现人的全面发展与终身发展的基本前提，是全体人民群众最为关注的基本公共服务之一。对整个社会而言，实现基本公共服务均等化是以教育公平促进社会公平的重要途径，也是适应国家现代化发展的时代要求。2023 年 6 月，中共中央、国务院印发《关于构建优质均衡的基本公共教育服务体系的意见》，强调坚持以人民为中心，聚焦人民群众所急所需所盼，切实构建优质均衡的基础教育体系，加快推进国家基本公共服务均等化，加快教育强国建设，实现总体水平步入世界前列。

1.2　教育公平的内涵与渐进式发展路径

1.2.1　教育公平的内涵

2015 年，联合国发展峰会通过的《变革我们的世界：2030 年可持续发展议程》将"确保包容和公平的优质教育，让全民终身享有学习机会"确定为全球教育事业发展方向。中国政府也高度重视落实 2030 年可持续发展议程。习近平总书记在党的十九大报告中指出："努力让每个孩子都能享有公平而有质量的教育。""公平而有质量"这六个字清晰指明了中国未来教育发展的着力点。

教育公平通常是指所有社会成员拥有同等的接受教育的权利与机会，享有同等的教育资源、教育质量，并向社会弱势群体给予一定的政策倾斜。从教育活动的过程来看，教育公平分为三个维度。

一是起点公平。起点公平是最基础的公平，指的是确保人人都享有平等的受教育机会，又被称为"机会公平"。起点公平要求政府提供充分的教育资源，让家长和学生有选择学校的自由。教育起点公平是过程公平和结果公平的前提条件，直接决定了适龄入学儿童在进入教育体系后个人能力的发展和潜能的发挥。对于起点公平，习近平总书记在 2013 年 9 月的联合国"教育第一"全球倡议行动一周年活动视频讲话中庄严宣告："努力让 13 亿人民享有更好更公平的教育"，促使中国教育事业持续攀升新台阶，为构筑百年强国梦提供坚实的智力支撑。

二是过程公平。过程公平强调对待学生要做到"有教无类"，在整个教育过程和安排中平等对待每一名适龄入学儿童。当整体上的起点公平实现之后，教育过程公平中的"对待公平"就成为教育公平主题的重点。实现教育过程公平的前提是对学生平等权利的充分尊重，实质是教育资源和学习机会的平等享有。实现过程公平涉及教育资源的配置，但当前我国优质教育资源仍十分稀缺，过程公平的重点也就落脚到优质教育资源由谁享有的问题。换句话说，优质教育资源是只能为一小部分群体所占有，还是能够为社会绝大多数人乃至全民所享有（杨春梅，2022）。随着社会主要矛盾的转变以及九年义务教育的全面普及，我国教育事业的主要目标已经由"有学上"转变为"上好学"，也就是"努力让每个孩子都能享有公平而有质量的教育"。

三是结果公平。结果公平是指学生受教育结果的评价公平以及相关升学考试等机会公平。具体而言，结果公平是指对所有的学生一视同仁，针对不同学生自身的特点因材施教，最终使每个学生在接受教育之后获得与预期智力水平相符的学识、能力等，并且个性与潜能得到充分挖掘，从而帮助在更高的学业或工作、生活等其他方面实现更好的发展。换言之，结果公平并不意味着给天赋高或者家庭经济条件较好的学生配置有限的优质教育资源，而其他学生只能接受较差的教育资源，相反，结果公平是要尽量实现优质教育资源的均衡化，平等地对待所有学生。

教育公平是一个相对的概念，并不等于绝对的平均。罗默和特兰诺伊（Roemer and Trannoy，2016）认为，公平的要义在于为人们提供平等的机会，而并非结果的绝对公平。江求川和任洁（2020）认为，在公平竞争中人们的天赋、努力程度等也会导致结果差异，这样的不平等也是合理的。但当控制了个体因素差异后，家庭社会地位、城乡等外在因素下产生的教育机会不均等，也有可能会导致教育结果不同。这样的不平等则是不合理的（雷欣等，2018）。因此，真正的教育公平要在承认个体差异的同时，允许一定的不公平因素存在，面对现实国情推进教育公平。

1.2.2　教育公平的渐进式发展路径

教育公平属于社会公平的范畴，公平的程度和表现形式取决于特定的历史阶段、生产力发展水平与社会性质。随着时代的发展，教育公平的问题也在发生变化。

1.2.2.1　实现教育公平的第一步：保证尽可能多的人接受基础教育

新中国成立之初，经济基础薄弱，百业待兴，我国开始进行有计划的大规模经济建设，急需各行各业的建设人才。但文盲人口占比高达80%，小学和初中入学率分别仅有20%和6%，严重制约了经济高质量发展（佘宇和单大圣，2018）。在当时情形下，教育改革的首要任务就是推广普及基础教育。在1949年12月召开的第一次全国教育工作会议上，毛泽东同志就提出了"教育必须为国家建设服务，学校必须为工农开门"，1954年颁布的《中华人民共和国宪法》规定"中华人民共和国公民有受教育的权利。国家设立并逐步扩大各种学校和其他文化教育机关，以保证公民享受这种权利"。这明确了教育为人民大众服务是社会主义教育的本质特征。其中，基础教育是面向全体学生的国民素质教育，其宗旨是为提升全民族素质、培养儿童青少年终身学习和参与社会生活的能力打下坚实基础，在整个国民教育体系中，基础教育处于基础性、先导性地位。

从20世纪50年代初到60年代初，全国开展了一场轰轰烈烈的扫盲运动。但直到80年代初，我国小学教育仍未普及，除了教育理念的影响，家庭经济收入有限是导致小学教育普及率低的一个重要原因。1980年，中共中央、国务院发布《关于普及小学教育若干问题的决定》，要求在80年代全国基本实现普及小学教育，有条件的地方进而普及初中教育。1986年，九年义务教育被写入新颁布的《中华人民共和国义务教育法》，使得普及义务教育有了专门的法律保障。2006年，我国修订并通过了《义务教育法》，与1986年的《义务教育法》相比，新法高度概括了我国义务教育的基本内涵与特点，即"义务教育是国家统一实施的所有适龄儿童、少年必须接受的教育，是国家必须予以保障的公益性事业"。实施义务教育，不收学费、杂费，同时建立义务教育经济保障机制，保证义务教育制度实施。

21世纪特别是党的十八大以来，我国教育公平迈出了重大步伐，实现了九年义务教育的全面普及，解决了"有学上"的机会公平问题，逐渐实现了从教育弱国向教育强国的转变。据《中国儿童发展纲要（2011～2020年）》终期检测报告披露，2020年，全国学前毛入学率为85.2%，已经超过发达国家80%的平均水平（杨成荣等，2021），全国九年义务教育巩固率为95.2%。国家普及九年义务教育，保障每一个孩子都享有受教育的权利，这是保证基础教育起点公平的一大举措。

1.2.2.2　实现教育公平的第二步：完善优质教育资源分配方式

随着社会经济的发展，教育资源极大丰富，人们开始追求有质量的公平。在这一阶段教育公平的问题就由"人人有学上"转变为"人人上好学"（林攀登，2023）。社会大众特别是学生家长对教育问题的重视程度持续上升，人们更希望公平地享有接受优质教育的机会，但优质教育资源在一定时期内相对稀缺。为了获得优质小学的"入门券"，家庭一方面竞相购买优质小学招生范围内的住房，另一方面鼓励孩子通过参加各种辅导班提升成绩，客观上导致学生和家庭的教育负担不断加重，也在一定程度上加剧了社会不公现象。随着对优质教育资源的竞争愈演愈烈，高收入家庭的子女往往是择校竞争中的优胜者，而大部分低收入家庭甚至农村家庭由于缺少外部资源支持，往往难以在基础教育阶段为子女争取更好的教育机会，导致其在小升初、中考等升学考试选拔中处于劣势地位。家庭的经济社会地位在很大程度上决定了孩子在人生赛跑中的起始位置，如果对教育公平问题不加以重视，就有可能影响大多数低收入家庭的人力资本积累，加剧社会上教育、收入以及社会地位等一系列分化的恶性循环（丁维莉和陆铭，2005），长此以往可能会加剧社会贫富差距。尽管义务教育制度保障了基础教育起点阶段适龄儿童接受教育的权利，但优质教育资源的稀缺以及空间分布失衡加剧了教育机会不均等（张楠等，2020）。因此，如何配置稀缺的优质教育资源、保障所有孩子享有同样的机会获得优质教育资源，即基础教育"机会均等化"，是教育公平推进进程中非常重要的一步。

1.2.2.3　实现教育公平的第三步：实现全面优质均衡

教育公平是在教育改革的过程中不断提升的，只有不断提升所有人的受教育水平，才能摆脱教育低水平普及的陷阱，真正地实现教育公平。在九年义务教育全面推进的过程中，基本的教育机会得到初步普及，在此之后，我国教育改革发展面临的最突出问题就是教育质量问题。21世纪初，党中央、国务院把农村教育作为教育工作的重中之重，明确提出新增教育经费主要用于农村的要求，组织实施国家西部地区"两基"攻坚计划（基本普及九年义务教育和基本扫除青壮年文盲)、"农村中小学现代远程教育工程"和实行自主贫困家庭学生就学的"两免一补"政策,有力促进了我国区域之间、城乡之间义务教育的均衡发展。由于我国各地经济社会发展水平仍不平衡、城乡二元结构矛盾突出,尽管政策明确要促进基础教育均等化,但城乡、区域之间教育质量的差距依然存在,有些地方还有差距扩大的趋势。

在这样的背景下,2005年,教育部发布的《关于进一步推进义务教育均衡发展的若干意见》提出"把义务教育工作重心进一步落实到办好每一所学校和关注每一个孩子健康成长上来,有效遏制城乡之间、地区之间和学校之间教育差距扩大的势头,积极改善农村学校和城镇薄弱学校的办学条件,逐步实现义务教育的均衡发展",第一次将"均衡"发展作为义务教育发展的指导思想和方向。2010年,我国发布的《国家中长期教育改革和发展规划纲要(2010~2020年)》明确提出,到2020年基本实现区域内义务教育均衡发展,切实缩小校际差距,加快缩小城乡差距,努力缩小区域差距。2012年,国务院印发《关于深入推进义务教育均衡发展的意见》,进一步提出"率先在县域内实现义务教育基本均衡发展,县域内学校之间差距明显缩小",到2020年,全国义务教育巩固率达到95%,实现基本均衡的县(区、市)比例达到95%(李娟,2022)。2018年8月27日,国务院办公厅发布《关于进一步调整优化结构 提高教育经费使用效益的意见》,明确指出要优化教育资源配置,着力解决教育发展不平衡不充分的问题,切实提高教育资源配置效率和使用效益,促进公平而有质量的教育发展。党的二十大报告也提出,要建设高质量教育体系。高质量的教育体系需要建立在优质教育资源均衡化的基础上,必须进一步实施教育资源配置均等化战略,努力缩小区域、城乡和学校之间教育资源和教育质量水平的差距,实现教育质量的高水平和学生发展的高质量。

1.3 中国基础教育的"机会均等化"实践

让人人享有高质量教育,促进每个个体的全面发展,是社会主义教育公平的本质体现。但在公共教育资源供给不足的情况下，政府为了促进城市基础教育的发展，采取了"先城市、后农村；先发达地区、后欠发达地区；先重点学校、后一般学校"的非均衡发展的策略。这种差别化政策使各级政府在配置教育资源时，优先保障发达地区和重点中小学的发展，导致区域、城乡和学校之间基础教育的发展不均衡。针对这一问题，我国采取了一系列政策措施，如针对城市内部校际之间基础教育发展不均衡的问题，国务院于2012年印发了《关于深入推进义务教育均衡发展的意见》，规定"严禁在义务教育阶段设立重点校和重点班"。另外，中国陆续出台了教育集团化办学、新建小学、对口直升、学校合并和教师轮岗等一系列改革措施，以期促进校际间教育质量均衡发展。邵磊等（2020）、孙伟增和林嘉瑜（2020）等学者的研究表明增加优质教育资源供给确实能够在一定程度上缓解择校竞争的问题。

基础教育是一种典型的地方公共品，长期以来的自然环境、社会经济发展水平的不平衡以及政策因素等共同导致了区域间基础教育发展失衡。我国正处于经济转型阶段，在短期内实现供给端的基础教育高质量均等化难以实现，即使规定取消重点小学和非重点小学的区分，家庭在择校时也会综合考量各个小学的实际教育水平与历史排名，也就是说，教育质量差异在短期内难以消除。因此，当前通过优化教育资源分配方式使每名学生拥有平等获得优质教育资源的机会就变得尤为重要。聚焦于中国基础教育"机会均等化"，本书梳理了"市民待遇均等化——租购同权""入学机会均等化——多校划片""起点均等化——公民同招，民办摇号""结果均等化——名额分配综合评价录取"的改革实践。

1.3.1 租购同权：市民待遇均等化

在中国大部分城市中，居民只有购买学区房，子女才能获得在该学区对应学校就读的机会，而租房者则被排除在外。在这种与房产租购形式挂钩的基础教育资源分配模式下，家庭争相购买优质学区房，带来了资源配置和家庭住房选择行为的扭曲（胡婉旸等，2014），成为大城市房价居高不下的重要原因之一。住房制度改革以来，我国住房租购市场发展不平衡，住房销售市场蓬勃发展，而住房租赁市场却一直处于落后状态。商品住房的销售额与销售面积远远超过其租赁额与租赁面积。根据国家统计局数据，2015 年全国房地产开发企业房屋出租收入为 1600.42 亿元，而住房销售收入却高达 65861.30 亿元，前者仅为后者的 2.43%。租购市场长期失衡制约了房地产健康发展，一方面，租赁市场本身发展薄弱、乱象丛生，租房者的基本权益难以得到有效保障；另一方面，大城市中流动人口的住房需求难以通过租赁市场得到满足，大量的购房需求引起大城市的房价不断上涨。

租购同权不仅是租房人子女入学教育的同权，还包括其他公共服务方面的同权。其中，应包括养老、医疗、公共交通等社会公共资源的同权。如果说租房也能获得公立学校入学资格，则会对学区房市场产生一定冲击，遏制学区房价格的涨势。2016 年 6 月 3 日，国务院办公厅发布《关于加快培育和发展住房租赁市场的若干意见》，指出要"支持住房租赁促进住房租赁市场健康发展"。2017 年 7 月 17 日，广州市率先发布《广州市加快发展住房租赁市场工作方案》，成为我国首个实行"租购同权"政策的城市，政策赋予符合条件的承租人子女享有就近入学等公共服务权益，保障租购同权。次日，住房城乡建设部等部门联合发布了《关于在人口净流入的大中城市加快发展住房租赁市场的通知》，制定了租购同权政策的实施框架。

1.3.2 多校划片：入学机会均等化

20 世纪 80 年代以来，中国义务教育阶段适龄儿童上学遵循"就近入学"原则，主要依据户口所在地，而户口往往又与家庭的房屋所有权挂钩，产生了房产的教育附加价值。德普克和齐利博蒂（Doepke and Zilibotti，2019）指出，为了避免子女"输在起跑线上"，越来越多家长愿意增加对子女基础教育的投入。教育资源配置在房地产市场的作用下进行，居民根据自己的收入和偏好来选择住房，以获得相应的教育资源，使得优质小学的学区房因其教育附加值而存在溢价，甚至出现天价学区房的现象，严重阻碍了低收入家庭对优质教育资源的获取。

2015 年 3 月 31 日，教育部在《关于做好 2015 年城市义务教育招生入学工作的通知》中首次提出多校划片改革措施。2022 年 4 月 1 日，教育部办公厅印发《关于进一步做好普通中小学招生入学工作的通知》，再次明确在免试就近入学原则下，针对教育资源仍然不够均衡的区域地方，要积极稳妥地推进多校划片，推动片区间的优质教育资源均衡。多校划片政策是将所有学校划分为若干个片区，并将热点小学、初中分散至每个片区，确保各片区间学校质量基本均衡，再通过随机摇号或顺位原则方式入学。该政策打破了原有单校划片政策下的教育资源配置模式，将教育资源与学区房所有权之间的"一对一"强绑定关系转为"多对多"弱绑定关系，同一片区内家庭实现了教育资源分配的均等化，并获得了更大空间的居住选择权。自 2017 年 6 月 30 日起，北京市朝阳区、东城区、丰台区、海淀区、西城区开始陆续实施这一政策。2021～2022 年，深圳、天津、成都、重庆等多个城市也陆续开始试点。

1.3.3　公民同招，民办摇号：起点均等化

在很长时间内，我国允许甚至鼓励民办学校自由录取学生，同时允许学生自由选择民办学校。由于民办学校拥有自主挑选生源的权利，通过自主招生，优质生源集聚的民办学校声誉进一步提高，同时也吸引了越来越多的尖子生，从而形成了民办学校掐尖招生的局面，进一步拉大了学校之间的教育质量差距（王一涛，2021）。

为了维护基础教育的起点公平和均衡发展，"公民同招，民办摇号"政策应运而生。"公民同招"是指公办民办学校同步报名、同步开展录取、同步注册学籍。"公民同招"主要是为了制止少数学校愈演愈烈的提前"掐尖"招生行为，一方面促使学生在接受基础教育时站在同一起跑线上，缓解家长的焦虑；另一方面促使学校间的生源趋于均衡。自 2019 年 7 月《中共中央 国务院关于深化教育教学改革全面提高义务教育质量的意见》出台以来，全国 31 个省份全部出台了 2020 年中小学招生入学具体实施细则，明确提出全面推行公办和民办学校同步招生，对报名人数超过招生计划的，实行电脑随机

录取等"新政"。该文件要求"全部""同步""稳步"推进的"公民同招"改革，标志着公办和民办学校进入公平竞争、相互促进的良性发展时代。

1.3.4 名额分配综合评价录取：结果均等化

名额分配综合评价录取是上海市 2021 年《中考改革方案》确定的招生录取新办法，包括名额分配到区招生录取和名额分配到校招生录取两类，合计占市实验性示范性高中招生总计划的 50% ~65% 。该政策旨在促进基础教育优质均衡发展，在不选择生源的基础上将市实验性示范性高中的大部分招生名额分配到初中学校，通过调节毕业生去向来平衡各学校生源质量，以实现各类型初中学校的发展机会公平，打破过去招生过程中的"唯分数论"，从结果公平来引导家庭教育选择。因此，在"名额分配综合评价录取"规则下，家庭的教育选择会产生三大变化：第一，打破传统初中名校的升学优势，优质初中学校的优质高中升学概率下降；第二，提高普通学校的升学优势，名额分配到普通学校后的最低控分线限制会倒逼普通初中教育质量的提升，普通初中的优质高中升学概率上升；第三，家庭会依据子女综合能力、学校教育质量和市实验性示范性高中升学占比来进行教育选择，"宁做凤尾，不做鸡头"的教育投资理念将被颠覆。

1.4 本书的主要结构和内容

本书聚焦于中国基础教育"机会均等化"改革实践，系统性地评估了"市民待遇均等化——租购同权""入学机会均等化——多校划片""起点均等化——公民同招，民办摇号""结果均等化——名额分配综合评价录取"等各类均等化措施的资本化效应和风险溢出效应，并从强制性制度变迁制度的"副效应"入手，从理论上厘清各项基础教育"机会均等化"措施的"副效应"，并评估其他"机会均等化"措施和"质量均等化"措施的风险化解效应和政策协同效应，同时从最小风险转化成本的视角，探索基础教育均等

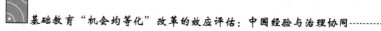

化改革措施间的协同机制和出台顺序，以期为各地方政府设计具有系统性、整体性和协同性的教育改革政策体系提供经验证据。

　　本书分为九章，第1章是引言；第2章是新中国成立以来中国基础教育改革的发展历程；第3章是党的十八大以来中国基础教育均等化改革现状与展望；第4章是发达国家基础教育均等化改革的动向和趋势；第5章是基础教育"市民待遇均等化"改革的效应评估；第6章是基础教育"入学机会均等化"改革的效应评估；第7章是基础教育"起点均等化"改革的效应评估；第8章是基础教育"结果均等化"改革的效应评估；第9章是主要结论与政策建议。

第 2 章

新中国成立以来中国基础教育 改革的发展历程

自 1949 年 10 月中华人民共和国成立以来，我国始终重视教育发展问题。为提高劳动者的文化水平，把我国从落后的农业国改造成先进的工业国，中央政府开始接管和改造旧教育，建立人民的、大众的教育。随着新的教育体系的建立、扫盲运动的开展和"两条腿走路"办学方针等的提出，我国的教育事业得到了一定程度的恢复和发展，但还存在着不均衡的问题，部分偏远地区和农村地区教育普及程度不高，特殊群体的教育仍有待保障。为了让每个孩子都"有学上"，我国开展了西部地区"两基"① 攻坚计划、城乡义务教育免费工作，完善国家学生资助体系等，基础教育逐渐普及。20 世纪中期，各行各业发展急需大批人才支持，我国开始兴办教育，我国采取了"重点校""重点班"等政策，集中稀缺资源办重点学校，促进部分地区和学校教育质量提升。2011 年，我国实现了九年义务教育全面普及。但优质教育资源的稀缺决定了教育资源分配不均衡，城乡、区域、校际间教育差距逐渐拉大，教育公平成为一个亟待解决的问题。自 2015 年起，政府工作报告在提及教育问题时同时提出公平和质量，意味着我国开始追求高质量的教育公平，着力解决教育不平衡不充分的问题。为促进教育普惠性和公益性发展，我国采取了"机会均等化"与"质量均等化"改革等系列措施，努力让每个孩子都能享受公平且有质量的教育。整体上来看，从恢复教育秩序到全面普及义务教育，再到追求公平而有质量的教育，我国教育实现了跨越式的发展。第一，

---

① "两基"指实现西部地区基本普及九年义务教育、基本扫除青壮年文盲。

教育普及程度大幅提升。全国人均受教育年限从 1949 年的 1.6 年增长到了 2021 年的 10.9 年，新增劳动力平均受教育年限达 13.8 年；文盲率由 1949 年的 80% 下降到了 2020 年的 2.67%。第二，教育差距逐渐缩小。截至 2021 年，全国已有 2895 个县级行政单位实现县域义务教育基本均衡发展，其中中西部县数占比超过了 95%；截至 2020 年，全国小学、初中校际综合差异系数分别从 2013 年的 0.724、0.547 降至 0.435、0.319，校际、城乡办学条件差距逐渐缩小。第三，我国教育由基本均衡向优质均衡迈进。2019 年，国家首次开展县域义务教育优质均衡发展督导评估认定工作，并提出用 3～5 年时间，在各省（区、市）创建一批率先实现义务教育优质均衡发展的县（区、市）的工作目标。2022 年，135 个县（区、市、旗）被列入义务教育均衡先行创建县名单，各地加大力度推进先行创建工作，为实现义务教育优质均衡发展奠定了基础。

综上所述，新中国成立以来我国基础教育改革发展历程大致可以分为三个阶段：第一阶段（1949～1985 年）是我国基础教育体系初建、逐渐迈入正规的阶段；第二阶段（1986～2011 年）我国着力开展教育普及工作，使教育惠及各类群体和各个地区，让每个学生都能"有学上"；第三阶段（2012 年至今）是兼顾教育公平和质量，使每个学生都能"上好学"的阶段。本章围绕前两个阶段展开梳理，总结中国基础教育改革的成果与遗留问题。

本章所用相关数据来源大致可以分为两类：一是中国政府网、教育部官网、国家统计局官网、中商情报网、中国教育新闻网、中国教育和科研计算机网、中国社会科学杂志社网站、中国青年网等网站，二是《中国教育统计年鉴》《中国统计摘要 2008》等统计年鉴。

2.1　重塑体系：教育体系建立和教育普及（1949～1985）

新中国成立时，我国劳动人民受教育程度普遍较低。培养更多人才促进国家建设，需要提高劳动者的文化水平，这就要求从教育入手改革教育体系。

1949 年 9 月，中国人民政治协商会议第一届全体会议召开，会议通过了《中国人民政治协商会议共同纲领》，确定了新中国的教育方针。共同纲领指出："中华人民共和国的文化教育为新民主主义的，即民族的、科学的、大众的文化教育"，教育工作的主要任务为提高人民的文化水平、培养国家建设人才以及发展为人民服务的思想。另外，共同纲领还对教育未来的发展作出了规划，即"有计划有步骤地改革旧的教育制度、教育内容和教学法""有计划有步骤地实行普及教育"，为国民教育体系恢复以及教育改革探索指明了方向。因此，新中国成立初期，我国教育工作有两方面：一是废除旧的中国教育政策、制定全国统一的教育政策，加快恢复教育体系；二是对成人开展扫盲工作、对工农青少年实行普及教育，以提高劳动人民的文化程度。

2.1.1　确立新的教育制度、教育内容和教育方法

2.1.1.1　教育制度

教育制度是指一个国家各种教育机构的体系，包括学校教育制度（以下简称"学制"）和管理学校的教育行政机构体系（《教育学原理》编写组，2019）。其中，学制是国家教育制度的主体（王慧和陈晴晴，2023）。新中国成立初期，我国将学制定义为"各级各类学校的系统"。自 1995 年我国公布《中华人民共和国教育法》起，"科学的学制系统包括学校和其他教育机构的设置、教育形式、修业年限、招生对象及培养目标等"这一定义沿用至今。新中国成立之前的学制坚持"为工农服务、为革命战争服务"的原则，在当时较好地满足了革命的需要，为我国革命事业培养了大批军政干部。1949 年 12 月，教育部召开全国第一次教育工作会议，明确"教育为工农服务、为生产建设服务"。在此背景下，原有学制的缺点逐渐显现，主要表现在三个方面：第一，部分学校及训练班在学校系统中未取得应有地位；第二，初等学校采取初、高两级分段制，劳动人民子女难以接受完整的初等教育；第三，技术学校制度不完善，不利于人才培养及生产建设。由于原有学制已不能适应社会主义革命和建设的需要，我国开始探索建立社会主义教育制度下的新学制。

1951 年，中央人民政府政务院发布《关于改革学制的决定》，提出改革我国原有学制、颁布新学制，"确定原有的和新创的各类学校的适当地位，改革各种不合理的年限与制度"。新学制将教育分为幼儿教育、初等教育（包括小学、青年和成人的初等学校）、中等教育（包括中学、工农速成中学、业余中学、中等专业学校）、高等教育、各级政治学校和政治训练班，并设立各级各类补习学校和函授学校以及聋哑、盲目等特种学校，确定了各级各类教育在学校中的地位，确保教育为学龄人口、劳动人民及工农干部服务。在年限与制度方面，新学制将小学修业年限缩短为五年，并实行一贯制，取消初、高两级的分段制，使得广大劳动人民子女能够接受完整的初等教育；中学修业年限为六年，分为初、高两级，每个阶段实行三年制。我国建立起了新的学校教育制度。

2.1.1.2 教育内容

教育内容一般通过课程的形式体现。1952 年 3 月，教育部颁发《小学暂行规程（草案）》和《中学暂行规程（草案)》，这两份文件对课程设置作出了详细规定。一方面，教育部要求对中小学生实施德育、智育、体育、美育，劳动教育不再纳入学校教育中；另一方面，文件规定一到三年级开设语文、算术、体育、图书、音乐 5 门课程，四、五年级在此基础上增加自然、历史、地理 3 门课程，初中共设置 13 门课程，各年级要完成各科目的规定学时。由此，我国中小学课程设置的基本框架得以形成。1956 年，教育部修订颁布了中小学教学大纲——《中小学各科教学大纲（修订草案)》，进一步完善了中小学教学内容，新中国初步建立起了新的基础教育课程体系。

2.1.1.3 教学方法

1950 年和 1952 年，我国先后发布了《关于颁发中学暂行教学计划（草案)》《中等学校暂行校历（草案）的命令》《中学暂行规程（草案)》和《小学暂行规程（草案)》等文件，对我国中小学的教学方法作出了统一规定。在教学过程中，教师应起主导作用，采用理论与实际一致的教育方法进行教学。例如，自然科学课程采用实验、实习、参观等实物教学法，使学生可通过实践理解教学内容，弥补旧的灌输式教学方法的不足。1953 年，我国开始学习苏联教育模式，但一些知识分子也逐渐探索了适合中国中小学的教学方法，如"祁建华速成识字法"，北京"工农速成中学"的个别辅导、结对辅导与研究辅导相结合的教学方法等。中小学的教学方法由此逐渐多样化。

2.1.2 开展扫盲工作，实现文化"脱贫"

新中国成立之初，我国文盲率高达 80%，尤其是占人口绝大多数的农村地区，文盲率超过 95%。大部分劳动人民不识字，不能阅读和书写，甚至连简单的记账也难以完成。为加快恢复和发展教育，我国开始进行知识文化领域的"脱贫"，即开展扫盲教育。1950 年 9 月，我国召开的第一次全国工农教育会议提出"推行识字教育，逐步减少文盲"。全国各地开办扫盲识字班，如时间安排在晚上的"夜校"、在农闲时节开办的"冬学"等，集中教文盲学习认字。在教学方法上，祁建华首创了通过注音认字的"速成识字法"，该方法起初在军区中推广，效果较为显著。原先战士们觉得一天学习 40 个字都有些困难，用了"速成识字法"后，一天可以学习一两百个字，识字效率明显提升。随着"速成识字法"在全国各地推广，一场全国范围内的扫盲运动迅速展开。

在扫盲运动过程中，一些阻碍扫盲的问题逐渐显现。一方面，学员的年龄参差不齐，学习能力、基础知识储备也各不相同，导致年轻学生学习速度较快但一些年龄较大的人群学习速度慢，且学习后遗忘速度较快，阻碍了扫盲工作的进行；另一方面，多数地区缺乏识字教员资源，扫盲效果不显著。针对这些问题，山东莒南县柳沟村青年团支部研究出了新的应对方法，即创建"记工学习班"培养年轻人，并聘请高年级小学毕业生①担任教员。这一方法受到了毛泽东同志的青睐，被提倡在各地推行。第二次大规模的扫盲运动在全国开展。

---

① 高年级小学毕业生，一般指五、六年级的小学毕业生。

经过多次大规模的扫盲运动，到 20 世纪 50 年代末，全国已经有 3000 万人脱盲。从 1949 年到 1965 年，全国扫除文盲 10272.3 万人，我国的文盲率从新中国成立初期的 80% 下降到了 1965 年的 52%，扫盲运动效果显著，学员们可以独自完成认字、读文章和写作文等活动。

2.1.3 普及教育，提升劳动人民文化程度

新中国成立初期，我国国民人均受教育年限仅有 1.6 年，小学学龄儿童净入学率①为 20%，初中毛入学率仅为 3.1%，我国亟须解决劳动人民受教育程度较低的问题。应"教育为工农服务、为国家建设服务"的要求，全国第一次教育工作会议指出，我国教育在相当长的时期内应以普及为主。从 1949 年到 1985 年，我国通过创新办学形式、改革教育制度、实行就近入学、办重点学校等举措扩大教育覆盖面。

2.1.3.1 创新办学形式

1957 年 11 月，中共中央文教小组召开了省市文教听证会议，会议提出，力争在第二个"五年"计划期间普及小学教育。实现这一目标，需要加快办学以提供更多的教育机会。但对当时百废待兴的中国来说，仅靠中央办学这一条道路无法实现教育普及。在这一背景下，毛泽东同志提出了"两条腿走路"的办学思想，要求动员一切积极因素，既要有中央的积极性，又要有地方和厂矿、企业、农业合作社、学校和广大群众的积极性，发动群众集体办学、鼓励私人办学和组织多种形式的办学。1958 年 9 月，中共中央、国务院颁布的《关于教育工作的指示》将多样化办学形式下的学校归为三类：全日制学校、半工半读学校和业余学校。其中，后两类学校可以全部或大部分解决办学经费以及师资来源不足问题，减轻了政府负担，对于教育普及有重要意义。

---

① 净入学率等于已入学学龄儿童数与全国学龄儿童数之比。1991 年之前的净入学率是按 7～11 周岁统一计算的，从 1991 年起净入学率是按各地不同入学年龄和学制分别计算的。

2.1.3.2　改革教育制度

新中国成立初期，我国的教育制度不利于广大学生继续接受教育。一方面，在教育体系恢复期，我国的职业教育尚未发展起来，只有全日制普通教育这一条道路，在较大的竞争压力下，大部分小学毕业生和初中毕业生无法实现升学，毕业后直接参加农业生产；另一方面，多数学生因无力承担学费而失学。为解决学生的继续教育问题，刘少奇同志提出对当时的教育制度进行改革。1958 年，刘少奇同志在中共中央政治局扩大会议上的讲话中提出"两种教育制度、两种劳动制度"的教育方针，一种是全日制的学校教育制度和八小时工作的劳动制度；另一种是半工半读的学校教育制度和半工半读的劳动制度。这两种有针对性的教育制度不仅为无法升学的学生提供了受教育的机会，满足了广大劳动人民子女的教育需求，又可对学生进行劳动教育，培养劳动观念和劳动技能，学生毕业后能够快速适应社会的需要（于朝霞，2005）。此后，教育部批准国家各部委在其直属的大型厂矿企业设立半工半读学校。多样化的办学形式为劳动人民提供了更多受教育机会，部分贫困学生的教育问题也得以解决，这在一定程度上促进了教育普及。

2.1.3.3　实行就近入学

新中国成立以来，为方便学生上学，我国义务教育阶段秉承着就近入学的理念，使适龄儿童就近可以有书读。1957 年，毛泽东同志鼓励有条件的合作社、厂矿、企业、机关、民间等办学，使"农民子女就近上学方便，将来毕业好回家生产"。1958 年，刘少奇同志提出半工半读制度，有些半工半读学校就设在村子里，农村孩子大都可以就近入学。1971 年和 1980 年，我国两次提出采取多种形式办学，把学校办到家门口，让农民子女就近上学方便。当时的就近入学政策能够为广大劳动人民子女提供更多受教育机会，有利于教育普及。

2.1.3.4　办重点学校

新中国成立初期，为加快经济建设和工业建设，我国急需培养出一大批人才。但由于经济发展水平不高，在短时间内难以带动所有学校质量提升，集中实力办好一批中小学成为当务之急。1953 年，中央人民政府政务院发布《关于整顿和改进小学教育的指示》，结合小学发展不平衡但又无法做到全国小学整齐划一的情况，要求"今后应优先办好城市小学、工矿区小学、乡村完全小学和中心小学"。同年，教育部发布《关于有重点地办好一些中学和师范学校的意见》，确定了 194 所重点中学。1962 年，教育部发布《关于有重点地办好一批全日制中、小学校的通知》，强调"首先集中力量切实办好一批基础较好的中、小学校，以便尽可能快地提高教育质量，提高教学水平"，并规定各地"在原定重点中、小学名单的基础上，重新选定办好一批中、小学校"。由此，"重点校"政策初步形成。

1978 年，教育部制定《关于办好一批重点中小学试行方案》，规定以后在重点中小学建设的长期规划上形成"小金字塔"结构，并在经费投入、办学条件、师资队伍、学生来源等方面向重点学校倾斜。1980 年，经国务院批准，教育部颁发了《关于分期分批办好重点中学的决定》，提出"必须首先集中力量办好一批条件较好的重点中学""把约 700 所首批重点中学办成全国、全省、全地区第一流的、高质量的、有特色的、有良好学风的学校"。1983 年，教育部在《关于进一步提高普通中学教育质量的几点意见》中重申了办好重点中学的必要性。20 世纪 90 年代，国家教育委员会①评估验收了约 1000 所示范性普通高级中学。

至此，基础教育阶段"重点校"政策最终形成，全国各地先后形成一大批重点中小学和高级中学。这些学校受到政策倾斜，获得资金、资源、师资、硬件等方面的投入，拥有大量优质教育资源，学校教学质量迅速提高。例如，北京市第四中学和北京市第八十中学在 1978 年被认定为重点学校之后得到迅速发展，成为无数北京家长和学生心中的理想学校，目前有多个校址，培养出一大批优秀人才，并且两所重点学校正在通过集团化办学等方式发挥优质教育示范辐射作用。

经过不断地发展，我国基础教育改革初见成效，在扫盲、中小学教育普

---

① 国家教育委员会，1998 年改名为教育部。

及以及劳动人民受教育年限提高方面取得了较大的进步。第一,扫盲运动效果显著。我国前后有五千万人脱盲,到 1982 年,我国文盲率下降至 22.8%。第二,教育的普及促使中小学学校数量、在校人数、入学率大幅增加。截至 1965 年,全国小学数量达 168.19 万所,中学学校有 1.81 万所;我国小学、初中在校生人数与新中国成立之前达到的最高数量相比分别增长 3.9 倍、6.9 倍;截至 1985 年,小学适龄儿童入学率增长到 95%,实现了党中央、国务院提出的在 20 世纪 80 年代基本普及小学教育的目标,初中毛入学率从新中国成立初期的 3.1% 增长到 1978 年的 66.4%,小学毕业生升学率大幅提升。第三,全国人均受教育年限提高。到 1985 年,我国人均受教育年限已由新中国成立初期的 1.6 年上升到 6.2 年[①]。我国教育事业得到了迅速发展。

2.1.4　基础教育改革阶段性成果与问题

本节阐述了新中国成立之初,为改变教育滞后的状况,我国加快教育改革,建立新的教育秩序。通过对教育制度、教育内容、教育方法进行改革,并推行扫盲教育、普及教育,取得了一定的效果,国家的教育逐步恢复和发展,国民受教育水平也不断提高。

然而,我国教育事业中仍然存在许多问题,当时主要表现为义务教育普及率低以及薄弱地区学生和特殊群体教育得不到保障。第一,义务教育尚未完全普及。20 世纪 80 年代中期,我国仍有近两亿人口处于文盲半文盲状态,小学教育尚未完全普及,初中教育的普及程度甚微。截至 1985 年,全国普通小学生升学率为 68.4%,也就是说,仅有不到 70% 的普通小学毕业生能够升学,初中升学率仅为 41.7%,教育覆盖面有待继续扩大。第二,薄弱地区和特殊群体的教育难以保障。一些中西部地区、贫困地区基础设施尚不齐全,教育普及情况更加不理想;贫困学生、农村学生、随迁子女、残疾学生等特殊群体受教育的条件较差,如何保障这些群体接受教育,也是当时亟待解决的问题。

---

① 资料来源:中央财经大学人力资本与劳动经济研究中心发布的《中国人力资本报告 2020》。

从 1986 年到 2011 年，在国民受教育程度仍然普遍较低的情况下，我国重点推进义务教育普及工作，同时加大了对学前教育和高中教育的普及力度，让学生可以享有完整的基础教育。为了解决贫困、边远地区的学生和特殊群体无法接受教育的情况，我国推进教育资源向薄弱地区、弱势群体和特殊群体倾斜，让更多学生得到更完善的教育。因此，在这一阶段，我国工作的重点是扩大教育覆盖面，使基础教育覆盖各个群体和地区。

2.2 全面普及：教育覆盖各个群体和地区（1986～2011）

改革开放后，党和国家将工作重点转移到社会主义现代化建设上来，中国特色社会主义教育方针也随之转变。1985 年 5 月，中共中央颁布《关于教育体制改革的决定》（以下简称《决定》），提出"教育必须为社会主义建设服务，社会主义建设必须依靠教育"，我国的教育已经从"为工农服务"转向"为社会主义建设服务"。为培养大量坚持社会主义的合格人才，《决定》提出进行教育体制改革，要求"有步骤地实行九年制义务教育"。次年，《中华人民共和国义务教育法》出台，我国提出实施九年制义务教育制度并以法律的形式确立。

20 世纪 90 年代，我国出台的一系列政策文件指向普及九年义务教育。1993 年，中共中央、国务院在《中国教育改革和发展纲要》一文中明确了到 20 世纪末基本普及义务教育的目标。自该政策文件开始，我国把基本普及义务教育作为着力点，扩大义务教育的覆盖面。与此同时，从大城市和沿海城市开始，学前教育和高中教育也逐渐普及。在各级教育扩大覆盖面的过程中，我国采取支持性政策保障薄弱地区学生和特殊群体学生接受基础教育。

因此，从 1986 年到 2011 年，我国实施全民教育的政策主要可以划分为三个维度：第一，扩大教育覆盖面，使人人都有学上；第二，教育向特殊群体倾斜，保障特殊群体接受教育；第三，教育向薄弱地区倾斜，保障薄弱地区发展基础教育。

2.2.1　扩大教育覆盖面，使人人都有学上

2.2.1.1　普及义务教育

自 1986 年《中华人民共和国义务教育法》颁布以来，中央和各地区均出台了相关政策予以落实。在中央层面，1986 年 9 月，国家教育委员会等部门颁布《关于实施〈义务教育法〉若干问题的意见》，要求先普及初等义务教育，再普及初级中等①教育，并对各地实施义务教育的步骤、实施情况的督导等问题作出规定；1992 年，国家教育委员会又发布了《中华人民共和国义务教育法实施细则》，对学生就学、学校教育教学、政府保障和监督方面做了详细规定，义务教育的普及更加规范。在地方层面，各地陆续出台《义务教育实施办法》，依法依规科学推进，强化落实地方政府责任。到 1992 年，我国基本实现初等义务教育的普及。

1993 年，中共中央、国务院印发的《中国教育改革和发展纲要》正式提出"两基"规划目标，要求在 20 世纪末基本普及九年义务教育（以下简称"普九"），基本扫除青壮年文盲，青壮年文盲率降到 5% 以下。截至 2000 年底，我国在基本普及初等义务教育的基础上，基本实现了"两基"，地区覆盖率达到 85% 以上。尽管全国"两基"工作总体上有了一定进展，但仍有15% 的边远、贫困地区未达到"两基"目标要求，50% 已实现"两基"的农村地区基础薄弱，教育质量不高，部分地区学校还存在辍学率较高的情况。

为了促进"两基"全面覆盖并进一步巩固已实现"两基"地区的发展成果，改善农村教育成为接下来的重要发力方向。2003 年，国务院发布了《关于进一步加强农村教育工作的决定》，提出"力争用 5 年时间完成西部地区'两基'攻坚任务，到 2007 年，西部地区'普九'人口覆盖率达 85% 以上，青壮年文盲率下降到 5% 以下"。次年，《国家西部地区"两基"攻坚计划》发布，根据政策规定，我国先后实施了"农村寄宿制学校建设工程""农村

---

①　我国 1986 年出台的《中华人民共和国义务教育法》将义务教育分为初等教育和初级中等教育。

中小学现代远程教育工程"和"两免一补"① 工程；同时，加大投入力度促进农村教师队伍建设，改善西部农村地区实施义务教育的基本条件，加快"两基"工作的开展。2007 年底，中西部地区"两基"计划如期实现，"两基"人口覆盖率达 98%，青壮年文盲率降到 5% 以下，义务教育普及工作有了进一步成效。

在落实"两基"工作的过程中，国家在政策上向中西部地区和农村地区倾斜，率先在西部农村地区建立中央和地方分项目、按比例分担的农村义务教育保障机制。在实施改革的地区，义务教育阶段不仅免除学杂费，还补助学校公用经费、维修改造校舍、免费提供教科书、补助寄宿生生活费等。为了使政策惠及更多群体，"两免一补"政策开始向中东部推广。2007 年秋季，全国农村地区学生义务教育阶段均能享受免除学杂费和免费教科书政策。次年春季，免除义务教育学杂费开始由农村向城市推广，试点工作在 16 个省（市、区）和 5 个计划单列市城市开展。从 2008 年秋季学期开始，全国范围内城市义务教育阶段学生学杂费全免，至此，全国义务教育阶段学杂费实现了全免，政策惠及 40 万所农村中小学的近 1.5 亿名学生和 2.59 万所城市中小学的 2821 万名学生。

民办教育在这一时期也发挥着重要的作用。我国试图通过调动社会资本解决经费不足以及教育单一的问题，在扩大教育供给的同时为学生提供多样化的教育，满足学生多样化的教育需求。1982 年《中华人民共和国宪法》对社会力量办学作出法律规定，确立了民办教育的地位。民办教育发展早期主要以业余培训教育为主，一些大学教师、中学教师、民主党派和社会团体开办高考补习班、干部职工初高中文化班、电工技术班等，使得民办教育逐渐发展起来（杨红旻，2018）。1987 年，我国发布的《关于社会力量办学的若干暂行规定》对社会力量办学进行了详细阐述，并在实践中取得了一定的成效。国家继续坚持鼓励社会力量办学的方针，并制定了支持民办学校融资、用地、税收等方面的政策，推动民办教育快速发展。2011 年，我国已有 9486 所民办普通中小学，在校生 1010.39 万人，民办幼儿园有 11.54 万所，在园

---

① "两免一补"指免杂费、免书本费、逐步补助寄宿生生活费。

儿童1694.21万人，使得更多学生接受教育。

截至2011年底，全国所有县（市、区）和其他县级行政区划单位，所有省级行政区全部通过普及九年义务教育和扫除青壮年文盲的国家验收，人口覆盖率达到100%，青壮年文盲率降至1.08%。小学学龄儿童净入学率为99.8%，比1985年提高3.79%；小学毕业生升学率为98.3%，比1985年提高29.9%；初中毛入学率为100.1%，比1990年提高66.7%。在国际上，我国小学毕业生升学率在世界九个发展中人口大国中位居第一，中小学入学水平已达到或超过中等收入国家平均水平（第三战略专题调研组等，2010）。我国义务教育实现了全面普及，取得了历史性的成就。

2.2.1.2　普及学前教育和高中教育

除义务教育外，学前教育和高中教育也得到了一定程度的发展。20世纪80年代中期，我国的学前教育还较为薄弱，在"两条腿走路"办学方针的指导下，我国按照"农村以群众集体办幼儿园为主、县镇鼓励社会力量（机关、厂矿、企事业单位、街道等）办园、支持群众个人办园"的原则，农村学前教育得到了迅速发展。1993年，中共中央、国务院在规划20世纪90年代各级各类教育的发展时提出"大中城市基本满足幼儿接受教育的要求，广大农村积极发展学前一年教育"（《中国教育改革和发展纲要》）。而在90年代中后期，由于经济体制改革的深化，大多数厂矿企业、事业单位办的幼儿园逐步走向社会化，大多"关、停、并、转、卖"，"两条腿走路"的办园体制逐渐瓦解（余宇和单大圣，2019）。在学前教育向社会公共服务转变阶段，政府并没有为幼儿园的社会化做好充足准备，缺乏稳定的未来规划，经费问题也未得到行之有效的解决，学前教育非但没有向好发展，原来的优质学前教育资源反而加快流失。为解决学前教育供给不足的问题，我国提出大力发展公办幼儿园的思路。

2003年，教育部等部门制定《关于幼儿教育改革发展的指导意见》，提出未来五年要形成"以公办幼儿园为骨干和示范，以社会力量兴办幼儿园为主体，公办与民办、正规与非正规教育相结合的发展格局"。2010年，我国发布《国家中长期教育改革和发展规划纲要（2010~2020年）》，明确了地方政府的责任，要求大力发展公办幼儿园，积极扶持民办幼儿园。随后国务院下发《关于当前发展学前教育的若干意见》，提出以县为单位编制学前教育三年行动计划，并于 2011～2013 年、2014～2016 年、2017～2020 年实施了三期学前教育三年行动计划。国家加大资金投入，制定优惠政策，鼓励社会力量开办学前教育，并在此基础上加强对幼儿园的准入管理，对私立幼儿园的收费行为加以规范，从而新建、改建、扩建了一大批合格的幼儿园。2003～2016 年，学前教育的财政性经费投入从 46 亿元增长到了 1326 亿元。2010～2013 年，幼儿园数量增长 4.81 万所，毛入园率由 56.6% 增长到 67.5%，提前实现了"十二五"规划提出的到 2015 年毛入园率达到 60% 的目标，有效缓解了"入园难"问题。

20 世纪 90 年代以来，我国基础教育的分界线由初中上移到高中（晏成步，2017），我国更加重视高中教育的普及。1993 年，中共中央、国务院出台《中国教育改革与发展纲要》，强调要在大城市市区和沿海经济发达地区积极普及高中阶段教育；1996 年，国家教育委员会发布《全国教育事业"九五"计划和 2010 年发展规划》，规定大城市和沿海经济发达地区努力普及高中阶段教育，普通高中随着高等教育规模的扩大适度发展；1998 年，我国提出到 2010 年城市和经济发达地区有步骤地普及高中教育的目标。国家逐渐加大对高中教育普及的重视程度。在经历了经费投入增加和高等教育大扩招后，初中毕业生升学率于 2011 年达到 88.9%，较 1985 年提升 47.2%，高中教育毛入学率达到 84%，较 2002 年增加了一倍。

2.2.2 向薄弱地区倾斜，保障薄弱地区发展教育

1992 年，我国发布《中华人民共和国义务教育法实施细则》，从基础设施、师资、配置等方面对义务教育阶段进行了规范。在基础设施上，学校应具备与适龄儿童、少年数量相适应的校舍及其他基本教学设施；在师资上，学校应具有按编制标准配备的教师和符合义务教育法规定的师资来源；在配置上，学校应具有一定的经济能力，能够按照规定标准逐步配置教学仪器、图书资料和文娱、体育、卫生器材。针对薄弱地区学生上不起学、教育质量

低下的问题，我国主要从改善办学条件、加强教师队伍建设、改革义务教育经费保障机制三个方面加快推进农村和西部地区教育发展。

第一，改善办学条件。20 世纪 80 年代，我国农村中小学校舍相对简陋，甚至存在大量危房，基础设施不健全现象普遍存在。我国开展农村寄宿学校建设工程、中西部农村初中校舍改造工程等，通过改、扩建一大批寄宿制学校，有效解决了农村孩子"进得来"的问题；增加校舍面积和生均校舍面积，改善学生学习条件；为山区、牧区、高原和边远地区提供寄宿条件，满足学生寄宿需求。另外，我国还实施农村中小学现代远程教育工程、"教学点数字教育资源全覆盖"等项目，为农村中小学免费发放教学光盘、免费提供教学视频、利用中国教育卫星网络免费发送教学资源，实现资源共享，丰富农村学校教学内容。关于改善办学条件所需经费的问题，我国提倡以政府为主、通过多种渠道筹措资金。据中国教育和科研计算机网统计数据显示，1981~1991 年间，我国用于改善中小学办学条件的经费达 1071 亿元，其中有 367 亿元来自国家财政拨款，剩余 700 多亿元源于社会集资、捐资等多渠道筹措的教育经费。经过不懈努力，在 20 世纪 90 年代，我国广大农村校舍实现了"一无两有"，即校校无危房、班班有教室、学生人人有桌凳，实现了校舍、桌凳、大门、围墙、操场、厕所的"六配套"。2008 年汶川大地震之后，国家对校舍的抗震性能提出更高的要求。2010 年，政府工作报告指出推进农村中小学标准化建设，落实新的中小学校建设标准，使每一所学校都成为合格学校，农村中小学办学条件得到进一步改善。

第二，加强教师队伍建设。为增加农村优秀教师数量，我国启动实施农村义务教育阶段学校教师特设岗位计划、大学生志愿服务西部计划和农村学校教育硕士师资培养计划，从大学生中招收特岗教师、培养骨干教师，解决师资短缺的问题；对农村地区教师开展培训，提高教师素质；部分地区通过清退事业单位占用教师编制、增加偏远地区教师岗位等途径，为农村补充大量合格教师，这些政策使许多教师进入农村和西部地区学校。我国"特岗计划"招聘规模逐渐扩大，从 2006 年的 1.6 万人增加到 2012 年的 6 万人；大学生志愿服务西部计划招募学生人数从 2003 年的 5000 至 6000 名增加到 2011 年的 17600 名。教师整体学历也得以提升，2012 年，全国农村小学大专及以上学历教师比例达到 81.7%，比 2005 年提升 34.2%；全国农村初中本科及以上学历教师比例达到 66.5%，比 2005 年提高 42.2%，农村义务教育阶段高学历专任教师比例增加。

第三，改革义务教育经费保障机制改革。在我国农业税改革和以县为主的管理体制下，县级政府收入来源少却承担着大部分的义务教育经费投入责任，导致农村义务教育资金严重不足，加大了农民教育负担。2005年，我国提出实行农村义务教育经费保障机制改革，首先在西部农村地区实施，改变农村义务教育经费结构，将义务教育经费纳入公共财政覆盖范围，实行中央和地方分项目、按比例分担的保障机制。从 2006 年到 2008年，我国分四步完成了城乡义务教育免费工作，并在 2010 年落实了农村义务教育阶段中小学公用经费基准定额。我国义务教育实现了由"人民办"向"政府办"的转变，既解决了教育经费不足的问题，又减轻了家庭的义务教育负担。

2.2.3 向特殊群体倾斜，保障特殊群体接受教育

为确保每一个孩子都能接受教育，我国同样重视在特殊群体间普及义务教育。特殊群体的教育问题大致可分为三类，即贫困学生、残疾儿童和大量涌入城市的进城务工人员子女的教育问题。我国在政策和资金投入上向这些学生群体倾斜，保障特殊群体接受教育。

2.2.3.1 保障贫困学生接受教育

为解决学生因贫困而无法接受教育的问题，国家和社会采取了一系列惠民措施，对贫困地区进行了全面的扶贫，尤其重视贫困地区义务教育普及，保障贫困学生入学。教育部、财政部实行国家贫困地区义务教育助学金制度，要求各地设立中小学贫困学生助学金专款，由各级财政的教育事业经费和社会各界捐款抵补因家庭经济困难而无法入学和可能辍学儿童的杂费、课本费及补助寄宿制贫困学生生活费等；社会举办"希望工程"和"春蕾计划"等活动，邀请社会各界捐资助学，帮助贫困地区学生接受教育。

为改变贫困地区的教育状况，我国采取了一系列措施提高教育水平。第一，实施贫困地区义务教育工程，中央预算超过 200 亿元，重点改善"国家八七扶贫攻坚计划"确定的包括 592 个贫困县在内的老少边穷地区①中小学的办学条件。第二，实施东西部地区学校对口支援工程，东部地区学校与西部受支援学校通过"一对一"的方式合作，在师资、教育管理、硬件设施、课本图书等方面进行共享，集中支援国家及省级贫困县的相对薄弱学校，以提升受援学校的管理水平和教学质量。第三，我国于 2011 年在全国范围内启动实施农村义务教育学生营养改善计划，开工建设学校食堂，改善贫困地区学生的营养状况。2011 ~ 2013 年，我国共在 22 个试点省份的 699 个国家试点县、19 个省份的 529 个地方试点县开展试点工作，受益学校达 13.57 万所，受益学生近 3300 万人。

2.2.3.2　大力发展特殊教育

1986 年颁布的《中华人民共和国义务教育法》明确规定："地方各级人民政府为盲、聋哑和弱智的儿童、少年举办特殊教育学校（班）"，从法律层面保障了残疾人接受教育的权利。1994 年，国务院颁布《残疾人义务教育条例》，将"普及九年义务教育，大力开展职业教育和培训"作为今后残疾人教育工作的重点。随后，我国对残疾儿童、少年接受义务教育的工作作出了统筹安排。

我国提出残疾儿童的"随班就读"工作，让残疾学生进入普通学校与一般学生接受同等教育。1983 ~ 1994 年，这项政策经历了提出、实践、实验和推广等阶段，"以随班就读为主体、以特殊教育学校和特殊班为骨干"的残疾人教育事业发展格局得以确立。截至 1993 年，"随班就读"参与人数达 6.88 万人，残疾学生在校生人数从 1986 年的 4.27 万余人增加到 2011 年的 39.87 万余人。这一体现平等、公平和接纳理念的残疾人教育政策，使得越来越多的残疾学生走进并融入校园。

残疾学生进入学校接受教育的数量增加，学校建设也要跟得上。2008

---

① 老少边穷地区：主要指革命老区、少数民族自治地区、陆地边境地区和欠发达地区。

年，我国启动"中西部地区特殊教育学校建设工程"，在地级市和 30 万及以上人口地区新建了一大批特殊教育学校。2010 年，中共中央、国务院印发《国家中长期教育改革和发展规划纲要（2010 ~ 2020 年)》，文件要求不断扩大特殊教育学校和班级数量。这一时期，我国投入大量资金兴建特殊教育机构，继续加大对特殊教育的支持力度。评估报告数据显示，我国从 2008 年到 2011 年的四年间，中央、地方累计投入 54 亿元，支持新建、改建和扩建 1182 所特殊教育学校，2011 年，我国已有 1767 所特殊教育学校，保障了 39 万名学生入学，为残疾学生提供了更多的受教育机会。

关于残疾学生接受教育的费用问题，国家在落实残疾人义务教育"两免一补"工作的同时，出台相应政策为残疾学生提供更多教育补贴，基础教育阶段每生每年都有一定的就学补助。此外，在经费投入方面，各地区制定义务教育阶段特殊教育生均公用经费补助标准，有条件的地区可适当提高补助水平；有关残疾学生特殊学习用品、干预训练及送教上门教师交通费补助等政策也逐渐完善，从各个方面保障残疾学生接受教育。

2.2.3.3 保障进城务工人员子女接受教育

随着城镇化速度的加快，越来越多的农民选择进城务工，为了不让孩子成为留守儿童，部分家长携带子女一同在大城市生活，城镇随迁子女激增，而这些孩子的教育问题也逐渐成为国家重点关注的问题。2003 年，教育部、中央编办等部门联合颁布《关于进一步做好进城务工就业农民子女义务教育工作的意见》，提出进城务工就业农民子女"两为主"的入学政策，即教育管理以"流入地政府为主"，接收这一群体的学校以"全日制公办中小学校为主"，并扶持以接收进城务工人员子女为主的社会力量所办的学校。为减轻家庭教育负担，国家提倡对这一群体学生的收费与当地学生一视同仁，对家庭经济困难的学生[①]实行助学金制度，减免部分教育费用，鼓励通过各种渠道捐款、捐物资助家庭经济困难的进城务工就业农民子女就学。截至 2012 年，我国已有 79.4% 的进城务工人员随迁子女在公办学校就读，初步解决进

---

① 含非建档立卡的家庭经济困难残疾学生、农村低保家庭学生、农村特困救助供养学生。

城务工随迁子女接受义务教育的问题。

从 1986 年提出实施义务教育到 2011 年义务教育全面普及，我国用了 25 年的时间，让每个人都享有了同等受教育的权利和机会，实现了人人都"有学上"。但是，随着生活质量不断提高，人们对教育的要求也越来越高。从 1986 年 7 月 1 日起，国家实行九年制义务教育制度，"普九"工作开始实施，我国教育公平由权利平等向机会均等迈进。随着办学条件逐渐改善、"两基"的全面普及以及义务教育免费工作的实现，"有学上""上得起"的时代命题得以根本解决，人们对义务教育的要求开始由"有学上"向"上好学"转变。

2.3　本 章 小 结

本章内容主要由两部分组成。第一部分阐述了新中国成立初期我国基础教育情况，在这一历史时期，国家改革原有教育制度、教育内容以及教学方法，并对成人进行识字教育，对工农青少年开展普及教育，使我国教育秩序得到初步恢复。第二部分主要论述了在我国基础教育体系中，如何扩大各个阶段教育的覆盖面，即将学前教育、义务教育、高中教育覆盖到贫困群体、残疾学生和随迁子女。通过各项改革，义务教育实现了全面普及和城乡学杂费全免，学前教育"入园难"的问题得到缓解，高中教育实现初步普及。另外，推进教育公平也取得了一定程度的进步，中西部和农村地区学校办学条件、师资水平和资金投入水平有效提升，东西部地区和城乡教育差距逐渐缩小；农村学生、贫困学生、残疾学生、随迁子女群体的教育机会得到保障。

虽然我国在推进教育普及和教育公平层面取得了许多重要的成果，但我国教育事业仍然面临着诸多难题，具体表现在城乡、区域、校际发展差距仍然较大，群体入学保障不完善，优质教育资源分配不均等及其导致的基础教育非均等化。一是城乡、区域、校际间资源配置不均衡问题。城市与乡村学校之间、东部与中西部学校之间办学条件、教育资源、教师资源仍存在较大差异。二是"择校"问题。新中国成立初期我国实行"重点校""重点班"

政策，一些学校和班级受到大量的政策倾斜，得以快速发展，客观上使得校际间差距拉大。结合人们对优质教育的高需求，"择校"问题成为长期以来我国义务教育面临的一大问题，"以钱择校""以权择校"现象屡见不鲜，优质学校将没钱没权的学生拒之门外，尤其是在就近入学政策背景下出现的"以房择校"问题加剧了教育不公平，造成教育机会不均等。三是民办教育"掐尖"招生问题。我国在普及教育的过程中鼓励民办教育的发展，一些民办学校的教师待遇更高、办学资金来源更广，吸引大量优秀教师从而拥有更多优质教育资源。优质民办校的产生在一定程度上促进了学校之间的竞争，对提高公办学校办学水平起到了积极的作用，但也带来一系列社会问题。一方面，这些民办学校通过校外培训机构组织考试选拔且招生时间早于公办学校，抢夺大量优质生源，致使公办学校生源质量下降；另一方面，"掐尖"招生进一步加剧了"择校"问题，造成资源配置失衡和教育机会不平等。四是特殊群体平等接受义务教育难以得到保障。包括随迁子女在流入地参加升学考试的问题、贫困学生接受教育的问题、残疾儿童入学率低的问题等。

顺应人民对美好生活的向往，"上好学"成为党的十八大以来人们不懈追求的教育目标。第3章将主要围绕当前教育不平等的现状，阐述为实现人人都能"上好学"、营造良好的教育环境，我国在教育的公益性和普惠性发展、教育"机会均等化"和教育"质量均等化"方面进行的重大改革。

党的十八大以来中国基础教育均等化改革现状与展望

党的十八大以来，中国特色社会主义进入新时代。习近平总书记在党的十九大报告中提出"中国梦"，其核心目标可以概括为"两个一百年"的目标，即：到 2021 年中国共产党成立 100 周年时，全面建成小康社会，到 2049 年中华人民共和国成立 100 周年时，建成富强民主文明和谐美丽的社会主义现代化强国。优先发展教育事业，提高教育质量，促进教育公平是实现中国梦的重要内容，也是实现中国梦的有力支撑。2014 年 9 月，习近平总书记在同北京师范大学师生代表座谈时强调："'两个一百年'奋斗目标的实现、中华民族伟大复兴中国梦的实现，归根到底靠人才、靠教育。"① 党的十八大以来，以习近平同志为核心的党中央高度重视教育问题，始终把教育摆在优先发展的战略位置，强调加大对基础教育的支持力度，努力让每个适龄儿童都能享有公平而有质量的教育。

教育公平是社会公平的重要基础，是在现实社会条件下实现最大多数人的最大可能的教育平等。但教育公平并不是单维度的公平，而是追求更高水平的公平。2010 年 5 月，国务院常务会议发布《国家中长期教育改革和发展规划纲要（2010～2020）》强调要形成惠及全民的公平教育，要求"办好每一所学校，教好每一个学生"。2016 年的政府工作报告中提出"发展更高质量更加公平的教育"。新时代，我国教育要求公平与质量齐头并进，追求有

---

① 习近平：《做党和人民满意的好老师：同北京师范大学师生代表座谈时的讲话》，人民出版社 2014 年版，第 3 页。

质量的教育公平，使教育在广度和深度上全面发展。

2012 年之后，追求更高质量的教育公平成为我国教育领域的重要课题。为实现高质量教育公平的目标，我国持续加强对基础教育的支持力度，主要体现在以下几个方面：首先，针对部分群体受教育权无法保障的问题，我国坚持教育的公益性和普惠性，使教育惠及全民。其次，我国从教育公平入手，以实现人人平等为目标，构筑起教育公平的底线，为所有学生提供公平的教育机会。最后，我国从提高整体教育质量着手，既兼顾公平，又兼顾质量。党的十八大以来，我国教育发展的总体情况可以概括为：坚持教育的公益性和普惠性、促进教育"机会均等化"和促进教育"质量均等化"。

本章所用资料数据主要来源于中国科学院官网、中国政府网、教育部官网、教育部全国学生资助管理中心、广州市教育局官网、安徽省教育局官网、河南省政府官网、中国教育网、中华人民共和国国家互联网信息办公室、人民政协网等网站及《中国教育统计年鉴》。

3.1　基础教育的公益性和普惠性改革

坚持教育的公益性和普惠性，是中国特色社会主义教育的显著特征。2010 年，《国家中长期教育改革和发展规划纲要（2010~2020 年)》提出"坚持教育的公益性和普惠性，保障公民依法享有接受良好教育的机会"。2016 年 5 月，国务院办公厅发布《关于加快中西部教育发展的指导意见》，规定："坚持教育的公益性和普惠性，着力从中西部最困难的地方和最薄弱的环节做起，把提升最贫困地区教育供给能力、提高最困难人群受教育水平作为优先任务，促进基本公共服务均等化，保障每个孩子受教育的权利。"教育要兜住底线。建成惠及全民的公平教育，需要发挥教育的公益性和普惠性特征，进一步解决家庭经济困难学生、需要接受特殊教育的学生及进城务工随迁人员子女等群体接受教育的问题。

3.1.1 使每个学生不因家庭经济困难而失学

改革开放以来，我国教育普及取得了良好的成效，实现了绝大多数学生"有学上"。2010年，全国初中、普通高中学生辍学率分别为2.3%、2.0%。但仍有部分学生因家庭经济困难而无法接受教育甚至辍学，贫困农村地区只有40%的初中高年级学生上普通高中，西部贫困地区初中生辍学率高达25%，据农村教育行动计划（Rural Education Action Program）抽样调查数据，陕西省贫困地区农村初中的辍学率高达29.3%。为保障不同家庭经济状况的学生能够公平地接受基础教育，我国制定倾斜性的政策，完善覆盖了整个基础教育的资助体系，保证每个学生不因家庭经济困难而失学。

3.1.1.1 学前教育

改革开放以来，公办学校与民办学校快速发展，促使学前教育普及率逐步提高。但我国的学前教育过度依赖市场作用，导致普惠性公办幼儿园占比较低，民办幼儿园占比较大。2012年，我国民办幼儿园占当年幼儿园总数的68.72%。近年来，学前教育出现了优质民办园"入园贵"和公办园"入园难"问题。一方面，由于缺乏有效的扶持和监管，幼儿园办学质量良莠不齐，部分优质幼儿园学费过高，使得优质民办园"入园贵"；另一方面，随着幼儿入园需求不断增长，学前教育规模无法满足社会需求，尤其是公办园占比较低、新建数量少，儿童"入公办园难"。

在学前教育领域，由于某些私立幼儿园收费高昂，部分普通家庭学生和贫困家庭学生难以进入私立幼儿园尤其是高质量的私立幼儿园接受幼儿教育。事实上，有些家庭经济困难学生甚至连上公办园的需求都难以满足。为了保障不同家庭经济状况的学生都能接受学前教育，我国对民办幼儿园的收费行为进行规范、对贫困学生予以资助，并扩大普惠性学前教育资源的覆盖面。具体包括以下几个方面。

第一，规范幼儿园收费行为，切实解决"入园贵"问题。党的十八大以来，我国持续推进幼儿教育的发展，加大投入力度，增加学前教育学位供给并鼓励社会力量办园，在学前教育方面取得了一些成绩。但由于部分民办园过度逐利，高昂的学费使得许多家长望而却步。在高昂的学费之外，不规范收费行为时有发生。例如，湖北孝昌县一幼儿园以拍摄毕业照以及组织毕业聚餐费用为由收费共30200元，还有一些幼儿园向学生收取天价校服费、电子产品费用等。因此，对民办幼儿园乱收费的治理有待加强。为加强幼儿园收费管理工作、规范幼儿园收费行为，2011年12月，国家发展改革委、教育部、财政部印发《幼儿园收费管理暂行办法》，规定"幼儿园除收取保教费、住宿费及省级人民政府批准的服务性收费、代收费外，不再向家长收取其他费用""享受政府补贴的民办幼儿园可由当地人民政府有关部门以合同约定等方式确定最高收费标准""民办幼儿园保教费、住宿费标准，由幼儿园按照《民办教育促进法》及其实施条例规定，根据保育教育和住宿成本合理确定，报当地价格主管部门、教育行政部门备案后执行"。2018年11月7日，中共中央、国务院发布《关于学前教育深化改革规范发展的若干意见》，要求调整办园结构，大力发展普惠性学前教育，建立具有公益性质且质量有保证的幼儿园。为遏制幼儿园的过度逐利行为，民办幼儿园应每年提交经审计的财务报告，其收取的费用应主要用于幼儿保教活动、改善办学条件以及保障教职工待遇。目前，各地也逐渐落实加强民办园收费管理的政策，诸多民办幼儿园纷纷转为普惠园。到2021年，普惠性幼儿园（包括公办园和普惠性民办园）总数达到24.5万所，占全国幼儿园总数的83%，相较于2011年增加了149.7%。各地对普惠性民办园收费的管制，主要通过控制收费和增加补助来实现。一方面，对普惠性民办园收费实行政府限价，使得幼儿园收费大幅降低。例如，2019年广州市番禺区将普惠性民办园分为示范园和规范园两类，并根据区发展改革局核定的各等级普惠性民办园人均办学成本的平均成本对两类幼儿园分别设置指导价和最高限价；2023年浙江淳安县要求普惠性民办园保教费收费标准不超过同等级公办园的一倍。另一方面，制定普惠性民办园补助标准，切实减轻百姓负担。例如，北京市财政对普惠性民办园实行同公办园相同的补助标准，即每生每年1.2万元；学生就读浙江省杭州市余杭区的普惠性民办园的，家长只需按照同等级公办园缴费，不足部分政府全额补助。民办园的收费得到有效规范。

第二，对贫困学生予以资助。2011年9月5日，财政部与教育部联合发布《关于建立学前教育资助制度的意见》，要求按照"地方先行，中央补助"的原则，各地从2011年秋季学期起建立学前教育资助政策体系。资助内容包括三部分：一是政府资助，即地方政府对经县级以上行政部门审批设立的普惠性幼儿园在园家庭经济困难儿童、孤儿和残疾儿童予以资助；二是幼儿园资助，幼儿园要从事业收入中提取3%～5%比例的资金，用于减免收费、提供特殊困难补助等；三是社会资助，积极引导和鼓励企业、社会团体及个人等捐赠，帮助家庭经济困难儿童、孤儿和残疾儿童接受普惠性学前教育。

第三，补齐普惠性资源短板。近年来，我国加快集中连片贫困地区乡村幼儿园的建设，保证每个乡镇基本办有一所公办中心园、大村独立办园、小村联合办园。在2011～2021年的十年间，中西部地区和农村地区幼儿园发展最快，全国新增幼儿园约80%集中在中西部地区，约60%分布在农村地区。贫困地区和农村地区学前教育得到切实发展。

3.1.1.2　义务教育

党的十八大之前，我国已经实现了农村义务教育阶段免除学杂费和书本费、补助家庭经济困难寄宿学生生活费、对家庭经济困难学生予以资助、对农村义务教育阶段学生提供营养膳食补助，使贫困学生群体义务教育保障水平不断提高。但是，我国仍然有不少学生因贫失学。为保障这部分学生能够接受义务教育，我国坚持健全对家庭经济困难学生的教育帮扶机制，加快推进教育脱贫。

党的十八大以来，针对因贫困辍学的学生，我国各地认真贯彻落实脱贫攻坚工作，聚焦贫困地区和贫困人口，从完善资助制度和开展"控辍保学"工作入手，不断开展教育脱贫攻坚行动。

首先，加大对贫困学生的资助力度，进行精准扶贫。一方面，义务教育阶段全面落实"两免一补"政策，免除城乡义务教育的学杂费和课本费，并为一年级学生免费提供正版学生字典；另一方面，家庭经济困难学生生活补助资金由中央与地方按规定比例分担。从2019年秋季学期起，家庭经济困难寄宿生生活补助国家基础标准由国家统一制定，并将家庭经济困难非寄宿学生纳入生活费补助范围。前者每位小学生每年补助 1000 元，每位初中生每年补助 1250 元①；后者按国家基础标准的 50% 核定家庭经济困难非寄宿生生活补助标准。此外，继续实施农村义务教育学生营养改善计划，切实改善学生的营养健康状况和身体素质，既能缓解家庭经济负担，又能有效促进控辍保学工作的进行。2020 年，我国建档立卡贫困家庭辍学学生数首次实现动态清零，教育层面的扶贫工作有效落实。

其次，通过"控辍保学"助力教育脱贫攻坚，保障贫困地区儿童接受义务教育，阻断贫困代际传递。一是大力改善农村尤其是贫困地区义务教育的办学条件。我国于 2013 年启动实施改善贫困地区薄弱学校基本办学条件工作，继续加大力度投入专项补助资金、新建校舍和寄宿制学校、采购设备等，改善农村学校布局，解决县镇超大班额问题。截至 2019 年底，全国已有 30.9 万所义务教育学校（含教学点）办学条件达到了"20 条底线要求"，占义务教育学校总数的 99.8%，为贫困地区学生创造了更好的学习环境。二是积极引导多主体参与劝返。贵州、四川、广西、甘肃等地采取"政府一条线、教育系统一条线"的双线多级包保责任制，带动县长、局长、乡长、村干部、校长、家长参与"控辍保学"行动。例如，2020"感动山西"十大人物张杰、王秀秀在大学毕业后到山西省支教，上岗第一天，两位年轻人发现 58 人的班级里只坐了 37 人，于是他们对辍学学生挨家挨户上门家访，最终将所有学生劝返。2020 年 4 月 23 日、24 日，宁夏回族自治区西吉县法院兴隆法庭与兴隆派出所、司法所、学校一同到各村组辍学学生家庭中开展劝返工作，并对家长普及相关法律，法庭干警在两天内对 14 户家庭上门劝说，最终劝返 11 名辍学学生。三是促进农村初中普职教育融合。国家提倡在农村普通初中开设职业技术课程，组织普通初中学生到中等职业学校选修职业教育专业的课程等，既确保学生完成义务教育，又培养了学生的就业能力，有针对性地防止初中生辍学。

3.1.1.3　高中教育

国家教育咨询委员会委员认为，随着我国逐步步入中等收入国家行列，

---

① 资料来源：《财政部　教育部关于印发〈城乡义务教育补助经费管理办法〉的通知》。

产业发展向中高端转型升级，对未来新增劳动力受教育程度的需求从初中程度提高到高中程度。在经济发展新常态下，加快普及高中教育，是提高劳动力素质、推进产业转型升级的重要措施之一。党的十八大以来，我国逐渐建立和完善普通高中家庭经济困难学生的资助体系，加大对贫困学生的资助，防止其因贫辍学。我国普通高中教育资助体系以国家助学金、建档立卡家庭经济困难学生免学杂费为主，地方政府资助、校内资助和社会资助为补充。

第一，建立国家助学金制度。我国从 2010 年秋季学期起设立了国家助学金，要求普通高中国家助学金资助面约占全国普通高中在校生总数的 20%，东、中、西部地区资助面依次为 10%、20%、30%。从 2012 年起，国家助学金通过高中资助卡发放，不得以实物或服务等形式抵顶或扣减国家助学金。2016 年，国家规定普通高中国家助学金平均资助标准为每生每年 2000 元，具体标准在 1000~3000 元内确定，并分为 2 档或 3 档，对不同贫困程度的学生予以不同金额的资助。

第二，免除对贫困学生的学杂费。我国从 2016 年秋季学期起免除公办普通高中建档立卡等家庭经济困难学生①（含非建档立卡的家庭经济困难残疾学生、农村低保家庭学生、农村特困救助供养学生）的学杂费，对在政府教育行政管理部门依法批准的民办普通高中就读的符合免学杂费政策条件的学生，按照当地同类型公办普通高中免除学杂费标准予以补助。

第三，地方政府资助。部分地区出台地方性奖学金、助学金、专项免费等政策对贫困高中生予以资助。例如，江苏省盱眙中学享受地方发放的"政府助学金"，每年都有约 15% 家庭经济困难但品学兼优的学生享受政府助学金，每生每年受助金额约为 2000 元。

第四，校内资助。部分学校从事业收入中提取一定比例的经费，用于减免学费，设立校内奖学金、助学金和特殊困难补助等支出。例如，河南省平顶山市发布 2022 年普通高中家庭经济困难学生资助政策体系，要求公办普通高中要从事业收入中足额提取 3%~5% 的经费用于资助学生，民办普通学校

---

① 建档立卡家庭经济困难学生，是指符合国务院扶贫办发布的《扶贫开发建档立卡工作方案》相关规定，在全国扶贫开发信息系统中建立电子信息档案，持有《扶贫手册》的普通高中学生。

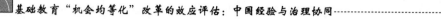

应从学费收入中提取不少于5%的资金，用于奖励和资助学生。2012年，安徽省普通高中学校校内资助金额达9445.2万元，共计64807名学生获得资助。

第五，社会资助。企事业单位、团体及个人等面向普通高中设立奖学金、助学金，帮助家庭经济困难学生完成学业。例如，2021年，望谟县实验高中收到来自宁波、北京、上海等地各界爱心人士和企业的捐赠400多万元，为当地的贫困优秀学生提供了不同程度的资助；社会上还存在着"一对一"、"多对一"、"一对多"等不同形式的资助，帮助家庭经济困难学生继续接受教育。

由此，基础教育各个阶段都形成了较为完整的资助体系，我国的教育扶贫取得了显著成效。在学前教育阶段，民办幼儿园收费行为得到有效管制，普惠性学前教育资源不断扩大；在义务教育阶段，截至2019年，有99.8%[①]的学校（含教学点）办学条件达到了基本要求，营养改善计划覆盖面逐渐扩大，"控辍保学"效果显著；在高中教育阶段，2021年，全国共资助普通高中教育学生1234.35万人次，中西部地区占比达92.03%，共投入资助资金164.27亿元，中西部地区占比达89.26%；各阶段都有相当数量的学生受到了不同程度的资助，从而得以继续接受教育。表3-1反映了2021年基础教育阶段各学段资助情况，可以看出，各阶段采取的不同形式的资助方式都得以落实，我国基础教育阶段已经形成了覆盖各学段的资助体系，从制度上保障了"不让一个学生因家庭经济困难而失学"。

表3-1　　　　　　　　　2021年基础教育阶段各学段资助情况

资助类型	资助人数和资金		学前教育幼儿资助	义务教育学生资助	普通高中教育学生资助
政府资助	资助人数（万人次）		731.92	—	—
	资助资金（亿元）		108.85	—	—

---

① 资料来源：国新办于2021年4月6日发布的《人类减贫的中国实践》白皮书。

续表

资助类型	资助人数和资金	学前教育幼儿资助	义务教育学生资助	普通高中教育学生资助
地方政府另外资助①	资助人数（万人次）	—	1219.11	530.03
	资助资金（亿元）	—	34.56	39.29
学校资助	资助人数（万人次）	58.9	38.43	61.04
	资助资金（亿元）	3.19	2.44	6.18
社会资助	资助人数（万人次）	4.21	31.88	14.21
	资助资金（亿元）	0.12	1.54	2.06
生活费补助	资助人数（万人）	—	2166.33	—
	资助资金（亿元）	—	221.13	—
营养膳食补助	资助人数（万人）	—	3634.09	—
	资助资金（亿元）	—	349.09	—
国家助学金	资助人数（万人）	—	—	442.75
	资助资金（亿元）	—	—	93.52
免学费	资助人数（万人）	—	—	186.32
	资助资金（亿元）	—	—	23.22

资料来源：《2021年中国学生资助发展报告》。

3.1.2　保障进城务工人员随迁子女平等接受义务教育

近年来，随着城镇化进程的加快，流动人口不断增加，随迁子女总量也呈现增长趋势。图3-1显示了全国义务教育阶段进城务工人员随迁子女人数和占在校生总人数的比例。可以发现，2012～2020年，全国义务教育阶段进城务工人员随迁子女数量占在校生总人数的比例较为稳定，保持在9%～

---

① 义务教育地方政府另外资助，是指地方政府在落实生活费补助、营养膳食补助政策的基础上，另外投入资助资金；中等职业教育地方政府另外资助是指地方政府在落实国家奖学金、国家助学金、免费费资金的基础上，另外投入的资金；高中教育地方政府另外资助是指地方政府在落实国家助学金和建档立卡等家庭经济困难学生免学杂费资助资金的基础上，另外投入的资金。

10%的水平，但随迁子女人数的绝对值呈逐年递增趋势。保障进城务工人员随迁子女接受义务教育，是坚持义务教育普惠性和公益性的必然要求。然而，由于我国现行的户籍制度，部分随迁子女在流入地接受义务教育仍然存在困难。全国农民工监测调查报告显示，随迁子女上学难、收费高和升学难的问题较为突出。党的十八大以来，我国着力解决进城务工人员随迁子女的教育问题，使义务教育惠及各个群体。

图3-1　全国义务教育阶段进城务工人员随迁子女情况

资料来源：中华人民共和国教育部。

3.1.2.1　保障升学

2003年，我国针对义务教育阶段随迁子女入学制定了"两为主"政策，即以流入地政府管理为主、以公办学校为主。随着时间的推移，随迁子女完成义务教育的比例不断增加。但由于我国大部分地区采取以户籍为主的中考报名、录取政策，早期入学的进城务工随迁子女升学考试问题并未得到有效解决。为保障随迁子女参加升学考试、促进教育公平，2012年，教育部、国家发展改革委等四部门联合发布《关于做好进城务工人员随迁子女接受义务教育后在当地参加升学考试工作的意见》，要求各地"因地制宜制定随迁子女升学考试具体政策"。在该政策发布后，多数地区相继出台随迁子女就地升学的相关政策，并逐渐放宽随迁子女就地参加升学考试的条件。

2014年，广州市教育局印发《关于做好来穗人员随迁子女参加高中阶段学校招生考试工作的实施方案（试行）》，提出"凡是具有我市初中学校学籍的毕业生均可报考我市民办普通高中和中等职业学校（含中职学校、技工学校）"，同时提出随迁子女报考公办普通高中需要满足的"四个三"条件——随迁子女父亲或母亲在该市具有合法稳定职业、合法稳定住所连续三年以上（含三年）并持有《广东省居住证》，按国家规定在广州市参加社会保险累计三年以上，随迁子女在该市具有初中阶段三年完整学籍。自2019年起，非广州市户籍初中毕业生报考该市公办普通初中不再要求"四个三"条件，具有该市三年初中完整学籍、父母一方或其他监护人持有在广州市办理且在有效期内的《广东省居住证》即可报考。

3.1.2.2 继续保障入学

为使义务教育惠及更多随迁子女，我国在入学门槛、学位供给、教育经费以及入学方式等方面进行了相应的改革。

第一，降低义务教育阶段随迁子女入学门槛。我国各地继续贯彻落实"两为主"的随迁子女入学政策。2016年，国务院印发《关于统筹推进县域内城乡义务教育一体化改革发展的若干意见》，提出对随迁子女就学机制进行改革，坚持"两为主、两纳入"，即在"两为主"的基础上，进一步强化流入地责任，将随迁子女义务教育纳入城镇发展规划和财政保障范围，并提出建立以居住证为主要依据的义务教育阶段随迁子女入学政策，精简入学材料和证明要求，为这一群体提供更加便利的就学服务。

第二，扩大学位供给。2014年，教育部发布《关于进一步做好小学升入初中免试就近入学工作的实施意见》，规定"在随迁子女特别集中的地方，扩大公办学校容量，鼓励社会力量办学，购买民办学校服务……满足随迁子女入学需求"，以妥善解决外来务工人员随迁子女小升初问题。2021 年 3 月31 日，国务院新闻办公室举行新闻发布会，教育部有关领导表示：随着城镇化速度的加快，要进一步扩大城镇学位供给，保障入学需求；保障随迁子女入学，要完善政府购买学位政策，对于公办学校学位不足的，政府可以通过购买学位的方式安排随迁子女到民办学校就读，优先将随迁子女占比较高的民办义务教育学校纳入政府购买学位范围。

实践中，广州市于 2016 年启动了 49 所中小学建设工程，新增约 2 万个中小学学位，并计划到 2018 年改扩建 129 所中小学校，增加 16 万个学位。截至 2018 年，广州市新增学位 13.78 万个；到 2020 年底，新增公办中小学学位约 16.54 万个。2021 年 9 月 23 日，广东省人民政府印发了《广东省教育发展"十四五"规划》，要求"扩大学位增量，在 2020 年基础上新增约370 万个公办义务教育学位，满足适龄学生入学需求"，扩大公办学位供给计划持续进行。另外，购买民办学位服务工作也在不断推进。2022 年，广州市教育局发布《广州市购买民办义务教育学校学位服务实施意见》，明确自2024 年起，购买民办义务教育学校学位服务总数原则上不超过当年辖区内在读随迁子女总数的 50%；购买学位服务经费纳入财政补助范围，市、区分担部分购买学位服务所需经费。

第三，实施经费可携带政策。针对流入地义务教育经费压力较大的现象，我国提出"两免一补"资金和生均公用经费基准定额资金随学生流动可携带的政策，即"钱随人走"。学生无论在城市还是农村、无论在公办学校还是民办学校就读，均可享受"两免一补"政策；无论学生在哪里接受义务教育，国家都会按照不低于基准定额的标准对学校足额安排公用经费补助。这项政策依据全国中小学生学籍信息管理系统实施，纳入学籍管理的学生均可享受，学生依据学籍而非户籍身份平等享受基本权益。

第四，完善入学方式。随着义务教育阶段划片免试就近入学政策的落实，进城务工随迁子女的具体入学方式也逐渐完善。2014 年，教育部提出小升初免试就近入学政策，提出为每一所初中划定对口小学或为多所初中划定同一招生范围。同年，教育部要求 15 个省、直辖市实现 100% 的小学划片就近入学。根据各地政策，拥有户籍或户籍和监护人房屋产权证同时拥有的适龄儿童可以顺利实现就近登记入学、电脑派位入学等。为保证教育公平，非户籍人员的进城务工随迁子女的入学机制也急需改善。

全国各地义务教育阶段随迁子女入学政策大致有以下几种类型：第一类是积分入学制，即根据入学儿童的户籍情况、家长房产情况、居住时长、社保缴纳时长等获得不同程度的积分，学校按照积分高低录取学生。按照参与对象又可以将积分入学制分为两类。一是户籍儿童、随迁子女均参与积分入学。以深圳市为例，本地户籍儿童、少年和非深户籍人员子女统一纳入积分范围，按积分高低安排学位。其中，非深户籍人员子女向居住地所在片（学）区义务教育学校申请积分入学时，须满足以下条件：（1）年满六周岁且有学习能力；（2）父母双方或一方持有具有使用功能的深圳经济特区居住证；（3）申请学位时，父母双方或一方在深圳市连续居住满1年、连续参加社会保险（养老保险和医疗保险）满1年。二是只有随迁子女参与积分入学。目前采取此类积分入学方式的有成都、杭州、苏州、宁波等地区。

第二类是登记入学。参加登记入学的非户籍儿童，须携带规定材料到居住地所在街道办事处或乡镇人民政府参加入学资格审核，通过后方可进入入学程序。例如，凡在北京市朝阳区就读小学和初中的非北京市户籍适龄儿童少年，家长或其他监护人可登录北京市义务教育入学服务平台，通过"非本市户籍适龄儿童入学服务"采集信息，在通过各级审核后，再登录"朝阳区义务教育阶段入学转学报名系统"办理登记手续，即可就读该区小学和初中。

第三类是随迁子女同本地人口平等对待，两类学生可同时参与划片入学进入公办初中。目前福建泉州市惠安县采取了这项政策。2022年5月25日，惠安县人民政府发布《关于印发惠安县2022年普通初中招生入学工作方案的通知》，《通知》规定，公办初中学校实行免试就近划片升学或免试电脑随机派位升学的招生办法，县域内所有小学毕业生（含外来务工人员随迁子女）均免试升入初中。泉州市惠安县2022年的初中入学政策能够确保符合规定的适龄学生都有相应的学位，随迁子女与本地学生享有同等就近入学政策，实现了更高程度的教育公平。2020年，我国流动人口子女中有85.8%在公办学校就读（含政府购买学位），这一比例同整个义务教育阶段学生在公办学校就读的比例大体相当。2021 年，进城务工随迁子女在义务教育阶段就读公办学校以及享受购买民办学校学位服务的比例达到 90.9%①，较 2020 年提高5.1%，随迁子女接受义务教育的机会更加公平。

此外，部分地区优先保障户籍儿童优先入学，再根据各公办、民办学校学位统筹安排随迁子女入学，如南京市、六安市晋安区、荆门市等地区。

专栏 3-1：与户籍制度挂钩的义务教育入学方式

为缓解"择校热"，近年来我国义务教育阶段实行划片入学和免试就近入学政策，为每一所学校划定招生范围。国家实施这两项政策，目的之一就是缓解社会对有限优质教育资源的过度竞争，让每个学生都有机会接受高质量的教育。然而，当大批随迁子女涌入城市，"僧多粥少"现象更为严重。因此，适龄儿童参加划片入学和免试就近入学就需要有一定的准入门槛，即户籍和房产。

例如，北京市东城区 2017 年发布的义务教育阶段入学工作文件规定，凡具有东城区常住户口及东城区房屋产权（监护人持有）的年满 6 周岁的适龄儿童，参加学龄人口信息采集即可免试就近登记进入小学；完成小学教育，且学籍与户口、家庭实际居住地在同一区的，可通过一般初中（优先发展初中）登记入学、学区服务片电脑派位方式安排入学。图 3-2 列出了 2022 年北京市朝阳区各学龄儿童在不同户籍、不同房产情况（监护人持有）下的小学入学途径。要想在朝阳区免试就近入学，适龄儿童须持有朝阳区户籍，或适龄儿童拥有北京市内户籍、其监护人在朝阳区有房产；对于有北京市外区户籍②的无房产家庭，须持有在朝阳区连续单独承租并实际居住 3 年以上和监护人至少一方在朝阳区合法稳定就业满 3 年的证明。北京市外户籍随迁子女在北京市朝阳区就读小学，可持有务工就业证明、实际住所居住证明、全家户口簿和北京市居住证等证明材料申请登记入学。

---

① 资料来源：东北师范大学中国农村教育发展研究院发布的《中国农村教育发展报告 2020 - 2022》。

② 北京市外区户籍，指拥有北京市内户籍，但非朝阳区户籍。

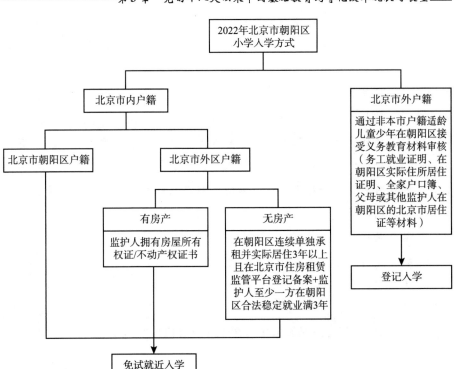

图 3 - 2　2022 年北京市朝阳区小学入学方式

现有的随迁子女入学政策是否真正实现了教育机会公平?

在大多数地区,尽管政府出台相应政策措施,给予随迁子女基本的入学机会,但仍无法保证这一群体拥有平等进入优质学校的机会。根据深圳市随迁子女入学政策,该市对非户籍人口和户籍人口同时采取积分入学制,按"基础分+加分"或"先类别、后积分"的方式录取学生。这种看似公平的录取政策,实际上并没有保证非户籍人口和租房人群享有同等的入学机会。户籍人口和拥有学区内房屋产权的人群"基础分"更高。例如,深圳市福田区基础分按照申请人在学区的住房情况和入户情况分为五类,其中,"在学校报名地段购房,儿童入户在该房产"的人群,基础分最高;而"监护人在学校报名地段租房或居住于其他类型住房"的人群,基础分最低。在"先类别、后积分"的政策下,户籍儿童被视为 A 类或第一类,入学时可被优先录取。同样，杭州市对随迁子女采取积分入学制（户籍儿童不参与积分入学），积分相同者，申请人家庭在市区有自购产权住房且实际居住的优先录取；南京市、六安市晋安区、荆门市采取户籍人口委派后统筹安排随迁子女就近入学的政策，随迁子女不参与电脑随机派位。上述地区的政策均反映出，具有本地户籍、监护人在本地拥有房产的适龄儿童可优先享受优质教育资源。

另外，随迁子女在流入地申请积分入学、登记入学等方式入学，也有一定的门槛要求。例如，随迁子女监护人须参加规定年限的社会保险、持有居住证、租房时长达到一定年限等。取得这些证明材料对大部分随迁子女家庭来说有一定的困难。

适龄儿童接受义务教育，户籍人口优先于非户籍人口、购房人群优先于租房人群，各群体享受优质教育的机会并不均等，不公平现象尚未完全消除。从根本上来说，要使教育真正做到完全公平，仍要增加优质教育资源供给，实现优质教育全覆盖。

（资料来源：笔者根据北京市各区教育局官网发布的政策文件手工整理）

3.1.3　保障残疾学生接受教育

在特殊教育方面，从党的十七大提出"关心特殊教育"到党的十八大提出"支持特殊教育"，再到党的十九大提出"办好特殊教育"、党的二十大提出"强化特殊教育的普惠发展"，我国对特殊教育的关注程度和支持力度逐步提高。党的十八大以来，我国继续实施"随班就读"工作、加大对特殊教育学校建设的支持力度、开展送教上门工作、对残疾学生予以资助等，并在此基础上进一步改善特殊教育办学条件、加强特殊教育教师队伍建设、推进融合教育，在做好特殊教育普及工作的同时，提高特殊教育质量。

第一，改善特殊教育办学条件。我国于2010年、2011年先后发布了《教育部关于发布〈义务教育阶段盲校教学与医疗康复仪器设备配备标准〉等三个教育行业标准的通知》《特殊教育学校建设标准（建标156－2011)》，对特殊教育学校建设制定了相应措施。各地逐渐落实政策，加大投入，按照标准改建、扩建、新建特殊教育学校，并制定标准化评估细则，有针对性地发展特殊教育。截至 2014 年，我国基本实现了 30 万人口以上且残疾儿童较多的县都有 1 所独立设置的特殊教育学校的目标。2016 年，财政部、教育部印发《特殊教育补助资金管理办法》，要求"资源中心应当设立在 30 万人口以下且未建立特殊教育学校的县，资源教室应当优先设立在招收较多残疾学生随班就读且在当地学校布局调整规划中长期保留的义务教育阶段学校；'医教结合'实验项目应当优先选择具备整合教育、卫生、康复等资源的能力，能够提供资金、人才、技术等相应支持保障条件的地区和学校"。同时对资源中心、资源教室、"医教结合"实验项目的建设作出规定，以进一步完善特殊教育学校办学条件。

第二，加强特殊教育教师队伍建设。2012 年 12 月，教育部发布《关于加强特殊教育教师队伍建设的意见》，要求通过对教师的培养、培训、管理和待遇落实，到 2015 年，基本形成布局合理、专业水平较高的特殊教育教师培养培训体系；到 2020 年，形成一支数量充足、结构合理、素质优良、富有爱心的特殊教育教师队伍。针对特殊教育优秀教师数量不足的问题，我国在高校开设特教专业，支持特殊教育专业的发展，以培养更多优秀的特殊教育教师。同时完善特教师资的福利制度，以吸引更多优秀教师加入特教事业。自 1956 年起，我国对特殊教育教师的津贴补助达到 15%，目前部分地区将这一标准提高到 25%、30%。为鼓励大学生到特教机构工作，部分地区还对特殊教育学校任教的高校应届毕业生实施"上岗退费"政策。此外，加大对特殊教育教师的培养和培训力度，提升教师队伍素质。2022 年，教育部等部门发布《"十四五"特殊教育发展提升行动计划》，文件提出师范类专业开设特殊教育课程，列为必修课并将其纳入师范专业认证指标体系，培养师范生的基础特殊教育素养；各地开展特殊教育教师的培训时，应鼓励其更加关注特殊儿童的特点，做到因材施教，从而对班级进行有效的管理，并实现能力的提升。

第三，推进融合教育。特殊教育阶段最初提出的融合教育指的是"普特融合"，也就是将普通教育与特殊教育相结合，支持残疾学生随班就读。《"十四五"特殊教育发展提升行动计划》中提出，推动普通教育、职业教育、医疗康复及信息技术与特殊教育进一步深度融合，提高特殊教育质量。

首先，鼓励职特融合，增强残疾学生的就业能力。例如，天津市积极推进天津城市职业学院与天津市聋人学校的合作，开设"聋人高职班"，针对有听力障碍学生，设置了烙画、计算机绘图、书画装裱等课程；成都市清白区于2020年8月3日在普通中职学校正式开设首个针对心智障碍类学生的职高特教班；苏州市相城区在"职特融通"的背景下，按照学科教育、康复补偿、技能培训和实习就业一体化的要求，开展了职业高中课程建设。其次，医教结合，保障残疾学生身心健康。2022年11月9日，阜新市启动实施了特殊教育机构与医疗机构"医教结合"合作项目，其中阜蒙县人民医院与阜蒙县启智学校签订"医教结合"项目协议，为启智学校学生提供详细的体检服务。最后，信息技术赋能特殊教育，既能满足学生的受教育需求，又能充分利用稀缺特殊教育教师资源，减轻教师负担。

党的十八大以来，我国特殊教育改革成效显著，主要表现在特殊教育在校生人数、入学率、教师数量增加和教育质量评价制度建立等方面。（1）特殊教育在校生人数已由2015年的44万人增加至2020年的88万人，残疾儿童义务教育入学率达到95%以上。（2）我国普通学校附设特教班与随班就读在校生从2012年的19.98万人增长至2020年的44万人，占总特殊教育学生的49.95%。（3）特殊教育学校专任教师数量由2015年的5.03万名增加至2021年的7.09万名，教师队伍的数量规模和质量逐渐提升。（4）我国已发布《特殊教育办学质量评价指南》，特殊教育评价制度已建立，我国特殊教育正在向高质量迈进。

3.2　基础教育"机会均等化"改革

在探讨我国推进教育机会均等化的路径时，首先需要明确何谓教育"机会均等化"。在国际层面包括《世界人权宣言》与1948年联合国大会针对"教育机会均等"提出两项原则：一是废除种族歧视；二是人人具有均等的受教育权利（吕东良，2016）。在我国，经典著作《辞海》中对教育机会均等给出明确的定义，指的是每个社会成员（不分种族、阶层、性别、年龄）

都享有平等的教育机会，都能受到适合个人特点的教育。然而，这种公平在现实中往往得不到满足。

近年来，我国出现了一系列导致教育机会不平等的问题。一方面，过度追求效率。我国采取"重点校""重点班"政策来追求片面的教育高质量发展，把优质教育资源集中到部分学校，使得只有一部分中小学校得到快速发展。这不仅导致教育资源分配不均衡，还引发"择校"热潮，"以钱择校""以权择校"成为争夺优质教育资源的主要方式。不同群体的家庭经济状况存在差异，低收入家庭难以负担昂贵的择校费用，从而失去进入优质学校的机会，一部分人以其他人失去受教育机会为代价获得教育机会，教育机会不平等现象突出。另一方面，民办学校"掐尖"招生，将优秀学生集中在一起进行教学，使得部分学生失去享受优质民办教育的机会，加剧了教育机会不平等。针对上述问题，我国采取了"租购同权""多校划片""公民同招，民办摇号""名额分配综合评价录取"等政策，以达到教育机会均等化的目标。

3.2.1　采取"租购同权"政策，保障租房群体教育机会公平

近年来，为保障租房群体的合法权益，我国出台"租购同权"政策。进入商品房时代后，市场上出现了投机性炒房、房地产泡沫等现象，一部分中低收入人群的住房需求无法得到满足。为改变这种现象，推动房地产市场良性发展，我国进行住房改革，采取租购并举政策，促进租赁市场的发展。2016年6月，国务院办公厅发布《关于加快培育和发展住房租赁市场的若干意见》，明确提出实施租购并举，支持租赁市场发展。2017年，党的十九大报告提出"房子是用来住的、不是用来炒的""加快建立多主体供给、多渠道保障、租购并举的住房制度"，以满足群众的住房需求，实现全体人民住有所居。

鼓励住房租赁消费，要先保障承租人享有基本公共服务的权利。2016年，国务院办公厅印发的《关于加快培育和发展住房租赁市场的若干意见》中指出："非本地户籍承租人可按照《居住证暂行条例》等有关规定申领居住证，享受义务教育、医疗等国家规定的基本公共服务。"2020年召开的中

央经济工作会议明确提出："逐步使租购住房在享受公共服务上具有同等权利"，即由租购并举演变为"租购同权"。随着"租购同权"试点工作推进，我国一些重点大城市率先实施了这项政策。

在教育领域，"租购同权"是对租房者的"确权"，使符合条件的承租人子女能够享有就近入学等社会公共服务权益。这一政策对于划片入学政策下产生的新的择校方式——"以房择校"引起的教育机会不公平问题起到一定的改善作用。目前，广州、上海、武汉、成都等城市都明确提出了保障承租人依法接受义务教育的权利。

广州提出"学位到房"。所谓"学位到房"，是指学位对应的住房是固定的，如果住房的业主将房屋出租，且学位未被占用，则原购房家庭不满足"人户一致"，不能占用学位，学位由租户享用，承租人子女可在租住房屋所在地享受同等就近入学权利。广州市人民政府办公厅在2017年印发《广州市加快发展住房租赁市场工作方案》，明确提出符合条件的承租人子女享有就近入学等公共服务权益，监护人在广州市无自有产权住房、以监护人租赁房屋所在地作为唯一居住地且房屋按租赁合同经登记备案的适龄儿童少年，由居住地所在区教育行政主管部门安排到义务教育阶段学校就读。但目前来说，广州的"学位到房"政策还只是一个构想，广州市政府对其持谨慎态度，目前尚未得到明确落实。

杭州实行"租购同分"。2017年，杭州市住房保障和房产管理局发布《关于加快培育和发展住房租赁市场试点工作方案》（征求意见稿），明确赋予符合条件的承租人子女就近入学等公共服务权益。同时，杭州市提出采取"租购同分"政策，即非市区户籍的流动人口凭借居住证申请积分入学时，可同购房人群享受同等积分，前提是租赁时间要达到一定的时长。

深圳租房家庭子女可参与电脑随机派位。2022年，深圳市龙华区教育局印发《华东师范大学附属深圳龙华学校招生录取方案》，文件明确规定，华东师大附属深圳龙华学校实行"单片学区＋电脑随机派位"的方式招生，其中，父母（或法定监护人）拥有自购住宅类商品房（含保障性安居房）的深圳市户籍和非深户籍的适龄儿童少年、父母（或法定监护人）租房（含居住在单片学区租房）的深圳市户籍适龄儿童少年均可参与公办学校电脑随机派位，拥有深圳市户籍的承租人子女享有平等的就近入学机会。

"租购同权"政策为部分租房群体的入学提供了一定保障，但也存在不足之处。首先，一些地区的相关政策对承租人的要求较高，较高的准入门槛阻碍了部分承租人子女公平地享受教育，教育公平并未完全实现。以 2022 年广州市越秀区的入学政策为例，该区制定《越秀区承租人子女义务教育入学工作实施细则》，只有拥有广州市户籍的适龄儿童少年、人才绿卡持有人等政策性照顾借读生且监护人以租赁房屋所在地作为唯一居住地的适龄儿童少年才适合本方案。根据是否为广州市越秀区户籍以及租住的房屋类型，越秀区教育局统筹安排学位或对口入学的条件要求也有所不同，具体情况如图 3-3 所示。

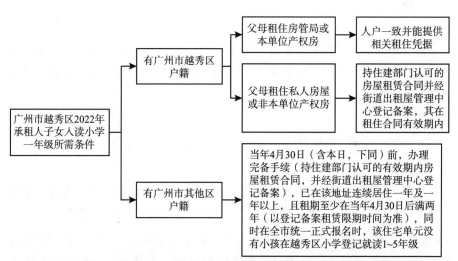

图 3-3 广州市越秀区 2022 年承租人子女入读小学一年级所需条件

资料来源：《2022 越秀区承租人子女义务教育入学工作实施细则》。

其次，在其他条件相同的情况下，购房家庭学生入学仍然优先于租房家庭学生，承租人子女未享受到平等的受教育权利。以杭州市为例，该市实行"租购同分"，各区教育行政部门按照就近（相对就近）入学的原则，依照积分高低排序录取。但即使承租人连续合法租住房屋五年，获得了与购房人群同等的基础分，"同分者拥有杭州市房屋产权且实际居住者优先"等规定的存在仍使得真正意义上的教育机会平等难以实现。

最后，该政策有可能会引起租金上涨。如果承租人子女享有同等的就近入学权利，当学区房的购买者将该房屋出租时，购房者子女不再满足人户一致的要求，无法使用学位，则符合条件的承租人子女可享有该学位。即房屋购买者在出租房屋时，放弃了学位的使用权。优质教育资源紧缺地区的出租人有可能会以学位为由抬高租金，学区房溢价转移到租金上去，导致租金上涨。

就"租购同权"的影响，上海交通大学中国发展研究院执行院长表示，在学位资源受限的情况下，"租购同权"对于已经购买学区房的人而言会带来利益损失，因为学区房的投资价值下降；租赁者的权益得到了保障，学区房租金会上涨，由此形成了利益再分配。华南城市研究会副会长也指出，优质稀缺资源会带来高溢价，不体现为高房价，就会体现为高房租。由于我国优质教育资源的稀缺性，租购目前还无法完全实现"同权"，在适龄儿童就近入学时仍然设置了户籍、居住时长等限制，并且在入学时有房家庭子女比承租人子女更有优先权。要从根本上缓解我国教育发展不平衡的问题，关键是要增加优质教育资源的供给。

3.2.2 采取"多校划片"政策，抑制择校行为

针对20世纪90年代出现的"择校热"问题，国家明确规定义务教育阶段逐步取消"重点校""重点班"。早在1993年，原国家教育委员会在《关于减轻义务教育阶段学生过重课业负担、全面提高教育质量的指示》中就明确提出："义务教育阶段不应分设重点学校（班）与非重点学校（班）。"但在当时，基础教育阶段"重点校"仍普遍存在，教育不公问题较为突出。2009年3月，中国科技大学原校长朱清时在全国两会上表示："父母有钱有关系，孩子就可上重点小学或中学。我们当时的教育模式过早地把年轻人分类分层，而且一旦分了，就很难改变，它使得很多年轻人，特别是广大农村和贫困地区的学生失去了机会，这就是很大的不公平。"党的十八大以来，我国把推进教育公平作为一项重要任务，多次强调取消重点学校。之所以反复强调这一点，是因为虽然名义上取消了"重点校"，但仍存在教育资源分

配不均衡的现象，学校水平仍有高低之分，"重点校"仍然存在。

"择校热"现象产生的原因主要有两个。一是"重点校"政策导致优质教育资源分布不均，人们出于对高质量教育的需求引发"择校"；二是允许考试竞争、凭分数选择学校的教育制度给予了家庭"择校"空间，人们可以利用"条子""票子""位子"等资本谋求学位。只要学校间的办学水平差异存在并且人们能够利用金钱、权力选择学校，"择校热"就会一直存在。为解决这一热点问题，我国持续加强推进初中招生制度与小升初免试就近入学改革。2014 年，我国发布《教育部关于进一步做好小学升入初中免试就近入学工作的实施意见》，提出对每一所公办初中划定招生范围（单校划片），部分优质初中和难以实现单校划片的新老城区采取"多校划片"，即为多所初中划定同一招生范围。此后，国家出台相关政策，要求公办小学要达到100% 的划片入学、各地区分步实现公办初中划片入学。当时已经普及划片入学的学校大多采取单校划片，即为每一所小学划定配套小区，为每一所初中划定对口小学或片区。

此时，影响学生参与划片入学的条件有两个，分别是户籍和房产。家长为了抢占优质学校学位，不惜重金购买房产，强烈的购房需求给予开发商牟取暴利的机会。部分房地产商大肆建立、宣传学区房，打着优质学校学位的旗号吸引购买者，引发教育焦虑并进一步推动学区房价格上涨。在教育资源不均衡的地区采取单校划片的入学方式并不能完全解决择校问题，反而引发了"学区房热"。为解决这一问题，我国逐步推进"多校划片"，要求学校按照随机派位的原则招生，如果报名人数少于学校招生计划，直接录取；报名人数超过招生计划的，实行电脑随机派位录取，未被录取的学生由当地教育部门统筹就近安排到有学位的学校，加大了优质教育资源紧缺地区学生入学的随机性，保障入学机会均等。

"多校划片"是解决当前"择校热"问题、促进教育公平的一项重大举措，我国各地区也根据实际情况逐步普及"多校划片"。例如，2020 年 4 月，北京市西城区教育委员会发布《关于西城区 2020 年义务教育阶段入学工作的实施意见》，要求自 2020 年 7 月 31 日起，所有在西城区购房并获得房屋产权证书的家庭适龄子女申请入小学时，全部以"多校划片"的方式入学，即随机派位入学；初中采取对口直升①、随机派位和登记入学的方式，加大了入学的随机性。广州市天河区人民政府规定，在 2026 年之后，小升初不再保证 100% 对口直升，学生就读初中采取"多校划片"、电脑随机派位方式入学。深圳市根据各学区学位的充足程度将学区划分为五类：单享学区、大学区、共享学区、分享学区、优享学区。其中，大学区内的学生可以填报三个志愿，学校按照志愿顺序和积分高低录取；共享学区内的学生可以在地段内的学区和地段外共享学区内的学校申请学位；分享学区内学位比较充足，可以将一部分学位分享给学位紧张的学区。"多校划片"政策逐步在全国范围内展开。

3.2.3 实行"公民同招"政策，避免民办校"掐尖"招生

20 世纪末至 21 世纪初，国家鼓励私立教育的发展，以促进教育普及、补充公办教育、提供多样化的教育，使私立教育逐步发展并逐渐走向成熟。然而，近年来民办学校问题层出不穷，主要表现在"掐尖"招生方面。民办校招生早于公办校，在公立学校还未招生的情况下，有一部分学生通过面试、考试优先进入民办校。民办校通过各种方式提前选拔优质生源的行为，加剧了"择校热"。我国公办学校实行的是免试就近入学，而民办学校则提前通过严格的甄别选拔录取学生，拉大了学校间的生源差异。因此，对民办学校的招生录取加以规范显得尤为重要。

针对民办学校变相"掐尖"争夺优质生源的现象，我国尝试采取公办民办学校同步招生的政策。2018 年，教育部发布《关于做好 2018 年普通中小学招生入学工作的通知》，指出"要将民办学校招生入学工作纳入当地教育行政部门统一管理，严格规范招生计划和招生方式管理，引导其合理确定招生范围，并与公办学校同步招生""对于有空余学位的公办热点学校和报名人数超过招生人数的民办学校，在现有工作基础上，可以引导学校采取电脑随机派位方式招生"。2019 年，教育部进一步强调"严禁一切形式的提前招生"。此后，各地陆续开始制定相应措施。北京、浙江、江苏、上海、成都、

---

① 对口直升，是指在公办小学的毕业生，按照小学生升入对口中学和统筹分配学位的原则，学生不用考试，以推荐生或电脑派位的形式，实行免试、就近入学。

山西、江西等地相继出台了"公民同招"相关政策，要求将民办义务教育学校招生纳入审批地统一管理，与公办学校同步报名、同步开展录取、同步注册学籍，对报名人数超过招生计划的，采取电脑随机录取。

"租购同权"政策的实施对民办校"掐尖"招生行为有一定的抑制作用。例如，2019年，郑州市教委宣布：自2020年开始针对"小升初"实行公办与民办学校同步招生。根据河南省的统计数据，2022年，公办初中招生计划占比96.07%，民办学校招生计划占比3.93%；郑州市内九区公办初中招生计划编班比2021年新增309个，民办初中招生计划编班比2021年减少287个；山西太原自2020年起采取公民办学校同步招生，实行100%电脑随机录取，从2019年至2021年，民办初中招生比例逐渐下将，从33.7%下降到19.6%，民办小学招生比例由13.7%下降到11.6%。公民同招政策能增加公办学校招生占比，减少民办学校招生占比，在一定程度上抑制了"择民校"的行为，有利于促进教育的均衡发展。

"公民同招"政策的实施，也催生了新的择校方式，造成另一种教育不公。部分家长利用职业技能和社会关系网络收集关键招生信息进行博弈，萌生新的择校手段。也有部分经济资本充足的家长放弃民办摇号，转而换购优质的学区房。有研究发现，"公民同招"政策实施后，优质公办学校周围房价上升，而普通公办学校周围房价趋于平稳（杜欣悦，2021）。"公民同招"政策使得家长从"择民校"转变为通过购买学区房选择优质公办学校，从而进一步加剧了公办的"择校热"，造成教育不公平。

3.2.4　实行名额分配综合评价录取政策，使每所学校都有均等的升入优质高中的机会

在我国，高中入学根据考试成绩录取，优质初中毕业生进入优质高中的机会也就更大。家长更倾向于选择让孩子进入升学率高的优质初中校，使得初中阶段择校问题较为突出。优质高中招生名额分配政策通过将一定比例的优质高中招生名额分配到区域内初中校，并根据综合评价录取，这有利于破除"唯分数"论，促使每所初中毕业的学生都有平等地进入优质高中校的机会。

我国的名额分配政策最早可以追溯到 2002 年，教育部在《关于积极推进中小学评价与考试制度改革的通知》中提出："积极探索建立招生名额分配、优秀学生公开推荐等制度""各级教育行政部门不得以升学率作为评价学校的标准。"2008 年，教育部明确提出："将优质高中名额中的大部分均衡分配到普通初中。"除此之外，教育部还对分配比例提出了硬性要求。

随着试点工作的开展，全国各省（自治区、直辖市）相继建立了高中名额分配制度，部分地区称为"指标到校""指标分配"等。各地规定的名额分配比例逐渐上升，对政策的要求也更加细化。例如，上海市对不同类型的市实验性示范性高中名额分配到校、分配到区的比例进行了更细致的调整，并实施了综合评价录取。上海市高中于 2022 年实施了名额分配综合评价录取，在比例上，政策规定名额分配招生计划占市实验性示范性高中招生计划的 50%～65%，其中，委属市实验性示范性高中名额分配计划总数的 20% 分配到不选择生源的初中校，80% 分配到各区；区属实验性示范性高中名额分配计划的 70% 分配到不选择生源的初中校，30% 分配到区。在招生录取方面，招生学校对入围学生开展现场综合评价并对其赋分，同综合素质评价结果得分形成综合成绩，招生学校依据综合成绩和学业考试成绩的总分从高到低依次进行录取，从而打破了应试教育的弊端，重视对学生实施素质教育，实现学生的全面发展。广州市于 2023 年提出取消名额分配最低分数线的限制，这样一来，因未达到限制性分数线而无法通过名额分配进入优质高中校的情况将会减少，各初中校所分配到的指标数将会按计划落实，流标率将会大幅降低。深圳市教委规定，自 2012 年起达到普通生录取线的考生不再占用指标生名额。"名额分配，指标到校"政策不断完善能够通过结果的均等化有效改善"择校热""乡村弱""城镇挤"的问题。

第一，能够有效缓解城区优质初中的择校问题。多数地区规定择校生不能参与指标到校。例如，2022 年上海市名额分配政策要求到校指标分配给不选择生源的初中校，包括所有的公办学校和公民同招后招生的民办校。山西晋中市明确规定：择校生、借读生不享有指标到校的资格，只有在招生划片范围学校就读且有正式学籍的应届初中生才能享有。另外，名额分配政策使得每所优质初中校有规定的指标数，对应的高中校根据学生的校内排名进行录取，录取上限为每所初中分得的指标数，超过计划数的，即使分数再高也无法录取；优质高中校的一部分指标流向了竞争压力较小的薄弱初中，增加了薄弱初中毕业生升入优质高中的机会。因此，部分学生会选择到有分配名额且竞争压力较小的薄弱初中就读，不再挤破头选择优质初中。例如，灵石二中作为一所优质初中校，长期以来面临着"择校热"、学生多、班额大的难题，随着指标到校比例上升到80%，该校初一招生人数从2011年的512人降低到了411人，名额分配政策一定程度上缓解了"择校热"和"大班额"。

第二，加大薄弱初中学生进入优质高中的机会，推进了机会公平。由于受教学条件、师资、课程资源等方面的限制，薄弱初中毕业生考入优质高中更加困难。名额分配政策通过给予薄弱初中一定比例的指标，使得在校生拥有更多机会进入优质高中，从而达到教育机会均等的目的。以平遥县岳壁三中片区为例，2008年以前，这一片区的学生中有近70%的学生选择外出借读，学校总学生仅有170名；2015年，该校学生回流，总数达到600人，此后几年内，每年有50多人被优质高中录取（高政，2019）。更多农村初中生获得升入优质高中的机会，促进了教育结果公平。

第三，名额分配政策能够促进初高中校的办学质量提升，从而实现公平质量兼得。名额分配政策能够提升初中校的办学质量。部分地区以初中校的质量督导评估结果为依据实施优质高中名额分配政策，在生源压力下，各个初中为争取到更多指标，会选择提升办学质量。名额分配政策能够提升高中校的办学质量。名额分配政策使得高中校招收了各种水平的初中生，导致生源分数差距较大，而这种差距更多来自环境因素而非智力因素、能力因素。如果教师在教学过程中能做到因材施教、激发每一名学生的潜力，那么在实行指标分配之后，高中校质量不比实施之前差，这是对高中校的一种考验。中国教育科学研究院研究员储朝晖表示："对于优质高中来说，尽管招收的学生分数拉大了，但既是一种挑战，又是一种机会，这些来自不同学校的学生增加了生源的多样性，本身就是一种教育资源。"近年来，晋中市全市考入"985"、"211"高校的学生从一千多人上升到了三千多人，2020年晋中市历史性地实现了下辖11个县（市、区）都有考生裸分达到北大、清华录取分数线。2006～2010年，济南市持续实行名额分配政策，使得一本录取率和二本录取率显著增加，名额分配政策提高了优质高中质量（张羽等，2017）。

名额分配政策对我国教育的发展具有积极意义，但也存在着不足之处。目前，诸多地区尚未采取类似晋中市的名额分配政策，即名额分配比例与初中校质量挂钩的较为完备的指标分配体系，对于"质量均等化"影响甚微。针对名额分配政策衍生出来的一些问题，如落实不足、过于强调结果公平而忽视了因材施教、优质初中生源的流失会打击初中办学的积极性等，这些问题仍然是名额分配政策未来需要改进的方向。

专栏 3 – 2：晋中市与初中校质量挂钩的指标分配政策

自 2001 年起，晋中市实施了优质普通高中招生名额分配到县域内初中校的政策，根据政策规定，名额分配比例逐渐由 5% 扩大到 20%、60%、80%、100%。随着指标分配比例的上升，教育机会均等化水平不断提高，但也引发一些争议。一方面，薄弱初中学生进入优质高中的概率增加，导致大量学生回流到薄弱学校，而优质初中受到指标限制，招生时生源受到影响，平均主义的指标分配方式打击优质初中办学的积极性；另一方面，在优质高中招收的学生当中，来自薄弱初中校的学生占比增加，进入同一所高中的学生分数差别较大，生源质量不一，这对优质高中质量造成一定的影响。

为解决上述问题，使政策发挥效力，促进学校办学质量提升，晋中市探索建立了"绩效分配"式的指标分配比例结构，要求从 2012 年开始指标到校名额明确划分为均衡性、奖励性和倾斜性三类。其中均衡性指标名额的分配以各地实际参加中考人数所占比例计算；奖励性指标名额的分配依据各初中学校教育质量的评估结果进行；倾斜性指标名额以各初中校的地域分布情况合理分配，向偏远农村地区学校适度倾斜。具体来说，依据初中校离县城直线距离，5 公里以内、6 ~ 15 公里、16 ~ 20 公里、20 公里以外分别获得 2%、4%、6%、8% 的倾斜性指标。以晋中市 2022 年的政策为例，该市实行 100% 指标到校政策，其中，"县级教育行政部门按初中毕业生人数分配的基础性均衡指标占 60%，对初中学校年度教育质量督导评估结果分配的评估性奖励指标占 30%，按初中学校毕业生升入高中阶段学校（主要包括普通高中和职业高中）比例分配的倾斜指标占 10% 的要求分配到校指标"。

晋中市实行的与初中校质量挂钩的名额分配政策，在促进教育机会均等的同时，对初中校提高办学质量起到了一定的激励作用，而初中校质量的普遍提升，也将提升优质高中的生源质量，实现公平与质量并行，推动教育的优质均衡发展。

（资料来源：晋中市教育局官网）

3.3 基础教育"质量均等化"改革

教育均衡不仅意味着要向人们提供公平的教育机会，也意味着要向每个人都提供更加优质的教育，即实现教育"质量均等化"。党的十八大以来，我国面临着缩小教育差距、扩大优质教育资源覆盖面、使人人都能享受到高质量教育的重大任务。我国主要从学校的布局和建设、教师队伍、管理模式、资源共享、课堂教学等方面进行改革，实现教育质量的均等化。第一，应科学规划建设学校，从学校布局和建设方面入手，解决优质教育资源不足的问题。一方面，一些教育质量较为落后的学校存在布局不合理、办学条件尚未达标等问题，直接提升其质量较为困难，需要先改善贫困地区学校的布局、对薄弱学校办学条件进行标准化建设，再逐步提升其质量；另一方面，通过增加优质学校数量，增加优质资源供给，实现"质量均等化"。第二，加快教师队伍建设，全面提高教师素质，使每个学生都能接受到高质量的教育。第三，通过特定的组织形式，将学校有机地联系起来，带动薄弱学校质量提升，从而达到全面提高教育质量的目的。第四，扩大优质教育资源覆盖面，使得在优质教育资源有限的情况下，每个学校的学生都能享受优质教育资源。第五，强化课堂主阵地作用，切实提高课堂教学质量，为学生提供更优质的教学服务。

3.3.1 科学规划学校建设

3.3.1.1 合理改善农村布局

20世纪80年代，在税费改革和"以县为主"的义务教育经费体制背景下，县级政府因无力承担办学重任，开始对一些生源少、质量差且难以提升的农村学校进行撤除合并。2001 年，国务院发布《关于基础教育改革与发展的决定》，固定农村小学和教学点"要在方便学生就近入学的前提下适当合并"。由此，一场大规模的"撤点并校"运动在全国范围内展开。1998 ~ 2007 年，全国学校数量减少了 47.5%。

政策实施过程中出现了一些与教育目标相违背的现象。一是多数家门口的学校被撤除的学生只能到较远的县城就读，使得部分学生因无法负担寄宿费用或学校没有寄宿条件而辍学，既违背了就近入学的政策目标，又加大了我国控辍保学工作的难度。二是由于大量生源涌入，县城教学班学生过多，"大班额""超大班额"现象严重，影响教学质量。事实证明，过度"撤点并校"不利于教育公平和教育质量提升，要实现人人都能享有公平而有质量的教育，需要进一步优化农村学校布局。

2012 年的政府工作报告指出"农村中小学布局要因地制宜，处理好提高教育质量和方便孩子们就近上学的关系"。同年，国务院办公厅发布《关于规范农村义务教育学校布局调整的意见》，明确提出"暂停农村义务教育学校撤并""坚决制止盲目撤并农村义务教育学校"，旨在加大对教学点的扶持力度而非盲目撤除教学点。2018 年 4 月，国务院办公厅发布《关于全面加强乡村小规模学校和乡镇寄宿制学校建设的指导意见》，要求科学合理设置乡村小规模学校（指不足 100 人的村小学和教学点）和乡镇寄宿制学校，同时提出"在人口较为集中、生源有保障的村单独或与相邻村联合设置完全小学；地处偏远、生源较少的地方，一般在村设置低年级学段的小规模学校，在乡村设置寄宿制中心学校，满足本地学生寄宿学习需求"，以妥善处理好学生就近上学与接受良好义务教育的关系，切实保障广大农村学生公平接受义务教育的权利。

3.3.1.2 提升标准化建设程度

2010 年，中共中央、国务院在《国家中长期教育改革和发展规划纲要（2010 - 2020 年）》中明确提出了推进义务教育均衡发展的战略目标，要求到 2020 年基本实现区域内义务教育均衡发展。2012 年，为进一步贯彻落实这一要求，国务院印发《关于深入推进义务教育均衡发展的意见》，提出要率先在县域内实现义务教育基本均衡发展，缩小县域内学校之间的差距。为了加快这一进程，教育部于 2012 年发布《县域义务教育均衡发展督导评估暂行办法》，要求各省制定义务教育基本办学标准，经过省级评估、国家认定，对义务教育发展基本均衡县进行督导评估。在义务教育基本均衡阶段，我国对教育发展落后地区予以重视，通过增加财政投入、校园标准化建设和基础设施标准化建设等方式，重点改善农村学校和薄弱学校办学条件，缩小校际差距。到 2016 年末，全国共有 1824 个县（市、区）实现义务教育发展基本均衡，占全国总数的 62.4%。

2017 年，教育部发布《县域义务教育优质均衡发展督导评估办法》，对义务教育提出了更高标准。从评估指标的数目来看，优质均衡评估指标达 31 项，比基本均衡评估多了 5 项；在评估指标的内容方面，优质均衡评估更加详细。例如，关于教师轮岗制度，基本均衡评估指标要求"建立并有效实施了县域内义务教育学校校长和教师定期交流制度"，而优质均衡评估标准规定了详细的比例，即"全县每年交流轮岗教师的比例不低于符合交流条件教师总数的 10%，其中，骨干教师不低于交流轮岗教师总数的 20%"（周军和黄秋霞，2018）。在基础设施评估标准上，优质均衡评估指标要求更高。表 3 - 2 对安徽省义务教育阶段基本均衡和优质均衡评估指标中有关基础设施标准的评估指标进行了比较，优质均衡标准均高于基本均衡标准。

表 3 - 2　　　　　　　　安徽省义务教育基础设施均衡评估指标

评估指标	基本均衡标准	优质均衡标准
生均校舍建筑面积	小学：$\geqslant 5m^2$	小学：$\geqslant 8.5m^2$
	初中：$\geqslant 6m^2$	初中：$\geqslant 9.5m^2$
生均体育活动场地	小学：$\geqslant 6m^2$	小学：$\geqslant 7.7m^2$
	初中：$\geqslant 8m^2$	初中：$\geqslant 10.6m^2$
生均藏书	小学：$\geqslant 20$ 册	小学：$\geqslant 25$ 册
	初中：$\geqslant 30$ 册	初中：$\geqslant 35$ 册

资料来源：安徽省教育厅发布的《安徽省义务教育阶段学校办学基本标准》。

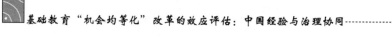

截至 2019 年底，全国共有 2767 个县通过了义务教育基本均衡发展督导评估认定，占比 95.32%，23 个省份整体实现了县域义务教育发展基本均衡，提前完成了"到 2020 年，全国实现基本均衡的县（市、区）达到 95%"的规划目标。但要实现义务教育优质均衡，除了要从学校布局、办学条件入手，也要着手建立优质学校，从增量入手，扩大优质资源供给。

3.3.1.3 增加优质学校数量

针对优质学位不足的问题，除提升现有学校的教育质量，扩大优质学位供给也同样重要。例如，广东省东莞市莞城和阳小学是为解决原师范附小搬迁后该学区户籍儿童入学问题而建立的，学校建成后，挂靠在优质学校莞城中心小学并加入莞城中心小学教育集团。在该集团的办学优势下，和阳小学质量迅速提升并扩大规模办了分校。2021 年，大连市人民政府发布《大连市甘井子区国民经济和社会发展第十四个五年规划和二〇三五年远景目标纲要草案》，提出力争到 2025 年建成 15 所优质中小学校，使之能够满足辖区内居民的教育需求。在坚持义务教育优质均衡发展的前提下，各地逐步扩大优质学位增量，改善优质学位供给不足的情况。

近年来，伴随着"民转公"的实施，优质学位供给也逐渐增加。2021 年，教育部等八部门联合发布《关于规范公办学校举办或者参与举办民办义务教育学校的通知》，明确了三类"公参民"学校，即公办学校单独举办的义务教育学校、公办学校与地方政府及相关机关机构（含具有财政经常性经费关系的其他单位、政府国有投资平台、政府发起设立的基金会、国有企业等）合作举办的义务教育学校、公办学校与其他社会组织或个人合作举办（含公办学校以品牌、管理等无形资产参与办学）的义务教育学校，自该政策发布后不再审批设立。上述前两类"公参民"学校应改为公办学校，第三类符合"六独立"要求的，可继续举办民办学校，但应在履行财务清算等程序，并对民办学校及相关单位、企业等使用公办学校校名或校名简称进行清理后，公办学校逐步退出。

"民转公"在促进公办学校的普惠发展、提升教育质量、抑制民办学校"掐尖"招生等方面起到了重要的作用。首先，"民转公"能够有效缓解公办学校采用民办教育的高收费机制而破坏公办学校普惠性的乱象，保障更多群体接受优质的公共教育。其次，"民转公"将会使一大批"公参民"学校转为公办，公办教育吸收了部分优质民办教育资源，使得优质公办学校数量增加，扩大优质学位供给。最后，"民转公"使得所有公办、"公参民"学校遵循本地的免试就近入学政策，缓解了因民办学校"掐尖"招生导致的公办校生源质量稀释的情况。这一政策刚刚发布不久，各地具体政策细则尚未发布，还在制定过程中，未来将逐渐完善并落实，针对实施过程中出现的问题做好政策应对。

3.3.2　建设高质量的教师队伍

我国通过建立教师、校长轮岗机制，提升教师的整体质量。我国国家政策中有关教师交流轮岗的描述最早可以追溯到1996年发布的《关于"九五"期间加强中小学教师队伍建设的意见》。文件提出为"加强薄弱学校的建设与发展，缓解农村边远地区中小学对教师的需求""鼓励教师从城市到农村，从强校到薄弱学校任教"。在此后的教育发展进程中，国家始终将教师、校长定期交流轮岗作为促进农村学校、薄弱学校发展，提高学校质量的一项重要措施。为解决政策在实施过程中存在的轮岗教师积极性不高的问题，国家、各个地方出台配套政策予以保障。

第一，我国提出将教师轮岗经历纳入教师晋升、聘用的必备条件，并对流动比例做出明确要求。2012年，国务院出台《关于深入推进义务教育均衡发展的意见》，明确提出实行县域内公办学校校长、教师交流制度，部分地区要求有3年农村任教经历。2014年，在教育部、财政部等发布的《关于推进县（区）域内义务教育学校校长教师交流轮岗的意见》，明确提出"校长、副校长在同一所学校连续任满两届后，原则上应交流""城镇学校、优质学校每学年教师交流轮岗的比例不低于符合交流条件教师总数的10%，其中骨干教师交流轮岗应不低于交流总数的20%"。

第二，国家从多个方面对教师和校长提出各种激励措施，以调动轮岗教师、校长参与轮岗的积极性。例如，在编制核定和岗位设置方面，严格控制编制总量，优化结构，增加农村、偏远地区中小学和薄弱学校中高级职称岗位，并在教师交流过程中保留人事关系等；在轮岗教师的生活方面，改善教师交流地区的学校环境，建设学校周转宿舍，优先安排交流教师使用周转房；在绩效工资和评聘方面向轮岗教师倾斜；在财政投入方面，财政部加大对校长、教师交流轮岗的经费支持；在考核方面，通过制定评价标准，激励教师做好本职工作；在管理体制方面，对教师实行"县管校聘""区管校聘""两竞聘一双选"政策，对校长实行校长聘期制和校长职级制，加快中小学教师、校长流动。这不仅是促进教师、校长轮岗的政策，也是一种退出机制，借此保留优秀教职工岗位、清退不合格教师，让优秀的教师在各个学校间流动。

我国实行"县管校聘""区管校聘""两竞聘一双选"政策，对在编在岗教师采取竞聘的方式择优录取，校内竞聘排名靠后的教师被分流到其他学校参与竞聘，落聘人员参加待岗培训，培训结束后仍未达到标准的，则服从分配到有空缺岗位的学校或予以解聘。校长职级制对校长职位设置等级，并通过选聘对校长的各个方面进行综合评定，使得校长实现了由"职务"向"职业"的转变。校长由教育部门聘任，打破了终身制。危机意识促使校长能力得以提升，进而提升学校办学质量。同时，在校长职级制下，教育部门制定激励机制加速校长的交流，增加了农村学校和薄弱学校学生享受优质教育资源的机会，促进教育"机会均等化"和教育"质量均等化"。校长聘期制，是指校长任满规定时间后需参与考核，在聘期内考核合格的予以续聘，不合格的予以解聘，连续任满规定聘期的，需参与交流。以山东日照为例，校长的每个聘期为三年，在同一所学校连续任满两个聘期的，一般应当交流，满三年必须交流。

经过不断地探索，我国持续完善中小学教师轮岗交流政策，并在实践中取得了一定的进展，形成了较为完整的体系。据报道，近年来，北京市参与轮岗交流的教师呈现出年轻化、高学历比例上升的趋势，教师活力与专业能力不断提升。与以往处于"轮不轮""轮哪里""何时轮"的起步阶段的教师交流轮岗不同，"为什么能""轮什么""怎样会更好"成为新时代教师交流轮岗必须回答的问题，更多地关注流入校的实际需求和学生的个性化发展（李奕和赵兴龙，2022），为促进教育优质均衡发挥更大的作用。

总体而言，教师轮岗交流政策在城区校际之间进行得较为顺利。在政策的引导下，教师参与城区学校之间的交流，教职工交流轮岗能够解决城区优质教育资源短缺和分配不均的问题，促进了义务教育均衡发展。不过，这项政策在城乡之间实施阻力较大，仍然存在着教师交流积极性不高，监督、评价、激励机制不健全，各部门协作不到位等问题。第一，部分教师对交流轮岗的本质认识不深刻。一些在编教师尚未认识到交流轮岗促进教育质量均衡的本质，缺乏内驱力。第二，监督、评价机制不健全。虽然教师达到了形式上的交流，但由于缺乏有效的监管以及评价机制，村学农校、薄弱学校的质量并未得到实质的提升。第三，缺乏对优质学校派出优秀教师参与交流的激励机制。出于对自身办学质量的考虑，部分高水平学校不愿将优秀教师派出交流，通常会派遣一些排名靠后的教师进行交流，学校的积极性较低。第四，一些教育局、人社部、编办之间在流动教师编制和人事关系转移问题方面协作不到位、工作效率不高，不利于教师利益的全面保障，影响轮岗教师的积极性。

3.3.3 改善学校管理模式

我国通过集团化办学的方式，使优质教育发挥示范和辐射作用，以促进薄弱校、新建校质量提升，实现教育质量均等。基础教育阶段的集团化办学政策最早始于杭州的"名校集团化"。20世纪90年代末期，为满足城西居民子女就近入学，使居民子女能够上家门口的好学校，杭州名校求是小学接管竞舟小学、星洲小学两所新建校，在教学资源、师资、硬件设施、管理等方面共享，建立了我国首个公办基础教育集团。随后，上海、长沙等多地也逐渐开展多种形式的集团化办学。2017年，中共中央、国务院印发《关于深化教育体制机制改革的意见》，提出"实行学区化管理，探索集团化办学，采取委托管理、强校带弱校、学校联盟、九年一贯制等灵活多样的办学形式"，以促进义务教育均衡优质发展。集团化办学由此加剧扩张。

各地相继探索了适应当地发展的集团化办学模式。例如，上海、武汉、长沙等地采用"委托管理"的模式，北京、成都、杭州等地采用"名校+"的模式，长沙、温州、深圳等地采用帮扶的形式，南京等地通过"共生共享"实现整体教育质量提升等。在各教育集团内部，成员校的组建形式也多种多样，既可以是一所优质校作为龙头的单一法人式，也可以是成员校相互独立的多法人式；既可以是多个优质学校带一所学校，也可以是"一带多"、"多带多"、"一带一"的形式；既有紧密型，又有松散型，两者的本质区别在于是否有人、财、物的一体化。如果没有人、财、物的一体化，就谈不上教育教学管理的一体化，就谈不上理念、文化、团队的深度融合。组成集团的学校，既可由跨学段学校组成，又可由同一学段学校组成；既可以由纯学校组成，也可以有政府、企业力量的参与；既可由来自同区域的学校组成，又可由跨区域的学校组成。集团化办学组建形式以及参与学校多种多样，已经形成了较为成熟的发展形态。

集团化办学为实现教育均衡作出了巨大贡献。一方面，集团化办学推动了成员校之间教师、校长轮岗交流，提升了教师、校长的专业能力和流入地学校的师资水平；另一方面，针对盲目"撤点并校"导致的县城生源过度集中、"大班额""超大班额"以及优质教育资源分布不均等问题，集团化办学通过对教学点和薄弱学校进行资源和人力输送，吸引一部分学生回流，缓解了城镇学校"大班额"问题，对于城镇学校教学质量的提升也起到了一定的作用。例如，北京小学天宁寺分校进入集团之前，本地户籍子女大多选择择校，一年级只能招到两到三个班，加入集团后，达到了六个班，一定程度上缓解了"乡村弱""城镇挤"问题。

然而，伴随着集团化办学的发展，名校负担加重、教育集团成员校之间的教育同质化严重、办学效果不显著等问题逐渐显现。第一，一所优质学校托管三四十所学校的现象时有发生。集团规模庞大使得名校负担加重，同时也带来了较高的管理成本，不利于教育集团的内部管理。管理不周的教育集团内部各个成员校发展不均衡，部分学校的学生仍未享受到优质教育。第二，多数集团化办学存在较为严重的同质化现象，即成员校与龙头校在教学理念、教学方法等方面存在着严重的趋同化现象，无法显现出学校的特色。这种现象大多出现在新建校中。第三，支援学校在帮扶薄弱学校的过程缺乏监管，导致集团化办学效果并不显著。第四，集团化办学政策在一定程度上降低了生师比，增加了具有中级职称的教师的比例，但是未能在提高高水平的师资均衡方面发挥成效，这一政策在缩小区域和校际间的师资差距、实现高水平师资均衡方面未达到目标要求（李多慧和姚继军，2019）。为实现教育均衡，实现集团化办学的政策目标，我国仍需完善监管机制、评价机制，使政策发挥出更大的效力。

专栏3-3：集团化办学模式

各地区的集团化办学模式大致可以分为四类："委托管理""名校+""定点帮扶"和"横向联盟"。第一，上海市探索了"委托管理"模式。2015年，上海市教育委员会发布了《关于促进优质均衡发展、推进学区化集团化办学的实施意见》，明确提出"为办好老百姓家门口的学校，为每个适龄儿童、少年提供公平优质的基本公共教育服务，本市推出了农村义务教育学校委托管理，城区优质学校赴郊区办分校，'新优质学校推进'项目，骨干校长、教师区域内流动等一系列措施"，并对委托管理的概念作出了明确的规定，即"由区县教育行政部门通过购买服务的方式与优质学校签订委托管理协议，明确各方的责、权、利。优质学校向受援学校输出品牌、委派管理人员和骨干教师，整体提升受援学校办学水平"。

目前"委托管理"模式较为普遍，在武汉、长沙、深圳等地都较为常见。2021年，武汉市常青树实验学校委托管理三店校区。在师资培训上，三店学校全体学科教师同步参加常青树实验学校总校有关新课标学习的讲座以及核心素养测试，依次来提升教师们的核心素养。此外，三店学校每周定时开展青年教师系列培训活动，由常青树集团的专家对教师进行指导；在课堂教学上，常青树集团的专家入班听课并为老师们提供精准化的指导，改善了教学方式，三店校区与常青分校同卷同步开展阶段考试和质量分析，并多次开展线上教研交流活动，提升了课堂教学效率。经过一年的委托管理，三店校区教学质量显著提升，中考学业水平首次实现了500分以上、首次实现毕业生被名校录取等，赢得周边居民的信任，越来越多的家长选择将孩子送往该校就读。

第二，北京、成都、杭州、西安等地采取"名校+"的方式。该模式以名校（园）为龙头，采用连锁、联盟、托管、共同体等运作机制，推进"名校+新校""名校+民校""名校+名企""名校+弱校""名校+农校"以及中外合作办学等多种办学模式。"名校＋"既可跨越区域，又可跨越学段，有机融合名校的一体化品牌引领和"＋校"特色个性发展，打造全新优质的学校，实现办好家门口的学校。"名校＋"的管理模式有委托管理、"一长多校"、兼并融合和结对提升等。

西安市新城区后宰门小学于1935年建立而成，这是一所有着80多年历史的名校，在社会上和家长中都极具影响力。励志小学有着70多年的办学经验，但由于种种原因发展相对滞后。2020年4月，新城区励志小学进入"一长多校"管理，成为后宰门小学"名校＋"教育集团办学机制下的第三所公办性质小学。随即，后宰门小学教育集团在励志小学分校开办"双拥班"，派本部优秀骨干教师进行教学，保障抗疫人员子女享受优质教育，此举也是后宰门小学带动励志小学发展的起点。为了让励志小学学生享受到优质课程，后宰门小学陆续将多元课程成建制地移植到励志小学，将后宰门小学成熟的朗诵课程、积奇课程等课程移植复制到励志小学，重塑励志小学特色校本课程，推动学校内涵式的发展及质量全面提升。在"名校＋"工程的实施中，集团化办学并没有忽视励志小学的特色。鉴于励志小学长期以来书画艺术社团活动盛行，因此，在对该校的硬件设施进行改造时，对两校进行文化融合，构建特色鲜明的场域文化。现如今，励志小学已经成为一所市级重点校。

第三，长沙、浙江温州、深圳等采取定点帮扶的形式。由该方式组成的教育集团，其成员校包含一所优质校（或多所）和若干薄弱校，各成员校在保持学校法人、经费运行、隶属关系不变的前提下，由优质学校向被帮扶学校驻派管理人员和教学骨干，在教学计划、教学常规、教学进度、质量评价、教研活动、教师培训等方面制订帮扶计划。集团化办学依托"互联网＋教育"，建立城乡教育帮扶关系，共享优质教育资源和管理经验，提升被帮扶学校的整体办学水平。

位于苏州市吴江区的北门小学是一所师资强大、特色鲜明、获得过诸多荣誉的老牌公办学校；而位于吴江区松陵镇的团结小学是一所苏州市合格外来农民工子弟学校，学生、教师流动较大，学科教学成绩不稳定，特色不够突出。北门小学和团结小学联合组建"帮扶型"教育集团，北门小学向被帮扶学校派出两位教师，参与团结小学的学校管理工作，并派北门小学教师到团结小学开设示范课，指导班主任提高班级管理能力。2018 年 3 月，北门小学 7 位区级骨干教师与团结小学 13 位青年教师结为师徒，师父开设示范课，徒弟开设汇报课，师父向徒弟传授高质量教学技巧，并对徒弟进行课堂教学指导、教学规范督查，两校在教学上展开密切的互动交流。为保证帮扶工作有效落实，两校成立集团工作小组，定期召开会议编制工作简讯，向领导小组汇报工作展开情况，每学期两校进行一次统一调研，做到统一试卷、统一监考、统一阅卷，阅卷结束后，两校对测试数据做质量分析，不断加以改进，有效促进教学质量提升。团结小学目前有 28 个教学班，在校学生 1385 人，本科学历教师占比达 42.3%，大专学历教师占比达 55.8%。

第四，南京等地区采取了横向联盟的方式。该办学方式通过将水平相当的学校结成联盟，利用各个学校之间的合作实现资源的共生共享，从而达到"1＋1＞2"的效果，而非帮扶与被帮扶的关系。例如，南京市第五十中学与第三十九中学同在树人联盟，进步与发展的路径更容易引进、消化和吸收，可平行移植。

共生模式还可理解为尊重差异，互相借鉴，做到优势互补，实现异质共生。例如，杭州市春晖小学教育集团是一个老校、新校结合的共同体。老校有底蕴但缺乏活力，新校有活力而底蕴较弱，两校互相借力，新校为老校增添活力、老校为新校增强底蕴。该教育集团在课程研发、教师培训、课程体系构建、文化融合等方面形成了自身特色。（1）新校借助老校的课程研发经验，催生了市级精品课程《西陵寻古》，而老校的扎实功底因新校的加入有了新校前沿研修加持，将学科组打造成为市级优秀教研组。（2）教育集团对教师实施教育差异化培训，用纵横交错的策略生成"一师一课表"。纵向上，分别对实习期、见习期、职初期、成长期、成熟期教师有明确的成长规划，横向上更加关注人才特质，并进行优势细分，关注教师的个性成长，营造有活力、可持续发展的集团内部生态。（3）各校构建不同培养重点、发展特色的课程体系，构造穿越不同办学历史学校的"春晖时空课程框架"，坚持以学生发展为中心，运用项目式学习、在线云课堂等信息化技术，提升学生的核心素养。（4）各校的不同文化进行融合构成教育集团完整的文化脉络，通过系统建构文化体系、多维组建"集团行动超市"，对文化建设进行梳理与物化，找到"以新带老、文化复制"的管理途径，实现异中求同。

（资料来源：笔者根据各地方教育局官网发布的文件手工整理）

专栏3-4：长沙市提出对集团化办学予以规范

近年来，各地集团化办学出现了名校负担过重、集团相对庞大、资产过于集中、普通校挂牌名校导致周围学区房价上涨等问题，长沙市及时制定了针对"名校托管"的集团化办学退出机制，以规范集团化办学的运作。

2020年8月，长沙召开全市教育工作会议，会议表示，尽快研制集团化办学退出实施细则，明确退出条件、程序和工作要求；从2021年起，取消集团化办学的"直升生"政策，所有初中毕业生都要以中考成绩为凭据参加高中阶段招生录取。

2020年12月8日，长沙市岳麓区教育局印发《关于进一步优化基础教育集团化办学的指导意见》（以下简称《意见》），明确规定了控制集团化办学的规模和范围，原则上优质学校应在同一学段开展合作，每所优质学校集团化办学在同一区县（市）限设一所合作学校，各区县（市）教育局不得设立合作学校分校；每所优质学校集团化办学规模应控制在10所左右；暂停长沙优质学校托管市外中小学（幼儿园）的审批，暂停公办学校托管民办义务教育学校的审批，暂停长郡中学、雅礼中学跨学段合作办学的审批；所有中学托管的小学，从2021年起全部退出集团化管理。

为鼓励合作学校增强自身造血功能、增加全市优质资源总量，《意见》规定，集团化学校合作时限为六年，可根据需要适当延长，延长时间不超过六年，经优质学校带领质量得以提升、已组建新的教育集团的合作学校，原则上应退出原教育集团管理，新组建教育集团其他学校，不得使用原教育集团优质学校品牌冠名、图案、校服及文化标识等。相应地，优质学校不再派出管理干部和骨干教师，不再收取合作办学相关费用，学校间还可以组织教研教学交流研讨活动，做到"退出不退感情，退出不退交流"。

2021年，政策实施后引起轩然大波，一些原本挂牌、托管等学校附近楼房的购买者表示不满。梅溪湖二期的两个项目——招商华发云曦城和越秀亲爱里当时已经进入开发的前期阶段，按照原计划，梅溪湖二期将引入四大名校其中之一。政策的突然变化增加了托管的不确定性。

《意见》的出台致力于引导集团化办学从"几家独大"到"多点多极"、从"大集团"向"小集团"转变，打造一批优质教育集团。在"10所分校"和"一区一校"的双重约束下，集团规模逐渐缩小，名校的托管压力大大减轻，也更加有精力带动合作校的质量提升。另外，长沙市提出取消集团化办学初中毕业生直升到托管高中的做法，使得被托管学校褪去名校光环，一方面，鼓励被托管学校依靠实力提高升学率，促进薄弱学校教育质量的快速提升；另一方面，在一定程度上缓解了因名校光环而带来的"择校热"。未来长沙市的集团化办学将会朝着更好的方向发展。

（资料来源：笔者根据各地方教育局官网发布的文件手工整理）

3.3.4 共享优质教育资源

我国通过教育信息化实现优质教育资源的共享。教育不公平是由于优质教育资源短缺而造成的分配不公平的问题。教育信息化可以实现有限教育资源的跨空间、跨地域传输，有利于促进教育资源共享、缩小教育差距、促进教育公平。党的十八大以来，我国致力于在教学过程中应用教育信息化，通过教学手段科技化、教育传播信息化和教学方式现代化促进教育均衡发展。

第一，教学手段科技化。教学手段是师生教学相互传递信息的工具、媒体或设备。在信息化被引入教育领域之前，教师通常利用黑板、教科书和一些实体教具等实施教学，后来逐渐演变为使用幻灯片、录音机、计算机等现代化的教学手段。如今，我国已经探索了更为先进的教学手段，例如 VR 技术、电子白板、语言实验室等，这不仅为教师教学提供了便利，而且能将一些比较抽象的课程内容以更加简单的方式呈现，加深学生的理解，从而提高课堂教学质量。

第二，教育传播信息化，即传播方式的信息化。党的十八大以来，我国在全国范围内了开展"三通两平台"① 工程，使得教育信息化基础设施

---

① "三通两平台"是指宽带网络校校通、优质资源班班通、网络学习空间人人通，建设教育资源公共服务平台、教育管理公共服务平台。

建设有了新突破，实现了互联网的全覆盖。教育传播方式实现了从口语传播到文字传播、电子传播再到网络传播的转变，为扩大教育资源覆盖面破除了技术障碍。网络传播可以实现远程传播，将一些优质教育资源传送到边远、贫困地区，从而达到资源共享的目的，为教育"质量均等化"作出巨大贡献。

第三，教学方式现代化。教学方式指的是为达到教学目的、实现教学内容、运用教学手段而进行的，由教学原则指导的一整套方式构成的、师生相互作用的活动。随着教育传播方式的完善，我国在教学方式上也有所创新。为提高薄弱地区学校的教学质量，我国创新了教育信息化与教育扶贫有机结合的教学方式，将优质教育资源共享到薄弱地区学校。2012 年，我国启动教学点数字教育资源全覆盖项目，通过 IP 卫星、互联网等多种方式，为教学点传输优质教育资源。教学点可以通过卫星推送、互联网站访问下载、中心校接受后移动存储复制下发三种方式接收优质教育资源，从而使农村边远地区也能开齐开好国家规定课程。2018 年，教育部启动实施《教育信息化 2.0 行动计划》，提出在"三区三州"①等深度贫困地区开展网络扶智工程攻坚行动，以提高相关地区的教育质量。主要开展了以下几项工作：（1）以"优质校带动薄弱校，优质教师带动普通教师"为理念，建设"三个课堂""专递课堂""名师课堂"和"名校网络课堂"，以实现优秀教师资源和优质课堂资源的共享，促进教育"质量均等化"。（2）开展贫困乡村"1 + N 教学模式"项目，将一端教师的课堂共享到 N 端学校，共享优质教学资源。（3）国家开放大学建立云教室援建"三区三州"，利用远程教育实现优质教育资源共享，推动边疆地区、中西部落后地区和少数民族地区的教育发展。

2022 年 7 月，国家互联网信息办公室发布的《数字中国发展报告（2021年）》指出：党的十九大以来，农村和城市实现了"同网同速"，行政村、脱贫村通宽带率达 100%；截至 2020 年底，全国中小学（含教学点）互联网接入率由 2016 年的 79.3% 提高到了 100%，拥有多媒体教室的中小学校比例达

---

① "三区"是指西藏自治区和青海、四川、甘肃、云南四省藏区及南疆的和田地区、阿克苏地区、喀什地区、克孜勒苏柯尔克孜自治州四地区；"三州"是指四川凉山州、云南怒江州、甘肃临夏州。

到 98.35%，破除了优质教育资源共享的技术障碍。教育部科学技术与信息化司相关负责人表示，截至 2022 年，已有 6.4 万个教学点实现了设备配备、资源配送、教学应用的"三到位"，惠及 400 多万偏远地区孩子，教育信息化推动教育公平成效显著。此外，从教育结果来看，教育信息化能够提升学生的课业平均成绩和课业接受程度，教学质量也有所提升（胡钦太等，2021），教育信息化促进教育"质量均等化"。

3.3.5　强化课堂主阵地作用

学生所接受到的教育是由学校和教师所提供的教育决定的。要想提升整体的教育质量，就需要对学校教学进行改革。2019 年 6 月，中共中央、国务院发布《关于深化教育教学改革全面提高义务教育质量的意见》，提出要优化教学方式、加强教学管理、完善作业考试辅导、促进信息技术与教育教学融合应用，以保证课堂教学发挥最大效力，为学生提供高质量和个性化的教育，实现每个学生的全面发展。可将其总结归纳为：强化课前、课中、课后的各项工作。

3.3.5.1　做好课前研究工作

教师只有做好课前工作，课中才能有效发挥教学水平。教师不仅要指导学生做好预习工作，自身也要做好课前预设工作、制定教学计划、坚持集体备课等，为课堂教学做好准备。一方面，指导学生做好课前预习工作，教师应对《课程标准》中关于"了解""理解""掌握"等要求有清晰的认识和了解，并据此将每节课的知识点进行归类，对学生提出相应的要求；另一方面，教师需要熟练掌握教学内容，为课堂教学做好准备工作。2021 年，华中师范大学第一附属中学初中部物理组的教师，结合学校要求以及物理学科的特点，开展高效的教研活动。备课组组织集体备课活动，通过组织开展示范课、总结教学过程中出现的问题并加以解决、对下一部分内容进行集体研究等方式，实现高效备课。

3.3.5.2　加强教学管理

课堂是学生学习的主要阵地，提升课堂质量是实现教育"质量均等化"的关键。我国从课程设置、教学起点和教学方法入手进行了改革。

首先，国家规定学校要开齐开足开好国家课程。2019年6月23日，中共中央、国务院印发《关于深化教育教学改革全面提高义务教育质量的意见》，明确规定"开齐开足开好国家规定课程，不得随意增减课时、改变难度、调整进度""严禁用地方课程、校本课程取代国家课程"，避免压减选修课程课时。例如，河南省教育厅要求"体育、美术、音乐、科学、思想品德等课全部按照要求进行上课"，为保证各学科教育质量，"学校行政领导每周对各学科老师听随堂课，定期进行教研组学习与活动，安排老师每学期上一堂公开研讨课"。开齐开足开好国家课程，促进学生德智体美劳全面发展，有利于更好地实施素质教育，提升教育质量。

其次，小学坚持"零起点"教学，对学习困难的学生实施帮扶。这项政策最初于2013年由教育部提出，旨在减轻小学生的课业负担。不过，课外补习机构大量涌现带来了一系列负面效应。一是家长为了不让孩子"输在起跑线上"，为孩子报名各种补习班提前学习小学课程，加重了小学生学业负担；二是个别学校对学生提出了更高的要求，加大了学生学习困难，不利于提高教学质量。例如，杭州市一所公办小学校长在新生家长会上明确提出，小学一年级学生入学前识字量至少要达到700～800个，也就是说，教师在默认学生都具备这一基础的情况下实施教学，导致一些基础薄弱的学生难以跟上教学进程，从而影响教学质量。对此，教育部要求"严格按照课程标准从'零起点'开展教学，不得拔高教学要求，不得加快教学进度"。

由此，我国逐渐重视"零起点"教学。2016年3月，教育部办公厅发布《关于开展2016年全国学前教育宣传月活动的通知》，明确规定小学要坚持"零起点"教学，采取多种方式帮助幼儿尽快适应小学生活。2018年，教育部强化这一规定，要求"对于小学起始年级未按国家课程规定实施零起点教学、压缩课时、超前超标教学，以及在招生入学中面向幼儿组织小学内容的知识能力测试，或以幼儿参加有关竞赛成绩及证书作为招生依据的，要坚决纠正，并视情节追究校长和有关教师的责任，纳入规范办学诚信记录"。各地逐渐实施"零起点"教学，并建立了困难学生帮扶制度。截至 2021 年底，99% 以上的学校做到了起始年级"零起点"教学，普遍建立了学习困难学生的帮扶制度，98.7%[①]的教师参与了辅导答疑。

最后，在教学过程中实施新的教学方法。提升整体教学质量，要从方法上进行改革创新。近年来，我国诸多地区借鉴了美国的翻转课堂教学模式，让学生在课前自主学习教学视频，在课上完成作业和学习讨论等任务，使得将传统课堂中教师在课上实施教学、学生课下完成作业的教学模式颠倒过来。这种以学生为中心的教学模式使教师从知识的传授者转变为学生学习的辅助者，学生的主动学习代替被动学习，并可根据自身情况自主掌控学习节奏，防止出现跟不上教师节奏而导致学习兴趣下降的情况（吴仁英和王坦，2017）。另外，该教学模式要求学校提供高质量的教学视频，这是对教师的教学能力的一种考验，激励教师提高专业素养。

3.3.5.3　规范课后行为

课堂之外的时间是学生对已学内容进行复习和巩固、预习新知识、自主学习和活动的时间。合理对待学生的课余时间，对于促进学生全面发展、培养学生内驱力、提高孩子学习积极性等方面发挥着重要作用，进而可以提升学生学业成绩和教育质量。近年来，我国义务教育阶段出现了学生学习负担较重、课外补习机构泛滥和"三点半现象"普遍存在等问题，我国主要从课后作业、课外补习机构和课后服务入手解决这些问题。

第一，优化作业设计。合理布置作业，促进作业"减量提质"，可以有效减轻学生的课业负担，帮助学生巩固知识，提升课堂教学效果。教育部基础教育教学指导委员会综合实践活动专委会委员、西南大学教育学部副部长罗生全表示："作业设计需要从枯燥的形式训练转向个性表达与思维创造、从定向布置转向梯度设置与按需选择、从对作业难度与数量的盲目追求转向促进儿童真实且完整生命发展的育人本质。"这一设计思路在部分地区的相

---

① 丁雅诵：《让每个孩子都享有公平而有质量的教育》，载《人民日报》2022 年 1 月 12 日。

关政策中得到了充分体现。

2021 年 8 月，深圳市教育科学研究院发布《深圳市义务教育学校学科书面作业设计指引（试用）》，提出了将作业设计分为基础性作业和拓展性作业两类，并对其进行了合理安排，并建议"坚决克服机械、无效作业，杜绝重读性、惩罚性作业，严控书面作业时长""积极探索个性化、综合性、主题式、大单元和分层弹性作业设计"。例如，深圳市南山区文理实验学校（集团）一教师设计了"我的数学理解展讲"为核心的自主作业，学生们根据自己的理解利用画图展示、实物操作等多种方式完成了作业，此举不仅激发了学生的创造力，还加深了学生对课程内容的理解，有助于达到教学目标。中共北京市委办公厅、北京市人民政府办公厅在《北京市关于进一步减轻义务教育阶段学生作业负担和校外培训负担的措施》中规定："系统设计符合学生年龄特点和学习规律、体现素质教育导向、涵盖德智体美劳全面育人的基础性作业，鼓励布置分层、弹性、个性化作业"，发挥作业育人功能。

第二，规范校外补习机构。近年来，各种补习机构乱象层出不穷，培训机构卷钱跑路、损害学生和家长利益的现象时有发生，给社会造成了一系列负面影响。首先，教育机构的泛滥加重了家庭教育负担，违背了义务教育的公益性特征。其次，校外补习机构的无序竞争，使得教育目标发生偏离，违背了党的十八大提出的"坚持教育为社会主义现代化建设服务、为人民服务，把立德树人作为教育的根本任务，培养德智体美全面发展的社会主义建设者和接班人"的教育方针。功利化的教育注重智力培养，而忽视了智育的其他方面，形成应试教育，不利于学生的全面发展。最后，校外补习机构的泛滥不利于教育公平的实现和教育质量的提升。家庭经济状况好的学生有更多机会参加补习班和兴趣班，而家庭经济困难学生由于难以支付高额培训费，使得不同经济条件的家庭子女接受有差异的教育，不利于教育公平。尤其是部分学校内部的教师在校外开展有偿补课，在补课过程中教授新的课程内容，不仅加剧了教育不公平，还会引起实际课堂上的教学质量下降。

为解决因校外补习机构的无序竞争造成的教育不公平及教育质量下降的问题，构建良好的教育生态，我国提出了对校外补习机构进行规范治理。国家陆续出台《关于进一步明确义务教育阶段校外培训学科类和非学科类范围的通知》《关于坚决查处变相违规开展学科类校外培训问题的通知》《教育督导问责办法》等文件，督促落实并加以监督，全国各地的相关政策也逐渐完善和落实。广西壮族自治区提出，取消对各地新的面向义务教育阶段学生的学科类校外培训机构的审批，不再审批新的面向学龄前儿童的校外培训机构和面向普通高中学生的学科类校外培训机构；北京市要求学科类培训机构严格执行中央和市委要求，暑假不再开课，并做好"三限""三严"，即限制机构数量、限制培训时间、限制收费价格，严管内容行为、严禁随意资本化、严控广告宣传；陕西、甘肃省教育厅要求立即停止面向义务教育阶段的校外培训机构暑期学科类培训。

我国校外补习机构得到了有效规范。教育部2021年11月发布的监测数据显示，全国学科类培训机构大幅压减，在12.8万个线下学科类培训机构中，压减率超过40%；在263个线上学科类培训机构中，压减率近50%。截至2022年2月，原12.4万个义务教育阶段线下学科类校外培训机构已压减到9728个，压减率达92.14%，原263个线上校外培训机构压减到34个，压减率达87.07%，"营转非""备改审"完成率达100%。根据政策要求，学科类培训机构一律不得上市融资，严禁资本化运作，所有学科类培训机构一律登记为非营利机构。政策一经发布，"新东方""好未来""网易有道"等教育机构纷纷宣布不再向幼儿园至九年级学生提供学科类相关培训服务，学科类培训服务大规模缩减。2022年3月2日，北京师范大学中国教育和社会发展研究院发布的《全国"双减"成效调查报告》显示：受调查者中83.5%的学生未参加校外学科培训，63.3%的学生未参加非学科类培训，校外培训机构得以规范，学生校外培训负担得以有效减轻。

第三，提供高质量的课后服务。在现代社会，促使学校提供高质量课后服务的原因主要来自两方面：一方面，由于"课后三点半"现象的普遍存在，使得上班族无法按时接送孩子，也无法合理安排孩子的课余时间。这需要学校提供课后服务对学生加以照料，并科学规划学生的课余时间。另一方面，随着"双减"政策的落实，校外培训机构得到了规范，学生少了一条求学渠道，教学压力转移到了学校和教师身上，对教师和学校提出了更高的要求，这就需要教师为学生提供高质量的课后服务，帮助学生完成教学内容的学习，同时还要拓展课外活动。

2021年，教育部要求推动课后服务全覆盖、保证课后服务时间、提高课后服务质量，并遴选23个义务教育课后服务典型案例，总结创新举措和典型经验清单，供各地区学习借鉴。我国诸多地区已经完成了对不同课后服务方式的探索，对于实现教育"质量均等化"有着重要意义。例如，安徽省提出，课后服务本校教师是主力军，应免费向学生提供线上教育和学习资源。上海等多个地区也开始实行全员导师制，通过"一对一"的方式，针对学生的实际需求，提供个性化的课后服务。江苏省南京市在课后服务试点工作中引导科学家、院士、体育教练员及专业人士进校园，提供更加专业化和高质量的课后服务，优先保障困难群体参加课后服务，并开发"弹性离校"智能管理服务平台，帮助家长追踪孩子参加课后服务的情况。北京市于2016年启动"中学教师开放型在线辅导计划"，为边远郊区和乡村学校学生提供一对一在线辅导、一对多直播学习、问题答疑等线上学习服务，参加课后服务的学生获得了较高的学习成绩增值（徐刘杰等，2022）。

3.4 本 章 小 结

本章主要从三个方面对党的十八大以来我国推进教育优质均衡的措施进行了阐述，分别是：坚持教育的公益性和普惠性、促进教育"机会均等化"和促进教育"质量均等化"。其中，坚持教育的公益性和普惠性，就是使教育惠及全民，使家庭经济困难学生、进城务工人员随迁子女和残疾学生都能接受良好的教育。教育"机会均等化"的本质是对有限的优质教育资源进行合理分配。通过"多校划片""租购同权""公民同招"和"名额分配综合评价录取"等政策实现教育机会的均等分配。然而，在"僧多粥少"的大环境下，仍有一部分人无法公平享受到优质教育，一部分人的教育机会是以另一部分人教育机会的损失为代价的。因此，关键还在于扩大优质教育的总量，即推进教育"质量均等化"。只有每个人都能享受到优质教育，才能使教育公平得到真正实现。本章从科学规划学校建设入手讲述如何为提升整体教育质量打好基础，进而从教师队伍、管理模式、资源共享、课堂教学四个方面阐述我国促进整体教育质量提升的措施，逐渐向优质教育均衡迈进。

教育公平与教育质量始终我国教育主要任务的关键词。从 2014 年政府工作报告提出的"促进教育事业优先发展、公平发展"到 2019 年政府工作报告提出的"发展更加公平更有质量的教育"，再到 2022 年政府工作报告提出的"促进教育公平与质量提升"及 2024 年政府工作报告提出的"开展基础教育扩优提质行动，加快义务教育优质均衡发展和城乡一体化"，充分体现我们党全面推动中国基础教育优质均衡发展的决心。目前，我国基础教育正在向高质量发展迈进，即以"五大发展理念"为核心，以"质量、效率、动力变革"为手段，以满足人民群众对高质量教育的需求为导向，不断提高基础教育发展的优质化程度和水平，由规模扩张转向结构升级，由外延式发展转向内涵式发展，实现教育更公平、更均衡、更协调、更全面、更创新、更优质、更可持续及更安全的发展。

第 4 章

发达国家基础教育均等化
改革的动向和趋势

  21 世纪以来，优质均衡是中国基础教育改革的主旋律。2010 年 5 月，中共中央政治局审议通过《国家中长期教育改革和发展规划纲要（2010 – 2020 年)》。这是中国进入 21 世纪之后的第一个教育规划，也是指导全国教育改革与发展的纲领性文件。文件提出要"把促进公平作为国家基本教育政策"，并建议"把提高质量作为教育改革发展的核心任务"，即中国基础教育要推进教育优质均衡发展。2017 年 10 月，党的十九大报告明确要"努力让每个孩子都能享有公平而有质量的教育"。纵观世界主要发达国家教育发展历程，公平和质量是基础教育改革追求的主要目标。发达国家经济发展程度较高，在基础教育发展方面进行了长期探索，本章以美国、英国、芬兰、日本四个国家为例，梳理发达国家的基础教育发展历程，总结分析其成功经验以及出现的问题，为我国未来基础教育改革提供参考。

4.1   美 国 ： 每 一 个 学 生 都 成 功

  20 世纪 80 年代，美国经济进入低速发展期，科技革命日新月异，美国商业、工业与科技的优势逐渐被其他国家赶超。在这一形势下，美国亟待推进教育改革，以全面提高教育质量，满足经济发展需求（高金锋，2021）。1983 年，美国高质量教育委员会（National Commission on Excellence in Edu-

cation）发表题为《国家在危机之中：教育改革势在必行》（*A Nation at Risk: The Imperative for Education Reform*）的报告指出，美国学生在学业考试、测验等方面表现较差，半文盲①占比较高，17 岁的美国青年中有约13％是半文盲，少数民族中半文盲青年高达 40％。美国高质量教育委员会在该报告中强调要提高教育质量，并就教学内容、时间安排、标准和要求、教学四个方面提出了详细的改进建议，掀起了追求高质量基础教育的改革。其中，在教学标准和要求方面，美国高质量教育委员会建议学院和大学对学生的学业成绩和品德采取更严格和可测度的标准，试图通过标准化测试检验学生的资质、识别不同学生接受课程程度，帮助教师对学生进行评估和学生进行自我评估。由此，美国启动了长达数十年之久的"基于标准的教育改革"。

20 世纪 90 年代之后，美国政府先后发布了一系列文件和法案推进基础教育标准化改革。1991 年，美国乔治·赫伯特·沃克·布什总统（George Herbert Walker Bush）签发《美国 2000 年：教育战略》（*American 2000: An Education Strategy*），提出建立"世界级标准""全国性的标准考试评价教育结果"。1994 年，威廉·杰斐逊·克林顿总统（William Jefferson Clinton）签署《美国教育改革法》（*American Education Reform Act*），指出不仅要关注知识学习，还要重视解决问题技巧和批判性思维的运用，并鼓励专业组织鉴定教育评价标准和方法。同年，克林顿总统签署通过《2000 年美国教育目标法》（*Goals 2000: Education America Act*），以立法的形式资助和鼓励各州建立自己的学术和测试标准，据此衡量学生进步情况并帮助处境不利的儿童提高学业成绩。2002 年，布什政府发布《不让一个孩子掉队法案》（*No Child Left Behind*，以下简称 NCLB 法案），强调实施更严格的标准问责制，不仅要求各州建立全国统一的教育标准和评估体系，还要求所有学生都要达到较高的学术标准，达不到要求的学校和学区需要承担相应的处罚。本节重点梳理美国在推动基础教育向公平与高质量的方向迈进的改革措施。

---

① 半文盲是指文化程度不足以履行自己的职能。

4.1.1 促进教育均等化的措施

4.1.1.1 制定弹性的标准与问责制度

2002 年发布的 NCLB 法案，旨在通过制定全国统一的教育标准和高强度的问责制度解决不同州、不同学区之间教育不均衡的问题，来确保每个学生有相同的机会接受高质量的教育。NCLB 法案规定：各州必须制定奖惩制度以使学区和学校提升学生学业成绩、确保所有学生达到高学术标准。每年对三至八年级学生的阅读和数学学科进行学业评估，高中阶段再度测试，所得数据用于学校自我监测，每隔一年，各个州还须对四年级和八年级学生进行阅读和数学测试，以完成学生学业成绩评价。对未实现绩效目标并未取得明显进步的学校，予以减少经费等惩罚，而对取得较大进步的学校则予以津贴奖励。家长可通过获取各学校的成绩报告卡来了解各学校情况，当子女所在学校连续三年未取得明显进步，家长可利用公共经费选择更好的学校（赵中建，2001）。

研究表明，NCLB 法案有效提升了处境不利学生的阅读和数学成绩，对美国基础教育发展起到了积极的推动作用。但在该法案实施过程中，联邦过度集权也引发了一些问题。例如，标准化测试过于关注考试成绩，呈现出应试教育趋势，不利于激发学生的创造力；标准化测试成绩与教育经费挂钩，学校为获得更多拨款，在标准化测试科目中投入较多的精力，不利于学校课程的多元化发展，有些学校甚至为了通过评级而降低考试标准，可能会滋生学术腐败，不利于教育质量的提升；不同学生在标准化测试中的表现不同，部分学生的标准化测试分数不能准确预测全体学生学业成绩；多数薄弱地区因未达到"适当的年度进步"目标，难以获得教育经费，使本就面临危机的学校教育质量变得更差，不利于教育均衡发展；教师的工资与学生的测试成绩挂钩，部分教师为了规避压力而退出教育领域，使本就缺乏高质量教师的学校师生比更低。综上所述，NCLB 法案的确对表现欠佳的少数学校起到了督促作用，但难以让所有的学生达到高标准，对全面促进基础教育质量提升发挥的作用甚微，总体上仍然处于世界较低水平（刘明钰和黄金鲁克，2012）。

2015 年，美联邦政府出台《每一个学生都成功法案》（*Every Student Suc-*

ceeds Act，以下简称 ESSA 法案)，对于 NCLB 法案实施过程中出现的一些问题进行了实质性改革。第一，ESSA 法案删减了原有一些不必要、低质量的考试，评价侧重于检验学生的批判性思维，测验更加简洁、高效率。第二，降低了考试结果在学生学业成绩评价中的比重，实施"多元评价"，如考查学生出勤率及平时表现。第三，限制联邦政府权力，将权力还给各州、地方学区和学校，用州级政府设计评价制度代替联邦问责制。一方面，州和地方决策者有权根据本地实际情况制定学校改善措施和问责制度，确保所有学生达到州预定目标；另一方面，各州有权根据自身实际情况，制定本州有挑战性的学业内容考核标准，实现差别化发展。第四，教育改革目的不是对低质量的学校施以惩罚，而是帮助学校走出困境，帮助教育薄弱地区改善教育体系。ESSA 法案实施"扶持"问责措施，如对择校项目、高质量教师项目等大幅度拨款、实行学业提升资助计划等，确保所有学生都达到标准，促进教育均衡。

相比 NCLB 法案规定的硬性化全国统一标准和咄咄逼人的问责机制，ESSA 法案的弹性化标准和问责机制更加注重地方对学校的评估，各地政府根据地方需求做出决策，使家长和学生的教育差异化需求得以满足。与此同时，ESSA 法案强调教师对学生进行评估时，要关注学生的全面发展，从学生的学术成绩、社会情感、职业技能等多方面进行考察，这有利于提升教育政策的灵活性和适应性。

4.1.1.2　保障教育经费投入公平

美国公立学校教育经费主要由三部分组成，分别是本州经费、地方经费和联邦经费。20 世纪 50 至 70 年代，联邦政府对各州的教育管理权相对较弱，学区①的教育经费主要来源于地方政府的房产税。优质教育资源较多的学区，房价比较高，联邦政府可以筹措更多财政教育经费，这些经费投入各个学校，能够吸引更多优秀教师，进一步提高教学质量。但本就处于教育困境的学区，教育质量相对较差，不足以吸引居民购买学区房，学区房价低，

---

①　学区，是美国各州辖内的基本教育行政机构，负责本学区内的 K12 公立教育，拥有独立的财政权、人事权和教育行政管理权，是美国 K12 公立教育体系的核心。美国的学区不仅指教育行政区域，还是教育行政机构，具有行政权。中国的学区，只是指教育区域的划分。

地方政府经费不足。一些学校为节省教育经费而裁减大量教师，师资不足导致教育质量进一步下降。这种教育经费统筹方式造成了教育"穷者越穷，富者越富"的局面。尤其是在开放入学的政策背景下，大量生源流出，教育经费也随之外流，不仅导致生源质量降低，还使得学校教育状况恶化，拉大了州与州之间、学区与学区之间的教育差距。为缩小不同区域之间的教育投入差距，美国在教育经费体制和结构上进行了改革与创新，并对执行情况进行监督管理。

（1）改变以地方政府为主的教育投入模式。1979 年之前，美国公立中小学收入主要来源于地方政府，这种教育经费体制加剧了区域间的教育不平衡。为解决这一问题，美国将基础教育投入重心上移，联邦和州的教育投入占比逐渐增大（段云华，2013），地方政府教育经费不足的部分，由州政府筹集的资金予以弥补。如图 4 - 1 所示，美国教育统计中心（National Center for Education Statistics，NCES）发布的数据显示，联邦和州教育投入占比总体上呈现上升的趋势，地方收入占比总体呈现下降的趋势。在 1919～1920 学年，联邦和州教育投入占比分别为 0.3%、16.5%，到 2018～2019 学年时，二者占比已分别增加至 7.9%、46.7%。

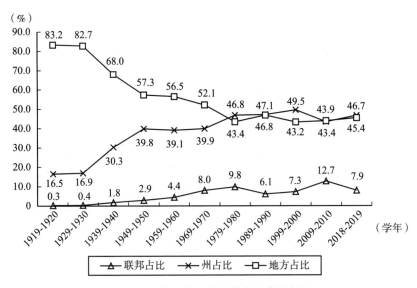

图 4 - 1　美国公立中小学收入来源占比

资料来源：美国教育统计中心网站。

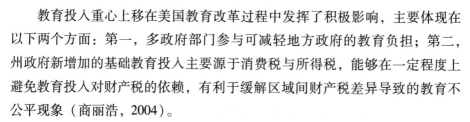

教育投入重心上移在美国教育改革过程中发挥了积极影响，主要体现在以下两个方面：第一，多政府部门参与可减轻地方政府的教育负担；第二，州政府新增加的基础教育投入主要源于消费税与所得税，能够在一定程度上避免教育投入对财产税的依赖，有利于缓解区域间财产税差异导致的教育不公平现象（商丽浩，2004）。

（2）改变教育经费投放结构。为保障各地区基本教育开支，美国实行教育投入最低保障制度，并向经济条件落后的地区倾斜。以美国加利福尼亚州（以下简称"加州"）为例，1988 年加州设立了教育经费最低保障制度，规定州财政必须确保 K–14 学校（包括 K–12 基础教育学校和两年社区大学）每年可获得一定数额的最低经费保障。2013 年，加州开始启用地方经费调配公式（Local Control Funding Formula，LCFF），规定根据各个地方教育机构（包括县教育办、学区、特许学校等）服务的学生人数及特征，对州政府普通基金进行分配（赵德成和贺梦圆，2022）。具体来看，加州的拨款模式表现出以下特点：第一，加州对 K1–3、K4–6、K7–8、K9–12 制定了不同的资助标准，对不同阶段的学生实施了差别化的资助政策，使经费分配更加精确；第二，资助标准根据生活成本为进行调校，教育经费根据物价调整；第三，对处境不利的学生予以 20% 的额外资助，对于这类学生占比高于 55% 的学区或特许学校，每超一个学生，提供额外 50% 的集中资助费用，在经费投入上对困难群体予以倾斜；第四，各学区和特许学校均设置最低经费保障，以确保每个学生都能得到基础教育资金。

（3）加强教育经费监督管理。在教育经费的投入和使用上，美国已经形成较为成熟的监督管理机制，通过立法保障、独立监督管理机构监管以及提高公众参与度等予以落实。在立法方面，美国不仅在财政、审计、预算等领域有着完备的法律体系，也制定了专门的法规对教育项目运作程序进行规范，涉及项目的预算编制、资金分配、审核、使用和结果监督的程序以及方法等方面（成刚等，2015）。在监管方面，美国依法设立独立的监督管理机构，其中最优特色的是独立于教育部存在的总监察长办公室，该机构负责对教育部门的规划或执行状况及使用结果等进行独立的、有目的的审计调查和核查，将结果向教育部长和社会公众披露并提出相关改进建议（成刚等，2015）。

此外，将教育财政预算向公众公布，并接受群众监督。20世纪90年代后，美国开始开展基础教育择校运动，美国政府提供强有力的资金保障并通过补助服务机构监督管理，保障择校运动的顺利进行。与此同时，部分州引入公众监督，如在编制预算时召开听证会以让民众更清楚地了解资金使用（陈冰，2005），或在制定未来规划时征询家长委员会、学生代表、教职工代表等利益相关者群体的意见。美国教育经费的投入与落实受相关法律、监督机构和利益相关者的监督，能够有效规范教育资金使用，有利于促进教育资源均衡分配。

4.1.1.3 支持选择学校

美国通过采用择校策略促进教育供公平。20世纪80年代以来，针对公立学校教育质量低、教育严重不公平的问题，美国利用择校促进学校进行竞争，以实现公平而卓越的教育目标。在标准化运动时期，NCLB法案允许学生从质量低下且难以取得进步的学校流出，作为对未达到教育标准的学校的惩罚。ESSA法案指出，支持学生择校首先要使处于困境的学生有机会接受到优质教育资源。特朗普在执政期间，大力提倡"自由择校"政策，呼吁联邦政府加大投资，为贫困儿童提供更多择校经费。目前，美国可供居民选择的学校有磁石学校、家庭学校、特许学校等，其中，特许学校是家庭择校的最主要的选择。与此同时，美国为择校提供了教育券和教育税减免等支持。以下将对特许学校与教育券进行重点介绍。

（1）特许学校。公立特许学校由公共教育经费支持，通常由一个团体或组织根据与州、学区或其他实体签订的立法合同（特许）进行管理。公立特许学校不受州或地方政府部分规章制度的约束，具有更大的自主权，但特许学校必须按照问责制标准接受定期审查，不符合条件的将会被撤销资格。特许学校往往有其独特之处，可能表现在独特的教育理念，比如蒙台梭利教学法、华德福教学法；或是有创新性的学校模式，如圣地亚哥科技高中的专题式和技术导向型的教学模式；又或是有明确的培养导向，如以大学预科为主、重点提供STEM课程或艺术类课程等。

特许学校提升教育质量、促进教育公平的路径可以归纳为三个方面。第一，特许学校为争夺生源会争相提高自身教育质量，有利于提升公立教育整体水平；第二，特许学校承担着更多的绩效责任，这激励特许学校为实现教育目标而努力；第三，特许学校能为各级各类人群提供个性化的教育服务，有利于满足学生个性化的教育需求和自身发展，从而实现教育结果公平。但特许学校自身也存在一定局限性，例如，一些管理松懈的特许学校难以实现教育质量改善；在标准化问责制下，根据考试成绩对特许学校进行评估，学校会拒绝或劝退表现差的学生，这不仅会加剧教育不公平，还可能会形成以分数为主要考核依据的应试教育。

（2）教育券。教育券是特定集体性消费单位（如政府、教会、基金会、社团或私人）发给家长的一种凭证，可用于支付学费等相关教育费用，学校再向集体性消费单位兑换与教育券面值等额的经费。

美国政府采取教育券制度支持择校，有利于促进教育公平。一方面，教育券制度使每个学生都能接受到财政资助。所有在低质量学校就读的学生都获得了一定金额的资助，并可用于选择更加优质的学校，增加了学生择校机会。另一方面，教育券制度将公立学校与私立学校置于同一竞争系统中，提高了私立学校的地位，激发民间资本投资教育、参与竞争的积极性，扩大了教育投资渠道。

以发放教育券的形式支持择校，给美国的教育系统也带来了一定负面影响。首先，大量生源流向私立学校，伴随着教育经费相应也流入私立学校，导致公立学校教育经费更为短缺，可能会抑制公立学校开展高质量的教学活动。其次，教育券代表的教育经费来源于纳税人缴纳的税款，教育券制度下纳税人不仅要支撑公立学校的教育活动，也要承担私立学校的教学成本，导致纳税人的税收负担增加。最后，教育券并不能完全覆盖私立学校的学费及相关教育费用，这意味着部分贫困家庭的儿童上学仍然是受限的。

除教育券制度，美国也试图从多方面帮助弱势群体择校，使其子女也能获得就读优质学校的机会。例如，美国部分州允许家庭自由选择公立学校而不受学区限制，与此同时通过提供免费校车服务解决家校距离远的问题。此外，美国各州普遍实行奖学金计划，如利用慈善基金会或其他慈善组织向经济弱势群体提供奖学金等，帮助他们支付私立或宗教学校的学费。

4.1.1.4 提供优质的课后服务

20 世纪 90 年代以前，美国的课后服务主要关注弱势群体儿童，目的是减轻工薪阶层家庭负担。90 年代后，美国的课后项目具有服务内容多样化、向弱势群体倾斜、参与主体多元化以及监督机制健全等特点，对美国的基础教育产生了积极的影响，具体表现在以下四个方面。

第一，多样化的课后服务覆盖各个学生群体，满足学生的个性化教育需求，体现了差异公平。为促进课后服务的发展，各级政府和第三方机构共同参与课后服务建设，在资金、服务机会提供和服务模式创新等方面作出了重大贡献，形成了完整的课后服务体系。以"21 世纪社区学习中心计划"的课后服务项目为例，5～10 岁的学生可在课后服务中提升阅读能力、动手能力，体验多元文化等，10～14 岁的学生可接受职业生涯教育，参与提升领导能力和决策能力的培养活动，学习艺术、科学、数学项目以提升数理能力和逻辑推理能力等。针对不同学生群体的特点，课后服务涉及道德和价值观培养、学生兴趣培养、学业成绩提升、学生天赋挖掘等各个方面，多样化的选择不仅满足了学生个性化、差异化发展的需要，又符合教育公平的要求。

第二，课后服务向弱势群体倾斜，有利于促进机会公平。在资金支持方面，部分学校或机构为弱势群体儿童提供优惠的课后服务和补助，以帮助这类学生平等地享受教育。例如，加州为偏远地区学生提供课后服务交通补助；联邦设立儿童保育发展基金帮助低收入家庭 13 岁以下的儿童享有保育服务，包括课后服务和暑期拓展项目，同时，也会为低收入家庭发放代金券，以降低该家庭的课后服务成本。在政策保障方面，美国通过立法保障弱势群体接受课后服务的权利。2015 年，奥巴马政府颁布 ESSA 法案，规定联邦要向课后服务项目拨款，为贫困、教育表现差的学校的学生提供课后和暑期学习项目，对弱势群体予以更大程度的支持；《美国残疾人法案》（*The Americans with Disabilities Act*）规定，各服务机构要合理安排残疾学生的课后服务，并提供个性化的课后服务项目。为学生提供平等课后服务，有助于缩小家庭环境因素引起的教育结果差异。

第三，政府与非政府组织共同推进课后服务落实。联邦政府与州政府共同颁布法规、提供预算、实施监督问责，其职责还包括提供活动场所（公立学校）、提供多样化的服务项目、整合学习资源、吸收和利用资金等，从而形成社会参与的多元治理框架。非政府组织在课后服务实施过程中的作用具体表现在：（1）商业或非营利机构提供资助资金，用以补助教师薪水和培训费，并资助困难学生课后服务费、交通费、膳食营养费等。（2）图书馆、博物馆、大学等组织机构与课后项目合作，为学生提供学术等方面的资源。课后联盟（Afterschool Alliance）2017 年发布的研究报告《图书馆和课后合作伙伴关系：课后服务提供者如何与公共图书馆合作》（*Library and afterschool partnerships：How afterschool providers are working together with public libraries*）显示，在其调查的 365 个课后项目中，74% 的课后项目与图书馆进行了合作，其中与图书馆合作的形式中占比最高的是夏季阅读或学习活动、放学后到图书馆参观，98% 的受访者认为与公共图书馆合作是有益的，可以为学生提供丰富的信息、帮助学生学习基础教育课程、为年轻人提供跨课程的体验式课程等。（3）学校、社区、学区、家委会、图书馆、博物馆、大学等组织为课后服务项目提供师资，包括公办教师、职前教师、志愿者、专家学者、时薪教师、专业人士、家长、大专院校的学生等（杨红，2022）。（4）非政府组织对政府的行为和执行结果起到监督作用。一方面，第三方机构对课后服务质量实施评价。例如，美国 SEDL 的国家优质课后服务中心（SEDL's National Center for Quality Afterschool）研发了一套课后服务指南，主要考察项目组织、学术规划实践、课后支持关系和实践项目，以有效地监督日常运营、支持员工以及与利益相关者保持牢固的关系。另一方面，非政府组织可以监督政府行为。

第四，美国实行基于质量标准与问责的课后服务评估监督机制，有利于促进服务质量提升。美国在 2002 年颁布的 NCLB 法案中规定，学校的标准化测试成绩与教师的绩效挂钩，有利于激励教师提升课后服务质量。ESSA 法案规定将课后服务作为评判学校是否成功的指标之一。近年来，美国联邦教育部（U. S. Department of Education）、全美放学后教育质量研究中心（National Center for Quality After-school）等政府机构和专门的课后服务教育研究机构对课后服务进行评估（于洋和潘亚东，2022）。这些机构通过制定学生参与率、学习成绩、行政管理等细化的质量评估标准，对各地区的服务进行规范，并将服务结果作为申请联邦政府鼓励性资金的依据。

近年来，美国的课后服务项目取得了一定的成效。2020年家长对课后服务的满意度达到了94%，家长认为课后项目培养了学生的生活技能（96%）、增加了学生参加课后体育活动的机会（85%）、使得学生能够参与STEM学习（73%）、学生获得了家庭作业方面的帮助（73%）、学生能够获得健康的膳食和零食（70%）。

但是目前美国课后服务项目仍存在一定问题。首先，课后服务供需不平衡。美国仍有大部分学生没有接受课后服务，部分学生因附近没有课后活动而无法参加。与此同时，课后服务供给不足也可能会引发服务费上涨，结果使得部分低收入家庭难以获得课后服务，从而加剧教育不公问题。美国的课后联盟于2016年发布的研究报告《集中贫困社区的课后活动》（*Afterschool in Communities of Concentrated Poverty*）显示：集中贫困社区对课后服务项目的需求难以满足，有56%的学生未参加课后项目，高于全国平均水平（41%）；生活在集中贫困社区的家长中，有超过六成（61%）的人表示难以负担子女参加课后计划的费用，比生活在集中贫困社区以外的父母（47%）高出14个百分点。因此，增加各地的课后服务供给，仍将然是美国教育改革的一项重要任务。

其次，美国课后服务机会不公平的现象仍比较突出。黑人与白人、贫困学生与家庭经济状况良好的学生在参与课后服务方面的差距较大，种族、阶级的差异仍然存在。2020年，全美仍有一半学生无法参加课后计划，这种趋势在低收入的黑人儿童中更为明显，未参与课后计划的比例分别为59%和52%[1]，高于全国平均水平。

最后，课后服务目标较为单一。在标准的问责制下，课后服务同学校教育一样，以追求提升学生学业成绩为目的，丧失了提供个性化教育的职能，并影响其质量提升。

---

① 资料来源：Afterschool Alliance，http：//www.afterschoolalliance.org/AA3PM/#demand.

4.1.2 启 示

自2015年《每一个学生都成功法案》颁布以来,美国从标准化改革、教育投入、择校、课后服务入手,帮助每一个学生实现成功发展。通过分析美国促进教育均等化的措施,对我国的教育改革提供了一定参考。

4.1.2.1 加强法制建设

美国的教育政策大多以法律的形式制定。法律具有一定的强制性,其效力远远大于文本政策,更能保障政策的落实,提高改革的效率。从数量上看,通过美国印刷局联邦数字系统搜索,可以发现在1951年至2015年,美国国会制定并经总统签署的法律中涉及"教育"和"学校"的超过700项,2015年版的《美国联邦法典》(United States Code)中"教育卷"更是长达2400多页,再加上各州颁布的各种教育法,形成了美国庞大的教育法律体系。

目前,我国的教育法律有《中华人民共和国教育法》《中华人民共和国义务教育法》《中华人民共和国民办教育促进法》等8部,教育行政法规和部门规章有数十部,与美国相比,我国教育法律在数量上相差较多。在内容上,美国教育法案中规定了诸如经费投入的多少、如何使用等方面的政策细节。例如,美国ESSA法案中对改善州和地方教育机构运营基础的项目资金做出了具体规定:2017~2020年每年拨款3.74亿美元用于支持移民儿童教育,并拨款71万美元[①]用于联邦政府开展评估活动。与之相比,我国的教育法律更倾向于从宏观上对基础教育进行规范。在未来的教育改革中,我国应加强法制建设,完善教育法规,坚持依法治教。

4.1.2.2 制定合理的教育质量评价机制

美国在标准化改革方面进行了长期的探索,不断地对法案进行修订优化,从而建立了合理的教育评价机制。在实践过程中,美国将军队入伍者评估的

---

① 资料来源:National Center for Education Statistics,https://nces.ed.gov/.

标准化测验应用到教育质量评估当中，即 20 世纪 60 年代开始实施的全国教育进展评价（NEAP），其优势是能够克服因州考试标准差异导致的评价结果不可比的缺陷。具体地，NEAP 通过对样本学校年龄为 9 岁、13 岁、17 岁[①]的学生进行阅读、数学、科学等科目的抽样测验，对美国整个教育系统质量进行把控。NEAP 在对测验成绩进行评价时，考虑了不同学生的家庭经济状况、种族、学校、社区等的影响，并通过方差分析得出各个因素对教育差异的贡献度，以防止仅报告全体学生的平均成绩而掩盖了不同学生群体之间的差异。基于测评结果，美国对处境不利的学校和儿童给予帮扶，如要求各州改善州级 5% 最困难的学校、辍学率较高的高中学校以及那些在州问责之下学生群体一直表现不佳的学校的学生学习成绩，确保所有学生达到问责制目标，并强调实施标准化改革不是对质量低下的学校进行惩罚，而是帮助这些处境不利的学生和学校走出困境，使得整体教育质量得以提升。在中国的教育体系中，重点学校可以获得更多的资源，成绩优异的学生也更受教师重视，成绩较差的学生容易被忽视。在未来的教育改革中，应增加对这类学生的关注并给予针对性的帮助，以确保所有学生都能学有所长。

4.1.2.3 完善择校机制

第一，为学生提供多样化的教育选择。"择校热"根源在于优质教育资源分配不均，因此，增加优质教育资源供给、为学生提供多样化的教育选择尤为重要。在未来的教育改革中，我国可以通过制定激励性的政策鼓励各地建立特色学校，满足学生多样化的教育需求。同时，借鉴美国特许学校的经验，为特色学校制定相应的问责标准，指导特色学校实现相应的绩效目标，从而推动特色学校教学质量提升。

第二，支持低质量学校的学生择校。在择校方式上，为学生发放教育券，保障学生接受优质教育的机会。与此同时，为处境不利的学生提供择校支持，例如，为家校距离较远的学生提供校车服务、为家庭经济困难学生发放面额较大的教育券、支持残疾儿童就读特殊教育学校等。

---

① 20 世纪 90 年代初，NEAP 转而对四年级、八年级、十二年级的学生进行抽样测验。

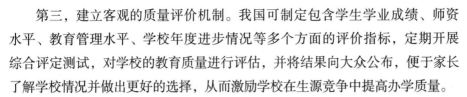

第三，建立客观的质量评价机制。我国可制定包含学生学业成绩、师资水平、教育管理水平、学校年度进步情况等多个方面的评价指标，定期开展综合评定测试，对学校的教育质量进行评估，并将结果向大众公布，便于家长了解学校情况并做出更好的选择，从而激励学校在生源竞争中提高办学质量。

第四，将教育结果与教师工资挂钩。学校质量与教育经费挂钩，对于在质量评估中取得重大进步或表现优秀的学校予以经费奖励，促使学校争相提高办学水平。对于取得优异成绩或重大进步学生的教师予以物质或精神嘉奖，在一定程度上也将起到激励作用。

4.1.2.4 优化课后服务

美国成熟的课后服务体系以及存在的问题给予我国一些启示。第一，提供多样化的课后服务。近年来，我国义务教育阶段学校开展的校内课后服务引进了社会公共资源，为学生提供了多样化的课后项目，但是，仍有部分学校提供的课后服务以提升学生成绩为主，过于单一化。各地政府需要鼓励学校提供多元化的课后服务，为不同年龄段的学生制定符合学生特点的课后服务内容，以满足不同学生的需求。第二，加大教育服务方面的投入力度。加大教育投入并向处境不利的学生倾斜，保证不同群体公平地接受优质课后服务。第三，适当引入第三方机构。我国学校课后项目可与高校、博物馆、科技馆、社会教育机构等联合，引入私人资本，提高教育投资效率，充分发挥校外机构的作用，为学生提供优质的课后服务。目前我国部分地区已有这方面的探索，但是仅限一些经济发展较好的地区的学校。第四，在引进社会教育资源的过程中，应加强对收费的监管，防止因第三方机构的介入而导致课后服务收费大幅上涨。第五，制定课后服务标准和问责制度，保障教育资金落实、课后服务质量提升和学生参与。

4.2 英国：无处不在的卓越教育

由于英国政党交替频繁，各党派在其执政期间采用不同的教育政策，但这些政策在一定程度上有着内在的发展逻辑，逐渐推动英国教育向公平和高质量的方向发展。从倡导政府负责的"福利国家"（"第一条道路"）到推行"自由竞争"的"市场化"改革（"第二条道路"），再到提倡平衡市场作用与政府控制的卓越、全纳与创新的教育（"第三条道路"），英国在实现教育公平、提高教育质量方面不断地进行探索，教育观念由注重精英教育转变为向每个学生提供高质量、均等且有序的教育服务。

在"第三条道路"思潮的影响下，英国对平等、优质的教育进行了一系列探索。1997年，布莱尔政府公布教育白皮书《追求卓越的学校教育》，要求对学生成绩表现不佳的地区和学校进行改革，从而全面提高教育质量水平。2016年，英国公布教育白皮书《教育全面卓越》，阐述了追求卓越的教育理念，即让不同地区、不同背景的学生都能通过良好的教育得到最大程度的发展。2022年，英国教育部（Department for Education）发布《为所有学生提供机会：卓越教师建设优质学校》，进一步强调了打造卓越教师团队、建立优质学校对保障学生教育的重要性。本节重点梳理"第三条道路"思潮影响下，英国为实现教育均等化而采取的各项措施，对我国的基础教育的发展有一定的参考价值。

4.2.1 促进教育均等化的措施

4.2.1.1 学校"学院化"改革（Academies Programme）

在"学院化"改革之前，英国中小学采取地方分权的管理模式，即由地方政府对本地中小学教育进行统一管理。这种管理模式下，富裕地区的学校拥有更多的教育资源和资金，学生能够接受更高质量的教育，而贫困地区却恰恰相反，扩大了区域之间教育质量差距。此外，地方政府对同一区域的学校采取相对集中的管理方式，导致各学校在办学模式、教学方法等方面出现了一定程度的同质化，不利于学校自主创新、提供个性化的教育服务。

为解决上述问题，英国设法削弱学校的科层化官僚管理体制，降低学校间的层级关系，减少国家干预程度，以促进教育均衡发展。其中一种做法是推行学校"学院化"改革，即中小学校转换为"学院制学校（Academies）"。

学院制学校独立于地方当局，由企业、大学、慈善机构等赞助者创办，与一般的学校相比有更大的自主权。在课程方面，学院制学校不受国家统一课程的约束，根据本校学生的实际情况自行设计和实施相应课程；在资金方面，"学院制学校"可获得来自中央政府的直接拨款，不受制于地方当局；在人事任免上，被任命教师可不受教师资格条件的约束，"学院制学校"可以更加优厚的条件吸引优秀教师；在学校管理方面，学校管理部门有更大的自主权，校长和教师有更大的权力管理学校。

最初，"学院制学校"是针对那些办学水平低、学生问题严重的中学提出的。由中央政策对这类学校进行重组管理，以提升学校教育质量。2010年，保守党为主体组成的联合政府明确规定：凡是由英国教育标准办公室（Office for Standards in Education, Ofsted）评定为卓越的学校都可自动转型为"学院制学校"（王有升和兰玉萍，2017），称为"转制学校"（Converter academies）。2010年7月，英国教育部通过《2010年学院类学校法案》。自此，"学院制学校"中优秀学校的数量逐渐增加。英国在2010~2011学年到2014~2015学年间每年"转换学院"的开设数量如表4-1所示，自2010年起，"转换学校"的总开设数量逐年增加，从2010~2011学年的529所增加到了2014~2015学年的3306所。

表4-1　　　　　　　　"转换学院"新增数量与累计数量　　　　　　　单位：所

项目	2010/2011	2011/2012	2012/2013	2013/2014	2014/2015
每年新增开设数量	529	1058	731	543	445
累计开设数量	529	1587	2318	2861	3306

资料来源：Department for Education, Academies Annual Report Academic Year: 2014 to 2015.

2010年，英国发布了题为《教学的重要性》（The Importance of Teaching）的学校白皮书，提出"最好的学校可以直接转为学院，但必须与不太成功的学校合作，帮助他们提高水平"。2010年之后，"多学院信托（Multi-Academy Trusts, MATs）"开始扩张，即由一所信托组织同时托管多所"学院制学校"，在不同学校之间建立联盟和协作机制。每个学院信托都会与教育国务秘书签订资助协议，规定对每个学院的要求与发放补助金的条件，各学院在符合协议规定的条件下才能获得公共经费。在 MATs 组织模式下，各个学校仍然保持独立，但可以通过协议实现资源、师资等的共享，有利于帮助薄弱学校提高质量。

在基础教育领域的学院制改革方面，英国衍生出了私人融资计划与学院制融合的 PFI 学院。私人融资活动（Private finance Initiative，PFI）是一种由政府部门与私营实体共同参与的、用于基础设施建设、设备采购和提供长期服务的合作形式，由政府制定项目要求，并以招标的方式引入私营组织为其提供设计、融资、建设、维护、运营等服务，双方通过合约明确各自的责、权、利（石水海，2013）。PFI 学院是根据政府的私人融资倡议而形成部分采购计划的学院，一方面以 PFI 的形式融入私人资本；另一方面以慈善信托或公益信托担保学院的管理和经营（秦英和黄江玉，2017）。PFI 学院主要有两种类型，一种是私人部门负责学院基础设施的设计、投资、建设和管理，政府根据服务情况支付购买费用；另一种是政府与具有某种专长的私人部门签订协议，提供诸如课程开发、学校评估等辅助性服务。在整个运作过程中，私人部门发挥融资职能，将资金优先投入需求最紧迫的学校，增加了教育经费的来源。同时，PFI 学院还通过引入专业知识和丰富的管理经验，以提升薄弱学校的教育质量。英国的"学院化"改革发展至今，已经形成了庞大的学院体系，对英国基础教育发展具有重要影响。

4.2.1.2　向处境不利的学生提供倾斜性的课外服务

自 20 世纪 80 年代以来，英国持续在课后服务方面进行探索。1998 年，英国政府明确提出，提高不同年龄段学生的保育服务质量，并规定课后看护与教育要实现一体化发展。2003 年，英国政府颁布《每个孩子都重要：为孩子而改变》（*Every Child Matters：Change for Children*），提出要构建教育、健康保健、社会服务于一体的学龄儿童公共服务框架，完善跨部门合作的儿童服务体系（王晨晓，2022）。目前，英国已经形成了政府联合家庭、社会、社区等各种社会力量提供多元化服务的课后服务体系。随着课后服务的不断发展，如何更好地发挥其在促进教育公平中的积极作用，已经成为英国政府和广大教育工作者关注的焦点。

为帮助处境不利的儿童提升学业水平，英国政府为其提供"防范辅导"、个性化的辅导，并给予一定资金支持。首先，加大对处境不利儿童的资金支持。同美国一样，英国政府和三方机构通过加大教育投入支持处境不利的儿童接受课后服务。政府发放"救济代金券"，资助处境不利的学生用以支付课后服务费用。2013 年，英国在《免税儿童护理方案》（*Tax - Free Childcare Package*）中规定，政府每年向每个儿童最多补贴 2000 英镑资金用于课后服务，慈善机构也为处境不利的儿童提供低于市场价格的课后服务。

其次，为处境不利的儿童提供"防范辅导"。英国的文法学校相当于公立学校中的重点学校，教学水平较高，往往出现供不应求的现象。这类学校会通过设置选拔性的考试挑选优质生源。富裕家庭的学生拥有更多接受优质教育的机会，通过文法考试的机会更大，而贫困家庭的儿童却恰恰相反。为增加处境不利儿童进入优质学校的机会，英国政府提出"防范辅导"考试计划。其中一种方案是向低收入家庭学生提供交通费用补助，或至少 10 小时的考试准备时间，以在选拔考试中实现公平竞争。

最后，为表现不佳的学生提供个性化的辅导。对于学习落后的学生，英国提倡实行一对一辅导，制定个性化的辅导方案，从而帮助这类学生更好地融入学习生活。2007 年 12 月，英国儿童、学校与家庭部公布《儿童计划：构建更加美好的未来》（*The Children's Plan：Building Brighter Futures*），规定任何落后小学的学生都能享有 10 个小时的一对一辅导，此外，该计划还提出为每个学生配备个人导师，以帮助学生进行课程选择。

4.2.1.3 基于"教学学校"的教师培育模式

在英国，"教学学校"（teaching schools）是一项"以学校为基地"加强教师培养的改革措施，其政策理念最早来源于英国早期的"教学医院"（teaching hospital）。作为高水平的临床基地，教学医院在开展医学研究的同时，结合理论知识与实践教学对学生和从业者加以培训，既提升了学生的实践能力，又为医院培养了大量合格的医生。医学院与医院不同机构间在教学方面进行合作的成功实践，为解决 21 世纪初英国教育质量普遍较低的问题提供了发展思路，并逐渐被推广到教育领域。

21世纪初，英国教育不公平现象较为严重。英国教育部2010年发布的研究报告《教学的重要性》显示，在接受免费学校餐的8万贫穷儿童中，只有40人进入牛津剑桥，然而，个别公立学校进入顶尖大学的人数比接受免费校餐的总人数还多。此外，《教学的重要性》明确提出"让优秀的学校在教师培训中发挥更大的作用，就像最好的医院培训新医生和护士一样""以'教学医院'为模式，建立全国'教学学校'网络，领导教师和校长的培训和专业发展，并增加国家和地方教育领导者——致力于支持其他学校的优秀学校校长的数量"。英国国家教学与领导学院（NCTL）于2015年发布的研究报告《教学学校评价：最终研究报告》（*Teaching Schools Evaluation Final Report*）指出：2011年9月，英国制定了第一批"教学学校"联盟（TSAs），由100所学校、97个联盟组成。2016年，英国教育部发布的研究报告《教育全面卓越》表明：截至2016年，"教学学校"数量已增加到700个。2022年，英国学校白皮书《为所有学生提供机会：卓越教师建设优质学校》规定，要建立全国性的"教学学校"中心网络，以确保改革的好处惠及整个英格兰的教师和学生；每个"教学学校"中心都将参与初级教师培训，以确保全国都有培训名额。下文将重点介绍"教学学校"网络的组建、运作、功能三个方面内容。

（1）"教学学校"的组建方式。"教学学校"都是由杰出校长（国家教育领导者）领导的杰出学校，这些学校在通过支持其他学校提高学生成绩方面有良好的记录。"教学学校"联盟内，以"教学学校"为中心，以尊重和互助为前提，致力于构建学校间网络和伙伴关系，从而推动区域内其他学校发展（李琼等，2016）。TSAs主要有三种类型：一是单联盟，由一所"教学学校"领导一个"教学学校"联盟；二是分工式联盟，由两个小规模的"教学学校"领导一个教学联盟；三是复合式联盟，由两个或两个以上的"教学学校"领导一个联盟。

（2）"教学学校"的运行机制。"教学学校"有一套完善的运行机制来确保政策有效落实，主要包含了申请、审核与审批、资金拨付、发挥功能、评估与问责五个方面。

按标准申请。申请成为"教学学校",需要满足较高的标准。2014年3月,英国教育标准办公室提出对申请学校与其他学校的合作情况、参加高质量职前教师培训情况、提供高质量专业发展方面的相关信息情况、教学质量、学生学业水平等作出要求。

审核与审批。NCTL不仅对申请者提供的材料的真实性进行审核,还要结合地区"教学学校"需求与申请者数进行审批,确保每一所学校都能通过国家或地方教育领导人、"教学学校"和主要教师的审核,并与一所强大的学校合作。

资金拨付。为激励学校申报"教学学校"联盟,NCTL提供运作资金,直接拨付给"教学学校"联盟,而非"教学学校"。NCTL向成功申请"教学学校"的单位提供15万英镑的经费资助,以激励TSAs走向成熟,并且实现可持续发展(赵冬梅,2016)。

"教学学校"发挥支持功能。全国性的"教学学校"联盟通过汇集一个地区的优秀教师,包括高级技能教师、优秀教师和领军教师,实现对其他学校的支持,促进教师专业的可持续性发展。同时,"教育专业领导者",即担任校长以下领导职位的优秀专业人员(如副手、系主任),为其他学校担任类似职位的领导者提供支持。

评估与问责。NCTL对"教学学校"的运行情况制定了完整的评估和问责程序。第一,制定审查标准。当系统负责人和"教学学校"出现资格不符、职业行为不当和未按时交付的情况时,NCTL需要对其开展审查。对资格的审查需要参照国家教育领导者和国家支持学校资格标准、国家州长领袖资格标准以及教学学校资格标准进行;对交付情况进行审查,即考察系统负责人或"教学学校"在过去的12月内是否提供了校对校支持、是否响应了部署要求,并对未能提供学校主导的初级教师培训、循证持续的专业和领导力发展的"教学学校"进行审查。第二,对不符合标准的程序开展审查。一方面,对教育部公布的绩效数据、英国教育标准局公布的结果、学校提交的信息以及正在进行的活动进行分析,识别存在的问题;另一方面,审查小组向学校或系统负责人发出审查通知,学校有义务回答质疑。此外,由"教学学校"领导组成评审小组,基于评估标准和现有证据实施评估。第三，裁定审查结果。审查结果主要有三种：一是保留"教学学校"名称，被审查者可以继续进行相关活动；二是取消"教学学校"地位，被取消者可以上诉；三是接受继续审查，"教学学校"在商定的期限内接受审查。

（3）"教学学校"的功能。TSAs 有三个方面的功能，分别是实现初始教师培训、持续专业和领导力发展以及学校对学校的支持。

第一，"教学学校"提供初始教师培训（Initial Teaching Training，ITT）。具有以下几个特点：一是招募最优秀的教师。通过提供高额免税助学金和奖学金，吸引学历和能力兼备的中学教师重返课堂，或启动未来教学学者计划等招聘世界一流教师。二是注重课堂实践。并非所有新任教师都能够合理掌控课堂实践活动，因此，初始教学培训更加注重课堂实践。三是以学校为中心，发挥优质学校和优秀教师的带头作用，为职业转换者、应届毕业生等潜在教师群体提供培训机会。四是部分"教学学校"实现了与高等教育学校的合作，如邀请一些优秀的初级教师培训高等院校师范生进行交流。

第二，持续专业和领导力发展（Continuing Professional and Leadership Development，CPLD）。在教师专业发展方面，"教学学校"招聘最优秀的教师群体，并通过初始教师培训提升教师的专业发展能力。完成初始培训且达到教师标准的受训者才可获得 NCTL 颁发的教师资格证书。同时，"教学学校"还致力于提升教师的领导力，从联盟中筛选出有领导能力的教师并向其提供专业发展支持与实践平台，促使其提升专业素养与领导能力。

第三，学校对学校的支持（School-to-school support，StSS）。多个"教学学校"相互合作，由优质学校提供专家，对联盟校的教师、校长和班主任的工作进行指导、评估，给予建议并提供相互支持的实践平台。

2015～2016 学年"教学学校"联盟在各个领域的工作开展情况如表4-2所示。在初始教师培训领域、持续专业和领导力发展领域及学校对学校的支持领域，提供了以上三种支持的"教学学校"联盟占全部"教学学校"联盟的比重分别为 95%、91%、99%，至少提供以上两种支持的联盟占比为97%，同时提供了三种支持的联盟占比为 89%。

表 4 - 2　　　　"教学学校"联盟的支持课程提供情况（2015～2016）　　　单位：%

领域	实施占比
初始教师培训（ITT）	95
持续专业和领导力发展（CPLD）	91
学校对学校的支持（StSS）	99
至少两个领域	97
三个领域	89

资料来源：National College for Teaching & Leadership. Teaching School Alliance：Key Information Form（KIF）2015/16.

4.2.2　启　示

21 世纪以来，英国为追求均等化和优质化教育进行了一系列改革。我国在促进教育优质均衡的过程中也进行了类似"学院化"改革、提供课后服务以及建立"教学学校"联盟的探索，与英国的教育改革探索具有一定相似性，因此，英国的教育改革实践对我国的集团化办学、课后服务以及师资培养方面有一定的启示意义。

4.2.2.1　集团化办学的 MATs 模式

英国对中小学采取"学院化"改革，旨在通过提高学校在资金、课程、人事等方面的自主权，改变地方政府直接管控导致教育质量低下与同质化的局面。在学校构成方面，"学院化"改革引入了私人机构等社会力量，一方面帮助薄弱学校提升教学质量，另一方面建立新学校，为学生提供优质且多样化的学校选择。

（1）加大学校的自主权。我国对公办学校设置了统一的中小学课程标准和教师资格、任职条件，中小学受地方政府的直接管理，各学校办学灵活性较小，不利于学校的特色发展以及学生的个性化发展；地方课程和校本课程也存在着定位不准确、建设质量参差不齐、管理不到位等问题。因此，在制定教育政策时，决策者要确保各地提供高质量的地方课程和校本课程，使其为学生提供个性化的教学内容。同时，鼓励各校制定符合自身特点的教师评价方法和资格认定标准，加大各个学校在课程设置和教师任免等方面的自主权。

（2）改善集团化办学的内部组织模式。英国学院制衍生出来的MATs模式与我国的集团化办学类似。不同的是，在英国的MATs模式下，各学院保持独立性和自治权，相互协调，在合作中实现各自的良好发展。而我国的集团化办学内部成员校的活动一般围绕龙头学校展开，龙头校承担着较大的资源输出责任，办学压力较大。此外，部分薄弱学校、新建校接受龙头校的资源、文化传输入引起了同质化现象。英国对"多学院信托"成员校保持独立性的要求，对我国进一步规范集团化办学提供了新的发展思路，即教育集团内部各成员校在相互协作的同时，应更加关注自身学校的特色发展，避免过度依赖龙头校，以确保学校在退出集团化办学后也能实现各自的独立发展，并发挥优质教育资源的示范辐射作用。

（3）强化合约约束力。英国"多学院信托"与教育国务秘书签订资助协议，各成员校完成相关义务才能获得公共经费。鉴于我国集团化办学体系较为庞大，政府无法实现对每一个教育集团的监管。因此，各教育集团应建立监督机构、评估机构，约束成员校的行为，防止办学形式化。

4.2.2.2　以学校为中心的教师培养模式

英国的"教学学校"联盟设法将优秀的学校和教师集中起来，以联盟成员校为核心培训优秀教师和学校领导者。我国集团化办学下的教师培训模式与"教学学校"联盟组织方式和组织目标具有一定相似之处，其实践经验对我国教育改革具有一定借鉴意义。

第一，对集团化办学制定严格的标准与问责机制。我国集团化办学的审查与问责机制尚不完善，市场上教育集团的质量参差不齐。英国针对"教学学校"的教育活动制定了严格标准并对其进行审查，对未能发挥职能或相关人员存在不当行为的"教学学校"予以处置，严重者被取消"教学学校"资格。为规范集团化办学行为，我国应制定严格的评审与问责机制，并激励集团在提升教师质量、教育质量方面作出努力。

第二，注重教学实践。英国的"教学学校"模式以实践为主，通过将理论知识与实践相结合，提升教师的专业能力和领导能力。例如：一方面，减少部分体验式、讲座式的培训，增加探究式、实践类的培训，增强学员的体验感；另一方面，在实践中不仅要注重教学目标的完成情况，还要更加重视教师自身的发展，提升教师的专业能力。

4.3 芬兰：高质量、均衡、多元化

21 世纪以来，芬兰在经济合作与发展组织（Organization for Economic Co-operation and Development，OECD）举办的国际学生评估项目（Programme for International Student Assessment，PISA）测试中表现优异。2003 年到 2012 年，芬兰学生的 PISA 测试成绩一直排名第一，在近年来的测试中，芬兰学生排名有所下降，但仍居世界前列。2018 年，芬兰被列为所有参与 PISA 测试的国家中校际差距最小的国家，并且是唯一一个阅读素养水平和生活满意度都很高的国家。由此可见，芬兰不仅做到了提供高质量的教育，还满足了各群体多元化的教育需求。芬兰在推进教育均衡方面的经验值得我国借鉴和学习，本节重点从芬兰的学生支持体系、教师培养体系、学生评估体系以及教育体系四个方面展开分析。

4.3.1 促进教育均等化的措施

4.3.1.1 "面向所有学生"的三级支持体系

在早期，芬兰的社会保障体系不完善，部分学生的基本教育需求难以得到保障。2000 年以来，芬兰始终致力于实现全社会教育公平，试图通过建立完善的社会福利体系，解决儿童在接受教育的过程中所遇到的困难，帮助每个学生获得适当的教育资源并最大限度地发挥其自身潜能。

芬兰在 2011 年正式实施《基础教育法》（*Basic Education Act*）修正案，提出要构建特殊的三级支持体系，即普通支持、强化支持和特殊支持。其中，普通支持适用于所有需要暂时性帮助的学生，教师提供的普通支持通常体现为在日常教学中发现学生存在的问题，并对有临时性教育需求的学生提供相关支持，如课内教学和单独辅导。如果普通支持的效果未达到预期，就对学生提供强化支持。强化支持主要针对需要额外帮助的学生，由相关教师为他们制定专门的学习计划，家长、教师、学生福利小组等专业人士对学生进行观察与效果评估，并根据检测结果及时调整支持方案。特殊支持一般针对在身体上或智力上有特殊需求的学生。芬兰实行全纳教育，几乎所有学生都在普通学校上学，学校、教师、医生、父母等需要对残障儿童进行针对性帮助，以达到特定学习目标。

"面向所有学生"的三级支持体系的特点主要体现在以下三个方面：首先，芬兰的学生支持体系分为三级，教师可以根据学生的教育需求随时调整支持层级，防止教育资源的浪费。其次，由一线教师对学生进行观察并予以支持，能够更有针对性地解决每个学生遇到的困难。最后，对学生实行三级支持不是单纯地追求成绩，而是向学生提供更合适的资源和支持，指导学生寻找适合自己的学习方法，实现差异化的教学，从而最大限度地激发学生的潜能。芬兰的三级支持体系既能让所有学生接受具有针对性的教育，实现机会公平，又能充分激发每个学生的潜能，实现结果公平。

4.3.1.2 "研究本位"的教师教育体系

芬兰基础教育阶段学校对教师采取了信任无监督的态度，不对教师进行严格的教育督导，没有教学评价、年度考核、教育评比、论文评比等各种形式上的监督，也不划分教师等级。芬兰这种"研究本位"的教师教育体系，建立在教师教育研究成果的基础上，是以培养教师的研究性教学思维为目的，将理论学习与实践学习融为一体的教师教育方式。在这种教师管理模式下，芬兰打造出了高质量的教师队伍，并培养出一大批优秀学生。下面将重点梳理芬兰初等教育阶段的教师选拔和培养模式。

第一，根据芬兰发布的《基础教育法》，从事初等教育的教师需要拥有硕士学位。对于未取得硕士学位的在职教师，诸多教育机构免费为他们提供在职或停薪留职进修的机会，以促进教师的专业发展。

　　第二，芬兰的高等教育师范专业招生较为严格。2007 年，芬兰实行教师教育招生制度改革，对报名小学教师培养计划的考生实行双阶段选拔考试。第一阶段是全国性的国家教育选择合作项目考试，是对考生的记忆能力、理解能力和灵活运用能力进行考察，通过考核的考生进入第二阶段选拔考试。第二阶段由各高校自主组织能力测试，对考生的职业动机和职业责任感进行考察。

　　第三，师范生需要接受职前培养，完成诸多丰富多样的课程。具体而言，师范生需要在 5 年之内（3 年学士、2 年硕士）修读 300 学分的课程，分为主修模块、副修模块和选修模块。其中，主修模块是教育学科专业，聚焦于教学思想、教学实践与教学方法，旨在培养学生的专业技能；副修模块包括跨学科课程和副修选修课程，用于拓展学生的知识领域，培养学生的跨学科交叉思维和知识综合运用能力；选修模块学生可根据自己的兴趣自行选择。

　　第四，重视实践教学。师范生在攻读学士和硕士学位期间，需经历分为基础、中阶和高阶三个阶段的实习。在基础实习阶段，师范生主要在实践学校进行观摩和学习，对学生、课堂教学形成初步的了解。中阶实习一般安排在第三学年，师范生需独立完成具体学科教学，提升独立教学的能力。高阶实习一般安排在第五学年，师范生组成教学小组，以小组为单位全权负责其对应的实践学校在一定时间内的学科教学。在实习过程中，师范生同时受到高校教育学院指导教师与教师培训学校中经验丰富的教师的指导，帮助师范生更好地实施教学。

　　第五，加强教师在职培训。教育行政部门、高校教育学院（开放性大学、暑期大学、普通大学的继续教育中心）和培训学校举行培训活动和培训课程，各学校制定教师参与培训的相关规定，并对实施情况进行评估，树立教师的可持续发展和终身学习理念。在培训资金的拨付上，芬兰政府为教育机构提供充足的培训资金，各个教育机构通过提供优质的培训服务获得相应的财政资金。在培训形式上，除了常见的学科课程培训、教研活动、教育会议及研讨会、科研活动、观摩活动等培训形式，芬兰还为教师提供专门的社交网络，以帮助教师更好地进行学术交流。各培训主体还提供了认定和非认定项目①、模块和非模块项目、免费或商业项目、中小学教师与大学教师合作项目等各种形式的培训。在培训课程上，芬兰开展的教师培训课程内容主要包含相应学科的理论知识、教学方法、管理能力、多媒体应用能力、实践能力等，侧重于教师所面临的未来挑战和教学中的现实问题，即教师专业化的"三维度"（认知能力、实践能力和伦理道德）和"四方面"（归纳、演绎、推理和教学法）（李俐和陈时见，2013）。在评估体系上，芬兰教师培训的评价工作一般由地方政府和教育工会开展。各评估机构制定了包含文化层面（教师在不同文化背景下的学习、适应能力等）、社会层面（教师与人合作的能力等）和个人层面（教师的个人发展能力等）的评价指标，采取自我评估、互相评估、实地考察、书面材料等形式，对参与培训的教师进行评估。

芬兰严格实行的师范生招生制度、以师范生课程体系和高强度的实习实践为中心的职前培养体系及高效的教师职后培训，构成了"研究本位"的教师教育体系，有利于提升教师自身的素养，打造高质量的教师队伍，培养出更加优秀的人才。

4.3.1.3 不以考试为中心的学生评估体系

与美国要求"对三年级至八年级的学生每年进行标准化测试"不同的是，芬兰认为频繁的标准化测试并不利于提升教学质量，因而提倡减轻学生的考试压力，更加注重课堂活动、实践与项目研究，培养学生的探究、合作与创新能力。

对于中小学学生学习质量的监测，芬兰采用多元化的评估方法。一是教师评估。芬兰的教师评估方式是多元化的，如根据学生各科目知识和技能的掌握程度等对学习成绩进行评估，根据学生的作业完成情况、出勤率和品行表现等对品德行为进行评估，根据学生的自主创新意识、探究精神等对学生的自主学习和创新能力进行评估。多元化的评估方式下，教师不仅关注学生的学术水平，而且关注学生的整体发展。二是综合评估。从年龄、性别、学

---

① 认定项目有一定的学分规定，更加注重对教师的学科能力、研究能力、管理能力等方面的培训；非认定项目无学分规定，出于对专业发展的需求，教师进行自我激励培训或接受较短时间的在职培训，激励培训费用一般来自教师本人。

科水平等不同维度对学生的成绩和表现进行统计和对比，得出总分数。这一分数不以排名为目标，不影响升学申请等重要决策，仅作为教育质量的参考。三是国家测验。芬兰每年都对一定比例的学生进行测验，测试内容涵盖历史、语文、数学等学科，旨在考查学生学习情况和教师教学情况。

芬兰不以考试为中心的学生评估体系，对于学生的发展和整个基础教育系统的发展产生了积极影响。首先，关注学生全面发展，包括创新和探究能力培养，有助于提高学生学习的自主性；其次，消除了学生之间的竞争，能够有效减轻学生的学习压力；再次，多元化的评价方式对学生表现进行综合评估，减少因家庭背景而产生的学习成果差异，有利于促进教育公平；最后，教师对每个学生的各方面进行评估并将评估结果反映给家长，家长可以更好地了解孩子的情况，以增强家长对学校的信任，进而减少择校行为。

4.3.1.4　路路通式的教育体系

芬兰社会与公众对职业教育没有歧视，接受普通高中教育和接受中等职业教育的群体都有机会就读普通大学和应用科技大学。芬兰学生在综合学校教育结束后就面临第一次分流，学生可以选择读普通高中，未来读普通大学攻读学士学位；或是进入职业学校，未来可申请应用科技大学，在通过考核并取得学士学位后可以继续攻读应用科技大学的硕士学位也可转入普通高校攻读硕士学位（张欣和陈新忠，2022）。在普通高中第二年学生面临第二次分流，普通高中毕业生可以选择继续读普通高中，也可以转入职业技术学校学习。在这种路路通式的教育体系下，学生在选择学校时，是就读职业学校还是普通高中学校取决于学生的自我需求，而非不得已的选择。

4.3.2　启示

芬兰在 PISA 测试中的优异表现，证明了其教育改革措施的积极作用。鉴于我国与芬兰都致力于追求公平且优质的教育，因此，我国可借鉴芬兰部分教育改革措施，改进教育支持体系、教师教育体系、评价体系和教育观念，从而推动我国教育发展。

4.3.2.1　建立针对性的教育支持体系

新中国成立以来，我国始终致力于保障弱势群体平等地接受基础教育，通过建立完善的资助体系、建立特殊学校、坚持"两为主、两纳入"、实行免费义务教育等政策，对处境不利的学生予以支持，实现了每个人都"有学上"。现如今，我国基础教育正向每个人都"上好学"迈进。芬兰"面向所有人"的三级支持体系为基础教育改革提供了思路，即在教育过程中关注每一个学生的发展，对处于不同程度困境的学生提供不同程度的支持，并为其制定专门的教育计划，以实现每个学生的成功发展。但是，目前我国贫困地区、农村地区和西部地区师资紧缺，在全国实施该方法较为困难，多地还存在"大班额"的现象，即班级人数超出正常标准。因此，未来我国应继续扩建学校，并吸引更多优秀人才参与到教育工作当中，改善薄弱地区的教育条件；对于发展较快的地区可以优先试行，建立针对性的支持体系，为实现人人都"上好学"不断探索新的路径。

4.3.2.2　打造高质量的教师队伍

芬兰"研究本位"的教师教育体系强调对基础教育阶段教师开展职前和在职培训，培养教师的研究性思维，以实现教师的专业能力的可持续发展。一方面，芬兰从源头上对师范生加强规范，对其进行严格的课程培养和实践培训；另一方面，政府和机构重视教师的在职培训，在资金投入、培训形式、培训课程、评估体系等方面都作了具体规定，打造出了一批高质量且充满活力的教师队伍。此外，芬兰高等院校分布较为均衡，每个主要省区范围内都有一所高水平大学，确保了高水平师资的均衡分布。

芬兰对教师采取信任无监督的态度，不对其进行考核和监管，这一措施目前还不适用于我国的基础教育。在优质均衡阶段，我国仍需要提升教师的整体质量，不进行监管和考核意味着教师没有教学压力，会使教师失去教学动力；不设置与教育效果挂钩的绩效考核，也会打击教师的积极性。因此，目前我国既要对教师进行监管和考核，也要适当减轻教师压力，注重培养教师的内驱力和终身学习理念，促进教师质量提升。

芬兰的教师培训经验对我国具有一定启示。在师范生的职前培养方面，政府应持续加大财政投入力度，支持师范专业的发展，并合理调整其结构，保障师范教育覆盖各个地区；各高校应对师范生的综合素质进行考察，选拔优秀的学生来培养出色的教师；各高校应加强对师范生的职前培养，设置多元化的必修、选修课程，提升师范生的综合能力；各个开设师范专业的高校与基础教育阶段学校合作，为师范生提供成长和进步的机会，培养学生的独立教学能力和课堂管理能力。在师范生实习的过程中，芬兰的双导师制具有很好的借鉴意义，即每位师范生同时受高校指导老师和培训学校优秀教师的指导，有利于增强实践能力和职业认知水平。在教师的在职培训方面，我国可对提供教师培训项目的各个机构予以资金支持，并对表现优秀的培训机构予以奖励，鼓励各主体提供课程丰富、形式多样且高质量的教师培训项目；加大教师在教学过程中的自主权，使其在教师培训的课程设置方面也有所参与，以提供针对性的培训课程，满足不同教师的培训需要，实现高效的教师培训。各地政府应鼓励各高校、培训机构建立教师培训评估体系，对参与培训的教师进行评估，在评估指标的设置方面应综合考虑教师的适应能力、专业发展能力、研究能力、合作能力、综合实践能力等。

4.3.2.3　探索综合素质评价体系

目前，我国对学生的评估仍以考试为主，评价方式较为单一，芬兰不依赖考试的教育评价体系对我国基础教育改革具有一定借鉴意义。

第一，注重对学生的多元评价，而非只关注学生成绩。我国上海市中考实行名额分配综合评价录取，即除了关注学生各科考试成绩，还对学生进行现场综合评价，考察其语文表达能力、数学逻辑能力、综合实践能力等。上海、浙江、江苏等地开展了中考综合素质评价，其他省市正在探索中，但是高考阶段目前还是以科目考试成绩为主要录取标准。各省市高中阶段招生考试可尝试开展类似上海的综合素质评价录取方式，并逐渐将其推广到高考中，以培养学生的综合素质，实现学生的全面发展。

第二，关注学生的个性发展。基础教育改革不仅要做到机会公平，也要做到结果公平，使学生最大化地发挥自身潜力。因此，关注学生的个性化发展必不可少。芬兰并不是根据学生的考试成绩来评定学生，而是根据学生的课堂表现、家庭作业、项目实践等对学生作出综合评价，也就是说，教师要对学生各方面的能力和表现有一定程度的了解，并对每个个体作出差异化的评价，最大限度地激发学生的潜能。

第三，对高考制度进行改革。芬兰唯一一次全国性的标准化测试——高考，在每年的春季和秋季各举行一次，如果考生某科没通过或者考得不理想，可以就这一科补考或重考，次数没有上限，资格证书最终将记入考生的最佳成绩。在考试科目方面，学生除了要考四门必修课程之外，还可以选考其他科目，在申请大学时可以获得加分。与我国的高考制度相比，芬兰的高考具有更大的灵活性，一方面，给予了学生多次考试的机会；另一方面，学生可根据自己的兴趣、能力和需求选考其他科目，给予了学生多样化的选择。对我国高考制度进行改革，可给予学生多次参加高考的机会，有效防止"一考定终身"，对于规避基础教育阶段择校行为也有一定积极的作用。另外，在我国各方面条件都容许的情况下，开设多种类型的高考考试科目，既满足考生对不同类型教育的需要，又能激发学生学习多样化课程的内在动力。

4.3.2.4 改变对职业教育的偏见

目前，我国社会和公众对职业教育有较大偏见，一方面是因为职业教育水平不高；另一方面是我国教育观念所致的。长期以来，我国一直强调学术教育地位，将学科考试成绩作为进入普通高等教育学校的唯一标准，致使公众对职业教育的好感度不高。我国应积极推进职业教育改革，加大对职业教育的资金和教育资源投入，提升职业教育质量。另外，我国需要强化高质量职业教育与其他教育阶段的衔接，改变传统教育观念，提升职业教育地位，让每个学生在自己擅长的领域发挥优势，通过结果公平降低家长和学生在基础教育阶段的择校欲望。

4.4 日本：稳中有"摇摆"

早在一百多年前，日本就致力于教育公平和教育普及，已经构建了较为完善的公平教育体系，形成了自身的教育特色。OECD 调查显示①，在全球 35 个最富裕的国家中，日本提供给学生的教育是最公平的，其基础教育改革实践对我国基础教育的发展具有一定的启示意义。与此同时，经过对日本基础教育发展历程的梳理，发现也存在着一些不利于教育公平发展以及教育质量提升的做法，对我国具有一定警示意义。

4.4.1 日本的"平等教育"

与大多西方发达国家提倡的精英教育不同，日本倾向于为学生提供平等的基础教育。日本的"平等教育"理念在基础教育发展中发挥了重要作用，促使其平均教育水平位于世界前列。表 4 – 3 展示了 2000 ~ 2018 年日本阅读、数学和科学的 PISA 测试成绩排名，总体来说，其平均成绩排名位居世界前列，尤其是数学和科学表现。这并不是少数精英学生取得的成绩拉高了日本整体学生的平均分，而是大多数人学业成功的结果。OECD 调查数据显示②，日本 95% 的适龄学生完成了高中学业。这主要得益于日本刚性的教师轮岗制度，学校无差别的基础设施，较小差距的教育投入，学生在学校中受到无差别对待。

表 4 – 3　日本各学科总平均成绩在 PISA 测试中的排名（2000 ~ 2018 年）

学科	2000 年	2003 年	2006 年	2009 年	2012 年	2015 年	2018 年
阅读	7	12	13	5	1	8	10
数学	—	4	6	4	2	5	1
科学	—	—	4	2	1	2	2

资料来源：OECD, https://www.oecd-ilibrary.org/education/pisa_19963777.

4.4.1.1 刚性的教师轮岗制度

为实现教育平等，日本采取了刚性的教师轮岗制度，使不同学校之间在

---

① 资料来源：OECD, https://www.oecd-ilibrary.org/education/pisa_19963777.
② 资料来源：OECD, https://www.oecd.org/japan/46581091.pdf.

师资上不存在明显差异。早在 1949 年，日本国会颁布的《教育公务员特例法》（Special Law on Education Civil Servants）和《国家公务员法》（State Civil Servant Law）就提出了要建设中小学教师的定期流动制度，到目前已经形成了较为完善的体系。其中，在组织管理上，日本教师属于国家公务员，受雇于地方政府而非学校。各地政府制定相关政策法规，直接对教师资源配置实行统一管理，由各都、道、府、县进行管理与组织，由市、町、村教育委员会对教师管理具体落实。

在流动周期和流动范围上，学校管理人员每三年（或五年、七年）发生一次变动，公立学校教师平均每六年轮换一次，校长每三到五年轮换一次。教师或管理人员既可以在同一学校层次流动，也可在不同学校层次（优质学校、薄弱学校）间流动；既可以在同一市、町、村内流动，又可跨县一级行政区流动；既可以在相同阶段学校间流动，又可以在不同阶段学校（小学、初中、高中）间流动；既可以在同种类学校之间流动，又可以在不同种类的学校间流动，例如从普通学校流动到特殊学校。一般而言，在日本教师轮岗制度实施之前，会对教职员工完成一系列的专业学习和培训，加强教师的职业素质，为支撑其跨校交流做好铺垫。

在运作流程上，日本各道、都、县教育委员会于每年 11 月的教师流动开始前，规定教师定期流动的实施区域、运作原则、实施要求等，各区域内符合流动资格且有意愿的教师提交申请表，校长决定出参与流动的教师名单并将其提交到教育主管部门，各级教育委员会通过审批的，于次年 4 月份参与交流。

在对流动教师的补偿机制方面，作为国家公务员的日本教师具有较高的经济和社会地位，能够享受住房补贴、交通补贴等各种基础津贴以及特殊业务补贴、期末勤勉补贴等普通津贴。此外，对于参与定期交流的教师，日本发布了《偏僻地区教育振兴法》（The Rural Education Promotion Act）《国家公务员寒冷地区津贴法》（Cold Zone Allowance Act for State Civil Servants）《学校教员地域津贴规则》（School Teacher Territorial Allowance Rules）等，给予流动教师偏僻地区津贴、寒冷地区津贴、特别地区勤务津贴、长距离人事调动津贴等特殊津贴（余雅风和姚真，2022）。

在教师轮换的监督管理上，首先，日本设有官方监管机构——日本文部科学省，主要负责监管教师轮岗和制定政策指导意见并对各地区和学校的轮调机制进行评估检查，以确保轮换政策顺利实施。其次，轮岗教师所在单位对教师工作表现和工作进度进行实时反馈，并对轮岗教师的信息记录及时跟进和更新，以建立一个科学规范的教职工档案管理系统，从而确立教师轮岗的着力点。最后，流入单位对轮岗教师实行专门的绩效考核，检验教师流动的效果和质量。

日本刚性的教师流动制度，一方面有助于提升教师的专业能力，使其具备适应不同教学环境的能力，另一方面使得各学校间师资水平差异不大，保证了教育均衡，削弱了基础教育阶段的择校行为。

4.4.1.2 无差别的基础设施

在硬件设施方面，每所学校都有标准的配置。日本的《基础教育法》（*Basic Education Act*）规定，学校基础设施的建设和维护主要由地方政府负责，国库承担一部分费用。为吸引更多人购房，政府会在建设中小学校的基础设施方面花大力气。因此，日本的中小学，无论是在城市还是在农村，无论学校学生多少，其需要的设备都一应俱全，保证了每个学校都有一栋教学楼、一个运动场、一个体育馆和一个游泳池以及音乐室、足球场等，各个学校在基础设施上不存在明显差别。

4.4.1.3 较小差距的教育投入

第二次世界大战之后，日本基础教育的普及工作就已经全面展开。日本义务教育阶段学龄儿童入学率在 20 世纪初就达到了 90% 以上[①]。与此同时，日本采取了办学者负责的投资体制。该投资体制由三级构成：一是国立学校经费由国家负责；二是地方义务教育学校和公立学校教育经费由都、道、府、县和市、町、村两级财政按法律规定各自负担；三是私立学校经费则由办学方负责，保障了教育经费的充分投入，推动义务教育免费工作的进行。

---

① 资料来源：文部科学省，https：//www.mext.go.jp/b_menu/hakusho/html/others/detail/1317618.htm。

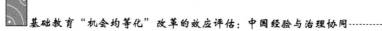

日本基础教育阶段学生得到了充分且平等的教育补助。日本公立教育中大学生均经费大约是小学的 5 倍，去除大学经费中来自民间的赞助费、学杂费等，该差距更小（钱小英，2000）。日本的教育投入结构反映了基础教育与高等教育同样重要。

4.4.1.4　无差别教学

日本中小学生在教学过程中受到了充分公平的对待，主要表现在成绩公布方式、奖励方式和确定学生参加活动的方式等方面。第一，学生的各种测试成绩仅供老师参考，不向学生公开，不对成绩进行排名，在学生中形成了不以成绩评价个体的氛围，教师也不会因学生成绩好坏而偏向或否定学生。这种做法也使得成绩较差的学生不会因成绩不理想而否定自己，成绩优秀的学生不会因对未来抱有过高的期望而无法经受住未来的考验。第二，在日常教学或实践活动中，教师不以奖励优秀学生为主，而是对表现不好的学生予以指导。在对学生的奖励方面，教师不仅给予表现好的学生奖励，对于其他学生，也有或大或小的奖励，力图照顾到每一名学生。第三，在参加活动时，教师让学生采取抽签的方式进行选择，每个学生都有平等的机会参与，从而达到提升每个学生自身能力的目标。

尽管日本采取的"平等教育"在促进教育公平上起到了较好的作用，但是这种绝对的平等也产生了一定的负面效应。一方面，日本学校在办学条件上达到均衡，但有时会造成"浪费"，如成田市象台小学和吾妻初中，两所学校分别只有 282、217 名学生，但仍然拥有宽敞明亮的体育馆（杨威，2011）；另一方面，绝对的教育平等不利于学生个体的发展，部分学生为了跟上课堂进度需要花费更多的时间学习，与此同时，在这种教育环境下，一些学习能力强或是有天赋的学生无法最大限度地发挥自身的潜力，不利于培养出特定领域的杰出人才。

4.4.2　日本教育的"钟摆"现象

从日本基础教育改革的整个发展历程来看，其教育改革在不同时期围绕

"儿童中心"和"学科中心"不停变换。20 世纪 90 年代之前，日本战后经济逐渐恢复，经济的高速发展使得各行各业缺乏技术性劳动人才，于是日本政府要求中小学教育以学科知识为中心，增加教育内容，提升教学难度，推动了"学科中心"的教育改革。但当时的教育一味地重视知识传授，忽视了学生兴趣等方面的培养，学生在考试压力下难以得到全面发展。20 世纪末，受西方思潮的影响，日本提出要在宽松的教育氛围中充实和发展学生的个性，开始学习西方的基础教育模式。由此，教师授课时间、学生在校时间和教学内容大幅缩减，教学难度大幅度地降低，综合性学习和选修课学习的时间增加，由此兴起了"儿童中心"的"宽松教育"。

在"宽松教育"体制下，学生有了更多自由支配时间，各门学科的学习压力也更小，学校可根据学生的兴趣爱好编制课程和安排教学，有效激发了学生的学习热情。但是，宽松性的教学使得学生学习内容和时间都减少，学生在轻松的环境下成长，难以形成自主学习意识，学校也很难对学生展开严格的要求，导致学生的学科知识掌握情况下降。2015 年，日本文部科学省发布题为《总和窥视调查》的报告表明，通过对初中和高中学生有关五种学科的学习情况的调查，只有 42% 的初中和高中学生自称充分理解数学和物理学科，有近 70%[1] 的学生表示在学校课程中无法找到学习动力或积极性。2019 年 PISA 结果显示，2018 年日本 15 岁的学生数学平均分排名从前十位下降到了第 19 位[2]，日本的教学质量正在下降。

近年来，日本公众对日本基础教育的信任度下降，许多家长将学生送到私立中小学校就读，或送到学习辅导机构补习教育课程（王丽燕和王建萍，2019）。家长的这一行为打破了日本传统的不择校现象，一方面，生源大量流入私立学校，使得公立学校的质量进一步降低；另一方面，高额的学费或辅导费用增加了家庭教育负担。2008 年，文部科学省公布修正的《学习指导要领》，要求增加课程难度，减少综合型课程和选修课教学时间，并要求学校为学生补习功课。

---

① 资料来源：文部科学省，https：//www.mext.go.jp/.
② 资料来源：Organisation for Economic Co-operation and Development，https：//www.oecd.org/.

4.4.3　启示

日本通过建立刚性的教师轮岗制度，建设无差别的基础设施，提供较小差距的教育投入，实施无差别的教学实现了基础教育阶段的"平等教育"，使其成为 35 个富裕国家中基础教育最为公平的国家。日本的基础教育改革给予我国一定启示。

第一，加强教师轮岗制度建设，促进各学校均衡发展。首先，我国应在教师轮岗之前对教师进行培训，并在教师跨校教学过程中予以指导，以解决教师不能适应新的教学环境和教学模式而导致的教学质量下降问题。其次，日本的教师具有公务员性质，因此教师具有流动教学的义务。各地政府可以对教师交流制定明确、合理的政策制度，以规范教师流动。同时，在政策制定的过程中应考虑教师年龄、能力、结构等各个方面，以实现师资的合理分配流动。再次，加大对流动教师的激励，使其待遇至少不比在原单位差。最后，完善轮岗教师监督和评价机制，由流入机构对轮岗教师进行监督并对其教育结果进行考核，以保障教师流动发挥成效，切实缩小校际的师资差距。

第二，日本在教育改革过程中实行无差别教学，引发我国关于促进教育过程公平方面的思考。我国基础教育阶段时常出现以考试成绩形成分化的现象，主要表现为：教师对成绩好的学生关注度高，对成绩差的学生缺乏耐心；在确定参加活动的人员时，例如学科竞赛、班委选拔及课外活动等，一些成绩好或具有表现力的学生往往有更大的机会参与，而其他学生得到锻炼的机会较少，不利于这类学生自信心的培养。因此，在日常教学活动中，教师除了对优秀学生予以支持和赞扬，同时也应关注表现不佳的学生，给予其更多的关注，使其在学习生活中有收获感。

第三，淡化成绩观念。目前，我国基础教育以"考试"为中心，对学生的评价过于依赖学习成绩，过早地形成意识分化，这会对成绩差的学生带来较大的负面效应，导致其产生消极心理。而成绩优秀的学生容易形成骄傲自满的心理，在遭遇挫折时承受能力较差。另外，部分学生会因过于注重考试成绩而忽略自身其他方面的发展，不利于学生的全面成长。

第四，关注学生的个性发展。日本的完全平等教育观念，不利于学生特殊教育需求的满足和差别化发展的实现。教育要关注每个学生自身的特点、做到因材施教，正如马克思强调的"使每个人都获得全面自由的发展和解放"。我国在全面提升教育质量的同时，要关注学生的个人需求，充分激发学生潜力，实现每个学生的成功发展。

日本在基础教育改革中出现的问题对我国未来基础教育改革也起到一定警示意义。我国在基础教育改革的过程中，要坚持与自身实际相结合，形成具有自身特色的教育理念，有选择地借鉴发达国家的教育改革实践。此外，教育改革需要对整个教育体系进行综合性调控，是一个循序渐进的过程，不能一蹴而就。我国未来的基础教育改革过程中，要保持教育体系的稳定性和可持续性，推动基础教育向更公平更优质的方向发展。

4.5　本章小结

本章重点对美国、英国、芬兰和日本四个国家的教育改革实践进行了梳理分析。根据发达国家采取的教育均等化措施，讨论如何借鉴发达国家实践经验以进一步优化我国基础教育体系。具体地，主要体现在以下几个方面。

4.5.1　加强教育法律法规建设

法律法规在构建社会秩序、保证社会有序发展中发挥着重要作用，也是各国现代化的一个重要特征。在教育领域，立法主导着教育法治的进程与衡量标准，是实现教育公平目标的重要路径与方式。目前，我国已经初步形成了以《教育法》为核心的法律体系。要推进教育强国建设、促进教育公平，需要法治发挥固根本、利长远的保障作用。我国应增加教育法律的数量、完善教育法律法规，坚持依法执教。

4.5.2 完善教育投入管理

保障教育事业发展，必须要改革完善教育经费投入使用管理体制机制。我国基础教育主要由地方政府负责，教育发展水平与所在地区的地方财政状况紧密相关，这也是导致教育不均衡的重要因素。我国可通过将教育投入主体上移构建灵活的教育经费筹措机制，避免因过度依赖县级财政而导致教育经费短缺。与此同时，制定教育经费最低保障制度并指定独立的监督部门加强对教育投入的监督管理，以保障教育经费有效落实。

4.5.3 支持择校机制

在就近入学规则下，户籍和房产制约了家庭对学校的选择范围，具有资源优势的家庭的适龄儿童拥有更大的机会获得优质教育，不利于促进基础教育公平。在择校机制上，我国可吸收借鉴美国的择校制度，通过建立特色学校提供多样化的教育选择，对普通学校的学生及其他弱势学生群体予以择校支持，使每个学生都有机会接受优质教育资源，并将各个学校的质量评估结果公开以帮助家长择校。

4.5.4 优化学校组织管理

为促进教育均衡发展，我国尝试采取了集团化办学模式，试图通过学校捆绑缩小校际差距。但在这一过程中，龙头名校是优质教育资源的主要输出方，产生了名校负担加重、教育集团成员校之间的教育同质化严重等问题。在学校组织上，我国可以参考英国的"学院化"改革，改善集团化办学的内部组织模式，强化合约约束力度的同时保持各成员校的独立性，防止办学形式化与同质化。

4.5.5 加强教师培养与管理

教师是立教之本、兴教之源，承担着塑造新人的时代重任。因此，要建立高素质、专业化的教师队伍，以支持我国教育事业发展。在教师培养与管理上，可参考英国"教学学校"、芬兰构建"研究本位"教师教育体系的做法，一方面适当赋予给予各高校、教育机构和教师以自主权，使市场上出现多样化的教师培训项目，另一方面要加强教师培训，使得教师的专业能力得以提升。

4.5.6 教学过程注重因材施教

每个学生都是独一无二的个体，具有其自身的特点。教学活动要从学生实际出发，充分考虑不同学生的知识水平和接受能力，了解学生的特长，让所有学生都各尽其才、有所收获。在学生培养上，芬兰的"三级支持体系"对我国具有一定的借鉴意义，即为不同情况的学生给予不同程度的支持，实现每个学生的成功发展。与此同时，我国需构建综合性的教育评价机制，细化评估标准，进一步完善教育结果反馈系统，以更好地了解教育改革过程中存在的问题并及时改进。

未来教育改革中应吸取发达国家的有益实践经验，但日本的经验表明，借鉴国外教育改革经验要建立在保持本土特色的基础上，从而形成具有中国特色的、均衡且优质的教育体系。

第 5 章

基础教育"市民待遇均等化"改革的效应评估

5.1 引 言

共同富裕政策导向下基本公共服务均等化，是实现中国式现代化的重要目标和途径。基本公共服务均等化强调权利公平、机会公平和规则公平，要逐步提升公共服务的普惠属性，促进经济社会的可持续发展。党的十八大以来，中国的城镇化取得了较大进展，2023年城镇化率已经达到66.16%，但新市民在城市公共服务的"市民化待遇"尚未得到保障，出现了"租购异权"的现象。受教育权是当前城市公共服务"租购异权"的核心，优质教育资源的竞争始终是大多数家庭面临的重要挑战。义务教育兼具公共物品和准公共物品的双重属性，为每个适龄儿童提供相应的教育机会是其公共物品属性的集中体现，而以学区房为载体的优质教育资源竞争就反映了其准公共物品属性。中国优质教育资源极为稀缺且空间分布不均衡（梁雪峰和乔天文，2006；邵磊等，2020），户籍和住房就成为优质教育资源的壁垒，造成基础教育资源配置不公平的问题（夏怡然和陆铭，2015；倪超军，2021；张传勇等，2022）。

针对现阶段教育资源分配不公的现象，中国陆续出台了一系列关于基础教育均等化改革政策。在基础教育质量均等化方面，通过增加教育资源供给的方式缓解教育资源稀缺问题,如新建小学(孙伟增和林嘉瑜,2020;唐雪梅和何小路,2021),整合学校间的教育资源缩小校际差距,如教育集团化、对口直升、学校合并、教师轮岗等(邵磊等,2020;李奕和赵兴龙,2022);在基础教育机会均等化方面,通过多校划片、公民同招等政策设置摇号机制来实现概率公平(邵磊等,2023;童健等,2024)。这些措施在一定程度上缓解了教育资源分配不均的问题,但未从根本上打破教育与房产之间的关联,难以让新市民享有均等的公共服务待遇。

2017 年 7 月,住房和城乡建设部等 9 部门发布《关于在人口净流入的大中城市加快发展住房租赁市场的通知》后,广州、无锡、北京、杭州、成都、合肥等 12 个城市发布了相应的住房租赁权新政文件。作为全国第一个出台租赁新政的试点城市,广州市人民政府于 2017 年 7 月 17 日发布的《广州市加快发展住房租赁市场工作方案》的第一条举措就明确规定:"赋予符合条件的承租人子女享有就近入学等公共服务权益,保障租购同权。"2023 年 12 月底,国务院常务会议强调要深入推进以人为本的新型城镇化,把农业转移人口市民化摆在突出位置,加强教育、医疗等领域投入,推动未落户常住人口均等享有基本公共服务。这一提法是贯彻落实党的二十大报告所提出的建立租购并举住房制度中的"租购同权"政策,要进一步落实户籍人口与非户籍人口的基本公共服务同权,即租房和购房享受同等的教育、医疗和养老等权利。"租购同权"政策就旨在打破房屋产权与教育资源之间的强关联型壁垒,增强租购选择间的可替代性,保护承租人的居住权及市民权益,实现新市民公平享受城市的基本公共服务。然而,由于优质教育资源的稀缺属性,重点城市优质公立学校的招生仍然采取积分排位原则,人户合一是第一顺位,人户不合一是第二顺位,租赁关系或居住证则是第三顺位,这就意味着"租购同权"政策在落地阶段仍存在较多阻碍。

现阶段针对"租购同权"政策研究主要聚焦在市民化进程中"租购同权"政策的必要性(陈杰和吴义东,2019;黄明东等,2021;罗俊等,2022;刘金凤等,2023)和"租购同权"政策落地阶段的资本化效应(黄志龙,2017;向为民和甘蕾,2017;陈婧,2018;尚珂和邢妮,2018;叶菁菁等,2022)。首先,从"租购同权"政策与市民化进程推进的关系来看,刘金凤等

（2023）强调促进农民工市民化转变，是促进经济高质量增长的有效途径，而教育权是影响农民工城市居留意愿的核心要素。罗俊等（2022）进一步强调了长期的租购异权促使租房者更加渴望公平的资源分配。黄明东等（2021）认为"租购同权"政策可以有效调节住房租赁行为，通过公共服务的权利均等化来缓解随迁适龄儿童只能在户籍所在地就近入学所造成的义务教育的供给侧结构性矛盾。从"租购同权"的资本化效应来看，向为民和甘蕾（2017）认为"租购同权"政策会减缓房价持续上涨的压力，但会带来租金水平的适度提升。陈杰和吴义东（2019）则指出，"租购同权"政策虽然可以增加住房租赁需求，但会刺激中高收入群体加大对优质教育资源的投机性租赁行为，从而阐释对低收入群体的租赁选择降级基础效应。叶菁菁等（2022）指出，"租购同权"政策弱化了教育资源获取和房产所有权之间的关系，带来住房交易价格的下降和租金水平的上升，但这一效果在优质学区并不显著。然后，上述研究忽略了公众对"租购同权"政策的接受情况及其教学选择行为的差异性分析。"租购同权"政策实施后家庭的租房偏好和购房偏好是否发生了变化，是否带来了"为住而租"向"为权而租"的转变？不同地区在政策落实程度和租赁住房的供给弹性上的差异如何影响家庭的行为偏好？"租购同权"政策实施后家庭教育选择行为会产生哪些变化？不同收入水平家庭在教育选择行为上存在哪些差异，在教育资本化效应上是如何体现的？这些问题的回答将有助于全面评价"租购同权"政策的实施效果，并为政策的进一步完善提供证据。

基于此，本章全面梳理了基础教育市民待遇均等化改革举措的政策效果，系统性识别"租购同权"政策实施后家庭的租住行为和教育选择行为的变化情况，以厘清市民待遇均等化改革与基础教育公共服务均等化之间的关系。

首先，本章以 2017 年"租购同权"政策试点改革作为准自然实验，基于 2010～2020 年中国家庭追踪调查数据（CFPS），采用双重差分法研究"租购同权"政策是否会引发家庭"为权而租"的现象，并从家庭经济水平、父母受教育程度、家庭教育氛围、适龄儿童和户籍因素等维度分析不同家庭"为权而租"的异质性表现。研究结果表明，"租购同权"政策实施后试点城市家庭租房支出平均增加了 0.0081%，试点城市租赁住房供给越充足，政策效应越弱。异质性分析表明：（1）政策效应在经济状况不同的家庭间存在明显差异，相较而言，经济水平较高的家庭会更愿意"为权而租"；（2）父母受教育程度较高、教育氛围浓厚的家庭为"权"租房的意愿更强；（3）在户籍约束较弱的情况下，有适龄儿童的家庭租房支出增加程度明显高于无适龄儿童的家庭，但若户籍约束较强，有无适龄儿童并不会导致其租房意愿产生明显差异。

其次，本章进一步聚焦于最早实施租购同权政策的广州市，以 2017 年"租购同权"政策试点改革作为准自然实验，基于 2016 年 7 月 ~ 2018 年 7 月二手房成交数据，采用双重差分法研究家庭教育选择行为的变化情况。研究结果表明，"租购同权"将购房家庭的受教育权部分让渡给租房家庭，带来家庭购房需求下降而租房需求上升，导致房价显著下降了 0.0622%，租金显著上涨了 0.0115%。家庭对不同学校的需求偏好变化存在明显差异，从购房需求来看，学校教育质量越高，其周边房价下降程度越小；从租房需求来看，一般重点小学周边租金显著增加，而优质小学与普通小学周边租金并未发生明显变化。这就表明优质小学附近的学区房受"租购同权"政策影响较弱，而一般重点小学才是"租购同权"政策后租房家庭争夺的重点所在。

与现有文献相比，本章的边际贡献可能体现在以下几个方面：第一，现有文献多聚焦在"租购同权"政策的资本化效应（向为民和甘蕾，2017；郭笑辰，2018；陈卫华等，2019），但忽视了公众的行为偏好。本章聚焦于"租购同权"政策实施后家庭行为偏好的变化情况，通过识别家庭是否存在从"为住而租"转向"为权而租"的现象，来精准识别政策实施效果。第二，现有文献多聚焦于"租购同权"政策带来的房价和租金变化（叶菁菁等，2022），忽略了新市民在家庭教育选择上的差异化特征。本章结合广州市二手房交易数据识别"租购同权"政策实施后家庭对不同等级学校的选择行为变化情况，来识别新市民的教育偏好特征，为以人为本的新型城镇化进程上基础教育公共服务均等化改革提供重要参考。第三，本章精准识别住房供给弹性、新市民教育偏好特征等因素对"租购同权"政策的资本化效应的影响，从基础教育均等化改革结构性调节视角，为破解"公共服务获取权资本化侵犯住房权"悖论提供了方案。

5.2 文献综述

住房问题不仅影响着市民居住空间的稳定性，也关系着其对城市基本公共服务的享有权利（魏万青和高伟，2020；唐将伟等，2019）。在中国的城镇化进程中，以进城务工人口和新毕业大学生为主的新市民群体已经成为城市经济社会发展的重要力量，但新市民与老市民的基本公共服务享有情况却存在着明显的差异（崔光灿等，2020）。新市民难以获取与老市民同等的基本公共服务，尤其是义务教育的受教育权，这在一定程度上影响着新市民的留城意愿（侯慧丽和李春华，2014）。实践中，各大城市会采取系列措施为购房困难的人口提供住房支持政策（吕萍等，2010），但在户籍制度约束下，处于弱势位置的新市民往往在住房和城市基本公共服务上被边缘化（赵驹等，2011；刘涛和曹广忠，2015）。这种"租购异权"现象下新市民享有城市基本公共服务的权利难以得到保障，阻碍了基本公共服务均等化进程（马秀莲和韩君实，2022）。

在"租购异权"和"就近入学"背景下，购房是家庭抢夺教育资源的重要方式，这加剧了市民待遇不均等化问题。在过去几十年中，中国地方政府主要根据房产和户籍分配公立教育资源（夏怡然和陆铭，2015）。租房家庭与购房家庭在获取教育资源方面存在明显差异，即租房家庭子女难以就读于所在城市公立小学（邵磊等，2023）。因此，购房成为家庭选择教育资源的重要方式（冯皓和陆铭，2010）。自古中国就有"望子成龙、望女成凤"的说法，家长普遍对子女教育具有较高期望（李佳丽和胡咏梅，2021）。为保障子女获得入学资格，家庭争相购买学区房，尤其是优质学校招生范围内的学区房（梁雪峰和乔天文，2006；陆铭和蒋仕卿，2007）。房产的教育属性反映到房价当中，形成了"教育资本化效应"。家庭教育选择偏好导致房价持续上涨，甚至出现天价学区房现象。持续上涨的房价成为教育资源社会分层的重要原因，不仅租房家庭与购房家庭间的公共服务享有权利存在差异，购房家庭内部也存在着巨大差异。这种现象导致了居民租购行为的扭曲，并加剧了市民待遇不均等化（Zheng et al.，2016；黄燕芬等，2017；张传勇等，2020）。

对于促进基础教育公平这一问题，相关研究重点关注了政策改革的教育资本化效应，主要分为以下两类。第一类文献从增加优质教育资源供给的视角进行分析（孙伟增和林嘉瑜，2020；唐雪梅和何小路，2021；邵磊等，2020；俞明雅，2020；李奕和赵兴龙，2022）。一些学者认为增加教育资源供给能够缓解教育资本化程度（梁若冰和汤韵，2008；邵挺和袁志刚，2010；张勋等，2021）。孙伟增和林嘉瑜（2020）、唐雪梅和何小路（2021）等学者对新建公立小学或私立小学的影响进行了实证检验。研究结果表明，增加公立小学供给能够降低学区房溢价，增加私立小学同样能够通过替代效应和竞争效应抑制学区房溢价，但学区房溢价受到学区房需求价格弹性的影响，若家庭对于学区房需求价格弹性较小，房价仍然会持续上涨。邵磊等（2020）评估了对口直升和学校合并的影响，研究结果表明，教育资源分享小学的房价并未发生明显变化，但受益小学的学区房房价显著上涨，其教育资本化效应会在一定程度上转嫁到房租中，导致租房家庭的受教育权没有发生改变但居住成本却增加了，进一步拉大了租房家庭与购房家庭的福利差异。杨洲和田振华（2018）、俞明雅（2020）等学者对教育集团化的影响进行了分析，指出教育集团化存在着资源供给与配置难度大、部分学校缺乏内驱力、教育资源垄断等问题。张翔和刘晶晶（2019）、李奕和赵兴龙（2022）等学者认为教师轮岗交流为教师队伍建设提供了新动能，但优质教师的有效能量传递不足。以上教育改革措施只是在一定程度上缓解了教育不公的问题，但由于并未从根本上打破教育资源与房产之间的关联，对于实现市民待遇均等化的作用效果甚微。第二类文献从机会公平的视角研究了教育改革措施的影响（邵磊等，2023；童健等，2024）。"多校划片"政策是我国促进基础教育机会均等化的一个重要举措，是打破教育与房产绑定关系的突破性探索。邵磊等（2023）以北京市西城区多校划片政策为例，研究表明多校划片政策降低了整体房价。童健等（2024）通过构建学区房市场竞争模型，指出多校划片政策会引发家庭对学区房进行均值定价，即片区内所有小学学区房价格趋于平均水平，其实证检验同样支持了这一结论。多校划片只能在一定空间内打破优质教育资源与学区房所有权间的强绑定关系，虽然可以通过将热点优质学校分散划入不同片区以保证片区间优质教育资源大体均衡，并不能从根本上解决优质教育资源稀缺的问题，也无法促进新市民与老市民待遇均等化。

租购同权赋予租房家庭与购房家庭同样子女教育权利，对于促进新市民与老市民待遇均等化具有重要意义。自2017年7月广州市政府率先提出了"租购同权"政策以来，学者们围绕租购同权政策进行了大量讨论，目前对租购同权政策的研究多集中在定性讨论。刘桂海和张若枫（2019）、刘金凤等（2023）等学者强调租购同权赋予租房家庭一定的受教育权，有利于实现保障新市民享有基本公共服务的权利，肯定了这一政策对促进基本公共服务均等化以及城市经济高质量增长的重要性。但在优质教育资源十分稀缺的背景下，租购同权政策并不会有效改变家庭的购房与租房需求，难以真正落实租购同权（向为民和甘蕾，2017；尚珂和邢妮，2018）。在定性分析的基础上，部分学者研究了租购同权对教育资本化的影响。相较于"租购不同权"，"租购同权"下的教育资本化效应体现在房价与租金两个方面。郭笑辰（2018）、陈杰和吴义东（2019）、陈卫华等（2019）等学者结合城市公共服务与住房市场发展现状，指出租购同权可能会刺激中高收入群体进行投机性租赁，可能会导致房价与租金双双上涨，从而导致对低收入群体的租赁住房权益产生挤出效应。与之相反，金志云和吴薇（2019）、赵华平和高晶晶（2022）等学者以通过构建双重差分法，从城市层面研究了试点租购同权政策对房价和住房租金的影响，其研究表明租购同权政策对房价和租金均具有抑制性影响。叶菁菁等（2022）根据二手房市场交易数据评估了租购同权政策对房价和租金的影响，其研究表明租购同权对房价具有抑制作用，但同时导致租金上涨。对于何种因素导致了上述研究结论之间的差异，现有文献并未做进一步探讨。

综上所述，"租购同权"是促进市民待遇均等化的重要举措，但忽略了房价和租金变化背后家庭的租购行为以及教育选择偏好。

5.3　政策背景与研究假说

5.3.1　"租购同权"政策背景

在城镇化发展过程中，城市基本公共服务与房产挂钩，如学区房。租房家庭因房产条件和户籍制度限制难以公平地享受到所在城市的基本公共服务，形成了租房群体和购房群体公共服务享有权利的差异，即所谓的"租购异权"。这对新市民融入城市生活形成了挑战，制约了中国新型城镇化进程。

按照中央城镇化工作会议精神、《中华人民共和国国民经济和社会发展第十二个五年规划纲要》等要求，走中国特色新型城镇化道路、全面提高城镇化质量。国务院于2014年3月发布《国家新型城镇化规划（2014－2020）》，提出"对城镇低收入家庭和中等偏下收入住房困难家庭，实行租售并举、以租为主，提供保障性安居工程住房，满足基本住需求"的住房制度改革理念。健全住房租赁市场制度，不仅有利于保障农民工等新市民的住房需求，同时也有利于化解房地产库存。2015年中国经济工作会议首次强调将"购租并举"作为住房制度改革的主要方向。2016年2月2日，《国务院关于深入推进新型城镇化建设的若干意见》正式提出"建立购房与租房并举、市场配置与政府保障制度相结合的住房制度"。一方面，鼓励房地产开发企业顺应市场规律适当降低住房价格，支持具备购房能力的户籍人口购买商品房；另一方面，大力发展住房租赁市场，支持不具备购房能力或没有购房意愿的群体通过租房满足其住房需求。

改革开放后我国住房租赁市场不断发展，但仍存在市场供应主体发育不充分、市场秩序不规范等问题。2016年5月17日，国务院办公厅发布了《关于加快培育和发展住房租赁市场的若干意见》（以下简称《意见》），再次明确"以建立购租并举的住房制度为主要方向"并规定"健全以市场配置为主、政府提供基本保障的住房租赁体系"。解决住房租赁问题的痛点之一是子女教育。《意见》尝试通过赋予租房群体享有公共服务的权利鼓励租赁住房消费，规定"非本地户籍承租人可按照《居住证暂行条例》等有关规定申领居住证，享受义务教育、医疗等国家规定的基本公共服务"，形成了"租购同权"的雏形，即租房群体能够同购房群体一样享有城市基本公共服务。

自此以来，"租购同权"的地方实践与顶层设计迅速展开。2017 年 7 月 17 日，广州市发布《广州市加快发展住房租赁市场工作方案的通知》，率先开启了"购租并举"实践，明确由市教育局牵头保障租房群体的公共服务利益，规定"赋予符合条件的承租人子女享有就近入学等公共服务权益，保障租购同权"。"租购同权"一词正式进入了大众视野。考虑到教育资源的稀缺性，广州市"租购同权"优先保障三类群体的入学权利，分别是具有该市户籍的适龄儿童少年、人才绿卡持有人子女等政策性照顾借读生、符合市及所在区积分入学安排学位条件的来穗人员随迁子女。为进一步落实《国务院办公厅关于加快培育和发展住房租赁市场的若干意见》，住房城乡建设部、国家发展改革委等九部门联合印发了《关于在人口净流入的大中城市加快发展住房租赁市场的通知》（以下简称《通知》），强调加快推进租赁住房建设、培育和发展住房租赁市场是加快房地产市场供给侧结构性改革和建立购租并举住房制度的重要内容，同时也是解决新市民住房问题、加快推进新型城镇化的重要方式。"租购同权"逐渐上升到党中央决策部署层面。与此同时，《通知》提出要在特大城市、超大城市开展利用集体建设用地建设租赁住房的试点工作。随后，广州、深圳、南京、杭州、厦门、武汉、成都、沈阳、合肥、郑州、佛山和肇庆 12 个城市被确定为首批"租购同权"试点城市。

与此同时，"租购同权"顶层建设也加速推进。2017 年 10 月，党的十九大报告指出："坚持房子是用来住的、不是用来炒的定位，加快建立多主体供给、多渠道保障、租购并举的住房制度，让全体人民住有所居。"党的二十大报告再次强调了"租购并举"对保障市民住房需求的重要性。2021 年 7 月，《国务院办公厅关于加快发展保障性租赁住房的意见》建议"加快发展保障性租赁住房，促进解决好大城市住房突出问题"。在 2024 年 3 月的全国两会上，全国政协委员秦荣生也建议"实施在落户、子女教育、医疗卫生等公共配套服务上租购同权，营造良好的租住环境。同时，引导企业调整跟住房供应结构，增加中低价位、中小户型住房供应量，满足大多数家庭住房需求"。从中国当前发展现状来看，全面实现基本公共服务高质量发展存在较大挑战。因此,在未来一段时间内,"租购同权"仍将是优化住房租赁市场建设与促进基本公共服务均等化的重要途径。

2017~2018 年,"租购同权"各试点陆续采取了相应措施。表 5-1 梳理了各试点城市住房租赁市场相关政策规定。首先,大多试点城市规定将基本公共服务权益赋予满足一定条件的承租人。如南京市人民政府在《南京市政府办公厅关于印发南京市住房租赁试点工作方案的通知》中规定:"本市户籍承租人子女,按照南京市学前、义务教育阶段招生入学政策接受教育。"沈阳市人民政府在《沈阳市人民政府办公厅关于印发沈阳市住房租赁试点工作方案的通知》中规定:"建立承租人居住证权力清单,不断扩大承租人权利。"其次,试点城市探索构建健康的租赁住房供给体系。如广州市、深圳市建议发展住房租赁企业、鼓励房地产企业开展租赁住房业务、落实鼓励个人出租住房的优惠政策,发展和培育租赁住房市场供应主体。最后,部分城市住房租赁制度向专业人才倾斜。如广州市、深圳市、武汉市、成都市。广州市明确规定人才绿卡持有人子女等政策性照顾借读生可以由居住地所在区教育局行政主管部门安排到义务教育阶段学校就读,武汉市的住房租赁制度的总体目标要求"加快推进百万大学生留汉创业就业计划",成都市的住房租赁制度强调"以满足新市民住房需求、吸引优秀人才安居为主要出发点"。

表 5-1 试点城市住房租赁市场相关政策规定

城市	时间	政策文件	政策要点
广州市	2017 年 6 月	《广州市加快发展住房租赁市场工作方案》	·赋予符合条件的承租人子女享有就近入学等公共服务权益,保障租购同权。具有本市户籍的适龄儿童少年、人才绿卡持有人子女等政策性照顾借读生、符合市及所在区积分入学安排学位条件的来穗人员随迁子女,由居住地所在区教育行政主管部门安排到义务教育阶段学校就读
	2017 年 7 月	《关于加快培育和发展住房租赁市场试点工作方案》	·"同权"类规定:非本地户籍承租人可按照《居住证暂行条例》等有关规定申领居住证,享受义务教育、医疗等国家规定的基本公共服务。 ·培育市场供应主体(如发展住房租赁企业、鼓励房地产企业开展租赁住房业务、落实鼓励个人出租住房的优惠政策)。 ·完善公共租赁住房(如推进公租房货币化、提高公租房运营保障能力)

续表

城市	时间	政策文件	政策要点
深圳市	2017年10月	《深圳市关于加快培育和发展住房租赁市场的实施意见》	·支持住房租赁消费，促进住房租赁市场健康发展，满足我市中低收入家庭和各类人才住房需求
	2018年8月	《深圳市人民政府关于深化住房制度改革加快建立多主体供给多渠道保障租购并举的住房供应与保障体系的意见》	·总体设计：坚持以住房供给侧结构性改革为指导，突出多层次、差异化、全覆盖，针对不同收入水平的居民和专业人才等各类群体，构建多主体供给、多渠道保障、租购并举的住房供应与保障体系
南京市	2017年8月	《南京市政府办公厅关于印发南京市住房租赁试点工作方案的通知》	·租赁配套政策：（1）本市户籍承租人子女，按照南京市学前、义务教育阶段招生入学政策接受教育；（2）符合南京市外来务工人员随迁子女义务教育入学政策的非本市户籍承租人，由各所在区教育行政部门统筹安排其随迁子女在居住区内享受义务教育；符合条件的承租人可以享受医疗卫生等国家规定的基本医疗公共服务
杭州市	2017年8月	《杭州市加快培育和发展住房租赁市场试点工作方案》	·指导思想：以满足新市民住房需求为主要出发点，以建立租购并举的住房制度为主要方向
	2017年9月	《关于加快培育和发展住房租赁市场试点工作方案》	·符合条件的承租人子女可享有就近入学等公共服务权益。 ·在杭州市居住证积分管理中，对租赁住房达到一定年限的，实行"租购同分"
厦门市	2021年7月	《厦门市人民政府办公厅关于加快发展保障性租赁住房的意见》	·政策目标：扩大保障性租赁住房供给，满足新市民、青年人等住房困难群体的租房需求，加快构建以公租房、保障性租赁住房和共有产权住房为主体的住房保障体系
武汉市	2017年8月	《关于开展培育和发展住房租赁市场试点工作的实施意见》	·总体要求：加快推进百万大学生留汉创业就业计划，建立租购并举的住房制度，保障住房租赁市场有效供给，支持住房租赁消费，健全以市场配置为主、政府提供基本保障的住房租赁体系，促进我市住房租赁市场健康发展。 ·保障承租人享有公共服务政策：相关部门应结合我市实际，适时研究出台符合条件的承租人子女就近入学等基本公共服务政策措施

续表

城市	时间	政策文件	政策要点
成都市	2017 年 8 月	《成都市人民政府办公厅关于印发成都市开展住房租赁试点工作实施方案的通知》	·围绕成都建设全面体现新发展理念的国家中心城市目标,以满足新市民住房需求、吸引优秀人才安居为主要出发点,以建立完善购租并举的住房制度为主要方向,促进房地产市场平稳健康发展。 ·落实住房租赁支持政策:引导城镇居民通过租房解决居住问题,符合申领居住证条件的居民凭房屋租赁合同备案凭证可申请办理居住证,居住证持有人按规定享受公积金、义务教育、医疗卫生等基本公共服务
沈阳市	2017 年 7 月	《沈阳市人民政府办公厅关于印发沈阳市住房租赁试点工作方案的通知》	·积极推进购租同权:建立承租人居住证权力清单,不断扩大承租人权利。2018 年 12 月底前,持有居住证的承租人按照法律法规规定在就业扶持,住房保障,养老服务,社会福利,社会救助,居委会选举,人民调解员选聘以及随迁子女入学、参加中考等方面,享受公共服务,实现购租同权
合肥市	2017 年 7 月	《合肥市人民政府关于印发合肥市住房租赁试点工作实施方案的通知》	·指导思想:探索建立以市场配置为主、政府提供基本保障的住房租赁体系和购租并举的住房制度,鼓励住房租赁消费,促进住房租赁市场平稳健康发展。 ·明确住房承租人享有的社会公共服务权利:结合合肥实际,出台配套政策,明确住房承租人在义务教育、基本医疗、计划生育、公共卫生、健康促进、基本养老、就业服务、社会保障、社区事务、科技申报、住房保障和公积金提取等方面享有的基本公共服务
郑州市	2018 年 8 月	《郑州市培育和发展住房租赁市场试点工作实施方案》	·工作目标:鼓励和支持住房租赁消费,多措并举加大租赁房源供应,扩大全市住房租赁市场规模。 ·完善住房租赁支持政策:2017 年 10 月底前各相关部门制定并完善鼓励住房租赁消费相关政策,对进行房屋租赁备案的承租人,允许其在居住地落户,享有基本公共就业服务、基本公共卫生和计划生育服务、住房公积金服务,承租人子女享受义务教育相对就近入学等国家规定的基本公共服务,切实保障承租人权利
佛山市	2017 年 7 月	《佛山市开展全国租赁试点加快培育和发展住房租赁市场实施方案》	—

续表

城市	时间	政策文件	政策要点
肇庆市	2017年9月	《肇庆市人民政府关于印发肇庆市住房租赁试点工作实施方案的通知》	·完善住房租赁支持政策：逐步实现承租人可使用按照有关规定登记备案的住房租赁合同申领居住证，按照有关政策享受义务教育、医疗等基本公共服务

进一步，本章结合公办小学义务教育招生方案分析各大城市租购同权政策实施情况（详见表5-2），具有以下特点。

表5-2　　　　　　　　　　部分城市义务教育招生政策规定

城市	时间	政策文件	招生范围/录取顺序
广州市	2023年4月	《2023年广州市海珠区义务教育学校招生工作实施细则》	·完全房产住户：按照房产拥有时间的先后顺序安排入读对口小学，直至招生计划录满。 ·不完全房产住户：在户籍地址对口小学未满招生计划的情况下，按照房产拥有时间的先后顺序安排入读对口小学。 ·本区户籍租住户：在户籍地址对口小学未满招生计划的情况下，可安排入读对口小学。 ·非海珠区户籍的穗籍租住户：已在符合海珠区来穗人员随迁子女积分制入学申请条件的
深圳市	2024年2月	《深圳市人民政府关于印发非深户籍人员子女接受义务教育管理办法的通知》	·积分入学：同时具备下列条件的非深户籍人员子女可向居住地所在片（学）区义务教育学校申请就读，按积分高低安排学位：（1）年满6周岁；（2）父母双方或一方持有具有使用功能的《深圳经济特区居住证》；（3）父母双方或一方在我市连续居住满1年、连续参加社会保险（养老保险和医疗保险）满1年。 ·积分项目：包括居住时间、社会保险缴纳时间、住房类别、家庭子女情况等
南京市	2023年5月	《南京江北新区2023年小学招生入学工作实施方案》	·施教区招生：（1）本市户籍有房产家庭子女，优先入学；（2）本区户籍的无房产家庭子女，由区教育招生考试中心统筹安排入学。 ·热点公办学校电脑派位招生：南京市扬子第三小学部分空余学位在本区范围内采取公开报名电脑派位的方式确定。 ·随迁子女入学：本区户籍学生义务教育学位派定完成后，对符合条件的随迁子女统筹安排进入公办小学就读

续表

城市	时间	政策文件	招生范围/录取顺序
杭州市	2023 年 5 月	《关于做好 2023 年义务教育阶段学校招生入学工作的通知》	·公办学校根据招生政策规定，按照"住户一致"优先原则排序录取；公办小学第一批录取儿童户籍、父母户籍、家庭住房三者一致且均在学校学区内的儿童
	2023 年 5 月	《杭州市临安区教育局关于做好 2023 年义务教育阶段学校招生入学工作的通知》	公办小学按照下列批次依次录取： ·第一批：户籍在学区内，且父（母）户籍、家庭住房房产证一致。 ·第二批：户籍在学区内，父（母）住房房产证不在同一学区内，或父（母）在学区内无住房。 ·第三批：非户籍学生，其本人或父（母）在学区内已拥有住房房产证并实际居住。 ·第四批：（1）临安区户籍无房居民；（2）非杭州市区户籍、实际生活在本区域内
	2019 年 12 月	《杭州市区流动人口随迁子女积分入学实施办法》	·依据入学申请人适用的积分按由高到低顺序进行排序，父母双方申请积分的，取积分高（排序靠前）的一方。 ·积分相同者，按以下条件顺序依次确定排序先后位次：（1）申请人家庭在市区有自购产权住房且实际居住；（2）本区连续居住时间长；（3）社会保险积分高；（4）基础积分高
厦门市	2023 年 3 月	《厦门市教育局关于印发厦门市 2023 年秋季小学招生工作意见的通知》	·公办小学实行划片招生，优先招收片区内本市户籍适龄儿童［片区招生对象必须符合"两一致"，即适龄儿童与父亲（母亲）户籍一致，实际居住地与户籍所在地一致］。 ·进城务工人员随迁子女积分入学，各区教育局要遵循公开公平原则，尽量提供学位，按照积分高低，遵循志愿，实施电脑派位（随迁子女小学积分入学按务工社保积分和稳定居住积分两个项目计算积分）
武汉市	2024 年 3 月	《市教育局关于做好 2024 年义务教育阶段新生入学招生工作的通知》	·本市户籍：（1）户籍和房产证一致的，安排对口入学；（2）户籍和房产证不一致的，由户籍所在地区教育局统筹安排入学。 ·非本市户籍：符合相关规定的统筹入学
成都市	2023 年 2 月	《成都市教育局关于做好 2023 年义务教育招生入学工作的通知》	—
	2023 年 2 月	《关于做好来蓉就业人员和本市户籍跨行政区域居住就业人员随迁子女接受义务教育工作的通知》	·积分申请：统筹入学，部分区域公办教育学位不足的，可统筹安排到区（市）县政府在民办学校购买的学位就读。 ·适用范围：来蓉居住就业人员和本市户籍跨行政区域居住就业人员随迁子女

续表

城市	时间	政策文件	招生范围/录取顺序
沈阳市	2023 年 6 月	《2023 年浑南区普通中小学招生入学方案》	·学位紧张的学校实行房户合一满 3 年的入学政策。接收房户合一满 3 年学生后，尚有学位的学校按照以下顺序适当放宽入学条件：（1）房户合一未满 3 年；（2）房户不合一，以房产为准；（3）房户不合一，以户口为准。剩余学位排满后，仍未排入的学生将由教育局负责统一调剂。 ·来沈务工人员子女按照回避学位紧张学校的原则进行分配
	2023 年 11 月	《关于沈阳大学新民师范附属小学 2024 年秋季招生学额及录取办法的公告》	·按照房产和户口都在该学区范围内的、仅房产在学区范围内的、仅取得购房备案合同并依此合同在本学区范围内入住的、无房产且仅户口在学区范围内的先后顺序进行录取
合肥市	2023 年 6 月	《合肥市 2023 年公办义务教育学校招生入学办法》	·户籍、房产地址一致：户籍所在地入学。 ·户籍、房产地址不一致：原则上以户籍所在地教育主管部门统筹安排入学；确有困难的，可由房产所在地教育主管部门统筹安排入学。 ·居住证满半年居民子女入学：坚持以公办学校为主安排随迁子女入学，公办学校学位不足的，可以通过政府购买服务方式安排在民办学校就读
郑州市	2023 年 5 月	《郑州市市区 2023 年义务教育阶段学校招生入学工作实施意见》	·招生范围：具有郑州市市区常住户口的适龄儿童，或父母一方持有郑州市市区居住证的进城务工人员随迁子女
佛山市	2024 年 3 月	《佛山市教育局关于做好 2024 年义务教育学校招生入学工作的通知》	·5 月至 6 月，公布公办学校户籍生、政策生及民办学校录取结果。 ·7 月中旬前，公布招收积分学生学位数，确定积分入学分数线，完成公办学校积分生录取、注册
	2024 年 3 月	《佛山市非户籍适龄儿童少年入读公办义务教育学校实施办法》	·第十四条　教育部门在安排政策生后，根据剩余公办学位情况，确定本年度积分入学指标数。 ·第十五条　新市民服务管理部门按照本市新市民积分制服务管理有关规定，确定积分生的分数及排名。教育部门根据本年度积分入学指标数，统筹安排入围积分生入读公办学校，位满则止

续表

城市	时间	政策文件	招生范围/录取顺序
肇庆市	2023 年 5 月	《肇庆市教育局关于做好 2023 年普通中小学招生入学工作的通知》	·保障相关群体受教育权利:(1)保障符合相关类别教育优待政策的人员子女入学;(2)完善外来务工人员随迁子女通过积分入学政策,要积极开展外来务工人员随迁子女入学政策宣传活动,保障外来务工人员随迁子女平等接受义务教育的权利
	2023 年 5 月	《肇庆市鼎湖区 2023 年秋季义务教育阶段学校招生方案》	·户籍生(2023 年 5 月 1 日前取得鼎湖区户口簿,且报读户口所在地服务范围内公办学校的适龄儿童少年):报名时间为 5 月 22 日~27 日。 ·政策照顾生:报名时间为 5 月 22 日~26 日。 ·积分生:符合《鼎湖区适龄随迁子女凭积分入读义务教育阶段公办学校起始年级暂行办法》申请入学条件的子女或(外)孙子女,6 月 12 日~17 日,选报 5 个志愿,其中第一志愿必须是居住地服务范围内的公办学校,第二至五志愿可由申请人结合本人积分分数、积分入学学位情况等报读

注:佛山市的政策生分类:(1)政策优待类;(2)人才服务类;(3)境外群体类;(4)其他群体类(①本市户籍人士;②在本市同一区内连续办理居住证 5 年及以上,并在该区内连续缴纳社保 5 年及以上,有合法稳定地址、合法稳定就业人士;③对地方经济社会发展有突出贡献人士,具体条件由各区确定)。

第一,在教育资源稀缺的情况下,试点城市的"租购同权"政策仍与房产和户籍紧密相关,录取顺序整体上表现为"本市户籍有房家庭 > 本市户籍无房家庭 > 非本市户籍无房家庭"。如南京市规定:"公办小学第一批录取儿童户籍、父母户籍、家庭住房三者一致且均在学校学区内的儿童。"进一步地,按照录取顺位规定与房产、户籍的关系具体又表现为两类情况。一类是"房产优于户籍"。以广州市海珠区为例,完全房产住户/不完全房产住户子女优先于该区户籍租户子女入学。另一类是"户籍优于房产"。如杭州市临安区教育局规定,有户籍无房家庭子女优先于非户籍有房产家庭子女入学。

第二,随迁子女积分制入学是"租购同权"政策的一项重要安排,但能否获得公立学校的学位具有较大不确定性。一方面,大多城市规定随迁子女教育选择在户籍人口学位分配完成后进行。如南京市江北新区在招生方案中规定："本区户籍学生义务教育学位派定完成后，对符合条件的随迁子女统筹安排进入公办小学就读"；沈阳市浑南区要求"来沈务工人员子女按照回避学位紧张学校的原则进行分配"；合肥市表示："公办学校学位不足的，可以通过政府购买服务方式安排在民办学校就读"；佛山市、肇庆市等城市的招生日程安排中，公办学校户籍生、政策生及民办学校录取结果公布之后，再制定公布积分学生学位数。另一方面，积分制入学下，随迁子女往往按照积分由高到低顺位入学，积分通常是按照社保缴纳时长、稳定居住等指标确定。这意味着积分较低家庭的子女难以获得入学机会。需要注意的是，并非所有城市均采取了积分制入学的制度安排。

当然，在"租购同权"政策实践过程中，也出现了优先保障租房家庭子女入学的情况。如深圳市光明区教育局于2023年4月10日发布《光明区2023年义务教育阶段新增公办学校学区划分方案》，规定长圳保障性住房片区学校（暂定名）优先确保保障性住房子女入学需求。部分保障性住房用于向光明科学城科学家及光明区政府重点扶持的企事业单位配租，又称为"人才房"。这一规定保障部分租房家庭的子女入学的权利。但客观来看，这并非真正的租购同权，只是住房市场改革过程中的一个特例，恰巧使这部分租房群体受益。

从以上情况看，当前的"租购同权"政策最多能解决部分租房家庭子女的入学问题，真正要落实"租购同权"任重而道远。

5.3.2　研究假说

如前所述，受教育权是当前"租购异权"的核心所在，而"租购同权"政策旨在保障租房家庭与购房家庭平等地接受教育，符合条件的家庭的子女即可获得公立小学的入学权利，这扩大了享有受教育权的人群范围。"租购同权"政策旨在消除过去仅购房人才能享受公共服务的"权益歧视"，这不仅会影响以新市民为代表的租房群体，也会影响职住不平衡或对住房对口学校不满意的购房群体，甚至会冲击对口优质学校的住房群体。现有文献多关注"租购同权"政策的资本化效应（向为民和甘蕾，2017；郭笑辰，2018；陈卫华等，2019），忽视了不同类型公众的行为偏好差异性所造成的影响。正如陈杰和吴义东（2019）所述，"租购同权"政策可能降低中等收入阶层获取优质教育资源的门槛，但其抬升的租金会挤出低收入的租房家庭。简便起见，本书将政策实施前的城市居民划分为不能享受受教育权的租房群体、对可获得的教育资源不满意的购房群体和对可获得的教育资源满意的购房群体。"租购同权"政策实施后，受教育权被赋予在租房行为上，但由于公立学校招生过程中采取了积分排位原则，这意味着租房群体并不可以通过租住地的选择来实现任意学校的选择，尤其是学位紧张的优质教育资源。

鉴于此，"租购同权"政策实施后，不能享受受教育权的租房群体会由"住"租房转变成为"权"租房，受"相对优质"教育资源的获取意愿和"租购同权"的资本化效应影响，其家庭的租房支出会增加，但为"权"购房的意愿会下降。对可获得的教育资源不满意的购房群体会锚定学位相对宽松的次优教育资源，选择为"权"租房，其为"权"购房的意愿也会下降。然后，对可获得的教育资源满意的购房群体不会因为"租购同权"政策改变其房屋的租、购行为（陈婧，2018；孙晓辉等，2019）。据此，提出本章的假说1。

假说1："租购同权"政策实施后，学位相对宽松的普通和次优教育资源所对应的入学权会被赋予在租房上，部分家庭会从为"住"租房转向为"权"租房，但对既有政策利好的购房群体的房屋租、购行为影响不大。

户籍状况和财富水平是家庭决定是否由为"住"租房转向为"权"租房的两大关键因素。在本轮租购同权政策改革中，各试点城市基本处于起步阶段，远未真正落实租房家庭与购房家庭"同权"。中国主要城市的优质教育资源十分稀缺，租房并不一定能够顺利入学（陈友华和施旖旎，2018）。如广州市有户籍的租房家庭可在招生未满的情况下就近入学，否则由区教育局统筹入学，无户籍的租房家庭主要按照积分制排名顺位入学，仅积分排名靠前的租房家庭的子女才能获得入学权利。"为权而租"意味着要承担更高的住房成本，家庭经济状况较好的家庭可能更愿意为"权"租房。此外，在积分系统中，户口是影响积分的一个重要因素，有所在城市户口的家庭更容易获得入学资格，这部分家庭可能更愿意"为权而租"。据此，提出了本章的假说2。

假说2："租购同权"政策实施后，家庭经济状况较好、拥有所在城市户口的家庭更可能"为权而租"。

如前所述，"租购同权"政策实际上是将受教育权由购房家庭部分让渡给租房家庭，租赁住房具备一定的教育属性，而购买住房的教育属性则被削弱。租购同权政策实施后，租房入学在一定程度上缓解了二手房买卖市场的压力（赵华平和高晶晶，2022），这可能会推动租金上涨（陈杰和吴义东，2019），并对房价产生一定的抑制作用（叶菁菁等，2022）。一般而言，学校教育质量越高，其学位的供需错配问题就越严重，正如邵磊等（2020）所述，在优质小学附近住房供不应求情形下，其房价不会受到明显负面冲击。事实上，在"租购同权"政策出台文件中仅赋予符合条件的租房群体与购房群体享有同样的就近入学权利，但这不等同于最近入学、更没有保证优质学区入学。在现行的积分排序入学规则下，房户合一是第一顺位，其次是拥有住房产权的群体，最后才是租房群体。在本已经竞争激烈的学位争夺中，租房群体上优质公立学校的概率较低。在这一背景下，租房群体会在综合分析学校教育质量与入学资格的可得性后做出自己的教育选择。据此，提出了本章的假说3。

假说3："租购同权"政策实施后，房屋的购买需求会下降但租赁需求会上升，由此带来房价的下降和租金的上升。然而，"租购同权"政策响应群体的教育选择行为偏好存在明显差异，这就会带来不同教育质量的公立学校附近住房的房价和租金的差异化变化，可能造成低收入租房群体的教育挤出现象。

正如陈杰和吴义东（2019）与叶菁菁等（2022）所述，"租购同权"政策实施可能带来租金的上涨和房价的下降。这在某种意义上只是将稀缺公共服务的资本化效应从房价转移到租金上，并没有真正消除阻碍市民待遇均等化问题。这一问题背后反映了在公共服务处于稀缺状态下公共服务权与住房权之间存在资本化"悖论"，这也是导致假说3中低收入租房群体教育挤出现象的原因。"租购同权"政策的资本化"悖论"和挤出效应的直接诱因是住房租赁的供给弹性不足,根本原因在于优质公共教育分布的空间不均衡。因此,当优质公共教育分布空间失衡和住房租赁供给弹性不足共同存在时,"租购同权"政策实施的阻碍效应会被放大。正如前文所述,当前中国"租购同权"政策的重点服务对象应该是中低收入群体、新市民和外来流动人口,推进公共服务的市民待遇均等化改革,通过住房租赁供给调节来破解公共服务权与住房权之间存在的资本化"悖论"问题。据此,提出了本章的假说 4。

假说 4:住房租赁弹性是影响"租购同权"政策实施所带来的租金资本化效应的关键变量,住房租赁弹性越大的地区,"租购同权"政策实施所带来的租金资本化效应越小。这就为破解公共服务权与住房权之间存在的资本化"悖论"问题提供了解决方案。

以上的分析过程和提出的四条假说,可用图 5-1 所示的数条机制加以概括:(1)"租购同权"政策实施后,赋予了租房群体与住房群体部分对等的受教育权,在一定程度上放松甚至打破了房屋产权与基础教育之间的捆绑关系,部分家庭会从为"住"租房转向为"权"租房,但对既有政策利好的购房群体的房屋租、购行为影响不大;(2)由于"租购同权"政策落实过程中仍然存在公共服务获取优先级上购房群体与租房群体的差异,户籍状况、财富水平是家庭决定是否由为"住"租房转向为"权"租房的两大关键因素,政策实施后家庭经济水平较强、拥有所在城市户口的家庭更可能"为权而租";(3)"租购同权"政策实施后,房屋的购买需求会下降但租赁需求会上升,由此带来房价的下降和租金的上升,但公立教育配置的"积分排序"规则会让不同家庭的教育选择行为偏好异质化,这就会带来不同教育质量公立学校附近房价与租金变化的差异;(4)住房租赁弹性和学校分布的空间均等化程度是影响"租购同权"政策实施所带来的租金资本化效应的关键变量,住房租赁弹性越大的地区,学校分布的空间均等化程度越高的地区,"租购同权"政策实施所带来的租金资本化效应越小,这就为破解公共服务权与住房权之间存在的资本化"悖论"问题提供了解决方案。

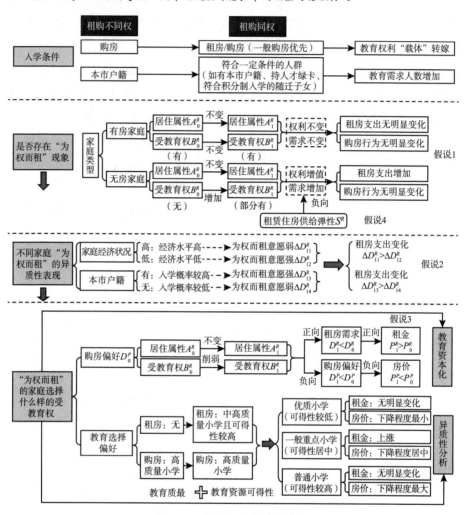

图 5 - 1　逻辑框架与机制分析

5.4　实证设计与识别策略

5.4.1　变量选择与数据来源

本章实证分析所用数据主要有四个来源：中国家庭追踪调查数据

（CFPS）、《中国城市统计年鉴》和《中国房地产统计年鉴》、二手房市场中的购房数据与租房数据、公立小学相关信息，具体变量说明如表5-3所示。

表5-3 变量说明

变量	变量符号	变量说明
月租金支出	houserent	家庭每月支付的住房租金（万元/月）
是否换过房	housechange	根据"是否同一住房"这一指标设定，用于衡量家庭购房行为。若被调查家庭换过房，则取值为1，否则取值为0
人均GDP	pergdp	反映地区经济发展水平（万元/人）
政府教育支出占比	eduexpenditure_ratio	政府教育支出/一般公共预算支出
中学师生比	midts	城市中学专任教师数量/中学在校学生人数
小学师生比	prits	城市小学专任教师数量/小学在校学生人数
家庭规模	familysize	家庭人数（个）
家庭支出	expense	家庭总支出（百万元）
家庭总收入	income	家庭过去12个月的总收入（百万元）
人均家庭净资产	perasset	家庭净资产/家庭规模（百万元/人）
成交单价的自然对数	lnPrice	成交单价的对数
租金的自然对数	lnRent	租金的对数
建筑面积的自然对数	lnarea	房屋建筑面积的对数
房龄	age	成交年份与建成年份之差
朝向	orientation	朝向的基本类型有7类：西或西北、北、东北、东或西南、东南、南、南北，这7类朝向分别赋值1~7
装修	decoration	装修分为毛坯、简装和精装，分别取值为1、2、3
电梯	lift	有电梯取值为1，无电梯取值为0
楼层	floor	楼层的基本分类有3类：中楼层取值为3，高楼层或低楼层取值为2，地下室取值为1
室	room	房间数量
厅	sitting_room	客厅数量
厨	kitchen	厨房数量
卫	bathroom	卫生间数量

变量	变量符号	变量说明
医院	*hospital*	小区所在位置 5 公里以内的所有医院评分的加权平均（计算方法详见下文）
地铁	*subway*	小区所在位置 1.5 公里之内所有地铁的个数
商圈	*shop*	本章根据商品等级、商店数量、评论数、商场评价 4 个指标加权平均得出商场评分，将小区 3 公里以内的商场评分进行加总得出小区相应的商圈评分

中国家庭追踪调查数据（CFPS）。该数据自 2010 年起对全国 31 个省（自治区、直辖市）的城镇家庭和农村家庭进行了调查追踪，每两年调查一次。根据研究内容，本章主要采用了该数据库中 2010～2020 年的家庭经济库、少儿数据库和成人库，包含了家庭编码、家庭房租支出、是否同一住房、家庭规模、家庭支出、家庭总收入、家庭净资产等指标。一般而言，农村小学师资力量和教育资源相对落后，通常不存在公立小学就读需求过剩的问题，为了更好地评估"租购同权"政策对家庭为"权"租、购房的影响，本章剔除了农村的调查样本。同时，为增强处理组与对照组的可比性，样本范围仅涵盖试点城市所在省份。

《中国城市统计年鉴》特征数据和《中国房地产统计年鉴》。我们从《中国城市统计年鉴》获得了各地级市的城市特征数据，包括人均 GDP、政府教育支出、一般公共预算支出、中学专任教师数量和小学专任教师数量、中学在校学生人数和小学在校学生人数。根据城市名称，将城市特征数据与 CFPS 数据进行匹配。此外，我们从《中国房地产统计年鉴》获取城市租赁住房面积，借此考察租赁住房供给对"租购同权"政策落实效果的影响。

二手房市场中的购房数据与租房数据。这部分数据来源于国内某大型二手房交易网站，涵盖了广州市越秀区、天河区、海珠区和荔湾区 2016 年 7 月至 2018 年 7 月的二手房购房数据与租房数据。该数据包含了样本的成交单价/租金、房屋特征信息（如建筑面积、房龄、朝向、装修、有无电梯、楼层、房间数量、客厅数量、厨房数量、卫生间数量）。为保证数据的可用性与准确性,本章对数据进行了如下处理:(1)剔除变量值缺失的样本;(2)剔除别墅和商住两用类住房;对房价变量在1%和99%的水平上进行缩尾处理。

公立小学相关信息。首先,我们根据各区教育局公布的一年级招生方案获取整理了各公立小学的招生范围,并根据小区名称将其与二手房交易数据进行一一匹配。对于招生范围模糊的地段,通过查询学校网站公布的信息或咨询有关房地产公司的方式对数据进行校准。本章所用区位信息包括地铁、商圈和医院,其中,地铁信息主要根据广州市地铁运行线路图确定,商圈信息主要从大众点评网公布的统计信息整理计算得出,医院有关信息通过政府公布的医院统计信息以及有关医院官方网站等渠道获取,基于地理位置将其与二手房交易数据进行匹配。

本章采用加权平均的方法计算小区的医院配套水平。首先,我们根据官方医院评级情况将其划分为5类并分别赋值:"一级未评、一级甲等"或"非综合类医院"赋值为1,"二级未评、二级丙等、二级乙等"或"综合医院"赋值以为2,"二级甲等"赋值为3,"三级未评、三级乙等"赋值为4,"三级甲等"赋值为5。其次,通过将医院评分除以5的方式进行标准化处理。最后,对小区5公里以内的所有医院按照一定权重进行加权平均。考虑到医院配套距离小区2公里左右时对房价的促进作用相对更为明显,本章采用分段函数计算权重,具体如式(5-1)所示:

$$w = \begin{cases} \dfrac{1}{2}x, & x \leqslant 2 \\ \dfrac{1}{3}(5-x), & 2 < x \leqslant 5 \end{cases} \qquad (5-1)$$

本章所用变量的描述性统计如表5-4所示。

表 5-4 描述性统计

变量名称	变量符号	均值	标准差	样本量
Panel A:家庭租金支出相关变量				
每月房租支出	*houserent*	0.009	0.053	10940
是否换过房	*housechange*	0.088	0.284	7815

续表

变量名称	变量符号	均值	标准差	样本量
人均GDP	*pergdp*	6.964	3.554	10940
政府教育支出占比	*eduexpenditure_ratio*	0.162	0.106	10940
中学师生比	*midts*	0.083	0.019	10940
小学师生比	*prits*	0.077	0.018	10940
家庭规模	*familysize*	3.578	1.709	10940
家庭支出	*expense*	0.071	0.096	10940
家庭总收入	*income*	0.066	0.085	10940
人均家庭净资产	*perasset*	0.187	0.350	10940

Panel B：二手房购房交易相关变量

变量名称	变量符号	均值	标准差	样本量
成交单价的自然对数	ln*Price*	7130	10.338	0.413
建筑面积的自然对数	ln*area*	7130	4.234	0.411
房龄	*age*	7130	16.376	5.783
朝向	*orientation*	7130	4.060	1.927
装修	*decoration*	7130	1.688	0.746
电梯	*lift*	7130	0.625	0.484
楼层	*floor*	7130	2.375	0.484
室	*room*	7130	2.183	0.823
厅	*sitting_room*	7130	1.382	0.592
厨	*kitchen*	7130	0.734	0.446
卫	*bathroom*	7130	1.145	0.451

Panel C：二手房租房交易相关变量

变量名称	变量符号	均值	标准差	样本量
租金的自然对数	ln*Rent*	18819	4.090	0.510
建筑面积	*area*	18819	75.322	25.299
朝向	*orientation*	18819	4.136	1.701
楼层	*floor*	18819	21.427	7.776
室	*room*	18819	2.059	0.898
卫	*bathroom*	18819	1.158	0.579
医院	*hospital*	18819	10.423	4.730
地铁	*subway*	18819	5.791	3.890
商圈	*shop*	18819	11.627	5.815

5.4.2 识别策略

5.4.2.1 "租购同权"政策是否会引发"为权而租"现象及其异质性分析

识别"租购同权"政策的实施是否会引发"为权而租"现象是本章要解决的核心问题之一。本章基于 CFPS 数据,通过考察家庭租房支出的变化情况分析家庭是否愿意为"权"租房。根据房产拥有情况,比较分析有房家庭和无房家庭间的为"权"租房意愿是否存在差异。结合家庭经济状况、父母受教育程度、家庭教育氛围、有无适龄儿童和户籍等因素,本章进一步评估了"租购同权"政策的实施对不同群体为"权"租房的异质性影响。具体的,本章构建了双重差分模型,第一重差分是是否为"租购同权"试点城市的差异,第二重差分源于家庭租房支出时间序列。其中,模型(5-2)用于检验"租购同权"政策是否会促使家庭为"权"租房,以及不同家庭的异质性表现。模型(5-3)用于评估"租购同权"政策的实施是否会引起家庭购房行为发生变化。

$$houserent_{ft} = \alpha_1 + \beta_1 \cdot pilot_f \cdot post_t + XC_f + XF_u + \lambda_u + \gamma_t + \varepsilon_{ft} \qquad (5-2)$$

$$housechange_{ft} = \alpha_2 + \beta_2 \cdot pilot_f \cdot post_t + XC_f + XF_u + \lambda_u + \gamma_t + \varepsilon_{ft} \qquad (5-3)$$

式(5-2)、式(5-3)中,下角标 f 和 t 分别表示家庭与年份;被解释变量 $houserent_{ft}$ 表示家庭 f 在年份 t 的租房支出;$housechange_{ft}$ 代表家庭是否存在换房行为的虚拟变量,若家庭住房发生改变,则取值为 1,否则取值为 0。$pilot_f$ 表示家庭 f 是否位于 12 个试点城市的虚拟变量,若位于试点城市,则取值为 1,否则取值为 0;$post_t$ 表示时间虚拟变量,政策实施之后则取值为 1,否则取值为 0。交互项系数 β_1 和 β_2 分别表示"租购同权"政策的实施对租、购房行为的影响,在一定程度上反映了家庭为"权"租房的意愿。XC_f 和 XF_u 分别表示家庭特征变量与城市特征变量;λ_u 和 γ_t 分别表示城市固定效应和年份固定效应;ε_{ft} 为随机误差项。

5.4.2.2 "租购同权"政策对家庭教育选择偏好的影响

如本章的假说 3 所述,"租购同权"政策的实施可能会引起家庭教育选择偏好发生变化，"买房择校"的需求下降而"租房择校"的需求增加。家庭教育选择偏好的变化可能会影响教育资本化效应，表现为房价下降而租金上涨。

首先，验证"租购同权"政策的实施对家庭"买房择校"偏好的影响。参考叶菁菁等（2022）的做法，本章构建了连续 DID 模型，具体如式（5-4）所示。在该模型中，我们根据入学可能性构建政策变量。具体而言，"租购同权"政策下承租人子女入学遵从就近入学原则，最近一所学校计划招生数量越多，意味着进入该学校就读的可能性越大。根据广州市教育局规定，公立小学每个班级的学生人数应保持在 40～45 人，这意味着招收班级数能够很好地反映该学校的学位数量，故我们将公立小学招生班级数引入模型当中。

$$\ln Price_{cit} = \alpha_3 + \beta_3 \cdot enrollment_i \cdot post_t + X3_i + \lambda_c + \gamma_t + \varepsilon_{cit} \qquad (5-4)$$

式（5-4）中，$\ln Price_{cit}$ 表示小区 c 的住房 i 在 t 期成交单价的自然对数；$enrollment_i$ 表示住房 i 最近一所学校计划招收班级数的自然对数；$post_t$ 是反映"租购同权"政策是否实施的时间虚拟变量，若成交时间发生在政策之后，则该变量取值为 1，否则取值为 0。交互项的系数 β_3 反映了实施"租购同权"政策对家庭"买房择校"偏好的影响。$X3_i$ 表示购房相关的房屋特征变量，包括建筑面积、房龄、朝向、装修、电梯、楼层、室、厅、厨、卫；λ_c 和 γ_t 分别代表小区固定效应和月度固定效应；ε_{cit} 为随机误差项。

其次，验证"租购同权"政策的实施对家庭"租房择校"偏好的影响。根据广州市租购同权政策，按照相对就近入学的原则向承租人发放学位，即承租人子女被哪所公立小学录取与其租赁房屋的区位存在紧密联系。由于家庭更加偏好在优质小学就读，教育质量相对较低的学校受到政策的影响可能较小。本章构建了 DID 模型，将重点小学的学区房设置为处理组，将普通小学的学区房设置为对照组，基于此评估"租购同权"政策对家庭"租房择校"偏好的影响。模型具体形式如式（5-5）所示。

$$\ln Rent_{cit} = \alpha_5 + \beta_5 \cdot treat_i \cdot post_t + X5_i + location_c + \lambda_c + \gamma_t + \varepsilon_{cit} \qquad (5-5)$$

式（5-5）中，$\ln Rent_{cit}$ 表示小区 c 的住房 i 在 t 期租金的自然对数；$treat_i$ 表示成交样本是否属于处理组的虚拟变量，若住房屋 i 属于优质小学的学区房，则取值为 1，否则取值为 0。$X5_i$ 表示与租房相关的房屋特征变量，包括建筑面积、朝向、楼层、室、卫；$location_c$ 表示医院、地铁、商圈等小区的区位特征变量。β_5 反映了"租购同权"政策实施后家庭"租房择校"偏好的变化情况。其他变量含义与式（5-4）一致。

5.4.2.3　租赁住房供给保障"租购同权"政策落实的调节效应评估

"租购同权"政策实施后，租房是无房家庭获得子女入学资格的一条重要渠道，租赁住房供给关系到这一政策贯彻落实的效果。因此，本章将城市租赁住房供给面积这一指标作为调节变量引入模型，构建了与 $pilot_f \cdot post_y$ 变量的三重交互项，以及与 $pilot_f$ 和 $post_y$ 的两两交互项，具体计量模型如下所示：

$$
\begin{aligned}
houserent_{fy} = {} & \alpha_6 + \beta_{61} \cdot rentarea_c \cdot pilot_f \cdot post_y + \beta_{62} \cdot rentarea_c \cdot pilot_f \\
& + \beta_{63} \cdot rentarea_c \cdot post_y + \beta_{64} \cdot rentarea_c + XC_f \\
& + XF_u + \lambda_u + \gamma_y + \varepsilon_{fy}
\end{aligned} \tag{5-6}
$$

式（5-6）中，$rentarea_c$ 是租赁住房供给的虚拟变量，若一个城市的租赁住房供给面积大于某一标准（65 分位、70 分位、75 分位），则取值为 1，否则取值为 0。系数 β_{61} 反映了租赁住房供给对"租购同权"政策效果的调节效应，若该系数显著为正，表明租赁住房供给增强了"租购同权"政策对家庭租房支出的正向影响；若该系数显著为负，则表明租赁住房供给削弱了"租购同权"政策对家庭租房支出的正效应。其他变量含义与模型（5-2）基本一致。

5.5　实证结果与分析

5.5.1　"租购同权"政策是否会引发"为权而租"现象

5.5.1.1　基准回归结果

为检验"租购同权"政策的实施是否会引起"为权而租"现象，本章采用双重差分模型（5-2）进行检验，估计结果如表 5-5 所示。在列（1）

中，我们控制了城市固定效应和年份固定效应，结果表明"租购同权"政策的实施对被解释变量的影响显著为正。在列（2）中，我们进一步加入了房屋特征控制变量和城市特征变量，回归系数大小略有变化，但仍然在5%的水平上显著为正。从经济意义上看，"租购同权"政策的实施使得城镇家庭租房支出增加了0.0081%。这意味着家庭愿意为获得入学权利承担更高的租房成本，验证了部分家庭会从为"住"租房转向为"权"租房的观点。

表5－5　　　　　"租购同权"政策对家庭租房支出的影响

变量	(1)	(2)
	houserent	*houserent*
treat · post	0.0078 * (0.0042)	0.0081 * (0.0040)
pergdp		0.0002 (0.0005)
eduexpenditure_ratio		−0.0091 *** (0.0019)
midts		0.0059 (0.0380)
prits		−0.0309 (0.0771)
familysize		−0.0011 *** (0.0004)
expense		0.0846 *** (0.0317)
income		0.0133 (0.0134)
perasset		−0.0078 *** (0.0029)
城市固定效应	是	是

续表

变量	(1)	(2)
	houserent	*houserent*
年份固定效应	是	是
Observations	10940	10940
R - squared	0.014	0.035

注:在1%和10%水平上的显著性分别用 *** 和 * 表示。

5.5.1.2 稳健性检验

(1)平行趋势检验。使用双重差分法的一个重要前提条件是平行趋势假定,在本章的环境中,需要证明在"租购同权"政策实施之前,试点城市与非试点城市的家庭租房支出变化趋势没有明显差异。结果如图 5 - 2 所示,在 2017 年"租购同权"政策实施之前,试点城市与非试点城市间的家庭租房支出变化差异并不具有统计意义上的显著性。在政策实施之后,试点城市的家庭租房支出相较于非试点城市显著上升。因此,可以认为通过了平行趋势假定。

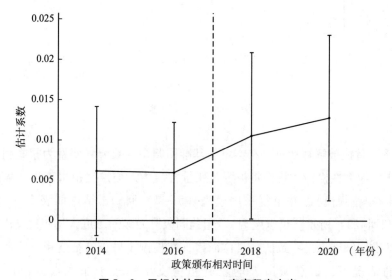

图 5 - 2 平行趋势图——家庭租房支出

注:图中的估计系数和置信区间可以判断试点城市与非试点城市租金的差别。如果置信区间包含0,则说明二者无明显差异,反之,则说明试点城市相较于非试点城市存在明显差异。

（2）安慰剂检验。为了排除所得基准回归结果的偶然性，本章参考彭飞等（2020）等学者的做法，通过随机分配试点城市的方式进行蒙特卡洛模拟。随机抽样确保本章新构建的解释变量 *treat·post* 对家庭租房支出没有影响，任何显著结果都将表明本章基准回归存在偏差。图 5 - 3 报告了 500 次蒙特卡洛模拟的结果，该图整体呈现以 $x = 0$ 为中心对称的正态分布，明显区别于真实估计系数 0.0081，这一结果表明"租购同权"政策之外的其他非观测因素并不会对家庭租房支出产生显著影响。

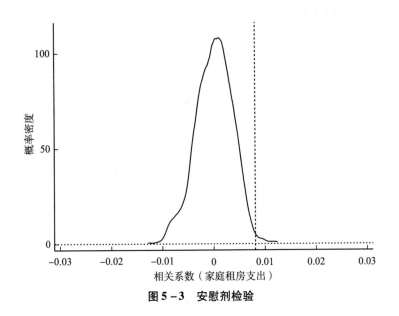

图 5 - 3 安慰剂检验

（3）替换被解释变量。在本章的基准回归中，被解释变量为家庭租房支出，作为稳健性检验，我们将被解释变量替换为人均家庭租房支出（家庭租房支出/家庭规模），并重复采用模型（5 - 2）回归，结果如表 5 - 6 的列（1）和列（2）所示。可以发现，"租购同权"政策对家庭人均租房支出的影响与基准回归结果是一致的。具体而言，在控制了城市特征变量与家庭特征变量的情况下，试点城市人均家庭租房支出相较于非试点城市增加了0.0029%，且具有统计意义上的显著性。

（4）考虑城市经济发展水平。各城市间的经济发展水平存在一定差异，可能会影响家庭租房支出的变化趋势。为避免城市间经济发展水平差距过大导致估计结果有偏，我们参考李娟等（2023）的做法，对 2020 年各城市人均 GDP 水平进行排序并剔除了人均 GDP 最低的 3 个城市的样本，原因是"租购同权"政策试点城市的人均 GDP 水平相对较高。在此基础上，我们采用模型（5-2）对剩余样本进行回归，结果如表 5-6 的列（3）和列（4）所示。可以发现，剔除了经济发展水平因素影响的估计结果仍然是稳健的。

表 5-6　　　稳健性分析：替换被解释变量、考虑城市经济发展水平

变量	被解释变量替换为人均家庭租房支出		考虑城市经济发展水平	
	（1）	（2）	（3）	（4）
	houserent_per	houserent_per	houserent	houserent
treat · post	0.0030 * (0.0017)	0.0029 * (0.0016)	0.0078 * (0.0042)	0.0081 * (0.0041)
pergdp		0.0002 (0.0002)		0.0002 (0.0005)
eduexpenditure_ratio		-0.0028 *** (0.0010)		-0.0091 *** (0.0021)
midts		-0.0020 (0.0109)		0.0086 (0.0438)
prits		-0.0068 (0.0254)		-0.0313 (0.0811)
familysize		-0.0012 *** (0.0002)		-0.0012 *** (0.0004)
expense		0.0262 ** (0.0109)		0.0849 ** (0.0320)
income		0.0038 (0.0045)		0.0136 (0.0135)
perasset		-0.0016 (0.0013)		-0.0079 *** (0.0029)
城市固定效应	是	是	是	是
年份固定效应	是	是	是	是

续表

变量	被解释变量替换为人均家庭租房支出		考虑城市经济发展水平	
	(1)	(2)	(3)	(4)
	houserent_per	*houserent_per*	*houserent*	*houserent*
Observations	10940	10940	10567	10567
R − squared	0.015	0.036	0.013	0.035

注：在1%、5%和10%水平上的显著性分别用***、**和*表示。

5.5.1.3 有房家庭和无房家庭为"权"租房的差异性表现

现行的"租购同权"政策并非完全意义上的"同权"，由于教育资源具有稀缺性，房产仍是就近入学的关键影响因素之一，租房家庭子女入学具有一定享有义务教育的机会但依然受限。在此情况下，原本就拥有房产的家庭是否愿意为"权"租房？原本无房产的家庭是选择为"权"租房还是为"权"购房？本章根据家庭是否拥有房产，将样本划分为有房家庭和无房家庭，分别考察其为"权"租房的行为表现，结果如表5－7所示。该表的列（1）和列（3）展示了"租购同权"政策对有房家庭购房行为和租房行为的影响，核心变量 *treat · post* 的估计系数为正，但不具有统计意义上的显著性。这意味着有房家庭为"权"租房的意愿较弱，仍然更倾向于购房获得子女就近入学的资格。列（2）和列（4）报告了"租购同权"政策对无房家庭购房行为和租房行为的影响。可以看出，无房家庭愿意为"权"承担更高的租房成本，与此同时，其购房行为并未发生明显变化。在教育资源稀缺的情况下，"租购同权"政策的实施只是促使更多无房家庭为"权"租房。本章的假说1得以验证。

表5－7　　　　　有房家庭和无房家庭为"权"租房的差异性表现

变量	购房行为		租房行为	
	有房家庭	无房家庭	有房家庭	无房家庭
	(1)	(2)	(3)	(4)
	housechange	*housechange*	*houserent*	*houserent*
treat · post	0.0533 (0.2851)	0.0705 (0.1697)	0.0003 (0.0045)	0.0082 * (0.0049)

续表

变量	购房行为		租房行为	
	有房家庭	无房家庭	有房家庭	无房家庭
	(1)	(2)	(3)	(4)
	housechange	*housechange*	*houserent*	*houserent*
pergdp	−0.2044 (0.1523)	0.0030 (0.0747)	−0.0010 (0.0017)	−0.0004 (0.0007)
eduexpenditure_ratio	−0.2706 (0.2736)	0.1709 (0.1495)	−0.0017 (0.0027)	−0.0161 *** (0.0022)
midts	−5.1470 (13.8150)	10.4746 (8.2370)	−0.0928 (0.1071)	0.0643 (0.0585)
prits	−1.5898 (12.3010)	20.7694 *** (7.6416)	0.0901 (0.1292)	−0.0557 (0.0882)
familysize	−0.0839 (0.0625)	−0.2699 *** (0.0411)	−0.0021 *** (0.0006)	−0.0016 ** (0.0006)
expense	0.9289 (1.2887)	4.4659 *** (0.6529)	0.0334 *** (0.0064)	0.1617 * (0.0809)
income	0.2120 (0.5331)	0.9046 (0.6840)	0.0023 (0.0077)	0.0322 (0.0311)
perasset	−0.1080 (0.1927)	−0.5777 * (0.3451)	−0.0010 (0.0023)	−0.0168 *** (0.0055)
城市固定效应	是	是	是	是
年份固定效应	是	是	是	是
Observations	1290	4444	1737	6611
R − squared	0.100	0.093	0.047	0.053

注：在1%、5%和10%水平上的显著性分别用 ***、** 和 * 表示。

5.5.2 "为权而租"现象的异质性分析

上述结果报告了"租购同权"政策将会引发无房家庭"为权而租"的现象，本节分别从家庭经济状况、父母受教育程度、家庭教育氛围、有无适龄

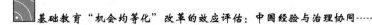

儿童和户籍因素等维度对无房家庭的租房偏好进行异质性分析。

5.5.2.1 家庭经济水平

为"权"租房需要承担更高的住房成本，经济状况较好的家庭可能比经济状况较差的家庭更有能力"为权而租"。考虑到家庭经济水平的差异，本章以家庭净收入衡量家庭收入水平，结合 2020 年中国城镇家庭可支配收入指标将样本划分为两组。2020 年，中国城镇居民人均可支配收入为 4.38 万元①，平均每个家庭户的人口为 2.62 人②，即城镇家庭平均可支配收入在 11 万元左右。据此，本章将家庭净收入高于 11 万元的家庭视为经济水平高的家庭，若低于这一标准则视为经济水平低的家庭，回归结果如表 5 - 8 的列（1）和列（2）所示。可以发现，经济水平不同的家庭间的租房行为存在明显差异，家庭净收入水平高的家庭的租房支出显著增加，而家庭净收入低的家庭并未发生显著变化。类似的，本章进一步采用家庭总收入、现金及存款两个指标衡量家庭经济水平。鉴于 11 万元这一分界值约处于回归样本中家庭净收入指标的 80 分位，我们同样按照这一标准分别对家庭总收入、现金及存款指标进行划分，估计结果如表 5 - 8 的列（3）~列（6）所示，依然是稳健的。上述结果表明，家庭经济水平确实会影响其为"权"租房的意愿，本章假说 2 得以验证。

表 5 - 8　　　　"为权而租"现象的异质性分析：家庭经济水平

变量	家庭净收入		家庭总收入		现金及存款	
	高	低	高	低	高	低
	（1）	（2）	（3）	（4）	（5）	（6）
	houserent	*houserent*	*houserent*	*houserent*	*houserent*	*houserent*
treat · post	0.0223 * (0.0112)	0.0037 (0.0055)	0.0218 ** (0.0095)	0.0037 (0.0049)	0.0205 * (0.0105)	0.0031 (0.0042)
pergdp	− 0.0079 * (0.0040)	0.0008 (0.0008)	− 0.0077 *** (0.0022)	0.0015 ** (0.0007)	− 0.0017 (0.0023)	0.0001 (0.0005)

---

① 中经数据：https：//wap. ceidata. cei. cn/detail? id = 2p%2FBN9cr0WQ%3D。
② 第七次全国人口普查数据：https：//www. gov. cn/xinwen/2021 - 05/12/content_5605913. htm。

续表

变量	家庭净收入		家庭总收入		现金及存款	
	高	低	高	低	高	低
	（1）	（2）	（3）	（4）	（5）	（6）
	houserent	houserent	houserent	houserent	houserent	houserent
eduexpenditure_ratio	− 0.0917 *** （0.0064）	0.0022 （0.0020）	− 0.0877 *** （0.0063）	0.0010 （0.0012）	− 0.0529 *** （0.0067）	− 0.0008 （0.0015）
midts	0.6612 （0.4741）	− 0.0132 （0.0447）	0.4404 （0.3390）	− 0.0048 （0.0390）	0.2252 （0.2192）	0.0294 （0.0236）
prits	− 0.6264 （0.5985）	0.0205 （0.0507）	− 0.6781 （0.5133）	0.0352 （0.0434）	− 0.2705 （0.4465）	− 0.0488 （0.0439）
familysize	− 0.0038 ** （0.0017）	− 0.0008 *** （0.0003）	− 0.0041 ** （0.0016）	− 0.0009 *** （0.0003）	− 0.0052 * （0.0028）	− 0.0011 *** （0.0003）
expense	0.2695 （0.2011）	0.0914 *** （0.0199）	0.2256 （0.1569）	0.0949 *** （0.0230）	0.3954 （0.2967）	0.0807 *** （0.0208）
income	0.0151 （0.0630）	0.0511 * （0.0256）	0.0170 （0.0506）	0.0428 * （0.0246）	− 0.0314 （0.0844）	0.0580 ** （0.0283）
perasset	− 0.0271 ** （0.0134）	− 0.0124 ** （0.0054）	− 0.0286 *** （0.0106）	− 0.0095 * （0.0056）	− 0.0305 * （0.0173）	− 0.0123 ** （0.0057）
城市固定效应	是	是	是	是	是	是
年份固定效应	是	是	是	是	是	是
Observations	1107	5504	1351	5259	1314	5029
R − squared	0.087	0.066	0.081	0.059	0.100	0.063

注：在 1%、5% 和 10% 水平上的显著性分别用 ***、** 和 * 表示。

5.5.2.2　父母受教育程度与家庭教育氛围

在"租购同权"政策中，"积分制入学"是租房家庭子女入学的一项重要规则。地方政策往往将父母受教育程度纳入"积分制入学"的排序规则（王毅杰和卢楠，2019）。参考王茹等（2023）的做法，本章根据是否拥有高中及以上学历将样本划分为两组。表 5 - 9 的列（1）和列（3）分别报告了母亲受教育程度/父亲受教育程度高的家庭的租房行为变化情况，列（2）和

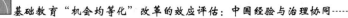

列（4）分别展示了母亲受教育程度/父亲受教育程度低的家庭的租房行为变化情况。结果表明，在政策存在人才偏向性的情况下，父母受教育程度高的家庭更有可能获得子女入学资格，因此更倾向于为"权"租房。

表5-9　　　　"为权而租"现象的异质性分析：父母受教育程度

变量	母亲受教育程度		父亲受教育程度	
	高	低	高	低
	(1)	(2)	(3)	(4)
	houserent	*houserent*	*houserent*	*houserent*
treat · post	0.0180 *	-0.0151	0.0274 **	0.0004
	(0.0104)	(0.0154)	(0.0116)	(0.0102)
pergdp	0.0006	-0.0111	-0.0015	-0.0040
	(0.0018)	(0.0068)	(0.0018)	(0.0032)
eduexpenditure_ratio	0.0072 **	0.0664	0.0126	0.0027
	(0.0032)	(0.0974)	(0.0083)	(0.0048)
midts	-0.0178	-0.1493	-0.2226 *	0.0194
	(0.0753)	(0.1819)	(0.1172)	(0.1323)
prits	0.0469	0.0875	0.2128 *	-0.1095
	(0.0715)	(0.2323)	(0.1068)	(0.2063)
familysize	-0.0012 *	-0.0039	-0.0016 *	-0.0014
	(0.0007)	(0.0023)	(0.0009)	(0.0010)
expense	0.0875 **	0.3551 *	0.1314 ***	0.1472
	(0.0381)	(0.2023)	(0.0492)	(0.0950)
income	0.0920 **	0.1399	0.0576	0.1400
	(0.0363)	(0.1148)	(0.0488)	(0.0885)
perasset	-0.0253 **	-0.1366 *	-0.0342 **	-0.0813 **
	(0.0100)	(0.0707)	(0.0156)	(0.0345)
城市固定效应	是	是	是	是
年份固定效应	是	是	是	是
Observations	1449	317	1378	233
R-squared	0.134	0.202	0.112	0.281

注：在1%、5%和10%水平上的显著性分别用 *** 、** 和 * 表示。

　　教育氛围浓厚的家庭可能更加重视子女教育，更倾向于为"权"租房。本章采用家庭藏书量这一指标衡量家庭教育氛围，将藏书量高于中位数的视为教育氛围浓厚的家庭，低于中位数的则视为教育氛围弱的家庭，并采用模型（5 - 2）进行回归。表 5 - 10 展示了教育氛围浓厚和教育氛围弱的家庭租房支出的变化情况。可以看出，"租购同权"政策对教育氛围浓厚的家庭的租房支出具有明显促进作用，但对教育氛围弱的家庭的影响并不显著，验证了家庭教育氛围对其为"权"租房意愿的影响。

表 5 - 10　　　　　　"为权而租"现象的异质性分析：家庭教育氛围

变量	家庭教育氛围浓厚	家庭教育氛围弱
	(1)	(2)
	houserent	*houserent*
treat · post	0.0168**	− 0.0008
	(0.0074)	(0.0041)
pergdp	0.0001	− 0.0003
	(0.0014)	(0.0009)
eduexpenditure_ratio	− 0.0342***	0.0009
	(0.0045)	(0.0021)
midts	0.1516	0.0184
	(0.1692)	(0.0333)
prits	− 0.1204	− 0.0560
	(0.2380)	(0.0786)
familysize	− 0.0029**	− 0.0005
	(0.0012)	(0.0003)
expense	0.2062	0.0986***
	(0.1377)	(0.0305)
income	0.0453	0.0143
	(0.0525)	(0.0097)

续表

变量	家庭教育氛围浓厚	家庭教育氛围弱
	(1)	(2)
	houserent	*houserent*
perasset	− 0. 0251 *** (0. 0079)	− 0. 0064 (0. 0086)
城市固定效应	是	是
年份固定效应	是	是
Observations	3206	3319
R − squared	0. 064	0. 065

注：在1%和5%水平上的显著性分别用 *** 和 ** 表示。

5. 5. 2. 3　有无适龄儿童与户籍约束

在"租购同权"政策规定当中，子女义务教育是中国家庭非常关注的一项基本公共服务，一个家庭是否有适龄儿童（6 岁及以下的儿童）可能会使估计结果具有差异性。因此，本章构建了是否有适龄儿童 *child* 这一指标。若家庭有适龄儿童，*child* 取值为 1，否则，取值为 0。我们将 *child* 这一指标作为调节变量引入到模型当中，具体如式（5 − 7）所示。

$$houserent_{fy} = \alpha_5 + \beta_{51} \cdot child_f \cdot pilot_f \cdot post_y + \beta_{52} \cdot child_f \cdot pilot_f$$
$$+ \beta_{53} \cdot child_f + XC_f + XF_u + \lambda_u + \gamma_y + \varepsilon_{fy} \quad (5 - 7)$$

表 5 − 11 的列（1）报告了有无适龄儿童对家庭租房意愿的影响，核心解释变量 *child · treat · post* 的估计系数为正，表明有适龄儿童的家庭更愿意为"权"租房，但这一结果并不具有统计意义上的显著性，可能的原因是户籍因素的影响。根据各地"租购同权"政策对租房家庭录取顺序的规定，具有所在城市户籍的家庭在子女入学方面具有相对优先权。若一个城市的教育资源十分稀缺，无户籍的家庭则难以获得入学资格。在这种情况下，无户籍家庭即使有适龄儿童可能也并不愿意为"权"租房。我们根据父母是否拥有城市户口，将父母至少一方拥有城市户口的视为户籍约束弱的家庭，父母双方均没有城市户口的视为户籍约束强的家庭，并采用模型（5 − 7）分别检验

了两种情形下有无适龄儿童对家庭租房行为的影响。可以发现,对于户籍约束弱的家庭,有无适龄儿童这一因素将导致其租房意愿产生显著差异,有适龄儿童的家庭明显更倾向于为"权"租房。对于户籍约束强的家庭,有无适龄儿童并不会影响其租房行为。本章假说 2 得到进一步验证。

表 5 – 11　　"为权而租"现象的异质性分析:有无适龄儿童与户籍因素

变量	总样本	户籍约束弱	户籍约束强
	(1)	(2)	(3)
	houserent	*houserent*	*houserent*
child · treat · post	0.0016	0.0221 ***	− 0.0180
	(0.0076)	(0.0071)	(0.0292)
treat · post	0.0170	− 0.0110 **	0.0483 **
	(0.0113)	(0.0043)	(0.0215)
child	0.0017	0.0024	0.0003
	(0.0020)	(0.0019)	(0.0051)
pergdp	− 0.0007	0.0003	− 0.0019
	(0.0012)	(0.0014)	(0.0026)
eduexpenditure_ratio	0.0044	0.0109 ***	0.0019
	(0.0037)	(0.0035)	(0.0079)
midts	− 0.0797	− 0.0312	− 0.1182
	(0.0773)	(0.0631)	(0.0769)
prits	0.1272	0.2901 **	0.1343 *
	(0.0829)	(0.1100)	(0.0793)
familysize	− 0.0016 ***	− 0.0019 ***	− 0.0029 **
	(0.0006)	(0.0005)	(0.0012)
expense	0.1139 ***	0.0713	0.1816 ***
	(0.0374)	(0.0535)	(0.0643)
income	0.0552 *	0.0669 *	0.0958 **
	(0.0298)	(0.0362)	(0.0372)
perasset	− 0.0327 ***	− 0.0284 **	− 0.0603 **
	(0.0120)	(0.0108)	(0.0236)

续表

变量	总样本	户籍约束弱	户籍约束强
	(1)	(2)	(3)
	houserent	*houserent*	*houserent*
城市固定效应	是	是	是
年份固定效应	是	是	是
Observations	2363	893	822
R - squared	0.112	0.140	0.156

注：在1%、5%和10%水平上的显著性分别用 *** 、** 和 * 表示。

5.5.3 "租购同权"对家庭教育选择偏好的影响

5.5.3.1 基准回归

根据连续 DID 模型（5-4），本章评估了"租购同权"政策对家庭"购房择校"偏好的影响，结果如表5-12所示。列（1）控制了小区固定效应和月度固定效应，列（2）进一步控制了房屋特征控制变量，交互项的估计系数为-0.0622，在1%的水平上显著为负，即"租购同权"政策使得房价趋于下降。原因在于：在教育资源供给短缺的情况下，"租购同权"意味着将购房家庭的教育权部分让渡给租房家庭，这无疑削弱了购房家庭的受教育权，降低了家庭购房需求，从而导致房价下降。从控制变量的回归系数来看，建筑面积和房龄等变量系数显著为负，表明建筑面积越大、房屋越古老，相应房价越低。朝向、装修、电梯、楼层等变量的回归系数均显著为正，表明朝向越好、装修越好、所在楼层位置越好、有电梯，房价水平越高。以上结果与本章预期相一致。

表5-12　　　"租购同权"政策对家庭"购房择校"偏好的影响

变量	(1)	(2)
	ln*Price*	ln*Price*
enrollment · post	- 0.0671 *** (0.0147)	- 0.0622 *** (0.0137)

变量	(1)	(2)
	lnPrice	lnPrice
lnarea		-0.1167^{***}
		(0.0232)
age		-0.0048^{***}
		(0.0016)
orientation		0.0053^{***}
		(0.0010)
decoration		0.0008
		(0.0023)
lift		0.1624^{***}
		(0.0134)
floor		0.0370^{***}
		(0.0039)
room		0.0269^{***}
		(0.0066)
sitting_room		0.0193^{***}
		(0.0056)
kitchen		0.0239^{***}
		(0.0053)
bathroom		-0.0166^{***}
		(0.0057)
小区固定效应	是	是
月度固定效应	是	是
Observations	7130	7130
R - squared	0.892	0.904

注：在 1% 水平上的显著性用 *** 表示。

本章采用模型（5 - 5）评估"租购同权"政策对家庭"租房择校"偏好的影响，结果如表 5 - 13 所示。列（1）报告了优质小学变量与时间虚拟变量交互项的估计系数，可以看出优质小学周边的租金出现一定程度的上涨。列（2）进一步加入了房屋特征变量，交互项的回归系数为 0.0115，在 10% 的水平上显著为正。原因在于：租购同权使得租赁住房具有一定教育属性，促进教育资本化并推动租金上涨，这也反映了家庭租房需求的增加。本章的假说 3 得以验证。

表 5 – 13　　　　　"租购同权"政策对家庭"租房择校"偏好的影响

变量	(1)	(2)
	ln*Rent*	ln*Rent*
treat · *post*	0.0061 (0.0071)	0.0115* (0.0062)
控制变量	否	是
小区固定效应	是	是
月度固定效应	是	是
Observations	18819	18108
R – squared	0.7269	0.8183

注：在 10% 水平上的显著性用 * 表示。

5.5.3.2　稳健性检验

（1）平行趋势检验。图 5 – 4（a）为房价的平行趋势。在租购同权政策实施之前，处理组和对照组的房价变化无明显区别；在政策实施后，处理组的房价发生明显下降。类似的，图 5 – 4（b）为租金的平行趋势，租购同权政策实施前，处理组与对照组同样具有相同的时间变化趋势。这一结果进一步支持了本章的基准回归结果。

（2）替换核心解释变量。在基准回归中，核心解释变量为最近一所小学招生班级数。在稳健性检验中，本章将其替换为一定范围内（800 米、700 米、600 米）招生班级总数、最近一所学校招生人数两个变量。结果如表 5 – 14 列（1）~列（4）所示，估计结果与基准回归结果一致，进一步验证了本章基准回归结果的稳健性。

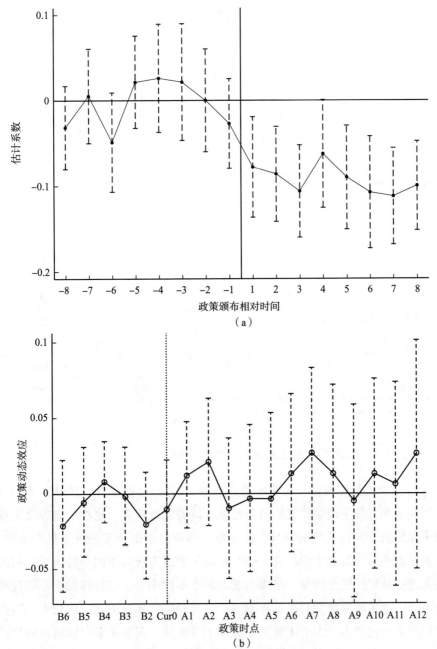

图 5-4 平行趋势图——房价/租金

注：该图中，（a）中的被解释变量为房价；（b）中的被解释变量为租金。

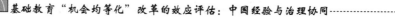

表 5 −14　　　　　　　　　稳健性检验：替换被解释变量

变量	一定范围内学校计划招生班级总数			最近一所学校招生人数
	800m	700m	600m	
	（1）	（2）	（3）	（4）
	ln*Price*	ln*Price*	ln*Price*	ln*Price*
*scope*800·*post*	− 0.0219 * （0.0123）			
*scope*700·*post*		− 0.0338 ** （0.0132）		
*scope*600·*post*			− 0.0258 ** （0.0104）	
totalenroll·*post*				− 0.0612 *** （0.0142）
控制变量	是	是	是	是
小区固定效应	是	是	是	是
月度固定效应	是	是	是	是
Observations	6652	6004	5429	7130
R − squared	0.903	0.903	0.902	0.904

注：在 1%、5% 和 10% 水平上的显著性分别用 ***、** 和 * 表示。

5.5.3.3　家庭教育选择偏好的异质性分析

（1）学校教育质量。孙伟增和林嘉瑜（2020）、张勋等（2021）等学者的研究表明，外生政策的实施效果与学校教育质量有关，这在一定程度上反映了家庭需求偏好变化的差异性。因此，本章将全部小学划分为优质小学、一般重点小学和普通小学。表 5 − 15 展示了家庭为获得不同学校入学权利的购房选择偏好的变化情况。结果表明，对于不同小学，房价均发生不同程度的下降，这意味着家庭购房选择偏好呈下降趋势。相较而言，优质小学周边房价下降程度较小。由于优质教育资源十分稀缺，仍有很多家庭选择购房以保障子女获得优质教育资源，使得房价下降程度较小；而普通小学周边房价下降程度较大，对于购房也难以获得优质教育资源的家庭，可能会由购转租以降低住房成本,从而使得房价下降程度加大。

表 5-15　　　　家庭"购房择校"偏好的异质性分析:学校教育质量

变量	优质小学	一般重点小学	普通小学
	(1)	(2)	(3)
	lnPrice	lnPrice	lnPrice
enrollment · post	- 0. 0353 *** (0. 0127)	- 0. 0509 ** (0. 0211)	- 0. 0632 ** (0. 0309)
控制变量	是	是	是
小区固定效应	是	是	是
月度固定效应	是	是	是
Observations	1376	2155	3599
R - squared	0. 930	0. 899	0. 879

注:在 1% 和 5% 水平上的显著性分别用 *** 和 ** 表示。

表 5-16 展示了家庭为获得不同学校入学权利的租房选择偏好的变化情况。结果表明,一般重点小学周边的租金显著增加,而优质小学和普通小学周边的房价均未发生明显变化。这意味着"租购同权"政策实施后租房家庭更倾向于选择一般重点小学。原因在于:租房家庭更倾向于让子女进入较好的学校就读,但优质小学学位供给十分紧张,即使租房也难以获得入学权利,因而更多家庭选择在次优的一般重点小学周边租房。本章的假说 3 得以验证。

表 5-16　　　　家庭"租房择校"偏好的异质性分析:学校教育质量

变量	优质小学	一般重点小学	普通小学
	(1)	(2)	(3)
	lnRent	lnRent	lnRent
treat · post	0. 0052 (0. 0070)	0. 0236 * (0. 0142)	- 0. 0084 (0. 0100)
控制变量	是	是	是
小区固定效应	是	是	是

续表

变量	优质小学	一般重点小学	普通小学
	(1)	(2)	(3)
	lnRent	lnRent	lnRent
月度固定效应	是	是	是
Observations	9902	6179	5870
R – squared	0.8184	0.7957	0.8097

注:在10%水平上的显著性用 * 表示。

(2)家庭经济水平。对于经济状况相对较差的家庭,购买学区房主要是用来满足子女入学需求,而居住属性要求可能相对较弱。本章根据房屋建筑面积、房屋成交价格两个指标考察不同家庭的购房选择偏好。

根据房屋建筑面积,将样本房屋划分为小户型、中等户型和大户型三类,并重复回归,结果如表5-17所示。结果表明,小户型和中等户型房价发生明显下降,其中小户型房价下降程度较大,而大户型房价未发生明显变化。原因是,低收入家庭可能更倾向于购买小户型学区房,而高收入家庭为保障居住舒适性更倾向于购买大户型学区房。"租购同权"政策实施后部分低收入家庭由购转租,降低了对小户型学区房的需求,从而使得相应房价显著下降,而有条件购买大户型的家庭仍更倾向于购房择校。

表5-17　　　　家庭"购房择校"偏好的异质性分析:房屋建筑面积

变量	小户型 (低于90平方米)	中等户型 (90~150平方米)	大户型 (不低于150平方米)
	(1)	(2)	(3)
	lnPrice	lnPrice	lnPrice
enrollment · post	− 0.0638 *** (0.0157)	− 0.0388 ** (0.0175)	0.1107 (0.0824)
控制变量	是	是	是
小区固定效应	是	是	是

续表

变量	小户型 (低于 90 平方米)	中等户型 (90 ~ 150 平方米)	大户型 (不低于 150 平方米)
	(1)	(2)	(3)
	lnPrice	lnPrice	lnPrice
月度固定效应	是	是	是
Observations	5391	1414	152
R - squared	0.902	0.941	0.960

注：在 1% 和 5% 水平上的显著性分别用 *** 和 ** 表示。

类似的，本章根据房屋成交价格（包括成交单价、成交总价）将样本划分为两类，结果如表 5 - 18 所示，与上述结果基本一致。不论是以成交单价，还是以成交总价为划分标准，低房价学区房价格均发生显著下降，而高房价学区房价格并未发生明显变化。进一步支持了上述结论。

表 5 - 18 家庭"购房择校"偏好的异质性分析：房屋成交价格

变量	成交单价		成交总价	
	低	高	低	高
	(1)	(2)	(3)	(4)
	lnPrice	lnPrice	lnPrice	lnPrice
enrollment · post	- 0.0378 * (0.0193)	0.0021 (0.0212)	- 0.0565 *** (0.0155)	0.0224 (0.0202)
控制变量	是	是	是	是
小区固定效应	是	是	是	是
月度固定效应	是	是	是	是
Observations	6185	878	6465	613
R - squared	0.883	0.899	0.891	0.894

注：在 1% 和 10% 水平上的显著性分别用 *** 和 * 表示。

5.5.4 租赁住房供给保障"租购同权"政策落实的调节效应评估

表 5 – 19 报告了租赁住房供给对"租购同权"政策落实效果的调节效应。三重交互项 $sarea \cdot treat \cdot post$ 的估计系数均为负数，且具有统计意义上的显著性。该结果表明，一个城市的租赁住房供给越充足，"租购同权"政策对家庭租房支出的正向影响越小。主要原因是：在租房供给较充足的情况下，租房需求增加对租金的推动作用较弱，这意味着增加租赁住房供给有利于保障租房人的权益。本章的假说 4 得以验证。

表 5 – 19 　　　　　　　　租赁住房供给的调节效应分析

变量	60 分位	65 分位	70 分位
	(1)	(2)	(3)
	houserent	houserent	houserent
$sarea \cdot treat \cdot post$	– 0.0241 *** (0.0069)	– 0.0233 *** (0.0064)	– 0.0155 * (0.0072)
$treat \cdot post$	0.0234 ** (0.0076)	0.0227 ** (0.0073)	0.0227 ** (0.0072)
$sarea$	– 0.0019 (0.0035)	– 0.0028 (0.0040)	– 0.0019 (0.0049)
$pergdp$	0.0014 (0.0011)	0.0017 (0.0010)	0.0014 (0.0009)
$eduexpenditure\_ratio$	0.1983 *** (0.0367)	0.2111 *** (0.0407)	0.2002 *** (0.0396)
$midts$	– 1.5281 *** (0.3171)	– 1.5521 *** (0.3170)	– 1.5665 *** (0.3703)
$prits$	1.1238 *** (0.2299)	1.0778 *** (0.2348)	1.1812 *** (0.2073)
$familysize$	– 0.0020 (0.0020)	– 0.0020 (0.0020)	– 0.0020 (0.0020)

续表

变量	60 分位	65 分位	70 分位
	(1)	(2)	(3)
	houserent	*houserent*	*houserent*
expense	0.1048 *** (0.0312)	0.1049 *** (0.0311)	0.1048 *** (0.0311)
income	0.0829 * (0.0371)	0.0827 * (0.0370)	0.0825 * (0.0371)
perasset	− 0.0169 ** (0.0062)	− 0.0169 ** (0.0062)	− 0.0170 ** (0.0063)
城市固定效应	是	是	是
年份固定效应	是	是	是
Observations	1481	1481	1481
R − squared	0.066	0.066	0.065

注：在 1%、5% 和 10% 水平上的显著性分别用 ***、** 和 * 表示。

5.6　本章小结

　　"租购同权"赋予承租人子女一定就近入学的权利，是促进市民待遇均等化、实现中华民族共同富裕的一项重要举措。首先，本章根据 2017 年提出"租购同权"试点政策这一事件构建准自然实验，借助 2010～2020 年中国家庭追踪调查数据（CFPS），评估"租购同权"政策的实施是否会引发"为权租房"现象，有房家庭和无房家庭为"权"租房的行为表现是否存在差异，以及家庭经济状况、父母受教育程度、家庭教育氛围、有无适龄儿童和户籍因素又将如何影响家庭为"权"租房的意愿。其次，本章聚焦于广州市"租购同权"政策改革，评估家庭教育选择偏好的变化情况，如"买房择校"需求是否下降，"租房择校"需求是否增加。最后，本章引入租赁住房供给作为调节变量，评估租赁住房供给对"租购同权"政策落实效果的调节效应。研究结果表明：（1）"租购同权"政策实施后，家庭租房支出显著增加了

0.0081%，表明家庭"为权而租"的现象是存在的。（2）"为权而租"的异质性分析表明，经济水平较高、父母教育教育程度较高、家庭教育氛围浓厚的家庭更愿意"为权而租"；在户籍约束较弱的情况下，有适龄儿童的家庭为"权"而租的意愿明显更强。（3）"租购同权"实施后，家庭"购房择校"需求减少而"租房择校"需求增加，导致房价显著下降了0.0622%、租金显著上涨了0.0115%。（4）家庭教育偏好的异质性分析表明，一方面，家庭对优质教育资源的需求较大，学校教育质量越高，其周边房价下降程度越小；另一方面，一般重点小学周边租金显著增加，而优质小学和普通小学周边租金未发生明显变化。（5）城市租赁住房供给越充足，家庭租房支出的涨幅越小。

基于上述内容，本章提出以下几点政策建议。

第一，中国采取的"租购同权"政策是中国教育资源配置改革的一大尝试，赋予了租房家庭子女一定的受教育权，部分家庭可以通过租房获得公立小学入学资格，对于促进市民待遇均等化具有重要的现实意义。在推进新型城镇化建设、促进教育均等化改革的过程中，应加快完善"租购同权"政策，保障新市民的合理权益。但需要注意的是，并非所有租房家庭均能从中受益，在教育资源稀缺的情况下，试点城市的"租购同权"仍优先保障有房家庭子女入学，与实现真正的"同权"还有很大差距。教育部门应合理引导家庭教育选择，持续增加教育资源供给。

第二，重视家庭教育选择偏好的差异，优化教育资源供给结构，促进教育高质量均等化发展。在教育资源稀缺和空间分布不均衡的情况下，有条件的家庭仍然更倾向于"买房择校"，以获得子女优先入学的权利。这一现象在优质公立小学上表现得尤为突出，且只要教育资源空间分布存在差异，家庭对于优质小学的追逐就无法彻底消除。在试点城市现阶段录取规则下，几乎不可能通过租房就读于最顶尖的优质小学，次优小学成为租房家庭的重点争夺对象。因此，各地方政府要准确识别家庭教育选择偏好的差异，持续增加次优小学供给，逐步提升整体教育水平，促进义务教育高质量均等化。

第三，需要加快住房租赁市场改革，多渠道增加租赁住房供给，保障"租购同权"政策有效落实。目前我国住房租赁的供给者仍主要是房产持有者个人（向为民和甘蕾，2017），供给规模相对较小且缺乏稳定性（黄燕芬等，2017），单靠市场自由发展难以有效解决无房家庭的住房问题。在此情况下，租赁住房需求增加会导致住房租金上涨，无房产家庭不仅难以通过租房获得义务教育基本公共服务，还可能因租金上涨而承担更高的住房成本。应健全租赁住房供应体系，加快政府和企业主导下租赁住房的用地审批与建设，为落实 "租购同权" 政策提供住房保障。

第 6 章

基础教育"入学机会均等化"改革的效应评估

6.1 引 言

20 世纪 80 年代以来，中国义务教育入学制度严格落实"免试就近入学"原则，旨在为每个适龄儿童提供平等入学的机会。温等（Wen et al.，2014）、冯和陆（Feng and Lu，2014）以及韩等（Han et al.，2021）等学者认为，单校划片免试就近入学原则在公共服务与房屋所有权之间构建了一条强绑定关系，叠加户籍制度的限制，优质学校对口的房屋所有权成为获取优质教育资源的入场券，因此学区房被赋予了很强的教育附加值，"教育地产"也成为中国房地产市场的重要概念。可以说，单校划片规则导致家庭的择校竞争逐渐演变为学区房市场的竞争。

优质教育资源具有稀缺性和区域分布不均衡性，免试就近入学原则下，购买优质学校对口学区房成为家庭教育投资的基本形式。而中国家庭普遍具有"望子成龙"的教育观念。梅钦和萨尔瓦内斯（Machin and Salvanes，2016）指出，每个家庭都希望子女接受最好的教育。随着收入增长，中国家庭"买房择校竞争"愈演愈烈，为了将子女送入优质公立小学，家庭争相购买优质小学的学区房，形成了高额的学区房溢价（Wen et al.，2014），学区房的教育资本化特征更加突出，部分区域甚至出现了"天价学区房"的现象。相较于普通家庭，富裕家庭更有能力增加教育投资以获得更高的教育回报率，天价学区房变成了高收入家庭垄断优质教育资源的护城河，低收入家庭获得优质教育资源的阻断器。家庭的这种为"择校"而"买房"的行为不仅加剧了社会教育不公，还可能进一步拉大贫富差距，长期下去造成严重的社会阶层固化（Zhang and Chen，2018）。

基本公共服务均等化是共同富裕的基石，党的十九届五中全会强调，"十四五"期间要全面实现基本公共服务均等化，而基础教育公共服务均等化是其中的一项重要任务。针对现阶段"教育资源分配不公"现象，中国陆续出台了教育集团化办学、新建小学、对口直升、学校合并和教师轮岗等一系列的教育资源供给和分配模式改革措施，这些措施在一定程度上推动了基础教育公共服务均等化程度提高，但并没有从根本上打破免试就近入学原则下，单校划片所构建的教育资源与学区房所有权之间"一对一"式的强绑定关系（下文简称"强绑定关系"）。只要教育资源分布不均衡现象存在，竞争性学区房市场上优质教育资源的争夺战就不会停止。

学校分配规则改革能够引导家庭改变学校选择行为，进一步也有助于打破"天价学区房"怪象。部分发达国家尝试通过扩大学校选择引导家庭择校行为的转变，并尝试了跨片择校和开放式择校等多种学校分配改革。艾弗里和帕塔克（Avery and Pathak，2021）、贝弗尔克（Bifulco，2009）、梅钦和萨尔瓦斯（2016）等研究发现，跨片择校和开放式择校的方式给与了家庭更大的学校选择空间，家庭的学校选择不止局限在社区内唯一对口学校，而是有多种学校选择的机会。这些政策通过扩大学校选择，也能够弱化学区房所有权与公立学校之间的关联，降低房产的教育附加值，因此也有助于降低学区房溢价。然而，跨片择校和开放式择校的政策效果会受到家庭教育观念和收入的影响。艾弗里和帕塔克（2021）、贝弗尔克（2009）的研究表明，这种扩大学校选择的政策通过改变生源影响了学校质量，当学校质量无法满足家庭需求或家庭收入无法承担学区房价格时，部分家庭仍然会被挤出原先所在的公立学校。

类似于发达国家扩大学校选择的改革思路，2015年3月31日，教育部在《关于做好2015年城市义务教育招生入学工作的通知》中首次提出了多校划片改革措施。2022 年 4 月 1 日，教育部印发《关于进一步做好普通中小学招生入学工作的通知》，再次明确在免试就近入学原则下，针对教育资源仍然不够均衡的地方，要积极稳妥地推进多校划片，推动片区间的优质教育资源均衡。多校划片政策是将地理空间上相对邻近的几所学校划入同一个片区，再通过随机摇号或顺位原则等"随机入学"的方式分配公立小学。这一政策在一定程度上给予了家庭更大的学校选择空间，但也增加了学校分配结果的不确定性，使得原来的天价学区房不再拥有获取优质公立小学资源的绝对优势，同一片区内的普通家庭也有一定机会进入优质公立小学就读。从本质上来看，该政策打破了原有单校划片政策下的教育资源配置模式，将教育资源与学区房所有权之间的"一对一"强绑定关系转为"多对多"弱绑定关系，同一片区内家庭实现了教育资源分配的均等化，并获得了更大空间的居住选择权。自 2017 年 6 月 30 日起，北京市朝阳区、东城区、丰台区、海淀区、西城区开始陆续实施这一政策，2021～2022 年，深圳、天津、成都、重庆等多个城市也陆续开始采取相应措施。研究多校划片政策的实施效果将对推动中国基础教育公共服务均等化具有重要的借鉴意义。

北京市海淀区的公立小学的空间分布极不均匀，家庭的买房择校竞争尤为激烈，多校划片改革对家庭公立小学选择的影响具有更大的不确定性。因此，本章基于北京市海淀区的改革试点，分析多校划片政策冲击对海淀区基础教育公共服务均等化的影响。在对照组的选择上，西城区是北京市房价最高的城区，基础教育资源同样具有优势，能够较好地与海淀区形成对照，且其多校划片政策于 2020 年 4 月颁布，故本章选择西城区作为对照组。在政策冲击时点的选择上，海淀区颁布多校划片政策之后并未立即执行，但由于家庭对教育政策的变化十分敏感，多校划片政策的颁布会对家庭的教育行为选择产生"预期"效应，从而影响家庭的住房选择并反映到房价当中，故本章以政策颁布时间作为政策冲击时间，同时在稳健性检验中替换为政策实施时间来确保估计结果的稳健性。最终，本章选择海淀区作为处理组，西城区作为对照组，利用 2017 年 1 月～2020 年 4 月①的数据设计准自然实验，研究 2018 年 4 月海淀区多校划片政

---

① 西城区于 2020 年 5 月份颁布施行多校划片的政策，为了避免政策效应受到干扰，故将样本的截止时间设定为 2020 年 4 月。

策冲击对教育资源均等化的影响。本章重点从以下两个方面展开研究。

第一，多校划片政策对家庭公立小学选择行为的影响，以及由此引发的学区房市场供求变动和学区房价格变动，并分析了多校划片改革对海淀区家庭公立小学选择的结构性差异。本章从教育资源配置改革视角出发，利用"教育资本化"效应的变化来研究多校划片政策对基础教育公共服务均等化的影响。首先，我们结合中国教育制度构建了包含家庭教育投资行为的学区房市场竞争模型，将单校划片与多校划片政策对学区房价格的影响加以对比，旨在回答强绑定关系打破后家庭教育投资行为会发生什么变化，以及教育资源配置改革能否促进基础教育公共服务均等化。其次，我们以北京市海淀区多校划片政策改革为准自然实验，实证检验了此政策对推动基础教育公共服务均等化的效果。最后，我们考察了多校划片政策对通勤成本的影响，以及由此引发的公立小学附近家庭租房行为的变化。

第二，多校划片政策对家庭私立小学选择行为的影响。事实上，中国基础教育阶段的多元化供给机制已经基本形成，费欧（Figlio，2001）指出，家庭的公立学校选择和私立学校选择之间具有很强的相关性，因此针对公立学校的教育政策不仅会影响家庭的公立学校选择，也会影响家庭的私立学校选择偏好。有极少数学者关注到公共教育政策改革对私立学校的影响，巴德等（Buddin et al.，1998）、唐斯和斯库曼（Downes and Schoeman，1998）、迪纳斯坦和史密斯（Dinerstein and Smith，2021）等学者研究了教育券政策、公立学校融资政策改革和公立学校学生资助计划对私立学校供求关系以及家庭私立学校选择偏好的影响。同样的，造成扩大家庭学校选择空间、弱化学区房所有权对家庭学校选择行为影响的公立学校分配规则改革也会影响家庭的私立学校选择行为，但当前鲜有文献关注到这一点。我们则进一步研究了中国多校划片改革对家庭私立小学选择行为的影响。

本章的主要研究发现有以下六点。

第一，教育资源分布的均衡性是造成单校划片与多校划片政策影响差异的关键。在教育资源分布不均衡时，单校划片政策下强绑定关系会带来学区房价格的自驱型上涨。落实多校划片政策后，片区内教育质量的"盲盒"特性发挥，家庭会对学区房价格"均值定价"，在一定程度上促进了基础教育公共服务均等化，同时也实现了片区内教育资源的公平分配。

第二，均值定价就意味着同一片区内"实质打击"（对高价学区房而言）与"意外惊喜"（对低价学区房而言）并存，即产生了"削尖填谷"效应。若学校质量高于片区平均教育质量，则学区房价格呈下降趋势；若学校质量低于片区平均教育质量，则学区房价格呈上升趋势。

第三，实施多校划片政策有利于扩大家庭进入优质学校就读的机会，实现了家庭福利的实质性改善。相较而言，普通家庭获益更多。实证结果表明，普通家庭就读"一流小学"的机会上升了 7.8%，而富裕家庭就读于优质小学的机会下降了 59.4%。

第四，片区间的教育质量差异仍在，理性的家庭教育选择偏好决定了家庭更加关注被分配到优质学校的概率，继而会依据平均教育质量和优质教育占比调整学区房定价。若学区房所在片区优质学校占比较高，在学校质量低于片区平均教育质量的情况下，其房价下降程度较小；类似的，在学校质量高于片区平均教育质量的情况下，其房价上涨程度更大。

第五，多校划片改革后，海淀区的公立学校分配结果具有较大的随机性。为了追求学校选择的确定性，部分家庭会倾向于选择私立小学就读，尤其是高收入家庭会更倾向于选择优质私立小学。这一点进一步表现为优质私立小学附近租金出现了显著上涨。

第六，我们发现多校划片也可能拉大学校与家庭居住地之间的通勤距离，部分家庭会选择在学校附近租房，带动公立小学周围租金显著上涨。实证结果表明，优质片区的租金上涨了 1.14%，但普通片区的租金未发生明显变化。

与现有研究相比，本章主要作出四方面的边际贡献。第一，拓展了关于中国教育资本化效应的理论研究，构建了包含教育资源配置改革的学区房市场竞争模型。现有文献将学生质量、学校质量与学区房市场相关联，证实了教育资本化效应的存在，但对教育资源配置改革的研究较少。基于中国的制度背景和家庭教育现状，我们进一步完善了中国的学区房市场竞争模型，从理论上证实了教育资源配置改革对推动中国基础教育公共服务均等化具有重要意义。第二，已有研究构建理论模型分析了公立小学分配规则改革对家庭公立小学选择行为的影响（Epple and Romano，2003；Nechyba，2003；Avery and Pathak，2021）。我们不仅分析了多校划片改革对家庭公立小学选择偏好的直接影响，而且从理论上证明了这种针对公立小学分配规则改革的政策也会影响到家庭的私立小学选择偏好。第三，弥补了教育资源配置改革政策研究中定量分析的不足。虽然教育资源配置改革政策效应在新闻报道中广受关注，但尚未形成一致性结论，更加缺乏系统的规范化研究。本章从多校划片这一打破教育资源与房屋所有权间强绑定关系的政策入手，利用北京市海淀区二手房交易信息和北京市租房信息检验了多校划片改革对家庭公立小学选择和私立小学选择的影响，丰富了家庭学校选择相关的实证研究，对中国及其他发展中国家进一步推动教育改革具有重要的实践意义。第四，本章丰富了关于基础教育公共服务均等化措施的相关研究，为进一步推动中国中长期教育改革提供了重要的理论依据和实践经验，对于发展中国家推动教育改革同样具有重要的借鉴意义。有极少数学者开始关注到教育均等化措施的重要作用，研究了中国学校合并、九年一贯、对口直升政策和租购同权政策，但鲜有文献验证了彻底打破"优质教育资源与学区房强绑定"逻辑的政策，以及切实提升教育质量对推动基础教育公共服务均等化的重要性。本章研究明确了学校分配规则改变是发展中国家解决过度"买房择校"学区房乱象的主要举措，但政策实施过程中需要关注家庭教育选择偏好的差异、多元化教育供给机制的协调和多样化教育改革政策的协同。

6.2 文 献 综 述

6.2.1 教育资本化效应

现有文献研究已经对教育资本化效应的存在达成了共识。奥茨（Oates，1969）将房产所有权与家庭能够获得的教育质量联系在一起，自此以后学者们围绕家庭公立学校选择与房产所有权间的关系进行了大量研究。巴罗（Barrow，2002）认为，由于公立教育具有较强的地方公共品属性，家庭会搬迁居住地以选择其偏好的公立学校，这就形成了房产的教育附加值。父母都希望子女接受最好的教育，因而争相购买优质公立学校附近的学区房，导致学校质量越高，对口学区房价格越高。罗森和富尔顿（Rosen and Fullerton，1997）、贾德和沃茨（Judd and Watts，1981）、布莱克（Black，1999）、菲克和格雷内特（Fack and Grenet，2010）、吉本斯等（Gibbons et al.，2013）以及贝雷查和哈丁（Beracha and Hardin，2018）等研究实证验证了学区房价格与学校质量是正相关的。教育质量反映到房产价格中，产生了"教育资本化"效应。

现有研究发现中国房地产市场同样存在教育资本化效应。温等（2014）、冯和陆（2014）、韩等（2021）等研究也证实了家庭为"择校"而"买房"的现象在中国尤为普遍。尤其在中国严格的户籍制度和就近入学原则下，只有在学校附近购买房产，家庭才能获得进入该校就读的资格，导致家庭的择校竞争逐渐演变为学区房市场的竞争（Wen et al.，2017）。韩璇等发现当北京市的住房由普通学区房晋升为优质学区房后，房价上涨约 1.5% ~ 3.5%。陈等（Chan et al.，2020）研究了上海的学区房市场，发现家庭更倾向于选择在学术锦标赛中取得优异成绩的学校。

6.2.2 就近入学规则下家庭择校行为强化教育资本化效应，加剧了教育不公

现行免试就近入学原则下，单校划片政策的设计初衷是赋予不同家庭平等的受教育机会，但事实上却加剧了教育不均等的现象。一方面，教育资源与学区房形成强绑定关系。家庭为获得良好的受教育机会而争相购买优质学区房（Doepke and Zilibotti，2019），但由于优质学校具有稀缺性，家庭之间的学区房争夺战愈演愈烈，结果使得优质学校附近的房价持续上升（Nguyen - Hoang and Yinger，2011；Han et al.，2021）。普通家庭则可能因为无法承担高额住房成本而被排除在优质教育资源之外，而高收入家庭则因此获得了更多接受优质教育资源的机会（Nechyba，2003；Park and Lee，2021）。另一方面，就近入学原则忽视了家庭的教育选择偏好，家庭对高质量教育的需求随着财富水平和家长受教育程度的增加而增加，由此会逐渐引发教育资源分配的两极分化，即产生"同群效应"。相关研究指出，由于不同收入群体的支付能力

和受教育偏好不同,市场竞争会形成教育资源按照财富水平分群的现象。这种由家庭教育投资行为所引发的"同群效应"推动了优质学区房价格进一步上涨,阻断了低收入人群获得优质教育资源的机会,也强化了教育资本化效应。

6.2.3　基础教育均等化改革探索相关研究

教育均等化改革为促进基础教育公共服务均等化,发达国家尝试了学校合并(school merge)、跨片择校/大学区(school choice)、开放式择校(open enrollment)等一系列教育资源配置改革措施,旨在改善优质教育资源分布不均衡的现状。其中,学校合并政策在初期对学区房溢价有负面影响,但这种效应在长期会消失甚至逆转;跨片择校政策有助于削弱"同群效应",然而这一变化只对中等收入人群获得相对更优的教育资源有利,富裕家庭仍然倾向于选择更优质的学区,低收入人群却因房价上涨而无法获利;大学区政策打破了住房与学校之间的关联,表现为同一学区内房价趋于均衡,但当学区房价格均等化后,富裕家庭仍然倾向于跨区选择其他教育质量更好的学区,但低收入家庭却因房价上涨只能选择其他更差的学区。梅钦和萨尔瓦内斯(2016)以 1997 年 Oslo 县开放式择校改革为例,证明了当家庭可以申请任何一所学校时,房产价值对教育质量的敏感度至少下降了 50%。艾弗里和帕塔克(2021)、埃普尔和罗曼诺(2003)通过构建包含家庭选择偏好的学区房竞争模型,说明了开放式择校有利于促进地区内房价趋于均衡,其中优质教育资源附近的高价学区房趋于下降。

由于家庭学校选择偏好和收入水平等存在差异,跨片择校(school choice program)和开放式择校等教育政策改革也对不同家庭的学校选择行为产生异质性影响。贝弗尔克(2009)的研究表明,跨片择校和开放式择校等教育政策改革在促进房价趋于均衡的同时,也打破了学校的生源构成,使得优质公立学校质量相对下降。高收入家庭更加偏好选择优质教育资源,当学校质量下降无法满足其教育需求时,高收入家庭则会退出原有的公立学校(public school)。普通家庭则可能会因为无法承担成本的增加而被迫挤出原公立学校(Avery and Pathak,2021)。有文献开始关注公立教育政策对家庭私立学校选择偏好的影响。迪纳斯坦和史密斯（2021）认为任何针对公立学校的政策不仅会影响家庭对公立学校的选择偏好，也会间接影响家庭对私立学校的需求。他们研究了纽约市"公平学校自主改革"对家庭教育选择行为的影响，发现增加对公立学校学生的资助会促使公立学校的就读人数上升，同时降低了家庭对私立学校的需求，最终导致了私立学校供应量下降。施耐德等（Schneider et al.，1996）、兰克福德和威科夫（Lankford and Wyckoff，2001）等学者围绕家庭对公立学校和私立学校的选择偏好进行了分析，指出收入越低的家庭越倾向于就读所在居住地匹配的公立学校，而越富裕的家庭越倾向于进行教育选择，当指定的公立学校无法满足其教育偏好时，则会考虑将子女送入私立学校。

现有文献研究表明，在单校划片规则下，房产与入学之间的确定性关系会加剧家庭对优质公立学校附近房产的争夺，从而产生了优质学区房的高额溢价。这使得普通家庭逐渐丧失了进入优质公立学校就读的机会，同时也成为高收入家庭进入优质公立学校的保障（Nguyen – Hoang and Yinger，2011；Wen et al.，2017；Han et al.，2021）。一些教育资源配置改革确实会在一定程度上改善教育资本化现象，但也只能让少数家庭受益。只要优质教育资源的稀缺性和空间分布不均衡性存在，教育质量就会不可避免地被资本化到房价中。区别于其他国家，户籍制度等特殊政策约束下的中国教育资本化效应更具多样性和复杂性。目前中国已在部分城市试点了学校合并、租购同权和多校划片等相关政策，但仅有极少数学者开始关注到中国教育均等化改革及其政策效果。学校合并可能会产生品牌效应并实现校际优势互补，有研究却发现这一作用只有在整合程度较高的情况下才会产生，且虽然合并普通小学的优质学区房价格下降，但被并入优质小学的学区房价格反而升高；落实租购同权政策有助于保障低收入者的权益，但相关研究表明，租购同权虽然弱化了教育资源分配与学区房的强关联，但也只会在普通学区产生降低房价和租金的积极影响，优质学区则不会受到明显冲击。

可见，学校合并和租购同权等教育均等化改革对教育资本化效应的改善有正向影响，但政策效果极其有限，主要源于这两项政策仅仅弱化教育资源与学区房所有权之间的强绑定关系，而没有真正将其打破。解决这一问题的突破口之一就在于打破房产与入学之间的确定性。当前对中国教育资本化效应，尤其是基础教育公共服务均等化改革效果进行深入研究的文献相对较少，对于打破教育资源与房屋所有权间强绑定关系的政策研究更为缺乏，多校划片政策的落实则为我们提供了研究机会。多校划片一方面打破了优质教育资源与学区房所有权之间的 "一对一" 强绑定关系，所构建的 "多对多" 弱绑定关系可能会逆转当前学区房价格自驱型上涨趋势，另一方面也释放了同一片区内家庭的教育选择和居住选择空间。本章研究了多校划片政策对基础教育公共服务均等化的影响，一方面补充了探索解绑教育资源与学区房联系的政策研究的空白，拓宽现有的教育资本化效应相关研究，另一方面更是丰富了基础教育公共服务均等化的实证研究，为进一步推广教育资源配置改革提供政策参考。

另外，少数研究对公立教育政策改革的政策效果做了进一步的思考，指出了公立教育政策改革可能会对不同家庭的公立学校选择行为产生差异性影响，也可能会影响家庭私立学校选择偏好，但均未做深入分析。此外，这些研究仍是聚焦于发达国家的家庭学校选择，经济快速发展、户籍政策限制等特定政策背景决定了现有研究不适用于中国等发展中国家的教育制度改革。我们以中国多校划片教育改革为背景，分析了公立教育改革对家庭公立学校选择的影响，并进一步分析了对家庭私立小学选择和租房行为产生的溢出效应。本章不仅扩宽了家庭学校选择的相关理论研究，也丰富了通过教育政策改革解决买房择校行为的实证研究。

6.3　多校划片政策背景介绍

6.3.1　多校划片政策实施背景

1986 年，中国《义务教育法》明确规定了适龄儿童在基础教育阶段拥有就近入学的基本权利。所谓 "就近入学" 就是按照地理位置，将适龄儿童分配到离家相对较近的公立小学，其初始目的是避免择校竞争，保障适龄儿童的受教育权。在教育改革初期，中国各大城市中每个学区房匹配唯一的公立小学，根据房产地理位置和户籍等，适龄儿童被分配至该小学就读。这在学校与其招生范围内的学区房所有权之间建立了"一对一"强绑定关系。在教育资源分布不均衡的情况下，单校划片政策不仅未促进教育公平，反而加剧了学区房竞争并强化了教育资本化效应。

为促进教育资源均衡发展，我国开始探索"多校划片"就近入学方式。多校划片政策指的是，划入同一片区的多所学校招生范围相同，适龄儿童的户籍所在地和房产所有权在该区域内即可选择其中一所学校报名，教育部门则采取顺位原则或随机摇号的方式进行教育资源的分配。相较于单校划片，多校划片旨在促进教育资源的均衡配置。具体地，图6-1进一步展示了单校划片和多校划片政策下的招生模式。在单校划片政策下，每个小区和学校之间是一对一强绑定关系，A~H小区的学区房分别对应一所小学。例如，拥有"小区A"学区房的家庭的适龄儿童只能就读于"学校1"。多校划片政策打破了学区房与小学之间的一对一强绑定关系，使得家庭择校具有更大的不确定性。在多校划片政策下，地理位置上邻近的多个小学划入同一片区，拥有该片区内学区房的家庭被随机分配至该片区内的各个小学。例如，"学校1"

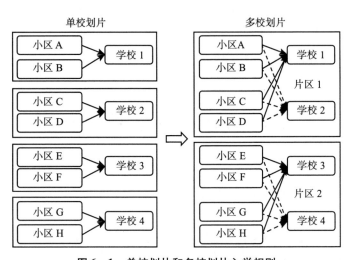

图6-1 单校划片和多校划片入学规则

和"学校 2"划入"片区 1",则拥有 A ~ D 小区学区房的所有家庭的适龄儿童拥有同样的机会就读于"学校 1"和"学校 2",但仍不能选择"片区 2"范围内的"学校 3"和"学校 4"。也就是说,中国现行的多校划片政策只能实现一定范围内教育资源随机分配。

中国的多校划片政策最初主要是为了解决"小升初"入学问题。2014 年 1 月,教育部在《关于进一步做好小学升入初中免试就近入学工作的实施意见》中提出,为每一所初中合理划定对口小学(单校划片)。对于城市老城区暂时难以实行单校划片的,可按照初中新生招生数和小学毕业生基本相当的原则为多所初中划定同一招生范围(多校划片)。优质初中要纳入多校划片范围。随后,教育部将工作聚焦于 19 个重点大城市①,在《教育部办公厅关于进一步做好重点大城市义务教育免试就近入学工作的通知》中要求,各重点大城市应制定完善进一步规范义务教育免试就近入学的方案。2015 年 3 月,教育部在《教育部办公厅关于做好 2015 年城市义务教育招生入学工作的通知》中规定,全面实行单校划片或多校划片,加快实现免试就近入学全覆盖。其中,就近入学压力较大的各重点大城市②(直辖市、计划单列市、副省级省会城市)所有县(市、区)要于 2015 年实现划片就近入学。100% 的小学实现划片就近入学,原则上每所小学全部生源由就近入学方式确定。90% 以上的初中实现划片入学,每所划片入学的初中 90% 以上生源由就近入学方式确定。进一步明确了就近入学是基础教育改革的基本方向。与此同时,该文件指出,各城市要在教育资源配置不均衡、择校冲动强烈的城区,推广热点小学、初中多校划片,合理确定片区范围,缓解"学区房"问题,各城市根据实际,可针对"幼升小""小升初"的入学问题展开多校划片实践。2022 年 3 月,教育部在《教育部办公厅关于进一步做好普通中小学招生入学工作的通知》中再次明确规定:"教育资源相对均衡的地方,鼓励逐步实行单校划片,合理稳定就学预期;教育资源不够均衡的地方,积极稳妥推进多校划片,

---

① 这 19 个重点大城市是指 4 个直辖市、5 个计划单列市、10 个副省级省会城市,具体包括北京、天津、上海、重庆、沈阳、大连、长春、哈尔滨、南京、杭州、宁波、厦门、济南、青岛、武汉、广州、深圳、成都、西安。

② 2015 年 3 月 31 日,教育部召开了 24 个大城市义务教育招生入学调研座谈会,将重点大城市范围扩展增加了郑州、福州、南昌、长沙、贵阳,共计 24 个城市。

并将热点学校分散划入相应片区，推进片区间优质教育资源大体均衡。"

6.3.2 北京市多校划片政策试点的实施情况

北京市的优质教育资源集中在六大主城区（海淀区、朝阳区、东城区、西城区、丰台区、石景山区），各个城区内的教育资源也尤为不均衡，成为导致教育资源供需矛盾的主要因素。以海淀区为例，优质小学教育资源相对集中分布在海淀区中部、东部和南部地区，普通小学教育资源则相对集中分布在海淀区北部地区。在优质小学集中的区域，教育资源需求更多，相应房价也处于较高水平，具体如图 6 - 2 和图 6 - 3 所示。

自 2017 年以来，北京市六大主城区陆续出台多校划片政策，如表 6 - 1 所示，朝阳区和丰台区于 2017 年开始实施，东城区于 2018 年起实施，海淀区和石景山区于 2019 年起实施，西城区于 2020 年起实施。

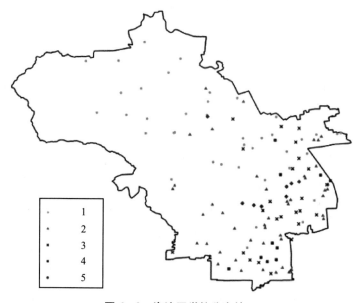

图 6 - 2　海淀区学校分布情况

注：5 代表北京市一流一类小学，4 代表北京市一流二类小学，3 代表北京市二流一类小学，2 代表北京市二流二类小学，1 代表其他小学。

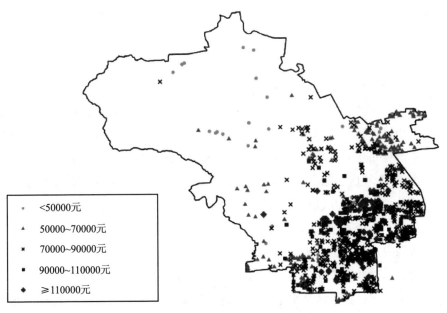

图6-3 海淀区房价分布情况

表6-1 北京市六大主城区政策颁布时间及政策实行时间

城区	政策颁布时间	政策实行时间
海淀	2018 年 4 月 28 日	2019 年 1 月 1 日
西城	2020 年 4 月 30 日	2020 年 7 月 31 日
东城	2018 年 4 月 30 日	2018 年 6 月 30 日
朝阳	2017 年 4 月 20 日	2017 年 6 月 30 日
丰台	2017 年 4 月 26 日	2017 年 9 月 1 日
石景山	2019 年 4 月 30 日	2019 年 9 月 1 日

资料来源：北京各城区义务教育入学政策。

多校划片政策旨在促进教育资均衡分配，为进一步了解片区间教育资源的分布情况，我们根据各区教育局官方网站和北京市幼升小网站披露的信息，整理统计了不同片区内各类公立小学的数量，如表6-2至表6-7所示。在此部分，各城区学校等级划分为两类，其中，海淀区、西城区、东城区和朝阳区的学校分为"一流一类""一流二类""二流一类""二流二类""普通小学"五个等级，学校质量依次降低；丰台区和石景山区的学校分为"一般重点小学""普通小学"两个等级。从公立小学的空间分布来看，教育资源分布十分不均衡。一方面，各区教育资源存在较大差距，"一流一类""一流二类"等顶尖小学主要集中于海淀区、西城区和东城区，而朝阳区、丰台区和石景山区的教育资源相对较弱；另一方面，即使在同一城区内，片区间的教育资源分布也并不均衡。以海淀区为例，多校划片政策实施后，海淀区被划分为17个片区，除个别片区只包含普通小学外，不同等级的教育资源相对均匀地分散在各个片区；然而，由于一流小学和二流小学相对集中地分布在中关村、八里庄和学院路等海淀区中部、东部和南部地区，普通小学相对集中分布在海淀区北部，划片后仍然表现出较为明显的片区间教育质量差异。从海淀区基础教育空间分布状态分析，多校划片确实有助于改善教育资源分布不均的状况，但无法从根本上改变这一现象，片区间的教育质量差异仍然存在，这有利于我们全面分析多校划片政策的真实效果。

表6-2　　　　　　　　　北京市海淀区学区划分情况

片区	学校等级				
	一流一类	一流二类	二流一类	二流二类	普通小学
紫竹院学区	0	0	3	4	4
中关村学区	3	0	1	2	2
羊坊店学区	0	1	1	4	3
海淀八里庄学区	1	1	0	2	5
学院路学区	0	1	1	3	5
西三旗学区	0	0	1	2	8
万寿路学区	0	1	2	3	3
永定路学区	0	0	0	2	5
上地学区	0	0	2	1	2
清河学区	0	0	1	0	6
青龙桥学区	0	0	0	1	10

续表

片区	学校等级				
	一流一类	一流二类	二流一类	二流二类	普通小学
花园路学区	0	0	1	3	4
海淀学区	1	0	1	2	1
北太平庄学区	0	0	1	1	9
上庄西北旺学区	0	0	0	4	5
四季青学区	0	0	0	3	10
温泉苏家坨学区	0	0	0	0	13

资料来源：根据北京市幼升小网站、海淀区教委官方网站公布的信息整理得出。

表 6-3 北京市西城区学区划分情况

片区	学校等级				
	一流一类	一流二类	二流一类	二流二类	普通小学
金融街学区	1	2	1	2	0
德胜学区	2	1	0	0	4
什刹海学区	0	0	1	4	3
月坛学区	2	1	2	0	0
陶然亭、白纸坊学区	0	0	1	1	4
展览路学区	0	0	4	0	3
广安门内、牛街学区	0	0	1	1	3
西长安街学区	0	0	3	0	2
广安门外学区	0	0	1	0	8
大栅栏、椿树、天桥学区	0	1	1	1	3
新街口学区	0	0	1	0	3

资料来源：根据北京市幼升小网站、西城区教委官方网站公布的信息整理得出。

表6-4 北京市东城区学区划分情况

片区	学校等级				
	一流一类	一流二类	二流一类	二流二类	普通小学
和平里学区	0	2	1	1	4
安定门－交道口学区	1	1	1	0	1
景山－东华门学区	1	0	2	1	5
北新桥－东直门学区	0	0	2	1	3
东四－朝阳门－建国门学区	1	1	0	1	4
东花市－崇文门－前门学区	0	0	1	1	2
龙潭－体育馆路学区	0	1	2	0	4
天坛－永定门外学区	0	1	1	0	8

资料来源：根据北京市幼升小网站、东城区教委官方网站公布的信息整理得出。

表6-5 北京市朝阳区学区划分情况

片区	学校等级				
	一流一类	一流二类	二流一类	二流二类	普通小学
望京学区	0	0	1	2	10
幸福村学区	0	0	1	1	11
和平街学区	0	0	1	0	8
定福庄学区	0	0	0	0	7
安贞学区	0	0	2	0	5
黑庄户学区	0	0	0	0	11
十八里店学区	0	0	0	0	16
东坝学区	0	0	2	0	15
劲松学区	0	0	0	1	2
八里庄学区	0	0	0	1	12
酒仙桥学区	0	0	0	0	8
呼家楼学区	0	0	1	1	7
管庄学区	0	0	0	0	10

续表

片区	学校等级				
	一流一类	一流二类	二流一类	二流二类	普通小学
崔各庄学区	0	0	0	0	12
垂杨柳学区	0	0	1	0	7

资料来源：根据北京市幼升小网站、朝阳区教委官方网站公布的信息整理得出。

表6-6 北京市丰台区学区划分情况

片区	学校等级	
	一般重点小学	普通小学
X01 片区	3	6
X02 片区	0	10
X03 片区	0	9
X04 片区	0	8
X05 片区	0	6
X06 片区	0	6
X07 片区	3	5
X08 片区	0	7
X09 片区	1	8
X10 片区	0	8
X11 片区	0	5
X12 片区	2	4

资料来源：根据北京市幼升小网站、丰台区教委官方网站公布的信息整理得出。

表6-7 北京市石景山区学区划分情况

片区	学校等级	
	一般重点小学	普通小学
东南部学区	3	6
中部学区	5	3

续表

片区	学校等级	
	一般重点小学	普通小学
北部学区	1	4
西部学区	1	10

资料来源：根据北京市幼升小网站、石景山区教委官网站公布的信息整理得出。

6.3.3 其他城市多校划片政策试点的实施情况

自北京市率先开展多校划片探索后，部分重点大城市也陆续采取了一定措施，如表6-8所示。部分重点大城市采取单校划片与多校划片相结合的方式，如成都市教育局在《关于做好2024年义务教育招生入学工作的通知》中规定："严格执行义务教育免试入学升学规定，公办中小学实行单校划片入学或与多校划片相结合的方式入学。"部分重点大城市仍执行单校划片政策，如沈阳市教育局在《关于印发2022年沈阳市普通中小学招生入学工作实施意见的通知》中规定："严格落实公办义务教育学校免试就近入学规定。继续执行'单校划片'政策。"

表6-8   部分重点大城市多校划片政策实施情况

城市	发布时间	政策文件	相关内容
北京市	2017.04	《北京市教育委员会关于2017年义务教育阶段入学工作的意见》	要继续坚持免试就近入学，与此同时，根据学位供给情况、监护人、房产、居住年限等因素，积极稳妥探索单校划片和多校划片相结合的入学方式
长春市	2023.04	《长春市2023年义务教育招生入学工作实施方案》	教育资源不够均衡的地方，积极稳妥推进多校划片，并将热点学校分散划入相应片区，推进片区间优质教育资源大体均衡
哈尔滨市	2023.05	《哈尔滨市教育局关于做好2023年义务教育阶段学校招生工作的通知》	教育资源不够均衡，热点校和大校额短期难以消除的区域，要继续"一区一策"实施符合本区、县（市）实际的招生方式，如学位锁定制、购房落户时间限制、多校划片、积分制入学等招生方式，要依法制定和完善统筹入学细则，促进学位供需平衡

续表

城市	发布时间	政策文件	相关内容
宁波市	2023.05	《关于做好 2023 年义务教育阶段学校招生入学工作的指导意见》	鼓励有条件的区域探索实行大学区制或多校联合划片招生，推进片区内优质教育资源大体均衡
重庆市	2018.10	《重庆市教育委员会关于做好 2018 年义务教育招生入学工作的通知》	人口密集、学位紧张、择校冲动强烈的城区初中，可采取多校划片，如随机摇号、电脑派位等群众接受的方式进行招生
南京市	2019.04	《南京市教育局关于做好 2019 年义务教育阶段招生入学工作的通知》	教育资源不够均衡的区，稳妥实施多校划片，采取随机派位方式入学
厦门市	2023.03	《厦门市教育局关于印发厦门市 2023 年秋季小学招生工作意见的通知》《市教育局关于做好 2023 年义务教育阶段新生入学招生工作的通知》	公办小学实行划片招生，优先招收片区内本市户籍适龄儿童。积极稳妥推进多校划片招生改革
武汉市	2023.04	《市教育局关于做好 2023 年义务教育阶段新生入学招生工作的通知》	继续坚持以单校划片为主要方式，落实相对就近入学要求；根据实际情况，确有需要的地方，可试点探索多校划片的方式
深圳市（福田区）	2023.06	《福田区 2023 年义务教育阶段公办学校招生问答》	福田区大部分公办学校为单校划片，但部分区域由于学位供需矛盾紧张、公办学校布局不均等因素，会出现某些区域为两校或多校的共享、分享学区
西安市	2023.06	《西安市教育局关于做好 2023 年义务教育招生入学工作的通知》	按照"学校划片招生、生源就近入学"的目标要求，实施单校划片，根据适龄学生人数、学校分布和规模、行政区划、交通状况等因素，为每所公办义务教育学校科学合理划定学区范围，确保义务教育免试就近入学政策全覆盖。教育资源不够均衡的区域，慎重稳妥实行多校划片
福州市	2023.06	《福州市教育局关于做好 2023 年全市义务教育学校招生工作的通知》	在教育资源配置相对均衡的地方，继续完善公办学校单校划片入学政策。鼓励有条件的县（市、区）稳妥推进多校划片招生改革试点
成都市	2024.03	《成都市教育局关于做好 2024 年义务教育招生入学工作的通知》	坚持免试入学。严格执行义务教育免试入学升学规定，公办中小学实行单校划片入学或与多校划片相结合的方式入学

6.4 教育资源配置与基础教育公共服务均等化的理论模型

艾弗里和帕塔克（2021）基于家庭的教育选择，构建学区房市场竞争模型，研究了教育资源配置改革对子女入学的影响机理。本章做出如下扩展：第一，基于中国家庭教育现状，引入家庭收入特征对家庭教育投资行为的影响；第二，在就近入学原则下，进一步设定了单校划片和多校划片的教育资源配置模式，分析不同政策下学区房竞争性市场供求的均衡解，探讨其对基础教育公共服务均等化的影响。为简化模型，本章假设户籍因素和私立学校不影响家庭教育选择，即学区内全部家庭的户籍条件均满足入学所需①。

6.4.1 不同教育资源分配模式与学区房竞争性市场均衡

自 2006 年义务教育推行以来，就近入学原则下的单校划片政策将房屋所有权和教育资源之间搭建起"一对一"强绑定关系。多校划片政策则具有两点差异：（1）打破了原有的教育资源配置模式，将教育资源与房屋所有权之间的"一对一"强绑定关系转为"多对多"弱绑定关系；（2）入学方式由"固定入学"变为片区内"随机入学"，即学区房的教育确定性被打破。教育资源配置模式的不同会影响到家庭效用最大化的教育投资行为，进一步影响学区房竞争性价格和学区房市场供求均衡。

6.4.1.1 家庭效用最大化的教育投资行为

长期以来，中国家庭对子女的发展高度重视，希望通过教育来实现阶层跨越。单校划片政策下，购买优质学校的对口学区房成为家庭将子女送入优质学校就读的入场券。代表性家庭效用最大化的教育投资行为要受到家庭教

---

① 若放松户籍限制假设，争夺优质教育资源的家庭数量会进一步放大，表现为对优质学区房需求量的扩大，导致学区房价格进一步上升。

育支出能力的限制：

$$u_i = m_i + \theta_{ij} + \omega(x_i, y_j) - c(p_j) - g(m_i) \qquad (6-1)$$

$$\text{s. t. 1} \; f(m_i) + g(m_i) \leqslant m_i \qquad (6-2)$$

$$\text{s. t. 2} \; c(p_j) \leqslant f(m_i) \qquad (6-3)$$

式（6-1）为代表性家庭 i 的效用函数，式（6-2）为家庭 i 教育支出能力对家庭教育投资行为的预算约束，式（6-3）为家庭 i 公立教育投资能力对家庭学区房购买行为的预算约束。其中，m_i 为家庭收入中用于教育支出的部分，$g(m_i)$ 则指家庭为其子女争夺额外优质教育资源的投资支出，$f(m_i)$ 表示家庭公立学校教育投资能力。$\theta_{ij} = \theta > 0$，表示家庭 i 在学校 j 就近入学能够带来的特有好处。如果该家庭选择其他学校，则必须承担非必要的额外支出（例如通行成本），此时 $\theta_{ij} = 0$。$c(p_j)$ 表示家庭购买 j 校学区房后每期必须支付的贷款支出，式（6-3）则表明学区房贷款支出不能超过家庭的公立教育投资能力 $f(m_i)$。

$\omega(x_i, y_j)$ 表示学生发展质量的效用函数，由子女能力 x_i 和学校质量 y_j 所决定。中国家庭通常都偏好于选择优质学校，且子女发展越好、学校质量越高，家庭 i 所能够获得的效用越大，因此 $\omega(x_i, y_j)$ 满足边际效用递增原理，即 $\dfrac{\partial \omega(x_i, y_j)}{\partial x_i} > 0$、$\dfrac{\partial \omega(x_i, y_j)}{\partial y_j} > 0$。此外，家庭可通过增加教育投资，利用教育培训来提高子女能力。因此不考虑个人天赋的差异，子女能力 x_i 可抽象化为关于家庭教育支出的函数，即 $x_i = x(f(m_i), g(m_i))$。在单校划片政策下，家庭对学校质量 y_j 的评价依据是学校声誉和生源质量。由于学校声誉（包含师资力量和基础设施等软硬件设备）是非当期所能改变的变量，故生源质量 X_j（$X_j = \dfrac{1}{n} \sum\limits_{i=1}^{n} x_i$）才是短期改变学校质量 y_j 的决定性因素，即 $y_j = y(X_j)$ 且 $\dfrac{\partial y_j}{\partial X_j} > 0$。家庭收入越高，越有能力通过增加教育投资来提升子女能力 $\left(\dfrac{\partial x_i}{\partial m_i} > 0 \right)$，也更容易选择优质学校就读 $\left(\dfrac{\partial y_j}{\partial m_i} = \dfrac{\partial y_j}{\partial X_j} \dfrac{\partial X_j}{\partial x_i} \dfrac{\partial x_i}{\partial m_i} > 0 \right)$。而家庭间的收入不平等会造成教育资源配置的两极分化，最终带来教育资源分配的不平等现象。

高收入家庭增加教育投资能够获得更高的教育回报率（Epple and Romano，2003），因此本章假设高收入家庭更倾向于增加教育投资，并选择优质公立小学，这会给高收入家庭带来更大的效用，即存在常数 $\kappa_1 > 0$，使得 $\dfrac{\partial^2 w(x_i, y_j)}{\partial m_i \partial x_i} > \kappa_1$；存在常数 $\kappa_2 > 0$，使得 $\dfrac{\partial^2 w(x_i, y_j)}{\partial m_i \partial y_j} > \kappa_2$。

在"望子成龙"的教育观念下，高收入家庭的优质学校偏好会强化其家庭教育投资行为，最终带来公立小学分配结果的不平等。在就近入学的分配规则下，学校与房屋所有权的绑定关系决定了高收入家庭对邻近优质学校的学区房需求更大，高收入家庭买房择校的行为特征更明显，因此家庭的学校选择偏好也资本化表现为优质学校对口学区房价格不断上升。

6.4.1.2 学区房竞争性价格

家庭效用最大化的教育投资行为进一步影响到学区房竞争性价格的形成。单校划片政策下，教育资源与房屋所有权"一对一"的强绑定关系决定了家庭对优质学校对口的学区房需求更大，并资本化表现为房价。当教育资源供给不变时，需求因素才是学区房价格的决定因素。单校划片时，如果家庭 i 拥有与学校 j 所匹配的学区房，家庭 i 所在学区内的其他学校就处于一个竞争性市场。若家庭 i 想要获得学校 $k(k \neq j)$ 的入学资格，需要支付竞争性价格 $p(y_k)$。由于学校质量的决定性因素是生源质量，学区房的竞争性价格可表示为 $p(y) = p(y(x))$，子女发展质量的效用函数 $\omega(x, y)$ 也可表示为 $\omega(y(x), x)$。

单校划片政策下，受家庭教育投资行为影响的学区房竞争性价格设置如下：家庭每期需支付的房贷支出是竞争性市场房屋价格 $p(y)$ 的函数，即 $c(p(y)) = \displaystyle\int^y \frac{\partial \omega(y(z), z)}{\partial y} dz$，$z \in [0, f(m)]$，即家庭会依据其收入承受能力来选择与之相匹配的学校。

不同于单校划片政策，多校划片改革后家庭对片区教育质量的评判依据不只局限于一所学校，因此使得家庭效用最大化的最优教育投资也发生改变，进一步影响到学区房竞争性价格。如果家庭 i 在 l 片区拥有学区房，J 为 l 片区 j 所学校所组成的集合，家庭会被随机分配到片区 l 内任意学校 $j(j \in J)$ 就读。片区 l 的教育质量可用区内学校平均质量表示，即 $Y_l = Y(y) = \dfrac{1}{J} \cdot \sum\limits_{j=1}^{J} y_j$，且 $\dfrac{\partial Y_l}{\partial y} > 0$。片区 l 外的所有学区房均处在一个竞争性市场，家庭 i 可以用竞争性价格获得在片区 $q(q \neq l)$ 内多所学校 K 中任意一所学校 k 的入学资格（$k \in K$ 且 $k \neq j$）。

在教育资源分布均衡的区域，单校划片政策可以实现基础教育公共服务的均等化，但现实中绝大多数地区的教育资源分布不均衡，优质教育资源非常稀缺。单校划片政策下，学校质量 y 会被完全资本化为学区房价格 $p(y)$，优质小学对口学区房的竞争性价格持续高溢价，造成了严重的教育资源分配不公。而多校划片政策用教育资源与房屋所有权的"多对多"弱绑定关系替代了原有的强绑定关系，家庭会依据片区内不同学校教育质量的平均值来锚定片区的教育质量，并通过均值定价规则对片区内所有学区房进行定价，这在一定程度上弱化了原有的教育资本化效应，消除了片区内的学区房溢价，相对降低了优质教育资源的获取成本，让片区内相对低收入家庭也能获取优质教育资源，促进了基础教育公共服务均等化。据此提出本章的假说1。

假说1：实施多校划片政策有利于缓解学区房价格非理性上涨，促进了基础教育公共服务均等化，即 $p(Y) < p(y)$。

多校划片政策下，家庭以片区平均教育质量来重新定义学区房对口学校的教育质量，较片区平均教育质量高的优质学校对口的学区房价格 $p(y^H)$ 必然下降，较片区平均教育质量低的普通学校对口的学区房价格 $p(y^L)$ 必然上升。依据教育资本化效应，可进一步推断，学区房对口学校质量的被动变化幅度将决定学区房价格的调整幅度。据此提出本章的假说2。

假说2：实施多校划片政策会产生"削尖填谷"效应。若学区房对口的原学校教育质量高于片区平均教育质量（$y^H > Y$），则学区房价格将相对下降（$p(Y) < p(y^H)$）；若学区房对口的原学校教育质量低于片区平均教育质量（$y^L < Y$），则学区房价格将相对上升（$p(Y) > p(y^L)$）。多校划片政策实施所带来的学区房价格调整幅度与对口学校教育质量较平均水平的变化幅度呈正相关。

多校划片政策使家庭教育资源获取具有"盲盒"属性，教育资源的获取具有不确定性，当片区间平均教育质量相同时，家庭会优先选择进入优质学校概率较大的片区。学区房竞争性价格变为 $p(Y) = p(\delta \cdot Y(y)) = p(\delta \cdot Y(y(x)))$，$\delta$ 为片区内优质学校占比，且有 $\frac{\partial p(\delta \cdot Y(y))}{\partial \delta} > 0$。多校划片政策下，学区房竞争性价格变化如下：多校划片政策下家庭每期需支付的房贷支出是竞争性市场房屋价格 $p(Y)$ 的函数，即 $c(p(\delta \cdot Y(y))) = \int_0^Y \delta \frac{\partial v(Y(z), z)}{\partial Y} dz$，$z \in [0, f(m)]$，家庭会依据其收入承受能力来选择与之相匹配的片区。

而对于处在学区房竞争性市场上，选择其他任意一所学校 $k(k \neq j)$ 就读的家庭，其效用函数与教育支出约束如下：

$$\pi(x) = \omega(x, x) + m - c(p(y)) - g(m) \tag{6-4}$$

$$\text{s. t. 1 } f(m) + g(m) \leqslant m \tag{6-5}$$

$$\text{s. t. 2 } c(p(y)) \leqslant f(m) \tag{6-6}$$

对于这类家庭而言，虽然仅需支付新购房屋的住房成本，但无法享有就近入学的好处 θ，而其家庭教育投资行为仍然要受到家庭教育支出的限制。

6.4.1.3 学区房竞争性均衡与学区房定价原则

我们规定学区房市场满足市场出清条件：对口 j 校的学区房供给量 S_j，一定能够满足原生家庭[①] s_j^i 的住房需求量，即 $S_j \geqslant s_j^i$；对于非原生家庭[②]而言，房屋需求量 s^o 大于供给量，即 $s^o > S_j$。市场出清假设符合中国当前学区房供需状况，便于同时分析对口 j 校学区房供给量与原生家庭住房需求量均衡时的状况，以及竞争性市场的总体学区房供需状况。

进一步可得到单校划片和多校划片政策下的学区房竞争性市场供求均衡：同一学区内的 D 所学校被外生划分为 L 个片区（$1 \leqslant L \leqslant D$），每个片区拥有 J 所不同质量的学校（$1 \leqslant J \leqslant D$），与其匹配的学区房也被划分到 L 个片区，学

---

① 原生家庭指原本就在 j 校学区房居住家庭。
② 非原生家庭指原本不在 j 校学区房居住的其他家庭。

区房的实际价格可表示为 p_1，p_2，$\cdots$，p_L；所有学生均等分布在各个片区，每个片区内的原生家庭均是单独的集合，分别为 T_1，T_2，$\cdots$，T_L，对应有 L 种住房需求 s_{T_1}，s_{T_2}，$\cdots$，s_{T_L}。J 所学校的质量分别为 y_1，y_2，$\cdots$，y_J，L 种片区的教育质量分别为 Y_1，Y_2，$\cdots$，Y_L。家庭效用最大化的入学选择会影响到学区房市场供求均衡，且满足个人理性约束、激励相容约束和学区房定价原则。

（1）个人理性约束保证家庭在选择是否就近入学时，会综合考虑收入承受能力和就近入学的额外效用。对于每个选择在原片区 $l(l \in \{1, 2, \cdots, L\})$ 就读的学生 $x \in T_l$，效用函数满足 $\theta + \omega(x, Y_l) + m - c(p_l) - g(m) \geq \pi(x)$。即当 $\theta_l + \omega(x, Y_l) - c(f(m)) \geq \omega(x, Y(y)) - c(p(\delta \cdot Y(y)))$ 成立时，家庭会在原片区 l 就读。

（2）激励相容约束确保家庭会选择最匹配的片区。对于每个选择在原片区 $l(l \in \{1, 2, \cdots, L\})$ 就读的学生 $x \in T_l$，存在 $q(q \in \{1, 2, \cdots, Q\}$ 且 $q \neq l)$，使得 $\omega(x, Y_l) - c(p_l) \geq \omega(x, Y_q) - c(p_q)$。

（3）学区房定价原则决定了学区房的实际价格。对于片区 $l(l \in \{1, 2, \cdots, L\})$ 的学区房，若 $s_{T_l}^i < S_l$，则 $p_l = p(Y_l)$；若 $s_{T_l}^i = S_l$，则 $p_l \geq p(Y_l)$。当原生家庭的住房需求小于房屋供给时，片区 l 内学区房的实际价格 p_l 等于竞争性价格 $p(Y_l)$；当原生家庭的住房需求等于住房供给时，竞争性市场的学区房供不应求，其他家庭均无法买到该学区房，此时学区房的实际价格 p_l 会被抬升，大于其竞争性价格 $p(Y_l)$。

而这种学区房市场供求均衡的设置包含了三种教育资源配置模式。一是单校划片模式：当 $L = D$ 且 $J = 1$ 时，每个片区只包含一所学校，即我国的单校划片政策。二是多校划片模式：当 $1 < L < D$ 且 $1 < J < D$ 时，每个片区内有数量不等的多所学校，呈现出"大学区、小片区"的分配模式，即我国现行多校划片政策。三是大学区模式：当 $L = 1$ 且 $J = D$ 时，学区即为片区，相当于大学区完全随机入学的配置模式。

在单校划片政策下，教育资源分布的均衡性决定了学区房溢价的存在与否。当教育资源分布均衡，即 $y_1 = y_2 = \cdots = y_D$ 时，单校划片政策不会造成学区房价格差异。然而，当教育资源分布不均衡时，优质教育资源的稀缺性决定了对口学校的学区房呈现供不应求状态，富裕家庭的教育选择偏好将进一步强化学区房定价原则，资本化表现为优质教育资源对口学区房的高溢价。当经济增长带来富裕家庭数量增加时，家庭教育投资与学校质量间的正向增强回路被触发，学区房的价格将呈现自驱型上涨状态。

实施多校划片政策后，多校划片政策让家庭的教育资源获取呈现"盲盒"特性，片区内的学区房溢价消失。家庭会基于片区内所有学校的平均质量对学区房进行均值定价，即有 $p(y^L) \leqslant p(Y) \leqslant p(y^H)$，在一定程度上弱化了原有的教育资本化效应。其中 y^L 是片区内最差的学校质量，y^H 为片区内最好的学校质量。

对比单校划片规则和多校划片改革后的学区房竞争性价格变化可知，多校划片改革扩大了家庭的学校选择空间，家庭有机会在片区内任意一所学校就读，这在一定程度上弱化了中国学区房市场的教育资本化效应，消除了片区内的学区房溢价，片区内所有家庭拥有同等概率 δ 进入优质学校就读。此时，对于片区内低收入家庭而言，进入优质学校的概率将实现明显的提升（$\delta_{single} < \delta_{multi}$）。据此提出本章的假说3。

假说3：实施多校划片政策有利于扩大家庭进入优质学校就读的机会，实现了家庭福利的实质性改善。相较而言，普通家庭获益更多。

然而，不同片区的平均教育质量和优质学校占比存在差异。依据家庭教育选择偏好可知，家庭会对不同片区进行差异化定价，不同片区的平均教育质量和优质学校占比的高低是学区房溢价的新来源。不同片区 l 和 q 的平均教育质量存在差异时，如果 $Y_l > Y_q$，教育资本化效应决定了学区房的竞争性价格将满足 $p(Y_l) > p(Y_q)$。不同片区 l 和 q 的平均教育质量满足 $Y_l = Y_q$ 时，若 l 片区的优质学校占比大于 q 片区，意味着家庭在 l 片区被分配到优质学校的概率大于在 q 片区的概率（即 $\delta_l > \delta_q$），学区房的竞争性价格也将满足 $p(Y_l) > p(Y_q)$。

家庭对优质教育的偏好决定了家庭仍然会对片区间的教育资源分配不均衡特性重新定价，片区间的学区房溢价仍然存在。现行的教育资源配置改革只能削弱教育资源分配不均的现象。进一步提出本章的假说4。

假说4：多校划片政策实施后，片区间的学区房溢价仍然存在。当不同片区教育质量相同时（$Y_l = Y_q$），片区 l 优质学校占比高意味着家庭被分配到优质学校的概率较大（$\delta_l > \delta_q$），该片区学区房价格相对更高（$p(Y_l) > p(Y_q)$）。

6.4.2 家庭私立小学选择行为

中国的私立小学招生规则具有两大特征，一是家庭若选择在私立小学就读，不需要购买学区房，但需要承担高价学费成本；二是相对公立小学而言，中国私立小学数量仍然较少，分布较为分散，且并不在市中心开设，出于交通成本和通勤时间考虑，家庭在选择优质私立小学后，通常会在学校附近租房。因此，私立小学附近的租房市场供求状况和租金定价原则同样能在一定程度上反映中国家庭的私立小学选择偏好。

若家庭 i 选择私立小学就读，其效用函数如下：

$$u_i^{pri} = \theta + m_i + v(x_i, y^{pri}) - c^{pri} \tag{6-7}$$

其中，y^{pri} 代表私立小学质量，c^{pri} 代表私立小学入学成本，$c^{pri} = p_r^{pri} + g(y^{pri})$。其中，$g(y^{pri})$ 表示私立小学学费成本，p_r^{pri} 表示私立小学附近租房成本。租金成本 p_r^{pri} 同样是关于私立小学质量 y^{pri} 的函数，即 $p_r^{pri} = h(y^{pri}) + a$，$a$ 表示影响房屋租金的其他因素。私立小学入学成本 c^{pri} 与家庭教育投资 $f(m_i)$ 间存在强约束关系，只有当 $f(m_i) \geq c^{pri}$ 时，学生才能够选择私立小学就读。对于望子成龙的家庭来说，家庭收入越高，越愿意承担高昂的私立小学教育投资费用，家庭能够获得的效用越大。

多校划片改革后"随即入学"的分配规则使得家庭的学校选择结果具有随机性，部分家庭为保证获得优质教育资源的确定性，会将私立小学作为一个选择项，并综合考虑家庭收入、学生发展所带来的效用和家庭需要承担的费用，选择最优的学校：

$$\omega = \max_y(u_i, u_i^{pri}) \tag{6-8}$$

$$\text{s. t.} f(m_i) \geq c^{pri} \tag{6-9}$$

当 $u_i > u_i^{pri}$，即 $v(x_i, \delta Y_l) - c(p_l) > v(x_i, y^{pri}) - c^{pri}$ 时，家庭选择公立小学的效用大于选择私立小学的效用，此时家庭仍然会在公立小学就读；当

$u_i < u_i^{pri}$，即 $v(x_i, \delta Y_l) - c(p_l) < v(x_i, y^{pri}) - p_r^{pri} - g(y^{pri})$ 时，家庭会选择私立小学就读。

此外，多校划片改革后，家庭进入公立小学的不确定性越大，越倾向于选择私立小学就读。家庭选择私立小学或公立小学所产生的效用差异为 $\Delta\omega = u_i^{pri} - u_i$，即 $\Delta\omega = v(x_i, y^{pri}) - c^{pri} - v(x_i, \delta Y_l) + c(p_l)$，我们有 $\frac{\partial\Delta\omega}{\partial\delta} = -\frac{\partial v(x_i, \delta Y_l)}{\partial\delta} < 0$。该式表明，家庭选择公立小学的成本 $c(p_l)$ 不变时，家庭进入优质公立小学的确定性 δ 越小，选择私立小学或公立小学所产生的效用差异 $\Delta\omega$ 越大。进入优质公立小学的确定性下降，会使得学生发展所带来的效用 $v(x_i, \delta Y_l)$ 下降。因此多校划片改革将挤出部分原先倾向于选择公立小学的家庭，促使其选择私立小学。

由于私立小学数量相对较少，且通常在城市周边分布，家庭通常会在私立小学附近租房以减少通勤成本，因此这种学校选择行为的变化将进一步影响私立学校附近的租房市场供求均衡。租金能够较好地反映租房市场的供求状况，因此私立小学附近租金可表示为 $p_r^{pri} = f(d_1, s_1)$，d_1 和 s_1 分别代表租房市场的房屋需求和供给。当租房供给量不变时，$\frac{\partial p_r^{pri}}{\partial d_1} > 0$。多校划片改革后，租房需求量 d_1 将会受到家庭能够进入优质公立小学的确定性 δ 的影响，即 $d_1 = f(\delta, \overline{z_1})$，$\overline{z_1}$ 代表影响租房需求量的其他因素。我们有 $\frac{\partial d_1}{\partial\delta} < 0$，表明家庭能够进入优质公立小学的确定性 δ 越小，家庭越倾向于选择私立小学就读，这使得私立小学的租房需求量越大。而私立小学的租房供给量 s_1 在短期内通常不会发生较大变化。当租房供给量不变时，我们有 $\frac{\partial p_r^{pri}}{\partial\delta} = \frac{\partial p_r^{pri}}{\partial d_1}\frac{\partial d_1}{\partial\delta} < 0$。该式表明，家庭能够进入优质公立小学的确定性 δ 越小，家庭越倾向于选择私立小学，这使得私立小学附近的租金越大。在"望子成龙"的家庭教育观下，家庭为尽可能降低不确定性所造成的效用损失，会更倾向于选择优质私立小学就读，因此家庭对优质私立小学附近房屋的租房需求量 d_1^H 远大于普通私立小学 d_1^L，这会进一步增加优质私立小学附近的房租上涨程度。

假说 5：多校划片改革后，部分家庭为保证获得优质的教育资源会选择私立学校，表现为私立小学附近房租 p_r^{pri} 上涨。相较于普通私立小学，优质私立小学周围的租房需求量更大（$d_1^H > d_1^L$），使得优质私立小学附近房租上涨程度更大（$p_{r,H}^{pri} > p_{r,L}^{pri}$）。

6.4.3　模型拓展：公立小学周围租房市场供求变化

多校划片改革后，学校选择结果的不确定性也会进一步影响到家庭公立小学选择的择校成本。虽然多校划片改革仍然遵循"就近入学"的基本原则，但家庭被随即分配到片区内任意一所学校后，其房产所在地极有可能与学校所在地相距较远，极大程度上增加了学生的通勤时间成本，使家庭无法享受就近入学的特有好处。部分家庭为减少分配结果不确定性所带来的通勤时间成本，有可能会选择在公立小学附近租房，因此多校划片改革也会改变公立小学周围租房市场供求状况。

多校划片改革后，若家庭 i 被分配到学校 j 后选择租房，其效用函数发生如下变化：

$$u_i^{pub} = \theta(\tau) + m_i + v(x_i, \delta Y_l) - c(p_l) - p_r^{pub} \qquad (6-10)$$

其中，$\theta(\tau)$ 表示租房后距离更近时就近入学的特有好处，τ 代表家庭居住地与公立小学之间的距离，且 $\theta(\tau) > \theta$。我们有 $\dfrac{\partial \theta(\tau)}{\partial \tau} < 0$，表明居住地与学校之间距离越近，就近入学的特有好处越大。p_r^{pub} 表示在公立小学附近租房的成本，是关于公立小学质量 y^{pri} 的函数，即 $p_r^{pub} = h(y^{pub}) + b$，$b$ 表示影响房屋租金的其他因素。家庭对公立小学的投资同样与家庭教育投资 $f(m_i)$ 间存在强约束关系，只有当 $f(m_i) \geqslant c(p_l) + p_r^{pub}$ 时，家庭才有能力在公立小学附近租房。

家庭为了尽可能缩小居住地与学校所在地之间的距离，享受就近入学的特有好处，会综合考虑学校与居住地间的距离、家庭收入、学生发展效用、租房成本和购买学区房的成本，选择最优的上学方式：

$$\omega = \max_y (u_i, u_i^{pub}) \qquad (6-11)$$

$$\text{s. t. } f(m_i) \geqslant c(p_l) + p_r^{pub} \qquad (6-12)$$

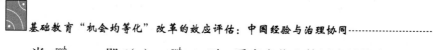

当 $u_i^{pub} < u_i$，即 $\theta(\tau) - p_r^{pub} < \theta$ 时，受家庭收入等因素的综合影响，租房所带来的效用较小，因此家庭在选择公立小学后不会在附近租房；当 $u_i^{pub} > u_i$，即 $\theta(\tau) - p_r^{pub} > \theta$ 时，租房后就近入学的额外效用较大，家庭会选择在公立小学附近租房。

在中国"望子成龙"的文化背景下，增加教育投资能够给家庭带来很大的边际回报率，就近入学的好处较大（Han et al.，2021）。多校划片改革可能会加大居住地和学校所在地之间的距离，使得家庭无法再享受就近入学的优势。为降低远距离上学的通勤成本，有能力的家庭会选择在公立小学附近租房。

这会进一步影响公立小学附近的租房市场供求均衡，其可表示为 $p_r^{pub} = f(d_2, s_2)$，d_2 和 s_2 分别代表公立小学租房市场的需求和供给。当供给量不变时，$\dfrac{\partial p_r^{pub}}{\partial d_2} > 0$。多校划片改革后，租房需求量 d_2 将会受到家庭居住地与学校之间距离 τ 的影响，即 $d_2 = f(\tau, \overline{z_2})$，$\overline{z_2}$ 为其他影响因素。我们有 $\dfrac{\partial d_2}{\partial \tau} < 0$，表明居住地与学校的距离越小，公立小学的租房需求量越大。而租房供给量 s_2 同样在短期内不会发生较大变化。当租房供给量不变时，我们有 $\dfrac{\partial p_r^{pub}}{\partial \tau} = \dfrac{\partial p_r^{pub}}{\partial d_2}\dfrac{\partial d_2}{\partial \tau} < 0$。该式表明，家庭居住地与学校所在地距离越小，公立小学的租房需求量越大，租金越高。在中国的教育背景下，高收入家庭通过教育投资获得的边际回报率更高，因此在多校划片后，相较于普通家庭，高收入家庭不仅会选择平均教育质量较高的片区，也会更倾向于选择在公立小学周围租房，降低通勤成本。因此优质片区内公立小学附近房屋的租房需求量 d_2^H 将大于普通公立小学 d_2^L，这会进一步增加优质片区内的房租上涨程度。

假说 6：多校划片改革改变了家庭居住地和学校所在地间的距离，部分家庭会选择在公立小学附近租房，促使公立小学附近房租 p_r^{pub} 上涨。相较于普通片区，优质片区的租房需求量更大（$\Delta_2^H > \Delta_2^L$），使得优质片区的房租上涨程度更大（$p_{r,H}^{pub} > p_{r,L}^{pub}$）。

6.5 实证设计与识别策略

6.5.1 变量选择和数据来源

本章所使用的数据包括某房地产经纪公司交易平台公布的二手房交易数据和学校招生信息两部分。我们收集了海淀区和西城区 2017 年 1 月 ~ 2020 年 4 月的二手房成交数据，每条交易数据包含成交单价、房屋特征（建筑面积、装修、室、厅、梯、电梯、朝向、楼层、房龄）等信息（见表 6 – 9）。为了保证实证结果的准确性，本章对样本数据做了如下处理：（1）对房价、建筑面积等连续变量分别在 1% 和 99% 的水平上进行缩尾处理；（2）剔除变量缺失值；（3）剔除政策前后存在样本缺失的小区。最终保留了海淀区 621 个小区的 21971 条成交记录，以及西城区 595 个小区的 14328 条成交记录，共 36299 条成交记录。描述性统计结果见表 6 – 10 和表 6 – 11。

学校招生信息涵盖了公立小学和私立小学历年的招生信息。公立学校招生信息则根据各小学公布的招生简章以及"幼升小①"等媒体渠道公布的信息整理所成，再基于"小区名称"将学校招生信息与二手房交易数据进行匹配。在公立学校教育质量的评估上，虽然北京市自 2000 年起取消公布对小学的官方排名，但原始学校排名持续影响了主流媒体和北京市家长对小学的评定。沿用邵磊等（2020）和张勋（2021）的做法，在广泛浏览主流媒体并访谈几位小学校长后，我们整理得到一份由主流媒体公布，且家长普遍接受的非官方版小学排名。该排名主要从生源质量、师资力量、教育资源、学校环境及硬件设施、学校教育要求五个维度，将海淀区全部小学由高到低分为一流一类、一流二类、二流一类、二流二类和普通小学。参考邵磊等（2020）和张勋（2021）的研究，我们根据这一排名对海淀区全部小学由高到低依次赋予 5 ~ 1 分。单校划片政策下，学区房的教育评分量化表现为唯一对口小学

---

① 北京市幼升小网站，http：//www.ysxiao.cn。

评分，多校划片政策下家庭会将同一片区的学校视作整体，故学区房的教育评分用片区内所有学校评分的均值来表示。私立小学招生信息根据"幼升小"等主流媒体整理得出，并采用地理地址解析的方法计算房屋与学校之间的距离，基于此划定私立小学周围租房市场影响覆盖范围。

表6-9 变量说明

变量名称	变量符号	变量构造
单价	ln*Price*	成交单价的对数
租金	ln*Rent*	月租金的自然对数
优质学校入学机会	*Chance*（方式1）	政策前，一流小学对口学区房的 *Chance* 取值为1，否则取值为0；政策后，*Chance* 表示学区房所在片区内一流小学占比
	Chance（方式2）	政策前，一流小学或二流小学对口学区房的 *Chance* 取值为1，否则取值为0；政策后，*Chance* 表示学区房所在片区内一流小学和二流小学占比
学校质量	*Quality*	学校质量评分根据"一流一类、一流二类、二流一类、二流二类和普通小学"，由高到低依次赋予5~1分
建筑面积	ln*area*	成交面积的对数
装修	*decoration*	装修分为毛坯、简装和精装，分别取值为1、2、3
室	*room*	房间数量
厅	*sitting_room*	客厅数量
梯	*stairway*	所在楼层楼梯口数量
电梯	*lift*	有电梯取值为1，无电梯取值为0
朝向	*orientation*	朝向的基本类型有7类：西或西北、北、东北、东或西南、东南、南、南北，这7类朝向分别赋值1~7，多个朝向则计算累计得分
房龄	*age*	成交年份与建成年份之差
楼层	*floor*	楼层的基本分类有5类：地下室、底层、低楼层、中楼层或顶层、高楼层，这5类楼层分别赋值1~5
地铁	*subway*	"是否具备交通优势"变量。根据经纬度生成小区与最近地铁站的距离。距离过长，出行不便；距离过短，则会受到噪声影响。故设计距离为500~1000米时具备交通优势，取值为1，否则为0

表6-10   描述性统计（购房市场）

变量	全样本			处理组（海淀区）			对照组（西城区）		
	均值	方差	样本量	均值	方差	样本量	均值	方差	样本量
$\ln Price$	11.402	0.241	36299	11.304	0.215	21971	11.553	0.197	14328
$Chance$（定义1）	0.230	0.382	36299	0.155	0.282	21971	0.344	0.475	14328
$Chance$（定义2）	0.732	0.374	36299	0.730	0.323	21971	0.736	0.441	14328
$Quality$	2.602	1.342	36299	2.415	1.316	21971	2.889	1.331	14328
$\ln area$	4.248	0.377	36299	4.314	0.388	21971	4.146	0.335	14328
$decoration$	2.175	0.766	36299	2.242	0.756	21971	2.071	0.771	14328
$room$	2.037	0.735	36299	2.108	0.734	21971	1.928	0.724	14328
$sitting\_room$	1.079	0.389	36299	1.127	0.419	21971	1.004	0.326	14328
$stairway$	1.525	0.739	36299	1.471	0.697	21971	1.609	0.792	14328
$lift$	0.513	0.500	36299	0.527	0.499	21971	0.492	0.500	14328
$orientation$	6.217	2.337	36299	6.414	2.274	21971	5.914	2.400	14328
age	23.520	9.843	36299	21.985	8.996	21971	25.873	10.593	14328
$floor$	3.806	0.886	36299	3.819	0.867	21971	3.786	0.914	14328
$subway$	0.457	0.498	36299	0.403	0.490	21971	0.541	0.498	14328

表6-11   描述性统计（租房市场）

变量	私立小学租房市场			公立小学租房市场		
	均值	标准差	均值	均值	标准差	均值
$\ln Rent$	4.5137	0.3549	88735	4.7059	0.2360	48021
$\ln area$	4.2839	0.3787	88735	4.1894	0.3575	48021
$decoration$	1.9490	0.9987	88735	1.9021	0.9952	48021
$room$	1.8516	0.7262	88735	1.8150	0.7044	48021
$sitting\_room$	0.9951	0.4637	88735	0.9924	0.3897	48021
$stairway$	1.6976	0.8965	88735	1.5588	0.8525	48021

变量	私立小学租房市场			公立小学租房市场		
	均值	标准差	均值	均值	标准差	均值
lift	0.6631	0.4726	88735	0.5633	0.4960	48021
orientation	5.9642	2.2567	88735	5.9140	2.2369	48021
age	17.9007	9.3234	88735	22.6932	9.5512	48021
floor	4.0530	0.8125	88735	4.0516	0.8352	48021
subway	0.2963	0.4566	88735	0.1447	0.3519	48021

6.5.2　识别策略

6.5.2.1　多校划片政策的基础教育公共服务均等化效应评估

为验证本章的假说1，即多校划片有助于缓解学区房价格非理性上涨，推动基础教育公共服务均等化，本章采用双重差分法进行估计。为了消除时间和小区个体的差异，本章在双重差分模型中同时控制了时间和小区固定效应。模型设计如下：

$$\ln Price_{cit} = \alpha_1 + \beta_1 \cdot treat_i \cdot post_t + \zeta_1 \cdot X_{ci} + \lambda_c + \gamma_t + \varepsilon_{cit} \qquad (6-13)$$

式（6-13）中，因变量 $\ln Price_{cit}$ 表示小区 c 的学区房 i 在 t 期成交单价的自然对数。$treat_i$ 是分组虚拟变量，当该学区房处于海淀区则取值为1，否则取值为0。$post_t$ 是时间虚拟变量，属于政策颁布后的成交样本取值为1，否则取值为0。$treat_i \cdot post_t$ 的估计系数 β_1 则反映了多校划片政策对房价的调节作用。X_{ci} 为一系列控制变量。λ_c 和 γ_t 分别表示小区固定效应和时间固定效应，ε_{cit} 表示扰动项。回归估计均使用了小区层面的聚类稳健标准误。

6.5.2.2　多校划片政策的"削尖填谷"效应评估

本章设计三重差分模型验证假说2，即多校划片政策下，均值定价原则会对同一片区内的学区房价格产生"削尖填谷"效应，若划片后学校教育质量相对"下降"，该学校原对应学区房价格也相对下降；若学校教育质量相对"上升",则对应学区房价格相对上升。① 学校教育质量是三重差分模型中的第 3 个分组维度。

本章用多校划片前后学区房所对应的学校评分相对变化情况来衡量学校教育质量的变化。多校划片后,海淀区全部学区房可分为"评分下降、评分上升和评分基本不变"② 三类。当学校评分变化幅度超过 1 时,教育质量会跨入相邻等级③,故本章将学校评分变化幅度大于 0.6 的学区房样本设置为"评分下降(或上升)组",小于或等于 0.6 的样本为"评分基本不变组"。稳健性检验中分别将该界定阈值替换为 0.7 和 1 进行验证。此外,多校划片政策对学区房房价的影响会受到原对口学校教育质量等级的干扰,因此,本章基于原学校教育质量等级进行分别回归来估计这一干扰效应。对于原二流小学和普通小学对口学区房,"评分基本不变组"的界定阈值同样设置为0.6;对于原一流小学对口学区房,其学校评分变化的最小幅度为 0.778,故将界定阈值设置为 0.8(见表 6 – 12)。

三重差分模型设计如下:

$$\ln Price_{cijt} = \alpha_2 + \beta_2 \cdot treat_i \cdot post_t \cdot grade_j + \zeta_2 \cdot X_{cit} + \lambda_{dt} + \gamma_{dj} + \omega_{jt} + \delta_c + \varepsilon_{citj}$$

$$(6 - 14)$$

式(6 – 14)中,$grade_j$ 表示学校 j 教育质量是否发生变化的虚拟变量,分为学校评分是否下降($grade\_down_j$)和学校评分是否上升($grade\_up_j$)。在验证"削尖"效应时,若多校划片后学校评分下降则取值为 1,基本不变则取值为 0;在验证"填谷"效应时,若多校划片后学校评分上升则取值为 1,学校评分基本不变同样取值为 0。$treat_i \cdot post_t \cdot grade_j$ 的估计系数 β_2 衡量了教育质量变化后,多校划片对学区房溢价的异质性影响。根据三重差分模型的要求,进一步控制城区 – 时间固定效应、城区 – 学校等级固定效应以及时间 – 学校等级固定效应。另外,δ_c 表示小区固定效应,用于控制不随时间

① 需要注意的是,多校划片只是"稀释"了优质教育资源,并不会改变学校自身的教育质量。随机分配原则下,学校评分是学区房所在片区内全部小学评分的均值。学校教育质量"下降"或"上升"则指相较于单校划片下的单一学校质量,多校划片后片区平均教育质量的变化情况。下文的学校教育质量"下降"或上升"均与此含义相同。

② 由于多校划片在全区范围展开,评分完全不变的学校个数极少。

③ 例如学校会由二流二类跨入二流一类。

变化的个体因素。为克服异方差和序列相关性问题，我们使用了小区 – 时间层面的稳健标准误。

表 6 –12　　　　　　　　　按学校评分变化分组①的描述性统计

原始学校等级	学校评分变化趋势	教育质量发生变化的界定阈值	海淀区学区房按学校评分变化分组			
			样本量	均值	最小值	最大值
全样本	评分下降	±0.6（±0.7/±1）	7501	– 1.287	– 2.400	– 0.600
	基本不变		8169	0.133	– 0.600	0.600
	评分上升		6301	1.119	0.625	2.222
一流小学	评分下降	±0.8	4263	– 1.629	– 2.400	– 1.143
	基本不变		36	– 0.778	– 0.778	– 0.778
二流小学	评分下降	±0.6	3202	– 0.837	– 1.300	– 0.600
	基本不变		6172	0.056	– 0.600	0.600
	评分上升		1958	1.093	0.625	1.857
普通小学	基本不变	±0.6	1997	0.368	0.000	0.400
	评分上升		4343	1.131	0.700	2.222

6.5.2.3　多校划片政策对家庭优质学校入学机会的影响评估

本章采用双重差分模型验证假说 3，即多校划片政策有利于扩大家庭进入优质学校就读的机会，实质性改善家庭的入学福利。我们以进入优质学校的概率来衡量优质学校入学机会，并考虑了将"一流小学"或"一流小学和二流小学"视为优质小学的两种情景。单校划片时，若学区房的对口小学为优质小学，则进入优质小学的概率为 1，反之为 0；多校划片后，进入优质小学的概率即为片区内优质小学占比。

模型设计如下：

$$Chance_{cit} = \alpha_3 + \beta_3 \cdot treat_i \cdot post_t + \zeta_3 \cdot X_{ci} + \lambda_c + \gamma_t + \varepsilon_{cit} \qquad (6 - 15)$$

---

① 一流小学的教育质量最优，多校划片后其教育质量不变或下降；普通小学的教育质量最差，多校划片后其教育质量不变或上升。

式（6-15）中，因变量$Chance_{cit}$表示小区c的学区房i在t期进入优质学校概率。其他变量含义与模型（6-13）一致。为进一步考察多校划片政策对不同收入家庭的影响，本章将原一流小学对应样本的产权所有者视为富裕家庭，二流小学和普通小学对应样本的产权所有者视为普通家庭，分别检验多校划片政策对富裕家庭和普通家庭优质学校入学机会的影响。

6.5.2.4 多校划片政策对不同片区学区房溢价的影响评估

本章假说4提出，落实多校划片后，片区间学区房价格差异仍然存在。一方面，多校划片政策使得学校间的教育质量差异转化为片区间教育质量差异，并未彻底消除教育资源的空间分布不均；另一方面，多校划片政策下，家庭更加偏好优质小学占比高的片区，也会导致学区房价格的差异。故本章根据各片区优质小学占比情况计算了不同片区内家庭被随机分配到优质小学的概率，并将样本划分为"小概率组"和"大概率组"，检验家庭教育选择偏好对片区间学区房价格的异质性影响。从家庭教育选择的角度来考虑，优质小学同样是相对概念。对于原先只能在普通小学就读的家庭，优质小学为一流小学和二流小学，且只有划片后在优质小学就读的概率极高时，家庭才会将原普通小学对口学区房视作优质小学对口学区房，故原普通小学学区房的概率分组标准设置为80%；对于原先能在二流小学或一流小学就读的家庭，优质小学均为一流小学，由于其原始教育质量相对较高，质量更高的教育资源更为稀缺，故设置原一流小学和二流小学学区房的概率分组标准为30%。

本章同样使用三重差分模型分别对"大概率组"和"小概率组"进行检验。系数β_4的含义是在考虑了家庭教育选择偏好的情况和原学校等级下，多校划片对不同等级学区房溢价的影响。具体模型如下所示：

$$\ln Price_{cijt} = \alpha_4 + \beta_4 \cdot treat_i \cdot post_t \cdot prob_j + \zeta_4 \cdot X_{ci} + \lambda_{dt} + \gamma_{dj} + \omega_{jt} + \delta_c + \varepsilon_{citj}$$

$$(6-16)$$

其他变量含义与模型（6-13）一致。

6.5.2.5 多校划片政策对家庭私立小学选择偏好的溢出效应评估

本章假说5提出多校划片改革后，部分高收入家庭会不满足于片区教育质量，退出公立小学选择体系，改选私立小学就读。这会导致私立小学附近房租上涨，且优质私立小学附近房租的上涨幅度更大。北京市私立小学的招生规则并未规定家庭必须拥有对口学区房，因此家庭可选择北京全市范围内任意一所私立小学。故在考察多校划片改革对家庭私立小学选择行为的影响时，本章以北京市为研究对象，检验多校划片改革对私立小学附近房租的影响。在衡量优质私立小学时，我们根据北京市教育局网站以及主流媒体发布的相关信息，将私立小学根据质量高低分为 5 个等级，并分别赋值 1 ~ 5 分，其中 3 ~ 5 分为优质私立小学，1 ~ 2 为普通私立小学。双重差分模型设计具体如下：

$$\ln Rent_{cit} = \alpha_5 + \beta_5 \cdot diatance_i \cdot post_t + \zeta_5 \cdot X_{ci} + \lambda_c + \gamma_t + \varepsilon_{cit} \qquad (6-17)$$

式（6 – 17）中，被解释变量 $Rent_{it}$ 表示 i 小区在 t 期房租单价的自然对数，$diatance_i$ 表示分组虚拟变量。我们认为距离私立小学较近的租房市场会受到多校划片政策的冲击，故将私立小学 300 米以内的小区设置为处理组，300 ~ 2000 米的小区设置为对照组。若小区位于私立学校 300 米以内则取值为 1，若小区位于私立小学 300 ~ 2000 米则取值为 0。$post_t$ 表示政策实行时间虚拟变量。在确定政策冲击时间时，租房是家庭"择校"的事后选择行为，当家庭确定最终就读学校之后，才会做出是否租房的决策。因此，多校划片改革后，租房市场的反应通常慢于二手房交易市场。故我们在验证多校划片改革对私立小学以及公立小学附近租房市场的影响时，以 January 1，2019 作为政策冲击时间。若租房行为发生在政策实行之后，则取值为 0。系数 β_5 反映了多校划片改革后私立小学附近房租的变化情况。其他变量含义与模型（6 – 13）基本一致。

6.5.2.6 多校划片政策对公立小学附近租房市场的溢出效应评估

本章采用双重差分法验证假说 6，即多校划片改革改变了家庭居住地与学校的距离，部分家庭会选择在公立小学附近租房，导致公立小学附近的房租趋于上涨。首先，本章采用模型（6 – 18）检验多校划片改革后公立小学附近房租的变化情况。

$$\ln Rent_{cit} = \alpha_6 + \beta_6 \cdot diatance_i \cdot post_t + \zeta_6 \cdot X_{ci} + \lambda_c + \gamma_t + \varepsilon_{cit} \quad (6-18)$$

类似于模型（6-17），$diatance_i$ 表示分组虚拟变量，若小区处于公立小学 300 米以内，则取值为 1，否则取值为 0。其他变量含义与模型（6-13）基本一致。其次，本章分别检验优质片区和普通片区内多校划片改革对房租的影响，片区教育质量较高的 50% 样本划为优质片区，片区教育质量较低的 50% 样本划为普通片区。

6.6 实证结果与分析

6.6.1 多校划片政策对基础教育公共服务均等化的影响

6.6.1.1 基准回归

本章首先检验了多校划片是否能缓解学区房价格非理性上涨，降低家庭教育资源获取成本，估计结果如表 6-13 所示。表 6-13 列（1）只控制了时间和小区固定效应，核心解释变量的估计系数在 1% 的水平上显著为负；列（2）进一步加入了房屋特征等一系列控制变量，估计系数同样在 1% 的水平上显著为负。可见，多校划片政策的实施使得海淀区的平均房价相对下降了约 4.5%，这意味着落实多校划片政策确实有利于缓解房价非理性上涨。多校划片后，家庭会依据片区平均教育质量对学区房价格均值定价，在一定程度上降低了家庭入学成本，有利于促进基础教育公共服务均等化。综上，本章的假说 1 得以验证。

表 6-13　　　　　　　多校划片政策对教育均等化的影响

因变量	(1)	(2)
	ln*Price*	ln*Price*
treat × *post*	-0.044 *** (0.003)	-0.045 *** (0.003)
ln*area*		-0.266 *** (0.020)

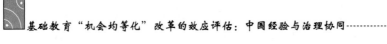
续表

因变量	(1)	(2)
	lnPrice	lnPrice
decoration		0.005 *** (0.001)
room		0.037 *** (0.005)
sitting_room		0.028 *** (0.007)
stairway		− 0.024 *** (0.006)
lift		0.021 *** (0.006)
orientation		0.008 *** (0.000)
age		− 0.003 *** (0.000)
floor		0.011 *** (0.002)
subway		0.010 (0.014)
小区固定效应	是	是
时间固定效应	是	是
Constant	11.200 *** (0.005)	12.141 *** (0.065)
Observations	35808	35808
R^2	0.852	0.884

注：*、** 及 *** 分别表示在 10%、5% 及 1% 的水平下显著，小括号中的数值为标准误，下表同。

6.6.1.2 稳健性检验

我们采用以下9种方法检验上述实证结果。

（1）平行趋势检验。图6-4展示了上述回归结果的平行趋势。在多校划片改革颁布前（April 28），海淀区和西城区的房价变化趋势不存在显著差异，在改革颁布之后，海淀区学区房价格走势相较于西城区而言显著下降，表明多校划片改革确实对海淀区家庭的买房择校行为存在显著的影响。结果满足平行趋势假定。

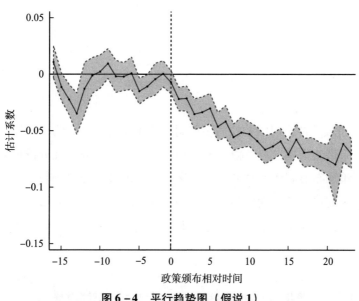

图6-4 平行趋势图（假说1）

（2）安慰剂检验。为了排除上述结果具有偶然性，本章借鉴彭飞等（2020）的做法进行安慰剂检验，采用随机生成"处理组"的方式进行500次蒙特卡洛模拟，结果如图6-5所示。核心解释变量 $treat \times post$ 的估计系数服从均值接近于0的正态分布，明显区别于虚线表示的真实估计系数 -0.045。这说明多校划片有助于缓解学区房价格上涨的结论并非偶然得到。

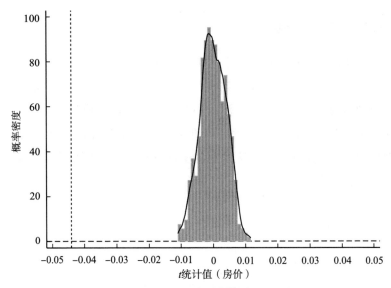

图 6 – 5　安慰剂检验

（3）将政策冲击时间替换为多校划片政策实行时间。为了排除预期效应对估计结果产生干扰，参考帕克等（2020）的做法，我们在基准回归中以多校划片政策颁布时间作为政策冲击。进一步将政策冲击时间替换为多校划片政策实行时间进行稳健性检验，结果如表 6 – 14 所示。核心解释变量 $treat \times post$ 的估计系数仍然显著为负且进一步加大，表明多校划片的政策效果具有稳健性。

表 6 – 14　　　　将政策冲击时间替换为政策实行时间的稳健性检验

因变量	（1）	（2）
	lnPrice	lnPrice
$treat \times post$	– 0. 048 *** (0. 003)	– 0. 048 *** (0. 003)
控制变量	否	是
小区固定效应	是	是
时间固定效应	是	是

续表

因变量	(1)	(2)
	lnPrice	lnPrice
Constant	11. 199 *** (0. 005)	12. 126 *** (0. 062)
Observations	37722	37722
R^2	0. 855	0. 887

（4）收入群体异质性的影响。上述研究表明，多校划片有利于缓解学区房价格上涨，促进教育均等化。但由于海淀区内部房价差异颇大，不同收入群体之间的购房行为也可能存在差异，故本章结合购房家庭的收入特征，分析多校划片在不同收入群体中的政策效应。我们用成交总价衡量家庭的收入水平，将成交总价最低的30%房屋购买群体视为低收入群体，成交总价最高的30%房屋购买群体视为高收入群体，中间40%房屋购买群体视为中等收入群体，并利用模型（6 - 13）进行检验，结果如表6 - 15所示。对于不同收入群体，多校划片对学区房溢价均会产生显著的抑制作用，且随着家庭收入水平提高，学区房价格下降程度增加。原因在于优质教育资源稀缺，故优质学区房在竞争性住房市场上具有"奢侈品"属性，需求弹性相对较大。落实多校划片后，即使支付高昂的住房成本也有可能被随机分配到普通小学。作为理性经济人，富裕家庭的投资意愿显著下降，结果导致学区房价格更大程度的下降。

表 6 - 15　　　　　　　　收入结构分组的稳健性检验

因变量	低收入组	中收入组	高收入组
	(1)	(2)	(3)
	lnPrice	lnPrice	lnPrice
treat × post	- 0. 030 *** (0. 004)	- 0. 035 *** (0. 004)	- 0. 041 *** (0. 005)
控制变量	是	是	是

续表

因变量	低收入组	中收入组	高收入组
	（1）	（2）	（3）
	ln*Price*	ln*Price*	ln*Price*
小区固定效应	是	是	是
时间固定效应	是	是	是
Constant	12.969*** (0.103)	13.190*** (0.054)	12.457*** (0.101)
Observations	10808	14592	10899
R^2	0.884	0.940	0.898

（5）多校划片政策对"老破小"房价的影响。家庭购房并非只为获得教育这一公共品，商圈、医院、公园、治安等因素都有可能导致本章得出的基准结论有偏。从小区以上属性来看，新房或者面积大的房屋舒适度高，能够更多地满足家庭的其他购房需求。与之相比，"老破小"的房子能够更多地反映家庭的教育投资需求。故本章将样本限定为房龄大于20年并且建筑面积在60平方米以下的房源，并进行再次回归。结果如表6-16所示。

表6-16　　　　　　　　多校划片对"老破小"房价的影响

因变量	（1）	（2）
	ln*Price*	ln*Price*
treat × *post*	-0.043*** (0.005)	-0.042*** (0.004)
控制变量	否	是
小区固定效应	是	是
时间固定效应	是	是
Constant	11.208*** (0.009)	12.642*** (0.076)

因变量	(1)	(2)
	lnPrice	lnPrice
Observations	10530	10530
R^2	0.870	0.900

（6）将因变量替换为挂牌单价和房价增长率。在实际生活中，家庭在进行住房选择时也会关注挂牌价格，且挂牌价与成交价之间可能会存在一定差异，这可能会导致本章得出的基准结论存在偏差。本章将因变量替换为挂牌单价来检验基准结论的稳健。此外，为了更清晰地反映政策前后海淀区房价变动趋势，本章设计"房价增长率"这一指标检验多校划片政策对海淀区学区房价格走势的影响。房价增长率的计算公式为 $price_{rate} = (price_i - \overline{price})/\overline{price}$，其中 $price_{rate}$ 表示房价增长率，$price_i$ 表示 i 学区房的成交价格，$\overline{price}$ 表示的是学区房 i 所在小区政策公布前成交样本的均价。估计结果如表 6 – 17 所示，与基准回归结果基本一致，结论依然稳健。

表 6 –17　　　　　　　　替换被解释变量的稳健性检验

因变量	(1)	(2)	(3)	(4)
	ln 挂牌价	ln 挂牌价	房价增长率	房价增长率
$treat \times post$	- 0.043 ***	- 0.042 ***	- 0.045 ***	- 0.046 ***
	(0.004)	(0.003)	(0.003)	(0.003)
控制变量	否	是	否	是
小区固定效应	是	是	是	是
时间固定效应	是	是	是	是
Constant	11.218 ***	12.074 ***	0.038 ***	0.982 ***
	(0.005)	(0.065)	(0.005)	(0.062)
Observations	35370	35370	35808	35808
R^2	0.778	0.804	0.235	0.401

（7）调整西城区样本。多校划片政策可能会导致部分选择海淀区住房的家庭转移至西城区。这一人口迁移源于政策的溢出效应，故我们对西城区的样本进行调整以避免选择性偏误。一方面，多校划片政策使得海淀区内家庭的教育选择具有不确定性，部分家庭会选择西城区以获得确定性的优质教育；另一方面，居住地选择会受到父母工作地点的影响，一些家庭可能更加偏好西城区与海淀区交界附近的房子，故我们剔除了西城区内优质公立小学附近的房子以及与海淀区交界附近的房子。表 6－18 显示核心解释变量 $district \times post$ 的系数仍然是显著为负的。

表6－18　　　　　　　　　　调整西城区样本

因变量	（1）	（2）
	ln$Price$	ln$Price$
$district \times post$	－ 0. 0396 *** （0. 0038）	－ 0. 0407 *** （0. 0036）
控制变量	否	是
月份固定效应	是	是
小区固定效应	是	是
样本量	28242	28242
R^2	0. 831	0. 865

（8）考虑了初中因素对估计结果的影响。家庭对初中的选择受限于房屋产权所在地和就读小学，这意味着家庭的住房选择也会受到初中因素的影响。因此，我们引入了反映初中教育质量的变量"初中教育质量"。我们将初中教育质量划分为 5 个等级并依次赋值 1~5 分。表 6－19 的结果表明，核心解释变量的估计结果与基准回归结果一致。此外"初中教育重量"的系数显著为正，表明家庭更加偏好于能够进入优质初中的学区房。

表 6 – 19　　　　　　　　　　消除初中因素的干扰

因变量	H1	H2	
	(1)	(2)	(3)
	ln*Price*	ln*Price*	ln*Price*
district · post	– 0. 0436 *** (0. 0033)		
Score_down · post		– 0. 0110 * (0. 0061)	
Score_up · post			0. 0121 ** (0. 0051)
初中教育质量	0. 0094 * (0. 0049)	0. 0085 * (0. 0049)	0. 0124 *** (0. 0048)
控制变量	是	是	是
月份固定效应	是	是	是
小区固定效应	是	是	是
样本量	32700	15041	14647
R^2	0. 881	0. 861	0. 843

(9) 采用广义双重差分的方法，引入学区房教育评分变化的连续变量。在基准回归中，我们根据评分变化程度设置了评分变化虚拟变量，分组门槛值可能会导致估计结果有偏，故我们采用广义双重差分方法进行稳健性检验，模型如式 (6 – 19) 所示。

$$\ln Price_{cit} = \alpha_7 + \beta_7 \cdot trend_i \cdot post_t + \zeta_7 \cdot X_{ci} + \lambda_c + \gamma_t + \varepsilon_{cit} \qquad (6 – 19)$$

式 (6 – 19) 中，变量 *trend* 是学校评分变化绝对值，反映了学校评分变化程度；其他变量含义与模型 (6 – 13) 基本一致。表 6 – 20 的列 (1) 检验学校评分下降对房价的影响，核心解释变量 *trend × post* 的估计系数显著为负，表明学校评分下降程度越大，房价下降幅度越大。表 6 – 20 的列 (2) 检验学校评分上升对房价的影响，核心解释变量 *trend × post* 的估计系数为 0. 0089，且在 5% 的水平上显著，表明学校评分上升程度越大，房价上升幅度也越大。

表 6 – 20　　　将反映学区房教育评分变化的变量替换为连续变量 "*trend*"

因变量	评分下降	评分上升
	（1）	（2）
	lnPrice	lnPrice
trend × *post*	− 0. 0186 *** (0. 0040)	0. 0089 ** (0. 0042)
控制变量	是	是
月份固定效应	是	是
小区固定效应	是	是
样本量	10086	11774
R^2	0. 879	0. 824

6.6.2　多校划片政策的"削尖填谷"效应

6.6.2.1　基准回归

为验证本章的假说 2，即多校划片后，均值定价原则对同一片区内的学区房价格产生了"削尖填谷"效应，本章利用三重差分模型（6 – 14）进行估计，结果如表 6 – 21 所示。表 6 – 21 列（1）考察了多校划片的"削尖"效应，其核心解释变量的估计系数在 5% 的水平上显著为负，表明学校教育质量"下降"会对学区房价格产生抑制作用。列（2）考察了多校划片的"填谷"效应，其核心解释变量的估计系数在 5% 的水平上显著为正，表明学校教育质量"上升"会推动学区房价格上涨。估计结果显示，多校划片这一教育资源配置改革推动了片区内教育质量的均等化，同一片区内学区房的价格逐渐趋于中间水平。原始教育质量高于片区平均水平的学区房价格相对下降了 0.9%，增加了收入相对较低的家庭获得优质教育资源的机会；但同时，原始教育质量低于片区平均水平的学区房价格却相对上涨了 0.8%。本章假说 2 得以验证。

表 6－21 多校划片的"削尖填谷"效应

因变量	评分下降	评分上升
	(1)	(2)
	lnPrice	lnPrice
treat × post × grade_down	−0.009 ** (0.004)	
treat × post × grade_up		0.008 ** (0.004)
lnarea	−0.274 *** (0.006)	−0.253 *** (0.006)
decoration	0.005 *** (0.001)	0.004 *** (0.001)
room	0.037 *** (0.002)	0.035 *** (0.002)
sitting_room	0.028 *** (0.002)	0.033 *** (0.003)
stairway	−0.018 *** (0.002)	−0.018 *** (0.002)
lift	0.018 *** (0.003)	0.018 *** (0.003)
orientation	0.008 *** (0.000)	0.008 *** (0.000)
age	−0.003 *** (0.000)	−0.003 *** (0.000)
floor	0.013 *** (0.001)	0.012 *** (0.001)
subway	0.017 * (0.009)	0.002 (0.008)
城区 × 时间固定效应	是	是
城区 × 学校等级固定效应	是	是

续表

因变量	评分下降	评分上升
	（1）	（2）
	lnPrice	lnPrice
时间×学校等级固定效应	是	是
小区固定效应	是	是
Constant	12.181 *** （0.041）	12.179 *** （0.029）
Observations	29998	28798
R^2	0.891	0.887

多校划片政策落实后，教育质量变化情况对原始教育质量不同的学区房价格产生了异质性影响，结果如表6-22所示。其中，列（1）和列（2）分别考察了对于原一流小学和二流小学对口学区房，多校划片后教育质量"下降"的影响。我们发现，核心解释变量的估计系数均显著为负，表明教育质量"下降"对不同等级的学区房价格均产生了抑制作用，进一步证实了多校划片的"削尖"效应。此外，相较于原二流小学学区房，落实多校划片使原一流小学学区房价格的下降程度更大，表明多校划片政策有利于为中等收入群体提供更多获取优质教育资源的机会。

列（3）和列（4）分别考察了对于原二流小学和普通小学对口学区房，教育质量"上升"的影响。对于原二流小学学区房，估计系数显著为正，教育质量"上升"对学区房价格产生了显著的促进作用；对于原普通小学学区房，教育质量"上升"对学区房价格有促进作用，但在统计上并不显著。我们认为可能的原因是：家庭更关注实际教育质量，即多校划片政策效应与家庭的实际受益程度相关。一方面，教育资源发生不同程度的变化对家庭实际效用的影响不同，教育质量"上升"幅度越大，家庭实际效用越大；教育质量"下降"幅度越大，家庭效用损失越严重。另一方面，如本章假说4所提，家庭更加偏好优质小学占比高的片区，因为哪怕片区平均教育质量上升，但家庭进入优质小学的概率非常低，家庭也不会为此买单。鉴于这些因素都会对学区房价格产生异质性影响，本章在后续回归中对此进行一一验证。

表6-22　　　　　　　　不同等级学区房的"削尖填谷"效应

因变量	一流小学	二流小学		普通小学
	评分下降	评分下降	评分上升	评分上升
	(1)	(2)	(3)	(4)
	lnPrice	lnPrice	lnPrice	lnPrice
$treat \times post \times grade\_down$	-0.052** (0.024)	-0.012*** (0.004)		
$treat \times post \times grade\_up$			0.010** (0.005)	0.005 (0.006)
控制变量	是	是	是	是
城区×时间固定效应	是	是	是	是
城区×学校等级固定效应	是	是	是	是
时间×学校等级固定效应	是	是	是	是
小区固定效应	是	是	是	是
Constant	12.406*** (0.069)	12.091*** (0.052)	11.959*** (0.061)	12.122*** (0.035)
Observations	9234	15308	14064	9799
R^2	0.847	0.876	0.841	0.880

表6-23报告了学校教育质量变化程度对多校划片政策效果的异质性影响。列（1）～列（4）考察了学校教育质量发生不同程度"下降"对学区房价格的异质性影响。结果表明，若学校教育质量大幅"下降"，原一流小学和二流小学学区房价格分别显著下降7.2%和3.4%；若学校教育质量只是小幅"下降"，原一流小学学区房价格变化不显著，原二流小学学区房价格只下降了0.9%，多校划片的"削尖"效应相对较弱。类似的，列（5）～列（8）考察了学校教育质量发生不同程度"上升"对学区房溢价的异质性影响。若学校教

育质量大幅"上升"，学区房价格显著上涨；若学校教育质量小幅"上升"，对学区房价格的影响不显著。

表 6 - 23　　　　　　　　教育质量变化程度对"削尖填谷"效应的影响

因变量	一流小学		二流小学				普通小学	
	评分下降		评分下降		评分上升		评分上升	
	小幅下降	大幅下降	小幅下降	大幅下降	小幅上升	大幅上升	小幅上升	大幅上升
	(1)	(2)	(3)	(4)	(5)	(6)	(7)	(8)
	ln*Price*	ln*Price*	ln*Price*	ln*Price*	ln*Price*	ln*Price*	ln*Price*	ln*Price*
$treat \times post \times$ $grade\_down$	-0.035 (0.026)	-0.072 *** (0.023)	-0.009 * (0.005)	-0.034 *** (0.008)				
$treat \times post \times$ $grade\_up$					0.001 (0.006)	0.026 *** (0.007)	0.005 (0.006)	0.181 * (0.093)
控制变量	是	是	是	是	是	是	是	是
城区×时间 固定效应	是	是	是	是	是	是	是	是
城区×学校等 级固定效应	是	是	是	是	是	是	是	是
时间×学校等 级固定效应	是	是	是	是	是	是	是	是
小区固定效应	是	是	是	是	是	是	是	是
Constant	12.807 *** (0.074)	12.211 *** (0.069)	12.107 *** (0.048)	12.131 *** (0.072)	11.958 *** (0.062)	12.016 *** (0.076)	12.117 *** (0.036)	12.474 *** (0.044)
Observations	7268	6937	14476	12938	13387	12783	9143	6112
R^2	0.836	0.869	0.875	0.854	0.845	0.842	0.888	0.905

6.6.2.2　稳健性检验

在验证多校划片的"削尖填谷"效应时，我们将教育质量是否发生变化的阈值设定为0.6。为避免估计结果有偏,本章通过在一定范围内变换阈值检验结果的稳健性。表6-24为分别选取0.7和1作为阈值的估计结果,与基准结果基本一致。随着阈值提高,学区房价格的变化程度逐步增加,这也意味着处理组样本平均受到的冲击程度越大,政策效果越明显。

表6-24 替换阈值的稳健性检验

因变量	界定阈值替换为0.7		界定阈值替换为1	
	评分下降	评分上升	评分下降	评分上升
	(1)	(2)	(3)	(4)
	lnPrice	lnPrice	lnPrice	lnPrice
$treat \times post \times grade\_down$	-0.021 *** (0.006)		-0.024 *** (0.007)	
$treat \times post \times grade\_up$		0.011 ** (0.004)		0.016 *** (0.005)
控制变量	是	是	是	是
城区×时间固定效应	是	是	是	是
城区×学校等级固定效应	是	是	是	是
时间×学校等级固定效应	是	是	是	是
小区固定效应	是	是	是	是
Constant	12.202 *** (0.043)	12.145 *** (0.027)	12.189 *** (0.045)	12.144 *** (0.027)
Observations	31036	30164	32772	31204
R^2	0.890	0.892	0.892	0.893

6.6.3 多校划片政策对家庭优质学校入学机会的影响

为检验本章的假说3,即多校划片政策是否有利于扩大家庭进入优质学校的机会,实质性改善家庭福利,本章采用双重差分模型(6-15)进行估计,结果如表6-25所示。表6-25的列(1)和列(4)分别考察了两种优质学校衡量方式下，多校划片政策对家庭优质学校入学机会的影响。结果表明，多校划片政策后，全样本家庭进入"一流小学"的机会显著下降；进入"一流和二流小学"的机会上升，但在统计意义上并不显著。我们认为这可能是由"一流小学"个数较少和样本家庭异质性所导致的，因此进一步检验了多校划片政策对普通家庭和富裕家庭的影响。表6-25的列（2）和列（5）展示了多校划片政策对普通家庭入学机会的影响，核心解释变量 treat × post 的估计系数均显著为正；列（3）和列（6）分别展示了多校划片政策对富裕家庭入学机会的影响，treat × post 的估计系数均显著为负。以上结果表明，多校划片政策对不同家庭优质学校入学机会的影响确实存在结构性差异，降低了富裕家庭进入优质学校的可能性，但显著提升了大多普通家庭优质教育资源的入学机会。可见，多校划片政策不仅有利于降低优质教育资源的获取成本，也能够显著提升家庭（尤其是普通家庭）的入学机会，对于促进社会教育公平具有重要意义。本章假说3得以验证。

表6-25 多校划片对家庭入学机会的影响

因变量	进入一流小学的机会			进入一流和二流小学的机会		
	全样本	普通家庭	富裕家庭	全样本	普通家庭	富裕家庭
	（1）	（2）	（3）	（4）	（5）	（6）
	lnPrice	lnPrice	lnPrice	lnPrice	lnPrice	lnPrice
$treat \times post$	-0.050 ** (0.020)	0.078 *** (0.012)	-0.594 *** (0.023)	0.028 (0.027)	0.070 ** (0.032)	-0.151 *** (0.022)
$lnarea$	-0.005 (0.005)	0.004 (0.003)	0.001 (0.003)	-0.014 ** (0.006)	-0.015 ** (0.008)	-0.001 (0.006)
$decoration$	0.001 (0.001)	-0.000 (0.001)	0.001 (0.001)	0.001 (0.001)	0.001 (0.001)	-0.002 (0.001)
$room$	0.002 (0.002)	-0.001 (0.001)	-0.001 (0.001)	0.006 *** (0.002)	0.007 ** (0.003)	0.001 (0.002)
$sitting\_room$	0.003 (0.002)	0.001 (0.002)	0.001 (0.002)	-0.001 (0.003)	-0.001 (0.004)	-0.000 (0.001)

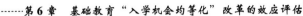

续表

因变量	进入一流小学的机会			进入一流和二流小学的机会		
	全样本	普通家庭	富裕家庭	全样本	普通家庭	富裕家庭
	(1)	(2)	(3)	(4)	(5)	(6)
	ln$Price$	ln$Price$	ln$Price$	ln$Price$	ln$Price$	ln$Price$
stairway	0.001 (0.002)	0.001 (0.001)	0.000 (0.002)	−0.004 (0.003)	−0.004 (0.003)	−0.002 (0.001)
lift	−0.004 (0.003)	−0.003 (0.002)	−0.004 (0.003)	0.005 (0.003)	0.007 (0.004)	0.001 (0.002)
orientation	−0.000 (0.000)	−0.000 (0.000)	−0.000 (0.000)	0.000 (0.000)	0.000 (0.001)	−0.000 (0.000)
age	−0.000 (0.000)	−0.000 (0.000)	0.000 (0.000)	−0.000 (0.000)	−0.000 (0.000)	−0.000 (0.000)
floor	0.001 * (0.001)	0.001 (0.000)	0.001 ** (0.001)	−0.000 (0.001)	−0.001 (0.001)	−0.000 (0.000)
subway	0.050 (0.049)	0.009 (0.044)	0.002 (0.054)	0.054 (0.066)	0.055 (0.085)	−0.003 (0.027)
Constant	−0.050 ** (0.020)	0.078 *** (0.012)	−0.594 *** (0.023)	0.028 (0.027)	0.070 ** (0.032)	−0.151 *** (0.022)
小区固定效应	是	是	是	是	是	是
时间固定效应	是	是	是	是	是	是
Observations	36299	27065	9234	36299	27065	9234
R − squared	0.913	0.683	0.969	0.864	0.854	0.835

6.6.4 多校划片政策对不同片区学区房溢价的影响

进一步验证本章的假说4，估计结果如表6−26所示。其中，列（1）～列（3）考察了学校教育质量"下降"时，进入优质学校的概率对学区房价格的影响。首先，核心解释变量的估计系数均显著为负，进一步表明教育质量"下降"会对学区房价格产生显著的抑制作用。其次，对于原一流小学对口学区房而言，大概率组的房价下降幅度略低于小概率组，系数大体相当，主要源于一流小学相对更为稀缺。

表 6-26　　　　　　　　多校划片政策对不同片区学区房溢价的影响

因变量	一流小学		二流小学			普通小学	
	评分下降		评分下降	评分上升		评分上升	
	小概率组	大概率组	小概率组①	小概率组	大概率组	小概率组	大概率组
	（1）	（2）	（3）	（4）	（5）	（6）	（7）
	$\ln Price$	$\ln Price$	$\ln Price$	$\ln Price$	$\ln Price$	$\ln Price$	$\ln Price$
$treat \times post \times$ $grade\_down$	-0.057** (0.025)	-0.051** (0.024)	-0.012*** (0.004)				
$treat \times post \times$ $grade\_up$				0.015 (0.011)	0.010* (0.005)	0.005 (0.006)	0.202** (0.096)
控制变量	是	是	是	是	是	是	是
城区×时间固定效应	是	是	是	是	是	是	是
城区×学校等级固定效应	是	是	是	是	是	是	是
时间×学校等级固定效应	是	是	是	是	是	是	是
小区固定效应	是	是	是	是	是	是	是
$Constant$	12.501*** (0.100)	12.724*** (0.072)	12.091*** (0.052)	11.956*** (0.062)	11.995*** (0.069)	12.132*** (0.036)	12.460*** (0.045)
$Observations$	6264	7941	15308	12298	13872	9289	5966
R^2	0.850	0.850	0.876	0.850	0.837	0.886	0.908

　　表 6-26 列（4）~列（7）考察了学校教育质量"上升"时，进入优质学校的概率对学区房价格的影响。首先，核心解释变量的估计系数均为正数，

---

　　①　二流小学学区房评分下降的样本进入好学校的概率均较小，故并未进行分组。

进一步表明教育质量"上升"确实会造成学区房价格上涨。其次，当学区房教育质量"上升"时，若进入优质小学的概率较大，原二流小学和普通小学的学区房房价分别显著上涨了 1.0% 和 20.2%[①]；若进入优质小学的概率较小，则不会引起房价显著变化。综上可知，在片区间教育质量相同的情况下，家庭更加偏好优质小学占比高的片区，这也成为片区间学区房价格上涨的新来源。据此，本章的假说 4 得以验证。

6.6.5 多校划片政策对家庭私立小学选择行为的溢出效应

6.6.5.1 基准回归

本章假说 5 验证结果如表 6 – 27 所示。列（1）考察了多校划片改革后私立小学附近房租的变化情况，$distance \cdot post$ 的估计系数为正，但在统计意义上并不具有显著性。可能的原因是家庭更加偏好优质私立小学，使得多校划片改革后房租的变化与私立小学教育质量相关。列（2）和列（3）对此做了进一步检验。结果表明，优质私立小学附近的房租显著上涨了 6.42%，而普通私立小学附近的房租并未发生显著变化。这意味着多校划片改革后，公立小学分配结果的随机性的确挤出了部分家庭，这部分家庭更加偏好优质私立小学，因而使得优质私立小学附近的房租显著上涨。本章的假说 5 得以验证。

表 6 – 27　　　　多校划片政策对家庭私立小学选择偏好的溢出效益

因变量	全样本	优质私立小学	普通私立小学
	(1)	(2)	(3)
	lnRent	lnRent	lnRent
$distance \cdot post$	0.0066 (0.0103)	0.0642 *** (0.0204)	– 0.0044 (0.0064)

① 这一结果与表 6 – 23 中，普通小学评分大幅上升对学区房价格的影响基本一致，这主要是由于样本的重合性。当进入优质小学的概率较高时，原普通小学的教育质量通常会被大幅拉高，评分呈现大幅上升的状态，学校等级出现了跃升。

续表

因变量	全样本	优质私立小学	普通私立小学
	（1）	（2）	（3）
	lnRent	lnRent	lnRent
控制变量	是	是	是
月份固定效应	是	是	是
小区固定效应	是	是	是
样本量	88735	7297	81436
R^2	0.904	0.851	0.904

6.6.5.2 稳健性检验

（1）平行趋势检验。图6-6检验了上述回归结果的平行趋势。以北京市全部私立小学作为样本分析，在多校划片改革实施前（2019年1月）私立小学附近房租相较于其他地方的房租并没有显著差异；在改革实施之后，全部私立小学附近的租金也没有发生显著变化，与表6-27列（1）的回归结果一致。

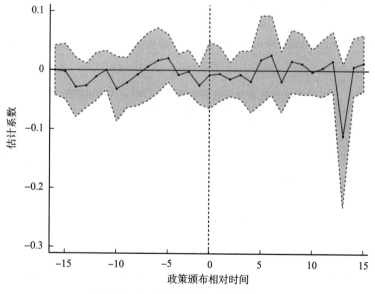

图6-6 平行趋势检验（假说5）

（2）剔除其他政策因素的干扰。自 2017 年以来，海淀区实行了一系列教育改革措施，包括"租购同权"（2019.09）、"公民同招（2022.04）"、"教师轮岗（2022.07）"和"双减（2021.08）"。因此，我们剔除掉 2019 年 9 月之后的成交样本，结果如表 6 – 28 Panel A 的列（1）和列（2）所示。此外，学校合并可能会影响学校的教育质量，故我们提剔除了样本期内存在合并现象的样本，结果如表 6 – 28 Panel B 的列（1）和列（2）所示。结果进一步验证了本章的假说 5。

表 6 – 28　　　　　　　　　　剔除其他政策因素的干扰

Panel A：调整样本期

因变量	H5		H6	
	优质私立小学	普通私立小学	优质片区	普通片区
	（1）	（2）	（3）	（4）
	ln$Rent$	ln$Rent$	ln$Rent$	ln$Rent$
$Distance \cdot post$	0. 0652 ***	– 0. 0076	0. 0078	0. 0003
	(0. 0211)	(0. 0075)	(0. 0054)	(0. 0048)
控制变量	是	是	是	是
月份固定效应	是	是	是	是
小区固定效应	是	是	是	是
样本量	6106	67606	14226	15846
R^2	0. 849	0. 902	0. 737	0. 815

Panel B：剔除样本期内发生合并的样本

因变量	H5		H6	
	优质私立小学	普通私立小学	优质片区	普通片区
	（1）	（2）	（3）	（4）
	ln$Rent$	ln$Rent$	ln$Rent$	ln$Rent$
$Distance \cdot post$	0. 0642 ***	– 0. 0044	0. 0114 **	– 0. 00003
	(0. 0204)	(0. 0064)	(0. 0052)	(0. 0044)

续表

Panel B：剔除样本期内发生合并的样本

因变量	H5		H6	
	优质私立小学	普通私立小学	优质片区	普通片区
	(1)	(2)	(3)	(4)
	lnRent	lnRent	lnRent	lnRent
控制变量	是	是	是	是
月份固定效应	是	是	是	是
小区固定效应	是	是	是	是
样本量	7297	81436	16726	18884
R^2	0.851	0.904	0.728	0.813

（3）调整私立学校附近租房市场的距离分组变量。在验证本章假说5时，我们将私立小学 300 米内的小区设置为处理组。为避免估计结果有偏，我们进一步调整了距离分组门槛值，分别将私立小学 400 米以内和 500 米以内的小区设定为处理组。表 6 - 29 的 Panel A 展示了多校划片改革对私立小学选择偏好的影响，结果表明多校划片改革后部分家庭更偏好于选择优质私立学校，这引起优质私立学校租房需求上涨，但随着距离的增加，家庭对优质私立小学租房需求涨幅逐渐下降。以上结果进一步验证了本章的假说5。

表 6 - 29   调整私立小学和公立小学租金租房市场的距离变量 "*distance*"

Panel A：将私立学校租房市场距离变量 *distance* 的门槛值调整为 400 米和 500 米

因变量	*distance* 的门槛值为 400 米			*distance* 的门槛值为 500 米		
	全样本	优质私立小学	普通私立小学	全样本	优质私立小学	普通私立小学
	(1)	(2)	(3)	(4)	(5)	(6)
	lnRent	lnRent	lnRent	lnRent	lnRent	lnRent
Distance × *post*	0.0044 (0.0077)	0.0556** (0.0220)	− 0.0035 (0.0052)	− 0.0040 (0.0068)	0.0162 (0.0292)	− 0.0069 (0.0048)

Panel A：将私立学校租房市场距离变量 distance 的门槛值调整为 400 米和 500 米

因变量	distance 的门槛值为 400 米			distance 的门槛值为 500 米		
	全样本	优质私立小学	普通私立小学	全样本	优质私立小学	普通私立小学
	(1)	(2)	(3)	(4)	(5)	(6)
	lnRent	lnRent	lnRent	lnRent	lnRent	lnRent
控制变量	是	是	是	是	是	是
月份固定效应	是	是	是	是	是	是
小区固定效应	是	是	是	是	是	是
样本量	88735	7297	81436	88735	7297	81436
R^2	0.904	0.851	0.904	0.904	0.851	0.904

Panel B：将公立小学租房市场距离变量的门槛值调整为 400 米和 500 米

因变量	distance 的门槛值为 400 米			distance 的门槛值为 500 米		
	全样本	优质片区	普通片区	全样本	优质片区	普通片区
	(1)	(2)	(3)	(4)	(5)	(6)
	lnRent	lnRent	lnRent	lnRent	lnRent	lnRent
$Distance \times post$	0.0055*	0.0090*	0.0020	0.0036	0.0073	0.0005
	(0.0033)	(0.0052)	(0.0040)	(0.0032)	(0.0049)	(0.0041)
控制变量	是	是	是	是	是	是
月份固定效应	是	是	是	是	是	是
小区固定效应	是	是	是	是	是	是
样本量	35610	16726	18884	35610	16726	18884
R^2	0.801	0.728	0.813	0.801	0.728	0.813

（4）调整"优质私立小学"的门槛值。调整本章假说5中"优质私立小学"的界定依据。在验证假说5时，我们将优质私立学校界定为3～5分的学校。表6-30的 Panel A 进一步将优质私立学校调整为4～5分的学校和5分的学校，结果表明私立学校教育质量越高，附近租金上涨程度越大，这进一步验证了假说5。

表 6 – 30　　　　　　　　调整优质私立小学和优质片区的定义

Panel A：调整优质私立小学的定义

因变量	优质私立小学 (4～5分)	普通私立小学 (1～3分)	优质私立小学 (5分)	普通私立小学 (1～4分)
	（1）	（2）	（3）	（4）
	lnRent	lnRent	lnRent	lnRent
Distance × post	0.0775 *** (0.0057)	− 0.0055 (0.0063)	0.0782 *** (0.0062)	− 0.0055 (0.0063)
控制变量	是	是	是	是
月份固定效应	是	是	是	是
小区固定效应	是	是	是	是
样本量	3654	85079	3033	85700
R^2	0.852	0.905	0.700	0.907

Panel B：调整优质片区的定义

因变量	优质片区和普通片区的门槛值是70%		优质片区和普通片区的门槛值是80%	
	（1）	（2）	（3）	（4）
	lnRent	lnRent	lnRent	lnRent
Distance × post	0.0102 * (0.0054)	0.0025 (0.0043)	0.0177 ** (0.0074)	0.0028 (0.0038)
控制变量	是	是	是	是
月份固定效应	是	是	是	是
小区固定效应	是	是	是	是
R^2	13466	22142	7472	28138
方差	0.734	0.819	0.765	0.799

6.6.6　多校划片政策对公立小学附近租房市场的溢出效应

6.6.6.1　基准回归

表 6 – 31 展示了多校划片改革对公立小学附近房租的影响。列（1）考察了多校划片改革后全部公立小学附近房租的变化情况，我们发现全部公立

小学附近的房租均显著上涨了0.58%，反映了多校划片改革后家庭在学校附近租房的需求上升。列（2）和列（3）分别考察了优质片区和普通片区内房租的变化情况，结果表明，优质片区内公立小学附近的房租显著上涨了1.14%，而普通片区内公立小学附近的房租并未发生显著变化。这是因为优质片区内家庭对租房的需求量更大，使得优质片区的房租上涨程度更大。本章的假说6得以验证。

表6-31　　　　　　多校划片政策对公立小学附近租房市场的溢出效应

因变量	全样本	优质片区	普通片区
	（1）	（2）	（3）
	lnRent	lnRent	lnRent
$distance \times post$	0.0058 * （0.0035）	0.0114 ** （0.0052）	− 0.00003 （0.0044）
控制变量	− 0.4817 ***	− 0.4708 ***	− 0.4924 ***
月份固定效应	是	是	是
小区固定效应	是	是	是
样本量	35610	16726	18884
R^2	0.801	0.728	0.813

6.6.6.2　稳健性检验

（1）平行趋势检验。图6-7检验了假说6的平行趋势。以海淀区全部公立小学附近的租房市场作为样本分析，在多校划片改革实施前（2019年1月），公立小学附近房租相较于其他地方的房租并没有显著差异，在改革实施之后，公立小学附近的房租上升，但显著性水平相对较低，仅在政策颁布后某几期显著。该结果也与上述回归结果基本一致。

（2）剔除其他政策因素的干扰。如假说5的稳健性检验，本章分别去掉2019年9月之后的样本、样本期间内存在合并现象的样本，并进一步做实证检验，结果如表6-28中 Panel A 的列（3）和列（4）、Panel B 的列（3）和列（4）所示，结果与基准回归结果一致。

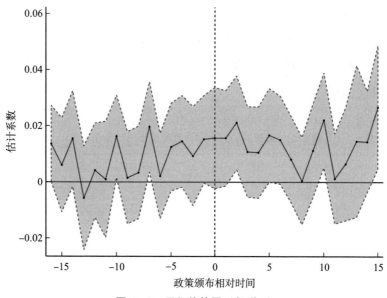

图 6 - 7　平行趋势图（假说 6）

（3）调整公立学校附近租房市场的距离分组变量。在验证本章假说 6 时，我们将公立小学 300 米内的小区设置为处理组。为避免估计结果有偏，我们进一步调整了距离分组门槛值，分别将公立小学 400 米以内和 500 米以内的小区设定为处理组。表 6 - 29 的 Panel B 展示了优质片区和普通片区中家庭租房行为的变化。结果表明，相对于普通片区，优质片区中家庭的租房需求更大，房租上涨程度更大，但随着距离的增加，家庭在公立学校附近租房的需求同样下降。以上结果进一步验证了本章的假说 6。

（4）调整"优质片区"的门槛值。调整本章假说 6 中"优质片区"的界定依据。在验证假说 6 时，我们将片区教育质量较高的 50% 样本所在片区设定为优质片区，表 6 - 30 的 Panel B 分别将片区教育质量较高的 30% 和 20% 样本所在片区设定为优质片区，将教育质量较低的 70% 和 80% 样本所在片区设定为普通片区。结果表明，片区教育质量越高，家庭在公立学校附近租房的意愿越强，这进一步验证了假说 6。

6.7　本章小结

长期以来，中国各大城市采取"单校划片"就近入学政策，这使得教育资源与学区房紧密绑定在一起。为获得优质小学的入学机会，家庭通过购买优质小学招生范围内的学区房，形成了学区房溢价。优质教育资源不断被购房能力强的家庭所垄断，长此以往，便会加剧阶级分化现象。多校划片政策旨在通过打破教育资源与房产之间的关联，促进教育均等化，本章从理论和实证两个方面对该政策的实施效果进行了分析。

首先，参考艾弗里和帕塔克（2021），本章构建了学区房竞争理论模型，试图分析多校划片这一教育资源配置改革对基础教育公共服务均等化的影响机制。理论研究表明：（1）教育资源分布不均时，单校划片造成了较强的教育资本化效应，优质学区房价格表现出自驱型上涨的特征；多校划片政策打破了学区房与学校之间"一对一"强绑定关系，家庭会根据片区平均教育质量对学区房进行均值定价，有利于缓解学区房价格的非理性上涨。（2）单校划片政策下，学校评分根据唯一学校的教育质量确定，而在多校划片政策下，学校评分由片区平均教育质量确定。多校划片政策的实施可能会导致学校评分发生变化，若学校评分上涨，则会引起学区房价格上涨，若学校评分下降，则会导致学区房价格下降，即"削峰填谷"效应。（3）多校划片政策扩大了不同家庭进入优质学校的机会，相较而言，普通家庭从中获益更多。（4）多校划片政策实施后，不同片区的整体教育水平仍然是存在差异的，相较而言，若一个片区优质小学占比越高，片区内家庭的适龄儿童就读优质学校的概率越大，相应的，其学区房价格也相对更高。

其次，本章以北京市海淀区的政策试点为准自然实验，对多校划片的政策效果进行了实证检验。实证证实了多校划片政策确实使得海淀区平均房价显著下降了 4.5%，与邵磊等（2023）的结论基本一致。这是因为多校划片政策打破了学区房所有权与优质教育资源之间的强绑定关系，也改变了家庭对学区房的定价原则，给片区内的家庭提供了更大的学校选择权和居住选择权。进一步，我们发现多校划片政策带来了普通家庭福利的实质性改善，普通家庭进入优质学校的机会显著上升了7%。然而，多校划片政策下，学区房的均值定价原则也造成了新的问题。一方面，改革的落实引发了片区内房价的"削尖填谷"效应。相较于政策落实前，同一片区内教育质量"下降"的学区房价格相对下降了0.9%，给收入相对较低的家庭提供了获取优质教育资源的机会；而划片后教育质量"上升"的学区房价格反而上升了0.8%。另一方面，多校划片并没有改变片区间的教育质量差异，产生了片区间学区房溢价的新来源。当片区的平均教育质量和优质学校占比更高时，学区房溢价就相对更高。

最后，我们进一步考虑了多校划片政策的实施所引发的家庭教育选择偏好变化。受学校分配结果随机性影响，高收入家庭为确保获得优质教育资源会退出原有公立学校，转向选择更优质、确定性更强的私立学校，这一点可以体现在优质私立学校附近的租房需求上，多校划片改革后优质私立学校附近房屋的租金显著上涨了6.42%。此外，多校划片拉大了学校与家庭居住地之间的通勤距离，出于最大化保障孩子教育时间的需要，部分家庭会选择在学校附近租房，带动公立学校周围租金的显著上涨，多校划片改革后公立学校附近的房租相对上涨了0.58%，其中优质片区内公立学校附近的房租显著上涨了1.14%。

多校划片政策作为一种打破传统教育与住房强绑定关系的教育资源配置改革，促进了基础教育公共服务均等化，通过降低入学成本和提高入学机会给家庭带来了实质性的福利改善，但也带来了学区房市场的多维度分化。第一，均值定价原则消除了片区内的学区房溢价，对片区内原有的高价学区房和相对低价学区房进行了再平衡，即"削尖填谷"效应；第二，多校划片政策实施后，如果片区间的教育资源分配仍不均衡，片区间的学区房溢价仍然存在，片区平均教育质量和优质学校占比成为新的来源。可见，这种阶段性的教育资源配置改革对教育均等化产生了一系列的异质性影响，如果缺乏其他的政策配套，就可能造成新的基础教育公共服务不均等。

第 7 章

基础教育"起点均等化"
改革的效应评估

发展公平而有质量的基础教育是教育改革的核心目标，近年兴起的一类基于"起点均等化"改革的政策效应尚未得到充分研究。本章以 2020 年 3 月上海市"公民同招，民办摇号"政策为例，构建学校选择的竞争性均衡模型分析政策影响机制，并采用双重差分模型评估政策效应。本章发现：（1）政策实施后民办初中附近房租下降了大约 0.86%，民办初中热度下降，达成起跑线公平的政策初衷；然而，政策也带来了上海市主城区房价上涨 3.75%，造成"以房择优"的教育不公平风险溢出。（2）政策实施后，家庭租房需求下降主要是由"小升初"确定性增加引起的，非一贯制民办初中附近租金显著下降，而一贯制民办初中附近的房价并未发生明显变化。（3）政策实施后家庭学区房投资更加关注公立初中的教育质量，带来"小学第三梯队，初中第一梯队"对口学区房价格显著上涨了 10.9%，而"小学第一梯队，初中第三梯队"对口学区房价格却显著下降了 2.71%，出现了"削峰填谷"现象。（4）"多校划片"改革显著削弱了"公民同招，民办摇号"政策带来的教育资本化溢价。这说明，"起点均等化"改革在塑造公平的起跑线同时可能带来教育不公平风险溢出，需要"质量均等化"措施和"机会均等化"措施的协同，才能从根本上促进基础教育优质均衡发展。

7.1 引　　言

　　基本公共服务均等化是共同富裕的重要基石，共同富裕是基本公共服务均等化的价值与政策引领。党和国家高度重视基本公共服务均等化和共同富裕，党的十九届五中全会将"基本公共服务实现均等化"和"全体人民共同富裕取得更为明显的实质性进展"作为2035年远景目标之一。坚持教育公益性原则，深化教育改革，促进教育公平，是"十四五"期间建设高质量教育体系的重要内容。基础教育阶段的招生与择校问题是中国教育公平改革进程中的症结所在，"民办择校热""跨区掐尖招生"等乱象层出不穷，甚至出现"公立名校办民校"等情况，破坏了基础教育阶段学校的招生秩序，损害了教育起跑线上的公平性，加剧了家长的焦虑。这些教育乱象背后隐藏的是优质教育资源供给不足和配置不均的问题，其根源在于教育市场化扩张中的"市场失灵"和教育改革政策中的"政策失灵"（李昌麒，2017）。针对教育资源供给不足和配置不均的状况，中国陆续出台了教育集团化办学、新建小学、对口直升、学校合并、教师轮岗和租购同权等一系列改革措施，这些措施在一定程度上促进了基础教育公共服务均等化（邵磊等，2020；孙伟增和林嘉瑜，2020；叶菁菁等，2022），但尚未解决基础教育的公益性和普惠性问题。公立学校与民办学校竞争日趋白热化，不仅打破了基础教育的起点公平，还导致各类学校发展的严重不均衡。

　　为了维护基础教育的起点公平和均衡发展，"公民同招，民办摇号"政策应运而生。从2019年《中共中央　国务院关于深化教育教学改革全面提高义务教育质量的意见》到2021年《中华人民共和国民办教育促进法实施条例》的修订，中国陆续进入基础教育"公民同招"的落地阶段。"公民同招，民办摇号"政策通过拉平起跑线或尽可能早地设置起跑线的方式来保障所有人受教育权的机会公平。然而，"公民同招，民办摇号"政策背后隐藏着多重矛盾冲突，可能引发家长和学生新的择校焦虑。在"民办摇号"的政策约束下，没有摇到民办学校的学生可能会失去对口公立学校的入学机会，这势必会带来优质公立学校的生源容纳压力并伴随着所谓"学区房"现象的加剧，甚至引发基础教育新的关联性风险。作为一项重在促进"起点公平"的新措施，"公民同招，民办摇号"政策能否通过破解教育产业化的利益集聚和维护生源竞争秩序来切实发挥公共服务均等化的作用，如何规避政策带来基础教育新的关联性风险，是值得深入研究的话题。

因此，本章试图回答以下几个问题：第一，能否从理论上推导出基础教育"起点均等化"措施对学区房价格中公共服务资本化程度的影响机制？第二，基础教育"起点均等化"措施的实施能否达成政策初衷？是否还会引发新的关联性风险？优质公立学校的生源容纳限制是否会加剧"以房择优"的教育不公平风险？第三，家庭会如何应对"公民同招，民办摇号"政策带来的不确定性风险？是否会再次引发家庭对优质公立学校的非理性择校风险？是否存在有效措施帮助家庭化解这一不确定性风险？第四，能否通过其他教育改革政策协同来规避新的关联性风险？在实践中需要注意哪些问题？不同类型基础教育改革措施之间应该如何更好地配合？

本章通过识别家庭教育投资选择偏好，构建学校选择的竞争性均衡模型，从理论上梳理"公民同招，民办摇号"政策的影响机制，并利用上海主城区 2018 年 9 月至 2021 年 9 月期间 116079 条二手房成交记录的微观数据，以 2020 年 3 月 11 日上海出台的"公民同招，民办摇号"政策为事件冲击，使用双重差分法（DID）来评估基础教育"起点均等化"政策效果。本章主要得到了以下结论：第一，"公民同招，民办摇号"政策实施后，民办学校"掐尖"逻辑被打破，入学不确定性的增加削弱了民办学校的热衷度，带来民办初中附近租房需求下降，使得民办初中附近房租下降了 0.86%，为公立初中和民办初中塑造了一个公平的起跑线。第二，"公民同招，民办摇号"政策导致公立初中对口学区房价格非预期性上涨，政策实施带来上海市主城区平均房价上涨了 3.75%，造成"以房择优"的教育不公平风险溢出。第三，"公民同招，民办摇号"政策增加了非一贯制民办初中"小升初"的不确定性，家庭租房需求下降，带来房租显著下降了 0.86%，而一贯制民办初中附近的房租并未发生明显变化。第四，"公民同招，民办摇号"政策改变了家庭的学区房投资逻辑，家庭会更加关注公立初中的教育质量，实证结果

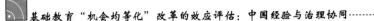

显示，政策实施后，"小学第三梯队，初中第一梯队"对口学区房价格显著上涨了10.9%，而"小学第一梯队，初中第三梯队"对口学区房价格却显著下降了2.71%，学区房价格出现了"削峰填谷"现象。第五，教育改革政策间的协同可以缓解"公民同招，民办摇号"政策所带来的"以房择优"的不公平风险，多校划片政策实施显著削弱了"公民同招，民办摇号"政策对学区房价格上涨的影响。

本章的边际贡献包括以下几点：首先，本章拓展了关于公共服务资本化效应的理论研究，基于中国家庭教育投资选择偏好特征事实，构建了包含家庭财富水平、学校教育质量水平和公共服务不确定性的学校选择的竞争性均衡模型，推导出选择公立学校、选择民办学校、"冲击民办学校，公立学校保底"三类家庭的教育均衡选择和效应水平，并评估"公民同招，民办摇号"政策实施后的风险溢出效应和政策协同效应。其次，本章为中国基础教育均等化改革措施的政策效应研究贡献了新证据。已有研究主要聚焦于评估"质量均等化"政策的实施效果，鲜有关注"机会均等化"这类新措施的研究。本章聚焦于起点公平的"机会均等化"政策效应评估，基于上海市主城区"公民同招，民办摇号"政策改革为准自然实验，利用二手房成交的微观数据，实证检验了"公民同招，民办摇号"政策的资本化溢出效应，发现该政策会造成"以房择优"的教育不公平风险溢出和"削峰填谷"现象，丰富了公共服务均等化措施的政策评估研究。最后，本章从政策协同的视角提供了关于地方公共服务均等化实践的政策启示。研究结果显示，强制性制度变迁过程中不可回避的隐含社会成本并不意味着政策举措是错误的，而是需要通过政策工具之间的协同来化解这一社会成本，多校划片政策改革可以有效缓解"公民同招，民办摇号"政策带来的教育不公平风险。

7.2　文　献　综　述

关于公共资源资本化问题的研究由来已久，蒂布特（Tiebout，1956）率先构建了地方公共品供给模型（Tiebout Model），认为居民对公共品消费偏好的"用脚投票"机制会刺激地方政府间的竞争，并形成居住群分效应。奥茨（Oates，1969）进一步明确了公共资源的资本化问题，发现房价与公立学校生均支出之间的正相关关系。国内也对地方公共品供给模型在中国的适用性展开了大量研究，中国教育资源的资本化效应源自现行免试就近入学原则下单校划片政策的出台，在公立学校教育资源与住房之间构建了强绑定的学区房关系，在优质教育相对稀缺的约束下，望子成龙的家长只能通过购买学区房来获取入学资格，继而产生了优质学区房溢价效应（陆铭和蒋仕卿，2007；丁维莉和章元，2009；冯皓和陆铭，2010；Nguyen–Hoang and Yinger，2011；胡婉旸等，2014）。2014 年以来中国开始基础教育综合改革，着力解决主城区热点校问题，扩大优质教育资源。任强等（2017）通过北京市 2014 年"就近入学"的外生政策冲击，建立双重差分模型，分析表明该政策使得区重点小学划片的房价提升了近 3%。李雪松等（2017）分析表明"二孩政策"的颁布使得学区房的溢价程度更高，且优质学区房的溢价涨幅高于普通学区房。璧堡和比林斯（Bibler and Billings，2020）认为，在抽签中失利的幼儿园和六年级学生退出当前学区或转向附近学区的概率增加了 6 个百分点，且愿意为进入平均测试分数高 1 个标准差的学校支付 9% 至 11% 的房价溢价。韩璇等（2020）利用学区调整建立双重差分模型，证明非学区变为学区会使房价显著上涨 1.5% ~3.5%，且学区房溢价在不断上涨。由于优质学校具有稀缺性，家庭之间的学区房争夺战愈演愈烈，就会导致优质学校对口学区房价格高企和居住分层等不良后果（Nguyen–Hoang and Yinger，2011；Han et al.，2021），造成了教育不公平的问题。教育资源分配差异带来的不平等问题，也是造成中国社会代际流动性问题的重要原因（陈琳和袁志刚，2012；王学龙和袁易明，2015；Zhang and Chen，2018）。

　　党的十八大以来，以习近平同志为核心的党中央高度关注教育公平问题，并出台了一系列的教育均等化改革措施。具体来看，基础教育均等化改革措施可以划分为"质量均等化"措施和"机会均等化"措施两种类型："质量均等化"措施强调缩小公共服务供给水平的差异，而"机会均等化"措施则强调所有居民有相同的机会（概率）享受优质的公共服务。现有研究主要集中在"质量均等化"措施方面。孙伟增和林嘉瑜（2020）分析了在优质资源稀缺的地方新建小学对学区房溢价的影响，建立双重固定效应模型证实了优质教育资源的供给能够显著降低本地区重点小学学区房的溢价率。邵磊等（2020）认为教育均等化措施使受益小学划片内房价提高约 2.8%，直升比例高和直升最优的中学都有显著的正向资本化效应。唐雪梅和何小路（2021）认为私立学校对公立学校学区房平均溢价的抑制率达到 21%。张传勇等（2022）进一步研究指出民办学校可得性对房价有显著的正向影响，1 个标准差的可得性变化大约推动房价提高 2.3%；同时，民办小学降低了优质公立小学的学区房溢价。叶菁菁等（2022）发现，"租购同权"政策弱化了教育资源与房产所有权之间的关系，并利用倍差法证实临近学位较多的住房价格平均下降 2.2%，租金上升了 1%~2%。然而，上述文献主要聚焦在以缩小校际质量差距、缩小租购不同权程度或增加优质教育资源为主的促进结果公平的"质量均等化"措施，较少关注以多校划片改革、公民同招为代表的引入随机性的"机会均等化"措施。

现有文献研究往往忽略了强制性制度变迁过程中所隐含的社会成本，单纯从社会问题的单一解决维度加以评价，并没有对解决某些社会问题的同时所引发的另一些社会问题做出重视（王一涛，2021）。租购同权、多校划片、公民同招等教育改革的均等化措施就是我国基础教育领域类具有强制性色彩的制度变迁，背后反映了教育市场化扩张中的"市场失灵"和教育改革政策中的"政府失灵"的相互博弈。"公民同招，民办摇号"政策是为了杜绝民办学校掐尖招生乱象，破除教育过度产业化利益集聚，构建公立学校、民办学校有序竞争格局的"起点均等化"措施，但可能带来公立名校生源容纳风险、"以房择优"的不公平风险等关联性风险的溢出，已有研究却没有关注相关问题。同时，强制性制度变迁的"副效应"并不是否定这一政策的理由，而是提醒政策当局要更加注重改革的系统性、整体性和协同性，但现有研究却没有重视这一问题。从政策工具的协同视角来看，不同类型的教育均等化改革措施可能具有政策协同的增量效应，例如以多校划片改革为代表的"机会均等化"措施或许可以缓解以"公民同招，民办摇号"为代表的"起点均等化"措施的风险溢出效应。本章将针对以上研究不足，基于上海市主城区二手房交易微观数据，运用双重差分模型评估"公民同招，民办摇号"这类"起点均等化"措施的平均资本化效应和风险溢出效应，并对以多校划片改革为代表的"机会均等化"措施与以"公民同招，民办摇号"为代表的"起点均等化"措施的政策协同效应加以评估。

7.3　政策背景

7.3.1　民办教育发展历程

1978 年 3 月，邓小平同志在全国科学大会开幕式上提出："各行各业都要来支持教育事业，大力兴办教育事业。"[1] 但在地方财政性经费不足的情况下，单一的公办教育难以满足民众日益增长的教育需求，这为民办教育的发展提供了契机。随后，北京、上海、广州等城市的一些高校离退教师开展文化补习班、职业培训班等形式的教学活动（阙明坤等，2019），中国的民办教育开始复苏。1982 年，《中华人民共和国宪法》在法律层面上对民办教育的发展给予了肯定，规定"国家鼓励集体经济组织、国家企业事业组织和其他社会力量依照法律规定举办各种教育事业"。这一时期的政策文件表明了中国对于民办教育发展的态度，但法治建设相对滞后，且缺乏针对性的民办教育改革方案。

20 世纪 90 年代，民办教育的法律地位得到确认，相关政策逐步完善。一方面，国家鼓励多种形式办学。1992 年，党的十四大提出发展社会主义市场经济，明确提出"鼓励多渠道、多形式社会集资办学和民间办学，改变国家包办教育的局面"，一度掀起了民办教育的热潮。1993 年，国务院正式发布《中国教育改革和发展纲要》，鼓励企事业单位和其他社会力量按国家的法律和政策多渠道、多形式办学，同时建议有条件的地区可实行"民办公助""公办民助"等"公参民"办学形式。1995 年，《中华人民共和国教育法》明确提出："国家鼓励企业事业组织、社会团体、其他社会组织及公民

---

[1] 《邓小平文选》第二卷，人民出版社 1994 年版，第 95 页。

个人依法举办学校及其他教育机构。"另一方面，国家采取相应措施规范民办学校发展。1994 年，国家教育委员会在《关于民办学校向社会筹集资金问题的通知》中对民办学校办学作出了相应规定："学校不得以盈利为目的，也不得通过办学为企业或其他部门集资或变相集资""民办学校依法收取的教育费用和筹集的资金应当全部用于学校的建设和发展，对尚未投入学校建设的资金应专项设立学校教育基金"，以规范民办学校资金筹集与使用。

迈入 21 世纪后，我国教育立法加速发展，民办学校发展进入快车道。2002 年 12 月，全国人民代表大会常务委员会正式颁布了第一部民办教育法律《中华人民共和国民办教育促进法》（以下简称《民办教育促进法》），明确民办教育事业是社会主义教育事业的重要组成部分，同时也明确规定民办学校的教师和学生与公办学校的具有同等法律地位，是我国民办教育法治建设过程中里程碑式的一步。2004 年 3 月，国务院据此制定发布了《中华人民共和国民办教育促进法实施条例》（简称"《民促法实施条例》"），细化了民办学校设立、民办学校的组织与活动、教师与受教育者、民办学校的资产与财务管理等方面的规定。随着教育制度的完善，各地民办教育逐渐兴起，有效弥补了政府教育经费短缺的问题，成为公办教育的重要补充（陆韵，2023）。2010 年 7 月，《国家中长期教育改革和发展规划纲要（2010－2020 年)》强调"民办教育是教育事业发展的重要增长点和促进教育改革的重要力量"，充分肯定了民办教育在我国教育发展中的重要作用。

7.3.2 民办教育引发了系列社会问题

自 1978 年我国发展民办教育以来，民办学校在普及义务教育、解决城镇化发展过程中新市民子女上学问题、满足人们多样化教育需求等方面，发挥了重要作用。但与此同时，民办教育的发展也引发了一系列社会问题。

一是民办学校"掐尖"招生扰乱基础教育正常秩序。根据 2002 年发布的《民办教育促进法》以及 2004 年发布的《民促法实施条例》，民办学校享有招生的高度自主权，如提前招生、跨区招生、各类选拔性招生。民办学校通过高薪聘请高质量教师、设立高额奖学金等吸引优质生源，凭借政策上的优待提前跨区"掐尖"招生，形成了一批所谓的优质民办学校（倪娟，2020）。在此情况下，越来越多的家庭希望进入民办学校，形成了"强者愈强，弱者愈弱"的马太效应。只要家庭对民办学校的需求量大于招生计划，"掐尖"招生就不可避免（王一涛，2021），这无形中扰乱了正常的招生秩序。一方面，加剧了家庭功利倾向的择校焦虑（陆韵，2023）。为了不让孩子输在起跑线上，有些家庭拼命"鸡娃"，有意"抢跑"，过早地卷入教育资源竞争当中；另一方面，民办学校快速扩张，引发了"公退民进"现象。20 世纪 90 年代之后，教育需求逐渐多元化但优质教育资源稀缺，催生了"假公办"式的公办改制学校，常见形式有公办民助、国有民营、国有民办、公转民等（徐建华，2010）。利用"掐尖"招生特权以及财政资金上的扶持，民办教育体量迅速扩大。据教育部发布的《2003 年全国教育事业发展统计公报》和《2019 年全国教育事业发展统计公报》披露，2003 年全国共有 6.47 万所初中学校（含职业初中，下同），民办初中 3707 所，占比约 5.73%；初中在校人数共计 6690.83 万人，民办初中在校人数为 258.85 万人，占比约 3.69%。截至 2019 年，民办初中 5793 所，比 2003 年增加了 2086 所，占全国比重 11.06%；民办初中在校人数为 687.40 万人，约为 2003 年的 2.66 倍，占全国比重约为 14.24%。

二是民办学校高收费、乱收费现象频频发生，其营利性办学的宗旨与义务教育的公益性之间出现矛盾。客观上讲，民办学校在一定范围内收取较高费用是合理的。一方面，市场资源配置的驱动力是利益，社会资本进入教育领域的一个前提条件是有利可图，决定了民办学校的营利性质。为支持民办学校的发展，2002 年发布的《民办教育促进法》允许民办学校可取得办学收益。另一方面，与公办学校相比，民办学校在师资队伍、教学设施等方面的投入较多，但从政府获得的资金支持较少，此类因素也使得民办学校的收费会相对较高。但由于相关法律法规和监管机制不完善等原因，一些民办学校凭借所谓的"优质学校"声誉高收费、乱收费。高昂的学费增加了就读民办学校或"假公办"学校的家庭经济负担，脱离了教育的公益属性。在此情况下，仅小部分家庭凭借经济、社会地位、文化等优势条件进入优质民办学校，而其他家庭的适龄儿童则被排除在外，不同阶层家庭的子女在享受优质教育资源方面的不平等逐步扩大，偏离了国家推进基础教育均等化的初衷。

7.3.3 民办教育规范化治理

民办学校是我国教育事业的不可或缺的一部分，在扩大教育机会、丰富家庭教育选择、缓解财政压力等方面承担着重要使命。2016 年 11 月，修改的《民促法实施条例》明确了民办学校实施分类管理的基本原则和制度。自此之后，全国和地区层面开始积极探索民办教育体系规范治理。

第一，严格管控营利性民办学校办学。一是加强民办学校资金筹集与使用。2020 年 8 月，教育部等五部门联合发布《关于进一步加强和规范教育收费管理的意见》，规定"落实义务教育阶段民办学校生均公用经费补助，加强收费标准调控，坚决防止过高收费"，保障民办学校就读成本保持在合理范围内。二是限制民办学校的招生比例，控制民办学校体量。2021 年，中共中央办公厅、国务院办公厅印发《关于规范民办义务教育发展的意见》，规定"各地不再审批新的民办义务教育学校，民办义务教育学校在校生占比控制在 5% 以内"。控制招生数量，主要是针对招生名额过多、不合理的学校，促使其规模控制在合理范围内，而非缩减全部民办学校招生。

第二，划清公办学校和民办学校的界限。2021 年 5 月，国务院发布修订后的《中华人民共和国民办教育促进法实施条例》（以下简称"新《民促法实施条例》"）。其中第七条规定"实施义务教育的公办学校不得举办或者参与举办民办学校，也不得转为民办学校。其他公办学校不得举办或者参与举办营利性民办学校"。这一举措将公办学校与民办学校严格区分，保证公办学校的公益属性。

第三，取消民办学校跨区、提前招生的特权，避免"掐尖"招生现象。民办学校能够"掐尖"招生的一个重要原因是拥有跨区、提前招生的特权。为实现公办与民办学校公平竞争生源，2019 年 6 月，中共中央办公厅、国务院发布《关于深化教育教学改革全面提高义务教育质量的意见》（以下简称

《意见》），规定"民办义务教育学校招生纳入审批地统一管理，与公办学校同步招生；对报名人数超过招生计划的，实行电脑统一录取"。即"公民同招，民办摇号"政策。《意见》从法律上保障了公办学校与民办学校在同一赛道上招生，是"公民同招，民办摇号"政策的顶层设计性文件。新《民促法实施条例》第三十一条进一步强调禁止民办学校跨区域、提前招生，规定"实施义务教育的民办学校应当在审批机关管辖的区域内招生""实施义务教育的民办学校不得组织或者变相组织学科知识类入学考试，不得提前招生"。

"公民同招，民办摇号"政策让每一个适龄儿童都有拥有平等的选择机会，是规范民办教育体系中的一项重要举措（孙军和程晋宽，2020）。作为践行"公民同招，民办摇号"政策的领头羊，早在 2018 年上海市就开始在小学阶段实施这一政策，并于 2020 年将政策范围扩大至初中阶段。上海市教育委员会在《关于 2020 年本市义务教育阶段学校招生入学工作的实施意见》中规定：实施公民办学校同步招生，未被民办中小学校录取的，根据公办中小学校已分配入学的实际情况，由相关区教育行政部门按照当年度区、校招生政策和细则安排入学。对报名人数超过招生计划数的民办学校实施电脑随机录取。继上海之后，江苏、广东、四川等省份也陆续宣布推行"公民同招，民办摇号"政策。

"公民同招，民办摇号"的政策实施后，报名入学流程发生了极大变化。如图 7-1 所示，民办学校录取原则由面谈改为电脑随机摇号，民办学校电脑摇号的时间与公立学校第一批录取时间一致，未被民办学校录取的学生将面临"全区统筹"的风险。因此，在"公民同招，民办摇号"规则下，家庭的教育选择会产生三大变化：第一，打破了民办学校提前"考试掐尖"行为，生源质量下降带动民办学校教育质量 y_k^{priv} 下降；第二，终止了家庭"冲击民办，公立保底"的择校思路，家庭选择民办学校就意味着放弃"保底学区房"对口的公立学校，增加最终进入普通公立学校的风险；第三，增加了进入民办学校的不确定性，让优质民办学校的入学从拼成绩转向靠运气，家庭就读优质民办学校的概率 δ 显著下降。

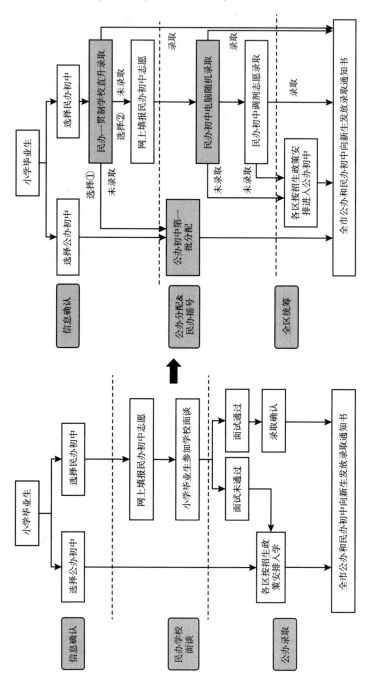

图7-1 "公民同招，民办摇号"政策前后小升初入学流程图

7.4 "公民同招，民办摇号"政策对家庭教育选择影响的机制分析

7.4.1 家庭教育投资与学校教育选择的竞争性均衡

长期以来，部分中国家庭始终秉承着望子成龙的教育理念，为子女提供高质量的教育投资能够给家庭带来较高的效用回报（Avery and Pathak，2021），优质的公立教育与民办教育是家庭教育投资的两个选择。在就近入学原则下，拥有对口学区房的所有权是获取优质公立学校的入场券，这就要求家庭的财富水平必须超过对口学区房房价，但考虑到学区房是投资性资产，家庭获取优质公立教育所实际承担的教育投资成本就是对口学区房住房贷款的利息成本。民办教育则依据价格机制和能力素质两项标准作为入学门槛，对能力素质特别优秀的学生收取低学费，对于其他学生收取高昂的学费。综合来看，家庭获取优质民办教育所实际承担的教育投资成本就是高昂的学费成本。

假定代表性家庭 i 的财富水平为 m_i，教育投资为 $f(m_i)$，子女的能力素质水平为 z_i。公立学校 j 的教育质量为 y_j^{pub}，其对口学区房的购房成本为 $p(y_j^{pub})$，教育质量越高的公立学校对口学区房的购房成本越高 $\left(\dfrac{\partial p(y_j^{pub})}{\partial y_j^{pub}} > 0\right)$，对口学区房住房贷款的利息成本为 $rp(y_j^{pub})$。民办学校 k 的教育质量为 y_k^{priv}，学费为 $p(y_k^{priv})$。家庭 i 教育投资的效用函数会受到子女的能力素质水平 z_i 和学校的教育质量 y 影响，用 $v(z_i, y)$ 来表示，且该函数满足边际效用递增原理，即 $\dfrac{\partial v(z_i, y)}{\partial z_i} > 0$、$\dfrac{\partial v(z_i, y)}{\partial y} > 0$，且 $v(0, 0) = 0$。代表性家庭 i 的总效用函数设置如下：

$$u_i^t = \theta_{il} + m_i + \delta v(z_i, y_j^t) - c(y_j^t) \tag{7-1}$$

其中，$\theta_{il} = \theta > 0$，表示家庭 i 在片区 l 就近入学能够带来的特有好处，若不选

择就近入学，$\theta_{il} = 0$。$t = pub$, or $priv$ 表示家庭选择的教育类型，pub 表示公立学校，pri 表示民办学校，$v(z_i, y_j^t)$ 表示家庭 i 选择学校 j 获得的效用水平，δ 表示家庭 i 能够上学校 j 的概率，$c(y_j^t)$ 表示家庭 i 选择学校 j 的教育投资成本。如果家庭选择的是公立学校 pub，则 $c(y_j^{pub}) = rp(y_j^{pub})$，且 $\delta = 1$，因为公立学校与对口学区房存在强绑定关系；如果家庭选择的是民办学校 $priv$，则 $c(y_j^{priv}) = p(y_k^{priv})$，此时 $\delta < 1$。需要注意的是，当家庭选择公立学校 pub 时，家庭的教育投资支出 $f(m_i)$ 需要不小于对口学区房总价对应的首付 $\alpha \cdot p(y_j^{pub})$，否则家庭 i 就无法获得公立学校的教育资格。当家庭选择民办学校 $priv$ 时，家庭的教育投资支出 $f(m_i)$ 需要不小于民办学校学费 $p(y_k^{priv})$，否则家庭 i 就无法获得民办学校的教育资格。

7.4.1.1　公立学校教育选择的竞争性均衡

假定公立学校对口学区房的竞争性市场满足市场出清条件：第一，片区 l 内的学区房供给量 S_l 能够满足在公立学校 j 对口学区房居住的原生家庭住房需求量 s_l^i，即 $S_l \geq s_l^i$；第二，原先不在公立学校 j 对口学区房居住的非原生家庭住房需求量 s^o 大于住房供给量 S_l，即 $s^o > S_l$。因此，本章可以得到就近入学政策下公立学校教育选择的竞争性均衡。

同一学区内的 N 所学校被外生划分为 N 个片区，每个片区拥有 1 所公立学校，公立学校的质量各不相同。学区房也被划分到 N 个片区，实际价格可表示为 $p(y_1^{pub})$，$p(y_2^{pub})$，$\cdots$，$p(y_N^{pub})$。所有学生均等分布在各个片区，对应有 N 种住房需求 s_1，s_2，$\cdots$，s_N。N 所公立学校的质量分别为 y_1^{pub}，y_2^{pub}，$\cdots$，y_N^{pub}。家庭 i 选择公立学校须满足个人理性约束、激励相容约束和学区房定价原则。

（1）个人理性约束。对于每个选择在原片区 l 就读的学生 z，效用函数满足 $\theta + v(z, y_l^{pub}) - rp(y_l^{pub}) \geq v(z, Y) - rp(Y)$。由于 $f(m_i) \geq \alpha \cdot p(y_l^{pub})$ 恒成立，当 $\theta + v(z, y_l^{pub}) - rf(m) \geq v(z, Y) - rp(Y)$ 成立时，家庭会在原片区 l 就读。个人理性约束指家庭会综合考虑家庭财富水平和就近入学的额外效用来决定学校选择。

（2）激励相容约束。对于每个选择在原片区 l 就读的学生，存在 q 片区（$q \neq l$），使得 $v(z, y_l^{pub}) - rp(y_l^{pub}) \geqslant v(z, y_q^{pub}) - rp(y_q^{pub})$。激励相容约束指学区内的家庭会选择与其财富水平最匹配的学校。

（3）学区房定价原则。对于片区 l 的学区房，若 $s_l^i < S_l$，则学区房实际价格 $p_l = p(y_l^{pub})$，即当原生家庭的住房需求小于房屋供给，学区房 l 的实际价格 p_l 等于竞争性价格 $p(y_l^{pub})$。若 $s_l^i = S_l$，则 $p_l \geqslant p(y_l^{pub})$。当原生家庭的住房需求等于住房供给时，"望子成龙"教育观念将驱动家庭争相购买优质学区房，导致学区房供不应求。此时学区房 l 的实际价格 p_l 会被不断抬高。

7.4.1.2　民办学校教育选择的竞争性均衡

代表性家庭 i 在公立学校和民办学校之间做选择时，会综合家庭财富水平、教育投资的效用水平和家庭教育投资成本加以考虑，具体如下：

$$\omega = \max_y (u_i^{pub}, u_i^{priv}) \tag{7-2}$$

$$\text{s.t.} f(m_i) \geqslant p(y_k^{priv}) \tag{7-3}$$

$$f(m_i) \geqslant \alpha \cdot p(y_l^{pub}) \tag{7-4}$$

当 $u_i^{pub} > u_i^{priv}$ 时，即 $v(z, y_l^{pub}) - rp(y_l^{pub}) > \delta v(z, y_k^{priv}) - p(y_k^{priv})$，代表性家庭 i 会选择公立学校；当 $u_i^{pub} \leqslant u_i^{priv}$ 时，即 $v(z, y_l^{pub}) - rp(y_l^{pub}) \leqslant \delta v(z, y_k^{priv}) - p(y_k^{priv})$，代表性家庭 i 会选择民办学校。事实上，由于公立学校与对口学区房之间存在强绑定关系，所以购买了对口学区房的家庭可以确保能上公立学校。然而，家庭选择民办学校需要安排子女参加面谈考试，面谈通过才能获得录取通知，面谈不通过则需重新选择公立学校就读，这就意味着代表性家庭 i 就读私立学校 k 的概率 $\delta < 1$。因此，δ 会影响 u_i^{pub} 和 u_i^{priv} 的相对大小。只有当 $\delta > \delta^*$ 时，$u_i^{pub} \leqslant u_i^{priv}$，家庭才会选择民办学校；当 $\delta < \delta^*$ 时，$u_i^{pub} > u_i^{priv}$，家庭仍会选择公立学校。考虑到对家庭而言概率 δ 存在不确定性，以及民办学校面谈考试在公立学校录取之前，家庭就会形成"冲击民办，公立保底"的择校思路，家长为了让孩子获得更好的教育资源，往往会先让孩子报名民办学校参加面谈，没有被民办学校录取的学生依旧可以进入对口公立学校，基本不会被全区统筹，可以保证录取学校的"下限"，不至于统筹到质量极差的学校。

因此，本章就可以得到民办学校教育选择的竞争性均衡。

代表性家庭 i 会根据子女的能力素质水平 z_i 来预判家庭 i 就读民办学校 k 的概率 δ，继而结合家庭的财富水平作出民办学校的教育选择。家庭 i 选择民办学校 k 须满足个人理性约束、激励相容约束。

（1）个人理性约束。对于每个选择在民办学校 k 就读的学生 z，效用函数满足 $\theta + v(z, y_l^{pub}) - rp(y_l^{pub}) < \delta v(z, y_k^{priv}) - p(y_k^{priv})$，且 $f(m_i) \geqslant p(y_k^{priv})$。当 $\theta + v(z, y_l^{pub}) - rp(y_l^{pub}) = \delta v(z, y_k^{priv}) - p(y_k^{priv})$ 时，如果 $p(y_k^{priv}) \leqslant f(m_i) < \alpha \cdot p(y_j^{pub})$，家庭 i 仍会选择就读民办学校 k。个人理性约束指家庭会综合考虑家庭财富水平和效用水平相对变化来决定学校选择。

（2）激励相容约束。对于每个选择在民办学校 k 就读的学生，存在民办学校 $q(q \neq k)$，使得 $\delta v(z, y_k^{priv}) - p(y_k^{priv}) \geqslant \delta v(z, y_q^{priv}) - p(y_q^{priv})$。激励相容约束指家庭会选择与其财富水平最匹配的民办学校。

7.4.2 "公民同招，民办摇号"政策对家庭教育选择的影响

7.4.2.1 起跑线上的"教育公平"实现，民办学校热衷度下降

"公民同招，民办摇号"政策实施前，家庭的教育选择竞争性均衡呈现为三种状态：第一类家庭选择公立教育，结合家庭的财富水平和教育投资偏好，选择购买最优的公立学校 j 对口学区房，其家庭的效用水平为 u_i^{pub}；第二类家庭选择私立教育，结合家庭的财富水平和子女的能力素质水平，选择最优的私立学校 k，其家庭的效用水平为 u_i^{priv}；第三类家庭选择"冲击民办学校，公立学校保底"，结合家庭的财富水平、教育投资偏好和子女的能力素质水平，同时选择购买最优的公立学校 j 对口学区房和最优的私立学校 k，其家庭的效用水平为 $u_i^{priv\&pub}$。具体来看，三种类型家庭的效用函数表示如下：

$$u_i^{pub} = \theta + m_i + v(z, y_l^{pub}) - rp(y_l^{pub}) \tag{7-5}$$

$$u_i^{priv} = m_i + \delta v(z, y_k^{priv}) - p(y_k^{priv}) \tag{7-6}$$

$$u_i^{priv\&pub} = m_i + (1-\delta)\theta + \delta v(z, y_k^{priv}) + (1-\delta)v(z, y_l^{pub})$$

$$-\delta p(y_k^{priv}) - rp(y_l^{pub}) \qquad (7-7)$$

其中，式（7-5）表示选择公立学校的家庭效用水平，式（7-6）表示选择私立学校的家庭效用水平，式（7-7）表示选择"冲击民办学校，公立学校保底"的家庭效用水平，这种情形下家庭可以同时获取公立学校和民办学校的教育选择效用。

"公民同招，民办摇号"政策实施后，民办学校的招生"掐尖"被打破，生源质量下降带来教育质量 y_k^{priv} 下降，就读优质民办学校的概率 δ 显著下降，"冲击民办学校，公立学校保底"的选择模式被打破，这就会冲击选择民办教育的家庭和选择"冲击民办学校，公立学校保底"的家庭，即 u_i^{priv} 和 $u_i^{priv\&pub}$ 下降，导致部分家庭的 u_i^{priv} 和 $u_i^{priv\&pub}$ 小于 u_i^{pub}。这就会导致家庭对优质民办学校的热衷度的下降，继而带来租房需求下降。由此，本章得出假说1。

假说1："公民同招，民办摇号"政策实施后，民办学校"掐尖"逻辑被打破，生源质量下降叠加入学不确定性增加，引发家庭对民办学校的热衷度下降，带来民办学校附近房屋租赁需求下降，这表现在民办学校附近房屋租金的下降。

7.4.2.2 "以房择优"的教育不公平风险溢出，优质公立学校对口学区房价格上涨

根据家庭民办学校教育选择的竞争性均衡条件可知，部分家庭会从选择民办教育转向选择公立教育，导致公立教育对口学区房的需求上升。依据公立学校教育选择的竞争性均衡条件可知，公立学校 j 对口学区房价格 $p(y_l^{pub})$ 上升，从而冲击原来选择公立学校的家庭，带来"以房择优"的不公平风险溢出。由此，本章得出假说2。

假说2：旨在维护基础教育起点公平和均衡发展的"公民同招，民办摇号"政策，会导致公立学校对口学区房价格非预期性上涨，带来"以房择优"的教育不公平风险溢出。

7.4.2.3 "公民同招，民办摇号"政策实施中的"漏网之鱼"，一贯制学校仍受家庭追捧

从中国民办教育发展现状来看，民办学校分为一贯制民办学校和非一贯

制民办学校。这两类学校间存在明显区别。其中，"公民同招，民办摇号"政策实施后，一贯制民办学校仍采取提前招生策略，就读于一贯制民办小学的适龄儿童直接升学至相应一贯制民办初中，没有"小升初"压力。但对于非一贯制民办初中，"公民同招，民办摇号"政策使得"小升初"的不确定增加，可能会导致家庭租房需求下降。据此，得出本章的假说3。

假说3："公民同招，民办摇号"政策实施后，家庭租房需求的变化主要是由"小升初"的不确定性引起的，一贯制民办初中可能不会受到政策较大影响，而非一贯制民办学校附近租金则显著下降。

7.4.2.4 "以终为始"学区房投资新逻辑形成，学区房价格呈现"削峰填谷"趋势

在优质教育资源仍然短缺的背景下，"公民同招，民办摇号"政策会压缩家庭的教育选择空间，导致对优质公立学校的需求进一步增加。政策实施之前，家庭既可以购买学区房进入对口的公立初中，也可以通过面试、考试等渠道进入合适的民办初中；政策实施之后，很多家庭的教育选择空间被大幅度压缩，无法自由选择民办初中，甚至出现部分地区学生摇号进入民办初中失败后就完全丧失进入优质公立初中机会的现象。教育选择空间的压缩会进一步增加优质公立初中的需求，继而改变家庭的学区房投资逻辑。其背后的原因在于，政策实施之前很多家庭可以通过先选择优质的公立小学，再进入优质民办初中；但政策实施后优质民办初中的入学不确定性将打破这一教育选择逻辑，家庭会降低对公立小学教育质量的关注度，更加关注公立初中教育质量，因此在选择优质公立小学对口学区房还是优质公立初中对口学区房时，家庭会优先考虑优质公立初中对口学区房，从而形成"以终为始"的学区房投资新逻辑，以公立初中的教育质量为核心关注要素，这就会带来学区房价格的"削峰填谷"现象。例如"小学第一梯队、初中第三梯队"对口学区房的需求会下降，而"小学第三梯队、初中第一梯队"对口学区房的需求会上升。由此，本章得出假说4。

假说4：政策实施后，家庭会更加关注公立初中的教育质量，打破了原先更加关注公立小学教育质量的投资逻辑，带来学区房价格的"削峰填谷"

现象。这表现在"小学第三梯队、初中第一梯队"对口学区房价格上涨最为明显,"小学第一梯队、初中第三梯队"对口学区房价格下降最为明显。

7.4.2.5 政策协同探索:"多校划片"政策缓解"以房择优"的教育不公平风险

如前所述,"公民同招,民办摇号"政策是教育均衡化发展必要且关键的举措,但政策实施后,在化解基础教育起点不公平问题的同时,又加剧了"以房择优"的教育不公平风险,尤其是在优质教育资源短缺的地区。这就是强制性制度变迁过程中不可回避的隐含社会成本,在解决某些社会问题的同时可能引发另一些社会问题,但这些问题的出现并不意味着政策举措是错误的,而是需要从政策工具的协同视角来探索解决方案。本章从多校划片政策协同视角来探索政策协同能否缓解"公民同招,民办摇号"政策带来的"以房择优"的不公平风险。

单校划片规则下,学区房所有权与公立学校分配结果一一对应。多校划片改革具有两点差异:(1)将公立学校分配结果与学区房所有权之间的"一对一"关系转为"多对多"关系,在一定区域内扩大了家庭的学校选择空间;(2)入学方式由"固定入学"变为片区内"随机入学",即学校分配结果的确定性被打破。这种分配规则改革产生了两大影响:一是公立学校教育质量和对口学区房定价原则的相对变化;二是家庭进入优质公立学校的确定性变弱。多校划片改革后,家庭会将同一片区的学校视作一个整体,因此片区 l 的教育质量 Y_l 可用片区内学校平均质量表示,即 $Y_l = Y(y^{pub}) = \dfrac{1}{J} \cdot \sum_{j=1}^{J} y_j^{pub}$,且 $\dfrac{\partial Y_l}{\partial y^{pub}} > 0$。多校划片规则使家庭公立学校选择结果具有不确定性,即家庭购买了公立学校 j 对口的学区房也未必可以上公立学校 j。此时,家庭选择公立学校的效用函数就变为:

$$u_i^{pub} = \theta + m_i + \delta v(z, y_l^{pub}) - rp(y_l^{pub}) \qquad (7-8)$$

家庭就会根据变化后的效用水平做新的选择。由于 $\delta < 1$,多校划片政策改革后家庭选择公立学校的效用水平 u_i^{pub} 下降了,这就可以对冲"公民同招,

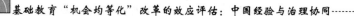

民办摇号"政策的影响，在一定程度上缓解家庭由民办学校转向公立学校的需求增量，继而缓解房价的上涨幅度。由此，本章得出假说5。

假说5：政策工具之间的相互协同可以化解强制性制度变迁过程中不可回避的隐含社会成本，多校划片政策改革能有效缓解"公民同招，民办摇号"政策所带来的"以房择优"的不公平风险。

7.5　实证设计与识别策略

7.5.1　数据、变量与描述性统计

7.5.1.1　变量选取与数据来源

考虑到上海市基础教育资源的分布情况及小升初入学方式等，本章选取上海市中心城区作为研究区域，包括浦西老城区（黄浦区、杨浦区、徐汇区、静安区、虹口区和普陀区）和浦东新区。本章所用数据主要包括两个部分：一是由上海市各区教育局公布的基础教育阶段入学对口划片范围；二是某房地产经纪公司交易平台公布的上海二手房成交数据和房屋出租数据。

（1）上海市学区数据。

①学校及划片信息。本章根据各学校的招生简章信息手工匹配各小区对口的公立初中，共收集整理了8个城区316所初中（包括各公立初中分校）的划片范围。目前，上海市公立小学升入公立初中的方式主要有两种：一是"学籍对口"入学，小学的学籍直接决定升入的初中，即"小升初对口直升"，以黄浦区为典型代表；二是"户籍对口"入学，按照"人户一致"的原则根据房产进入对应的初中，如浦东新区。由于各区小升初升学方式的不同，"户籍对口"和"学籍对口"的匹配步骤略有不同，在"户籍对口"的区域，可以根据教育局给出的入学对口关系直接进行匹配；而"学籍对口"区域需要先匹配小区对口的小学，在此基础上根据"小升初对口直升"原则匹配小区对口的初中。

各区教育局提供的招生范围主要包括三种：一是直接给出满足学校招生

要求的小区名称或者门牌号，例如浦东新区建平西校（大唐校区）的服务范围包括"汤臣湖庭花园""白杨路199弄"等，可以根据这一信息直接匹配小区对口的公立学校；二是按照道路边界给出招生范围，例如静安区闸北第一中心小学的招生范围为"南起苏州河，北至天目东路，东起河南北路，西至浙江北路"，这部分学校则结合地理信息进行空间匹配；三是按居委会给出招生范围，例如黄浦区曹光彪小学的招生范围为定兴、长江等居委会，这部分学校则还需结合该居委会的管辖范围进行小区和学校的匹配。另外，部分新建小区或者地理位置较为偏远的小区并未给出对口的学校，一般是根据"就近原则"和学位余量统筹安排入学，故这部分小区不在本章的样本范围内。学校供给政策会影响学区房的资本化价值（孙伟增和林嘉瑜，2020），故本章剔除了样本期内新建的学校，如复旦大学附属徐汇实验学校（2019年新建）、华师大二附中前滩学校（2020年新建）等；同时，本章还剔除了样本内"民转公"学校对口的小区以使估计结果更加准确。

②教育评价变量。由于历史积淀、管理方式、教师质量等因素，使得每所初中的质量有所不同。国内学者多基于20世纪50年代重点学校名单，并进一步综合了非官方的学校评级作为学校教育质量的衡量标准（胡婉旸等，2014；张牧扬等，2016；邵磊等，2020）。参考上述文献，本章根据家长帮、搜狐网、上哪学等择校平台提供的公立初中梯队排名，并结合各初中"四校八大"[①] 的预录取情况，为本章涉及的316所公立初中进行综合评分（j_score）。

根据家长帮、上哪学等提供的上海各区初中质量划分信息，将上海市公立初中划分为四个梯队，各梯队学校评价标准为：第一梯队公立初中有独特的教育理念、深厚的办学积淀、一流的软硬件、较好的升学率和足够高的社会认可度，并受到市级乃至国家级的表彰等；第二梯队公立初中在区内有突出的教学特色、足够的师资力量和优异且稳定的升学成绩，发展劲头明显或受到市、区级相关单位的重点关注等；第三梯队公立初中为潜力巨大的新学校或获得政府大力支持后进步明显的普通初中或略有退步的原重点初中，具

---

① 上海"四校八大"是当地对顶尖高中的统称，其中"四校"包括上海中学、华师大二附中、复旦附中、上海交大附中，"八大"涵盖七宝中学、南洋模范中学、格致中学、大同中学等学校。不同时期或不同语境下，"八大"的具体名单可能略有差异，但核心学校相对固定。

备在未来成为优秀学校的潜质，但目前在成绩或生源方面还有待完善；第四梯队公立初中质量相对较差，师资、生源、设施及升学情况等还有很大的提升空间。通过每个梯队学校质量的对比，可大致将前三梯队的公立初中视为优质学校，第四梯队的公立初中视为非优质学校。通过各初中"四校八大"的预录取情况对初中梯队排名进行适当的调整，最后通过有序变量量化各小区对口的公立初中的综合评分，公立初中为第一梯队记为 $j\_score = 4$，第二梯队记为 $j\_score = 3$，第三梯队记为 $j\_score = 2$，第四梯队记为 $j\_score = 1$；若出现小区对口多所初中的情况，则计算该小区对口初中的平均得分。

此外，参考陈等（2020）和张传勇等（2022）的做法，用竞赛成绩衡量各初中的生源质量。本章从上海教育（edu. sh. gov. cn）获取了 2017 ~ 2020 年各学校获得的竞赛成绩，包括 DI 上海青少年创新思维竞赛、上海市青少年"未来之星"科普知识创新模型大赛、上海市学生动漫画比赛、上海市学生艺术单项比赛、上海市中小学电脑制作活动暨全国赛上海选拔赛、上海市青少年科技创新大赛、上海市创客新星大赛和上海未来工程师大赛等 8 个可以记入中考综合测评的竞赛，竞赛成绩依次赋值为一等奖 3 分，二等奖 2 分，三等奖 1 分，一所学校的竞赛成绩是其学生赢得的竞赛分数之和。本章用上一年的竞赛成绩来衡量当年学校的生源质量。

（2）上海市二手房交易数据。本章采用的房产交易数据来源于当地市场份额居前的某房地产经纪公司交易平台，覆盖了上海市黄浦区、徐汇区、杨浦区、虹口区、静安区、普陀区以及浦东新区自 2018 年 9 月到 2021 年 9 月共计 116079 条成交住房样本。相较于房产交易的挂牌数据而言，成交数据更能反映房屋的真实市场价格，也规避了重复录入、虚假房源等信息质量问题（邵磊等，2020）。在实证研究中，首先剔除了信息缺失的样本，去除涉及商业办公类、车库、地下室和工业厂房的样本，剔除异常值数据；为了使回归结果更稳健，又剔除了样本期内只交易过 1 次的小区及只在政策前或者只在政策后交易的小区，最终进行实证回归的数据为 102799 条，共覆盖了 4164 个住宅小区。本章将前三梯队（$j\_score > 1$）视作优质初中作为实验组，第四梯队视作非优质初中（$j\_score = 1$）作为对照组，其中，对口优质公立初中的小区共 1584 个，对口非优质公立初中的小区共 2580 个。

二手房交易数据中相关价格包括挂牌价和成交价，挂牌价一定程度上反映卖方所期待的价格，成交价更能反映交易时点的市场价格，故本章选取二手房交易的成交价（HP）作为基准模型的被解释变量，并将挂牌价作为稳健性检验的被解释变量。除此之外，房产交易数据中还包含了房屋的一系列特征，例如房屋的建筑面积、房屋户型、梯户比例、是否配备电梯、装修情况、建成年代、所在楼层位置及朝向等，具体的变量说明见表 7-1。参考张传勇等（2022）的研究，本章将民办学校可得性作为控制变量加入模型，考察民办学校对学区房价格的影响。民办学校可得性（mbcz），即小区附近 1000 米内是否有民办初中，具体计算方式为：作者通过高德地图获取各行政区边界及各小区、各学校的地理位置，并将其转换为经纬度坐标，再利用 ArcGIS 软件计算各小区到学校之间的距离，若小区距离最近的民办初中校小于 1000米，则认为小区附近 1000 米内有民办初中，民办学校可得性变量取值为 1，否则取值为 0。本章还将分析政策对租金的影响，作者使用了某二手房交易平台里上海市 7 个行政区 2018 年 9 月到 2021 年 9 月的租房成交数据，由于数据的可获得性，相应的房屋特征变量包括了建筑面积、朝向、所在楼层位置及房屋户型等。

表 7-1　　　　　　　　　　　　　　变量说明

变量名称	变量符号	变量说明
二手房成交价格	HP	单位面积成交价格（元/m²）
住房租赁价格	HR	单位面积交易月租金（元/m²）
建筑面积	area	住宅建筑面积（m²）
卧室	room	住宅内卧室数量（个）
客厅	sitting_room	住宅内客厅数量（个）
装修情况	decoration	毛坯：1；简装：2；精装：3；其他：0
朝向	orientation	朝西或西北：1；朝北：2；朝东北：3；朝东或西南：4；朝东南：5；朝南（非南北）：6；"南北"朝向：7
楼层位置	floor	住宅所在楼层位置（低楼层：1；中楼层：2；高楼层：3）
梯户比例	stairway	户/梯

续表

变量名称	变量符号	变量说明
电梯	*lift*	有：1；无：0
房龄	*age*	成交年代 - 建成年代
民办初中可得性	*private*	房屋1000米内是否有民办初中（有：1；无：0）
初中综合评分	*j_score*	住宅所在小区对口初中评分，第一梯队：4；第二梯队：3；第三梯队：2；第一梯队：1
竞赛成绩	*competition*	学生赢得的竞赛分数之和

7.5.1.2 描述性统计分析

根据小区对口初中的质量不同，将样本涉及的住宅小区划分为优质初中对口小区和非优质初中对口小区。表7-2分组报告了民办学校研究中房价回归模型和租金回归模型样本期内变量描述性统计信息，包括观测值、均值及标准差。表7-3报告了公办学校研究中租金回归模型相关变量的描述性统计信息。

表7-2　　　　　　　描述性统计——民办学校相关变量

Panel A：民办学校房价模型的变量描述性统计结果

变量	优质初中对口小区（第一至第三梯队）			非优质初中对口小区（第四梯队）		
	观测值	均值	标准差	观测值	均值	标准差
房价	36178	78455.8200	30345.7616	66621	60597.8504	23071.5771
房价（取对数）	36178	11.1950	0.3971	66621	10.9420	0.3811
建筑面积	36178	75.2335	44.1458	66621	72.1903	36.1823
卧室	36178	1.9298	0.8290	66621	1.8769	0.7702
客厅	36178	1.2262	0.6127	66621	1.2349	0.5979
装修情况	36178	2.3524	0.8016	66621	2.2709	0.8466
楼层位置	36178	2.0885	0.8095	66621	2.1279	0.8054
梯户比例	36178	3.3411	2.0223	66621	3.2151	1.8477

续表

Panel A：民办学校房价模型的变量描述性统计结果

变量	优质初中对口小区（第一至第三梯队）			非优质初中对口小区（第四梯队）		
	观测值	均值	标准差	观测值	均值	标准差
电梯	36178	0.3672	0.4821	66621	0.3356	0.4722
房龄	36178	24.8146	10.8348	66621	23.0549	11.0505
朝向	36178	5.9081	0.9798	66621	5.9768	0.9081

Panel B：民办学校租金模型的变量描述性统计结果

变量	民办初中 500 米范围内的小区			民办初中 500～3000 米范围内的小区		
	观测值	均值	标准差	观测值	均值	标准差
租金	11891	121.6282	254.9012	87447	110.3610	243.3074
租金（取对数）	11891	4.7146	0.2953	87447	4.6288	0.3169
建筑面积	11891	61.0043	32.0859	87447	73.0352	728.3660
卧室	11891	1.6274	0.7084	87447	1.7028	0.7483
客厅	11891	1.0754	0.6255	87447	1.1597	0.6206
楼层位置	11891	2.1339	0.7662	87447	2.1299	0.7785
房龄	11891	30.3993	13.8489	87447	25.6898	13.1128
朝向	11891	5.8501	0.9426	87447	5.8638	0.9294

表 7-3　　　　描述性统计——公办学校相关变量

变量	优质初中对口小区（第一至第三梯队）			非优质初中对口小区（第四梯队）		
	观测值	均值	标准差	观测值	均值	标准差
房价	54740	109.3028	176.8650	78279	107.5538	2650.9248
房价（取对数）	54740	4.5927	0.4217	78279	4.4546	0.4412
建筑面积	54740	73.2007	46.5998	78279	73.3806	769.3277
卧室	54740	1.7616	0.7691	78279	1.7499	0.7461
客厅	54740	1.1973	0.6250	78279	1.1997	0.6147
房屋朝向	54740	5.8777	0.9154	78279	5.9225	0.8863
楼层位置	54740	2.1018	0.7806	78279	2.1337	0.7749
房龄	54740	24.7172	13.0611	78279	24.0868	13.4435

7.5.1.3 房屋成交量价走势

图7-2和图7-3分别展示了2018年9月~2021年9月间样本内各区房屋成交均价和成交量的走势，其中虚线表示2020年3月，即上海市"公民同招，民办摇号"政策公布的时间点；实线表示2020年5月，即上海市"公民同招，民办摇号"政策正式实施的时间点，两线之间为政策过渡期。从成交均价看，7个市辖区按成交均价由高至低依次是黄浦区、徐汇区、静安区、虹口区、杨浦区、普陀区和浦东新区。在"公民同招，民办摇号"政策公布后，各区房屋均价均出现了不同幅度的上涨。当然，这不能作为因果推断的结论，后文的实证估计将使用更严谨的识别策略并尽可能控制其他因素的干扰。

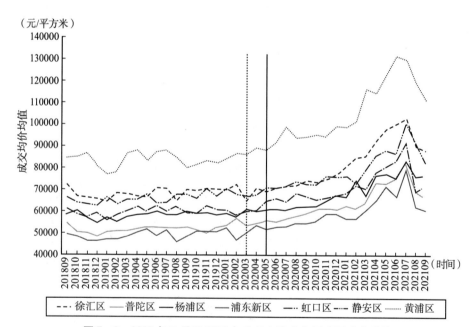

图7-2 2018年9月至2021年9月上海市各区房屋成交均价

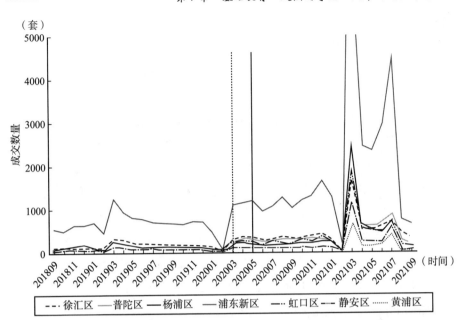

图 7 - 3　2018 年 9 月至 2021 年 9 月上海市各区房屋成交数量

　　从成交量看，样本覆盖期间 7 个市辖区按成交量由高至低依次为浦东新区、徐汇区、杨浦区、普陀区、静安区、虹口区和黄浦区。在上海市"公民同招，民办摇号"政策公布前，除了浦东新区外，6 个区的走势相近，但受到春节假期的影响，各区的成交量在 2020 年 1 月、2 月均呈现明显下降，但在 3 月后呈现明显反弹。但是，各个城区的成交量在 4 月已基本恢复同期正常水平后，又在政策公布后的 5 月出现了异常的成交量猛增，且全年成交量都远高于往年同期的成交量反弹幅度。

7.5.2　实证模型设定和识别策略

7.5.2.1　基准回归：起跑线上的"教育公平"

　　（1）民办学校热度下降，起跑线上的"教育不公"抑制效应评估。"公民同招，民办摇号"政策的实施是为了引导所有学校在生源均衡的基础上，促进学校间的良性竞争，实现从"挑好学生"到"教好学生"的教育回归。如本章假说 1 所述，政策实施后家庭对民办学校的热衷度下降，带来民办学校附近房屋租金需求的下降，继而影响民办学校周边的租金。参考阿加瓦尔等（2016）和叶菁菁等（2022）的处理方法①，考虑到公办学校将 3000 米作为"就近入学"的最远距离及学生上学的便利性等因素，本章计算了所有民办初中到各小区的距离，将 500 米范围内作为分界，即距离民办初中 500 米范围内小区作为实验组，500 米到 3000 米范围内小区作为对照组，建立双重差分模型，讨论"公民同招，民办摇号"政策对民办学校附近小区租金的影响。为了进一步确定政策对租房市场的影响范围，本章进一步将"就近入学"最远距离由原来的 3000 米逐步扩大到 4000 米、5000米、6000 米，并将实验组进一步设定为距离民办初中 300 米、400 米、500米、800 米、1000 米、1200 米等范围内小区，以此作为稳健性检验。具体计量模型如下：

$$\ln HR_{ijt} = \alpha + \beta_1 treat_i \cdot post_t + \lambda_j + \mu_t + \gamma \Omega_{it} + \varepsilon_{ijt} \qquad (7-9)$$

其中，$treat_i = 1$ 表示民办初中 500 米范围内的住宅，$treat_i = 0$ 表示民办初中 500~3000 米范围内的住宅；$post_t$ 为政策时间变量，"公民同招，民办摇号"政策出台之前为 0，政策出台之后赋值为 1；则交互项 $treat_i \cdot post_t$ 前系数 β_1 即为该政策效应的估计量，其大小、正负可以反映"公民同招，民办摇号"政策对民办学校附近住宅租金的影响，如果系数 β_1 为负显著，则意味着"公民同招，民办摇号"政策带来民办学校附近住宅租金下降，即民办初中附近住房需求下降。α 为常数；λ_j 为小区 j 的固定效应，控制了影响小区价格的非时变因素，如小区的位置、交通便利性、就医可达性等；μ_t 为月份固定效应，刻画全样本房价的时间趋势；Ω_{it} 为住宅 i 在时间 t 的特征变量，包括建筑面积、卧室个数、客厅个数、楼层所处位置、房龄和房屋朝向；ε_{ijt} 为

---

① 阿加瓦尔等（Agarwal et al.，2016）基于新加坡 2 公里距离的学校分配规则，利用学校搬迁事件建立双重差分模型，将学校 2~4 千米范围内住宅作为处理组，0~2 千米内住宅作为实验组讨论了学校迁移对房价的影响，结果表明学校搬迁会使原学校 2 公里区域内的住房价格大幅下降，并且学校受欢迎程度排名放大了学校搬迁后果。叶菁菁等（2022）将 800 米作为就近距离，计算某所住宅800 米内学校班级数作为处理变量衡量就近学位数，通过租购同权政策发布后不同学位密度区域房价和租金的相对变化，讨论了租购同权政策对住房价格和租金的影响。

随机误差项。

（2）择校思维转变，"以房择优"的不公平风险溢出效应评估。"公民同招，民办摇号"政策的实施改变了家庭的择校思路，由追求高质量的民办初中转变为追求确定性更强的优质公立初中，即按照"就近入学"原则购买相应公立初中对口小区大概率就可以享受该公立学校的资源，故该政策的实施增加了对优质初中对口小区的需求。正如理论模型研究所述，"公民同招，民办摇号"政策主要会影响原本"选择民办初中"和"冲击民办初中，公立初中保底"的家庭，由于政策的直接影响主体是初中入学家庭，这些家庭属于已经具有学区房或具备公立学校入学资格的家庭。出于优质民办初中入学的不确定性，部分家庭会从选择民办初中转向选择公立初中，但考虑到这些家庭已经具备公立学校的入学资格（小学阶段入学资格的延续），这些家庭主要是从原来追求高质量民办初中转向追求确定性更强的优质公立初中，而不会优先选择最差的公立初中（因为这部分家庭本身已经具备这个条件）。因此，为了弥补由民办初中入学不确定性上升而造成的福利损失，家庭会优先选择购买优质的公立初中对口学区房（Jin et al.，2023），不会选择第四梯队公立初中对口学区房。因此，"公民同招，民办摇号"政策对不同质量公立初中对口学区房影响存在显著差异，主要是影响第一、二、三梯队公立初中对口学区房。另外，原本用公办学校保底的家庭有可能会出售普通初中对口的学区房，转而选择优质初中对口的学区房，第四梯队初中对口学区房价格也将受到影响，但考虑到普通初中对口学区房数量较大，需求的细小变化影响不大。因此，参考维格（Vig，2013）、康佩洛和拉腊因（Campello and Larrain，2016）及宋傅天和姚东旻（2021）等的处理方法[①]，以及有关教育政策对学区房溢价影响的研究中的分组方法（Jin et al.，2023），按照政策前各初中质量排名进行分组，并以样本固有差异来

---

① 维格（2013）研究了印度证券化改革后企业的财务决策问题，该改革对所有公司均产生了影响，但是影响程度不同，故其根据改革前公司资产的多少划分实验组与控制组构建双重差分模型。康佩洛和拉腊因（2016）根据公司动产的多少划分实验组与控制组构建双重差分模型验证了东欧改革使经营更多动产的公司借入了更多的资金。宋傅天和姚东旻（2021）根据各市"城投部门"的议价能力之间存在固有差异，认为在新《预算法》所代表的"防范债务风险"政策冲击中，"城投部门"能够通过更强的议价能力，持续获得地方政府的支持，从而相对提高了债务扩张速度。

识别政策效应。故在后续实证分析中，按照受到"公民同招，民办摇号"政策影响程度的大小，将前三梯队（$j\_score > 1$）视作优质初中作为实验组，第四梯队视作非优质初中（$j\_score = 1$）作为对照组，以"公民同招，民办摇号"政策的颁布时间作为政策冲击时点，结合特征价格理论构建双重差分模型，研究该政策对学区房市场价格的影响，以探究旨在促进教育公平的政策是否又导致了教育资本化问题，进而加剧教育的不公平。进一步，为了规避对照组选取的有偏性，本章进一步以北京市西城区作为对照组对模型进行稳健性检验。

根据上述思路，本章的基准计量模型构造如下：

$$\ln HP_{ijt} = \alpha + \beta_1 treat_i \cdot post_t + \gamma\Omega_{it} + \lambda_j + \mu_t + \varepsilon_{ijt} \qquad (7-10)$$

其中，因变量 HP_{ijt} 为每平方米房价的自然对数，下角标表示位于小区 j 的住宅 i 在时间 t 的成交价格。$treat_i$ 为政策分组变量，$treat_i = 1$ 代表处理组，即优质初中对口的小区，$treat_i = 0$ 为控制组，即非优质初中对口的小区；$post_t$ 为政策时间变量，"公民同招，民办摇号"政策出台之前为 0，政策出台之后赋值为 1；则交互项 $treat_i \cdot post_t$ 前系数 β_1 即为该政策效应的估计量，其大小、正负可以反映"公民同招，民办摇号"政策对不同初中对口小区房价的作用效果。α 为常数；λ_j 为小区 j 的固定效应，控制了影响小区价格的非时变因素，如小区的位置、交通便利性、就医可达性等；μ_t 为月份固定效应，刻画全样本房价的时间趋势；Ω_{it} 为住宅 i 在时间 t 的特征变量，包括建筑面积、卧室个数、客厅个数、装修情况、楼层所处位置、梯户比、是否有电梯、房龄和房屋朝向以及民办学校可得性；ε_{ijt} 为随机误差项。

7.5.2.2 "以终为始"投资逻辑下学区房价格"削峰填谷"效应评估

为了进一步研究政策实施后家庭教育投资逻辑改变带来的学区房价格结构性差异，本章将基准回归实验组中的优质公立初中对口小区划分为更详细的第一梯队、第二梯队和第三梯队对口小区，并在回归模型中引入公立小学不同梯队的虚拟变量，以进一步明确优质教育资源的"教育级差地租"和"削峰填谷"效应的存在性。

"削峰填谷"效应评估的计量模型构造如下:

$$\ln HP_{ijt} = \alpha + \beta_1 treat_i \cdot post_t \cdot p_1 + \beta_2 treat_i \cdot post_t \cdot p_2$$
$$+ \beta_3 treat_i \cdot post_t \cdot p_3 + \gamma\Omega_{it} + \lambda_j + \mu_t + \varepsilon_{ijt} \qquad (7-11)$$

其中,因变量 HP_{ijt} 为每平方米房价的自然对数,下角标表示位于小区 j 的住宅 i 在时间 t 的成交价格。$treat_i$ 和 $post_t$ 的含义与公式(7-10)一致。p_1、p_1 和 p_3 分别表示是否属于公立小学第一梯队、第二梯队、第三梯队的虚拟变量,则三重交互项的系数 β_1、β_2、β_3 即为该政策效应的估计量,其大小、正负反映了初中所属梯队相同的情况下,"公民同招,民办摇号"政策对不同梯队小学对应小区房价的作用效果。α 为常数;λ_j 为小区 j 的固定效应,控制了影响小区价格的非时变因素,如小区的位置、交通便利性、就医可达性等;μ_t 为月份固定效应,刻画全样本房价的时间趋势;Ω_{it} 为住宅 i 在时间 t 的特征变量,包括建筑面积、卧室个数、客厅个数、装修情况、楼层所处位置、梯户比、是否有电梯、房龄和房屋朝向以及民办学校可得性;ε_{ijt} 为随机误差项。

7.5.2.3 政策协同探索:"多校划片"政策缓解"以房择优"的教育不公平风险评估

为了进一步探究教育均等化改革措施的协同效应,本章将早在 2005 年就已经实施"多校划片"改革的上海市长宁区纳入研究样本,来评估政策工具间的协同能否缓解由"公民同招,民办摇号"政策带来的"以房择优"的不公平风险溢出。本部分引入小区是否受"多校划片"政策影响作为调节变量,具体计量模型如下:

$$\ln HP_{ijt} = \alpha + \beta_1 treat_i \cdot post_t + \beta_2 Multisch_{it} + \beta_3 treat_i \cdot post_t \cdot Multisch_{it}$$
$$+ \beta_4 treat_i \cdot Multisch_{it} + \beta_5 post_t \cdot Multisch_{it} + \gamma\Omega_{it} + \lambda_j + \mu_t + \varepsilon_{ijt}$$
$$(7-12)$$

其中,因变量 HP_{ijt} 为每平方米房价的自然对数,下角标表示位于小区 j 的住宅 i 在时间 t 的成交价格。$Multisch_{it}$ 表示"多校划片"政策的代理变量,$Multisch_{it} = 1$ 表示受"多校划片"政策影响的小区,$Multisch_{it} = 0$ 表示不受"多校划片"政策影响的小区;ε_{ijt} 为随机误差项,其他变量设定同基准回归模型公式（7－10）。$treat_i \cdot post_t$ 表示"公民同招，民办摇号"政策的代理变量，受政策影响的小区为1，不受影响的小区为0，即第一、二、三梯队公立初中对口的小区在政策前为0，政策后为1，第四梯队学校对口的小区一直为0。β_1 为"公民同招，民办摇号"政策效应估计量，β_3 为"多校划片"政策的调节效应。

7.6　实证结果与分析

7.6.1　"以房择优"的不公平风险溢出效应

7.6.1.1　基准回归结果与分析

根据模型（7－9）和模型（7－10）的设定，该部分从整体上讨论了受到"公民同招，民办摇号"政策冲击的民办初中附近小区租金和优质公立初中对口小区房价受到了多大影响。表7－4报告了双重差分模型的计量结果，基准回归中均控制了小区固定效应和月份固定效应，列（1）为未控制房屋特征变量情况下民办初中附近租金的回归结果；列（2）在列（1）的基础上引入了房屋特征变量。列（3）未控制房屋特征下政策实施对房价的影响，列（4）在此基础上加入一系列房屋特征的控制变量进行回归。

表7－4　　基准回归结果："公民同招，民办摇号"政策对学区房市场的影响

变量	(1)	(2)	(3)	(4)
	租金（取对数）	租金（取对数）	房价（取对数）	房价（取对数）
政策效应	－0.0081* (0.0045)	－0.0086** (0.00433)	0.0365*** (0.0036)	0.0375*** (0.0035)
建筑面积（取对数）		－0.409*** (0.0165)		－0.2232*** (0.0073)

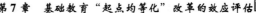

续表

变量	(1) 租金（取对数）	(2) 租金（取对数）	(3) 房价（取对数）	(4) 房价（取对数）
卧室		0.0301 *** (0.0034)		0.0409 *** (0.0020)
装修情况				0.0102 *** (0.0005)
客厅		−0.0010 (0.00343)		0.0103 *** (0.0012)
梯户比				−0.0070 *** (0.0008)
电梯				0.0119 *** (0.0039)
朝向		0.0052 *** (0.0009)		0.0102 *** (0.0007)
房龄		−0.0069 (0.0049)		−0.0024 *** (0.0003)
楼层位置		0.0011 (0.0012)		−0.0066 ** (0.0009)
民办初中可得性				0.1338 *** (0.0045)
竞赛成绩				0.0017 *** (0.0002)
常数项		6.475 *** (0.101)	11.1931 *** (0.0037)	12.1289 *** (0.0310)
小区固定效应	是	是	是	是
时间固定效应	是	是	是	是
样本数量	99338	99338	102799	102799
R^2	0.576	0.657	0.943	0.951

注：*、** 和 *** 分别表示 10%、5% 和 1% 显著性水平；括号内为聚类稳健标准误。下表同。

表7－4的结果表明，该政策的实施使民办初中附近房租下降了大约0.86％，且在5％的显著性水平下显著。同时，政策实施后优质初中对口小区房价上涨了大约3.65％，在加入房屋特征控制变量后，政策效应为3.75％，均通过了1％的显著性检验。加入控制变量后政策效应的大小、正负号和显著性均未发生较大改变，说明基准回归稳健。观察各房屋特征变量的系数，其大小与正负与实际情况和相关文献资料相符合，这就验证了本章的假说1和假说2的观点，即"公民同招，民办摇号"政策削弱了家庭对于优质民办学校的热衷度，带来优质民办初中附近房屋租金的下降，但也会导致优质公立初中对口学区房价格的非预期性上涨。可见，"公民同招，民办摇号"政策的实施在一定程度上加剧了教育资本化现象；虽然该政策的实施有利于缓解民办初中"择校热"，促进公立、民办教育的起点公平，有利于公立教育的发展，但从另一个角度来看，进入公立初中的前提是"就近入学"政策，即需要在该初中对口小区买房或租房，并且买房入学的顺序先于租房入学的顺序，这也就使得高收入家庭拥有优先进入理想初中的权利，因此，旨在促进教育公平的政策又引发了"以房择优"的不公平风险溢出。

此外，为更好地识别"公民同招，民办摇号"政策对学区房价格产生作用效果的时间，本章估计了政策实施前后每个月的政策效应。表7－5列出了政策实施前后3期、6期、9期、12期及以上等的结果。结果显示，政策实施前的政策效应不显著，从政策实施后的第7个月开始，政策效应在5％的显著性水平上显著，即"公民同招，民办摇号"政策不存在预期效应，政策实施后7个月学区房溢价明显发生变化。这在某种层面上反映了相比于政策的颁布，家庭更关注政策实施之后的结果，并将影响下一年子女入学的家庭学区房购买行为。

表7－5 政策的预期效应分析

变量	房价（取对数）
政策效应（滞后12期及以上）	0.0163 (0.0203)

续表

变量	房价（取对数）
政策效应（滞后 9 期）	0.0113 （0.0204）
政策效应（滞后 6 期）	0.0166 （0.0205）
政策效应（滞后 3 期）	0.0195 （0.0206）
政策效应（当期）	0.0174 （0.0205）
政策效应（实施后 3 期）	0.0316 （0.0202）
政策效应（实施后 6 期）	0.0327 （0.0203）
政策效应（实施后 7 期）	0.0467 ** （0.0201）
政策效应（实施后 8 期）	0.0456 ** （0.0203）
政策效应（实施后 9 期）	0.0575 *** （0.0202）
政策效应（实施后 12 期及以上）	0.0604 *** （0.0201）
常数项	11.8793 *** （0.0281）
控制变量	是
小区固定效应	是
时间固定效应	是
样本数量	102799
R^2	0.950

注：由于篇幅限制，本章未列出政策实施前后 1、2、4、5、7、8、10、11 期的政策效应结果。

7.6.1.2　租金稳健性检验

为验证租金基准回归结果的稳健性，本章进行了一系列稳健性检验：平行趋势检验；随机抽取控制组、实验组的安慰剂检验；调整租房市场范围（即通过调整既定的民办初中校与租住房屋之间的距离从而达到调整民办初中校附近租房样本的目的）、改变分组变量；替换被解释变量等稳健性检验。

（1）平行趋势检验。类似于学区房溢价回归的稳健性检验，本章对租金模型的基准回归也进行了平行趋势检验。图7-4展示了政策冲击前6个月至政策冲击后6个月的政策效应差异趋势，结果显示在10%的显著性水平下，政策冲击前的系数基本无法拒绝原假设，即在政策发生前控制组和实验组具有相同的趋势，通过了平行趋势检验；但在政策发布的当期，租金立即呈现出上升的趋势且变量的系数全部为正且显著，可以说明"公民同招，民办摇号"政策对租金的影响是显著且持续的。

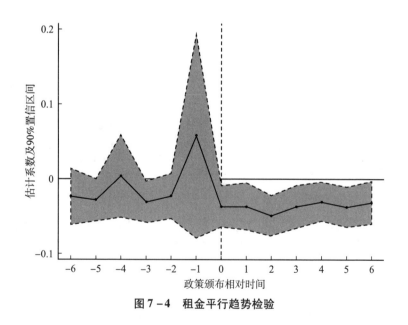

图7-4　租金平行趋势检验

（2）安慰剂检验。为确定"公民同招，民办摇号"政策对租房市场的影响并不是偶然发生的，本章使用蒙特卡洛法随机抽取了 422 个小区作为实验组，用基准模型估计安慰剂效应的系数，并在此基础上重复 1000 次，以检验结果的稳定性。图 7-5 即为模拟得到的租金回归系数核密度估计图，得到的系数接近均值为 0 的正态分布，模拟系数均值与真实系数 0.086 相差较大，因此，基准回归结果是稳健的。

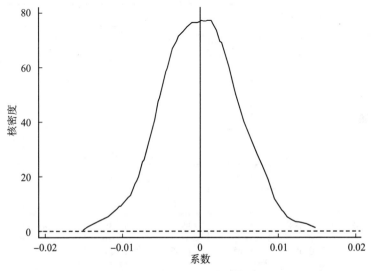

图 7-5 租金回归系数的核密度估计

（3）调整租房市场范围。本章租金基准回归所用样本为非一贯制民办初中校附近 3000 米内的租房，其中 500 米范围以内小区作为实验组，500 ~ 3000 米范围内小区作为对照组，建立双重差分模型，讨论"公民同招，民办摇号"政策对民办学校附近小区租金的影响。为了确定"公民同招，民办摇号"政策对租房市场的影响范围以及该政策效果的稳健性，本章调整了既定的民办初中校与租住房屋之间的距离，将"就近入学"最远距离由原来的 3000 米逐步扩大到 4000 米、5000 米、6000 米，并将实验组进一步设定为距离民办初中 300 米、400 米、500 米、800 米、1000 米、1200 米等范围内小区。表 7-6 展示了调整实验组和对照组租房市场影响范围的回归结果，结果显示，在"就近入学"最远距离为 3000 ~ 6000 米样本中，"公民同招、民办

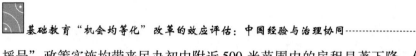

摇号"政策实施均带来民办初中附近 500 米范围内的房租显著下降，但对民办初中附近 500 米范围以外的房租并没有显著影响。这就意味着民办初中对租房市场的影响范围约为 500 米，也体现了家长对减少上学路上的时间消耗的偏好程度。

表 7 – 6　　　　租金稳健性检验：调整民办初中校与租住房屋之间距离

Panel A：民办初中附近 3000 米内租房样本

变量	(1) 租金 (300 米)	(2) 租金 (400 米)	(3) 租金 (500 米)	(4) 租金 (800 米)	(5) 租金 (1000 米)	(6) 租金 (1200 米)
政策效应	– 0.0113 ** (0.0056)	– 0.0098 ** (0.0050)	– 0.0086 ** (0.0043)	– 0.0034 (0.0034)	– 0.0015 (0.0032)	– 0.0018 (0.0031)
控制变量	是	是	是	是	是	是
小区固定效应	是	是	是	是	是	是
月份固定效应	是	是	是	是	是	是
样本数量	99338	99338	99338	99338	99338	99338
R^2	0.657	0.657	0.657	0.657	0.657	0.657

Panel B：民办初中附近 4000 米内租房样本

变量	(1) 租金 (300 米)	(2) 租金 (400 米)	(3) 租金 (500 米)	(4) 租金 (800 米)	(5) 租金 (1000 米)	(6) 租金 (1200 米)
政策效应	– 0.0117 ** (0.0055)	– 0.0102 ** (0.0050)	– 0.0090 ** (0.0043)	– 0.0038 (0.0034)	– 0.0020 (0.0032)	– 0.0024 (0.0031)
控制变量	是	是	是	是	是	是
小区固定效应	是	是	是	是	是	是
月份固定效应	是	是	是	是	是	是
样本数量	101828	101828	101828	101828	101828	101828
R^2	0.662	0.662	0.662	0.662	0.662	0.662

续表

Panel C：民办初中附近5000米内租房样本

变量	(1)	(2)	(3)	(4)	(5)	(6)
	租金（300米）	租金（400米）	租金（500米）	租金（800米）	租金（1000米）	租金（1200米）
政策效应	-0.0118**（0.0055）	-0.0103**（0.0050）	-0.0091**（0.0043）	-0.0040（0.0034）	-0.0023（0.0032）	-0.0027（0.0031）
控制变量	是	是	是	是	是	是
小区固定效应	是	是	是	是	是	是
月份固定效应	是	是	是	是	是	是
样本数量	102445	102445	102445	102445	102445	102445
R^2	0.670	0.670	0.670	0.670	0.670	0.670

Panel D：民办初中附近6000米内租房样本

变量	(1)	(2)	(3)	(4)	(5)	(6)
	租金（300米）	租金（400米）	租金（500米）	租金（800米）	租金（1000米）	租金（1200米）
政策效应	-0.0120**（0.0055）	-0.0105**（0.0050）	-0.0093**（0.0043）	-0.0042（0.0034）	-0.0025（0.0032）	-0.0030（0.0031）
控制变量	是	是	是	是	是	是
小区固定效应	是	是	是	是	是	是
月份固定效应	是	是	是	是	是	是
样本数量	103120	103120	103120	103120	103120	103120
R^2	0.676	0.676	0.676	0.676	0.676	0.676

注：200米、600米、700米、900米、1100米范围内租房样本作为实验组结果与表内数据结果基本一致，出于篇幅原因未展示。

（4）替换被解释变量。本章租金基准回归是以每平方米的租金为被解释变量，为检验结果的稳健性，本章采取更换被解释变量的方法，以房屋成交租金为被解释变量进行回归，结果如表7-7所示。由表7-7的列（1）可知，以房屋成交租金为被解释变量回归得到的政策效果仍为-0.86%，租金基准回归的结果是稳健的。

（5）调整样本范围："次新房"。本章基准回归模型选用的全样本为二手房交易平台三年内所有租房成交数据，而并非所有的租房交易都考虑民办学校这一影响因素。与学区房不同，出租房不受学区的限制，家长对租房的选择更有灵活性，家长在选择租房时，除考虑民办学校与租房之间的距离外，还可以自主选择舒适度较高、周边基础设施较为齐全的房屋。"次新房"小区，即建成年代较晚，且面积较大的出租房。这类租房不仅舒适度更佳，而且这类新建小区整体功能较为完善，能够满足居民的基本生活需求。因此，本章将房龄小于 10 年且建筑面积大于 60 平方米的住宅视作"次新房"，回归结果见表 7 - 7 的列（2）。结果显示政策效应为 - 3.15%，其政策效应与基准回归结果呈现一致性。

表 7 - 7　　　　　租金稳健性检验：替换被解释变量与调整样本范围

变量	（1）替换被解释变量	（2）调整样本范围："次新房"
	房价（取对数）	房价（取对数）
政策效应	- 0.0086 ** (0.0043)	- 0.0315 ** (0.0129)
控制变量	是	是
小区固定效应	是	是
月份固定效应	是	是
样本数量	99338	4955
R^2	0.864	0.745

7.6.1.3　学区房溢价的稳健性检验

基准回归使用双重差分法（DID）来实证评估"公民同招，民办摇号"政策的不公平风险溢出效应。为验证学区房溢价基准回归的外生性和结果的稳健性，本章进行了一系列稳健性检验：对控制组、实验组是否满足平行趋势的检验，随机抽取控制组、实验组的安慰剂检验，替换被解释变量，替换政策冲击时点（以政策实施时间为冲击时点），剔除新冠疫情干扰，限定"老破小"的学区房子样本，排除其他政策干扰等对回归结果的影响。以上检验结果均显示回归结果是稳健的。

（1）平行趋势检验。平行趋势检验是使用双重差分模型的前提，图7-6为基准模型的平行趋势检验图，以检验模型的有效性，该图展示了政策冲击前18个月至冲击后18个月的政策效应差异趋势。结果显示，在10%的显著性水平下，政策冲击前的系数基本无法拒绝原假设，即在政策发生前控制组和实验组具有相同的趋势，通过了平行趋势检验；但在政策发布7个月后，房价立即呈现出上升的趋势且变量的系数全部为正且显著，可以说明"公民同招，民办摇号"政策对房价的影响是显著且持续的。

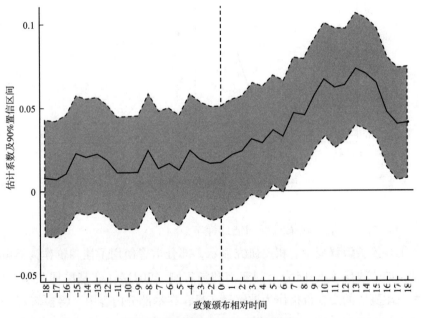

图7-6 学区房溢价平行趋势检验

（2）安慰剂检验。为了进一步确定"公民同招，民办摇号"的政策效应不是偶然得到的，本章使用蒙特卡洛法通过虚构处理组进行检验。将全样本中的小区在控制组和实验组之间进行随机分配，具体操作为随机抽取1584个小区作为随机试验中实验组（保证随机试验中实验组中的小区数与真实实验组中的小区数相等），用基准模型估计安慰剂效应的系数，采用蒙特卡洛法重复 1000 次试验。图 7-7 为随机化实验组后 1000 次模拟回归系数的核密度估计图，得到的系数接近均值为 0 的正态分布，可以看出模拟系数的均值与真实系数 0.0375 差距十分明显，说明基准回归结果并非偶然所得，是可靠的。

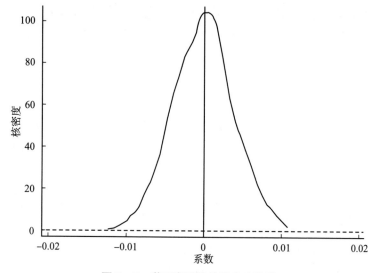

图 7-7　学区房溢价的核密度估计

（3）替换变量、政策时点和估计样本。

①替换被解释变量。相关研究显示，部分学者使用了挂牌价作为被解释变量，如张牧扬等（2016）、刘亚南和汤玉刚（2021）。在基准回归模型中，本章采用真实的交易价格作为被解释变量，在本部分内容中，将被解释变量替换为挂牌价进行稳健性检验，考察"公民同招，民办摇号"政策对挂牌价的影响，其回归结果见表 7-8 的 Panel A 的列（1）。结果显示，在 1% 的显著性水平下，该政策的实施使优质初中对口小区房价上涨了 3.65%，与基准回归结果基本一致，进而验证了该政策的实施对学区房市场房价的影响具有稳健性。

②替换政策冲击时点。上海市教委于 2020 年 3 月发布"公民同招，民办摇号"政策，而本年度小升初于 2020 年 4 月开始信息核对，5 月底完成录取，对于本年度小升初的家庭来说，可能在房产方面来不及对政策作出反应，而后续年份入学的家庭可能会对该政策持观望态度，等本年度录取完成后，就录取结果再作出反应，故本部分将政策冲击时点改为政策实施时间进行稳健性检验，回归结果见表 7-8 的 Panel A 的列（2）。结果显示，该政策的实施使优质初中对口小区房价上涨了 3.89%，其结果略高于基准回归结果，进而验证了该政策对学区房市场房价影响的稳健性。

③选择"老破小"子样本。本章基准回归模型选用的全样本为二手房交易网站三年内所有的交易数据，而并非所有的房产交易都考虑学区这一影响因素。由于"老破小"小区自住性差、管理混乱，而一般又处于中心地段、配备优质的学区等特点，大多数购买此类房产的户主是为了获得一个入学资格，因此该部分为排除其他购房因素的影响，选择"老破小"子样本进行回归。本章将房龄超过 20 年、建筑面积小于 60 平方米且没有电梯的住宅视作"老破小"，回归结果见表 7-8 的 Panel A 的列（3）。结果显示，政策效应为 4.78%，其政策效应与基准回归结果呈现一致性。

（4）排除其他政策干扰。在本章的样本期还存在其他教育政策的颁布与实施，为了使基准回归结果更加可靠，该部分进行了稳健性检验试图排除其他相关政策的干扰。

表 7-8　　　　　　　　　学区房溢价的稳健性检验

Panel A：替换变量、政策时点和估计样本

变量	（1）替换被解释变量	（2）替换政策冲击时点	（3）"老破小"样本
	挂牌价（取对数）	房价（取对数）	房价（取对数）
政策效应	0.0365 *** (0.0034)	0.0389 *** (0.0035)	0.0478 *** (0.0053)
控制变量	是	是	是
小区固定效应	是	是	是

续表

Panel A：替换变量、政策时点和估计样本

变量	（1）替换被解释变量	（2）替换政策冲击时点	（3）"老破小"样本
	挂牌价（取对数）	房价（取对数）	房价（取对数）
时间固定效应	是	是	是
样本数量	102799	103828	39789
R^2	0.951	0.951	0.934

Panel B：排除其他政策干扰

变量	（1）剔除学校合并与集团化	（2）剔除中考招生改革与"双减"政策	（3）剔除教师轮岗制度
	房价（取对数）	房价（取对数）	房价（取对数）
政策效应	0.0371 *** (0.0035)	0.0252 *** (0.0028)	0.0351 *** (0.0040)
控制变量	是	是	是
小区固定效应	是	是	是
时间固定效应	是	是	是
样本数量	101863	55718	55423
R^2	0.951	0.952	0.914

①学校合并与集团化。学校合并一般是指一所实力较薄弱的学校并入一所优质学校，合并后薄弱学校建制取消，该政策有利于发挥优质教育资源的辐射带动作用，促进薄弱学校的发展，如2021年1月启秀实验中学合并到向明初级中学。集团化办学同学校合并有着异曲同工之处，一般是以一所优质学校为中心形成一个教育集团，较为薄弱的学校加入该教育集团，一定程度上可享受到优质学校的资源，如2020年2月上海市和田中学加入上海市静安区市北初级中学教育集团，更名为上海市静安区市北初级中学北校。学校合并和集团化在一定程度上提升了薄弱学校的质量，一般对优质学校影响不大。邵磊等（2020）建立双重差分模型验证了合并措施影响了划片内的房价，故该部分剔除进行了学校合并或集团化的薄弱学校后重新回归，回归

结果见表 7 – 8 Panel B 的列（1）。结果显示政策效应为 3.71%，与基准回归结果一致。

②中考招生改革与"双减"政策。自 2021 年 3 月 16 日上海市教育委员会印发《上海市高中阶段学校招生录取改革实施办法》后，从 2022 年开始，名额分配将会是最大的录取来源。委属市实验性示范性高中的名额原则上以各区当年度中招报名人数占全市中招报名人数的比例为测算依据分配到各区；区属的市实验性示范性高中的名额分配到区招生计划约占本校名额分配招生计划的 30%，分配到校招生计划约占本校名额分配招生计划的 70%，实现名额分配全覆盖。该政策的实施让不同等级初中的学生都有机会进入示范性高中就读，以结果公平来引导教育选择。2021 年 7 月 24 日，中共中央办公厅、国务院办公厅印发《关于进一步减轻义务教育阶段学生作业负担和校外培训负担的意见》，指出要促进学校教育教学质量和服务水平进一步提升，学校课后服务基本满足学生需要，学生回归校园；校外培训机构培训行为全面规范，基本消除学科类校外培训各种乱象，令校外培训热度逐步降温。关于"双减"政策，大部分家长认为取消课外辅导后学校教育更加重要了，在校时间变长，选择质量好的学校更加重要，从这一角度看，"双减"政策可能会导致优质学区房房价的抬升。

为了排除中考招生改革与"双减"政策的干扰，该部分缩短样本区间至 2021 年 2 月重新进行回归，回归结果见表 7 – 8 Panel B 的列（2），结果显示政策效应变为 2.52%。从结果来看，中考招生改革与"双减"政策对"公民同招，民办摇号"的资本化效应产生了一定的干扰，但依旧可以得出"公民同招，民办摇号"政策的实施导致优质初中对口小区房价非预期性增长。

③教师轮岗制度。2021 年 1 月 26 日，上海市教委发布了《关于进一步加强上海市中小学教师人事管理制度建设的指导意见》，该意见提出完善交流轮岗制度等八大任务。其中教师轮岗制度要求各区要采取绝对流动和相对稳定的举措，可采取定期交流、跨校竞聘、学区化集团化办学、对口支援等多种途径和方式。该举措为促进校长教师合理流动、优化中小学教师资源配置提供制度保障，有利于整体提升基础教育优质均衡发展水平，促进教育公平，避免了优质教育资源聚拢形成高地，有利于各校之间的实际差距缩小，

为学区房降温。上海市教师轮岗制度率先在浦东新区、松江区和奉贤区展开试点，故该部分将样本中涉及教师轮岗制度的浦东新区剔除重新回归，回归结果见表7-8 Panel B的列（3）。结果显示政策效应变为3.51%，与基准回归结果基本一致。

（5）剔除新冠疫情干扰。本章采用的房屋交易数据的时间跨度是2018年9月~2021年9月，从2020年3月开始，上海市陆续出现了新冠病毒感染病例，2020年1~4月也经历了全国范围的封控影响。疫情管控可能对房地产市场交易产生影响，从而干扰估计结果。当然，在前文识别策略中对时间、小区固定效应的控制，可以极大地降低疫情对估计结果的干扰。但为了稳健性起见，本章从两个方面来控制疫情的影响：第一，剔除2020年1月至4月的交易数据重新进行回归；第二，在模型中加入与疫情严重程度有关的控制变量。考虑到样本期内各小区的疫情数据较难获得，参考邵磊等（2023），本章加入了样本期间上海市主城区各月社会消费品零售总额、商品房销售面积、涉疫社区数量占各区社区总数量比重等三个疫情相关变量，将疫情对各区的差异化影响加以控制。表7-9展示了上述两种调整后对基准回归的影响，其中列（1）剔除了2020年1月至4月交易数据，列（2）至列（6）一次分布控制了商品房销售面积、社会消费品零售总额、每日新增管控社区占比及当日管控社区占比，以及同时控制所有疫情变量。结果发现，排除了其他因素干扰后，基准回归系数的方向、数值大小及显著性与之前并没有发生显著变化，但绝对值有所增大，政策效应提高至3.90%。总体来说，与基准回归结果相一致。

表7-9 剔除疫情影响的回归结果

变量	房价（取对数）	房价（取对数）	房价（取对数）	房价（取对数）	房价（取对数）	房价（取对数）
	（1）	（2）	（3）	（4）	（5）	（6）
政策效应	0.0390 *** (0.0037)	0.0389 *** (0.0036)	0.0390 *** (0.0037)	0.0391 *** (0.0037)	0.0391 *** (0.0036)	0.0392 *** (0.0038)

续表

变量	房价（取对数）	房价（取对数）	房价（取对数）	房价（取对数）	房价（取对数）	房价（取对数）
	(1)	(2)	(3)	(4)	(5)	(6)
商品房销售面积	否	是	否	否	否	是
社会消费品零售总额	否	否	是	否	否	是
每日新增管控社区占比	否	否	否	是	否	是
当日管控社区占比	否	否	否	否	是	是
控制变量	是	是	是	是	是	是
小区固定效应	是	是	是	是	是	是
时间固定效应	是	是	是	是	是	是
样本数量	95092	102799	102799	102799	102799	102799
R^2	0.951	0.950	0.950	0.951	0.952	0.952

（6）更换对照组的稳健性检验。以北京市西城区作为对照组。"公民同招，民办摇号" 政策可能会影响上海市所有公办初中对口学区房，例如会造成第四梯队公立初中对口学区房的需求下降，但由于普通初中对口学区房数量较大，需求的细微变化对房价的影响较小。因此，为了进一步确保实证结果的稳健性，作者选择其他城市样本作为对照组进行稳健性检验。2019 年 6 月 23 日印发的《中共中央　国务院关于深化教育教学改革全面提高义务教育质量的意见》明确要求，民办义务教育学校招生纳入审批地统一管理，与公办学校同步招生，对报名人数超过招生计划的，实行电脑随机录取。2020 年初，全国 31 个省份教育部门陆续发布了中小学招生入学具体实施细则，都明确了落实全面推行 "公民同招，民办摇号" 的政策，这就意味着很难寻找到完全未受政策影响的其他城市样本作为对照组。

考虑到民办教育无论是在数量上还是在质量上都存在较为明显的南北差异。北京市的公办教育相对民办教育无论在数量还是质量上都具有明显优势，而民办小学招生人数、在读人数的占比低于全国平均水平。相比而言，一些其他省或直辖市（包括上海、浙江、广东等）的民办教育在数量和质量上发展迅速并逐渐得到市场接受甚至青睐。与全国平均水平相比，北京市民办小学在读人数占比偏低，具体到省级层面，北京市的民办小学在读人数占比处于平均水平，但明显低于其他一线城市。如图7-8所示，根据2018年全国教育事业发展数据统计及各地方统计年鉴、教育发展统计公报、国民经济和社会发展公报，仅有6个省级行政单位的民办小学在校生占比超过10%，分别为广东（22.46%）、河南（16.23%）、浙江（13.37%）、上海（13.33%）、海南（11.24%）和河北（10.84%），而该比重不足5%的省份达到15个。北京市民办小学在校生占比虽低于平均数，但在样本中位于中位数附近，与福建、贵州、吉林等省份的情况接近。

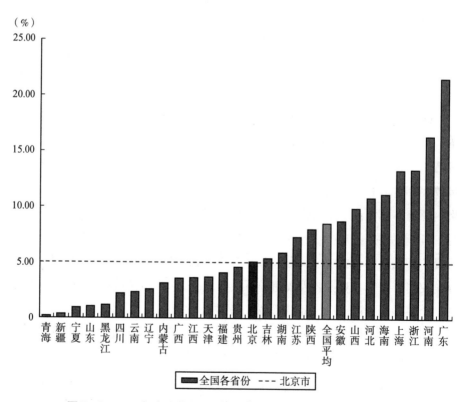

图7-8　2018年全国及各省级行政区民办小学在校人数占比情况

注：部分省级行政区未公布相关数据。

由于北京市的民办教育相对公办教育无论是数量还是质量都具有明显劣势，且民办小学招生人数、在读人数的占比低于全国平均水平，这就意味着 "公民同招，民办摇号" 政策对北京市的影响相对较小。同时，北京、上海同属于一线城市，北京市可以作为上海市主城区 "公民同招，民办摇号" 政策影响分析的对照组。为了选择相对更干净的对照组样本，作者选择北京市西城区作为对照组，原因有二：第一，样本期内（2018 年 9 月至 2021 年 9 月），西城区仅有一所民办初中，即面向全市招生的北师大亚太实验学校；第二，北京市西城区有将近 40 所公办初中校，优质初中占比在 80% 以上，在 "公民同招" 政策时实施前，与其竞争资源紧张的民办初中校，家长更加倾向于购买优质学区房入学，政策实施后更是如此。因此，北京市西城区受 "公民同招" 政策的影响较小。本章选择北京市西城区作为对照组进行回归，回归结果如表 7 - 10 所示。由表 7 - 10 的结果可知，"公民同招，民办摇号" 政策使得学区房价格上涨了 5.96%，结果是稳健的。

表 7 - 10　　　　　学区房溢价的稳健性检验：更换对照组

变量	房价（取对数）
政策效应	0.0596 *** （0.0025）
控制变量	是
小区固定效应	是
时间固定效应	是
样本数量	117659
R^2	0.953

7.6.1.4　学区房溢价的异质性分析

本章基于以下思路对学区房溢价效应进行异质性分析：首先，考察了民办初中教育质量——"初中梯队" 的影响；其次，我们考察了 "小升初" 入学方式特征，分析 "户籍入学" 和 "学籍入学" 的异质性影响；最后，我们关注了房屋总价、房屋面积等购房需求类型的异质性。

（1）初中梯队。在基准回归中，我们得出"公民同招，民办摇号"政策实施后，家庭对于优质公立初中的需求上升。既然教育因素在家庭购房决策中十分重要，家庭行为决策在不同质量的学校间是否存在差异？为探究教育质量导致的差异化政策效应，本章将优质公立初中划分为"第一梯队""第二梯队""第三梯队"，并利用模型（7-11）分别检验，结果如表7-11所示。该表的列（1）、列（2）、列（3）分别报告了"公民同招，民办摇号"政策对"第一梯队""第二梯队""第三梯队"公办初中附近房价的影响。交互项 treat×post 的估计系数均在1%的水平上显著为正，家庭的购房需求均有所增加。通过进一步比较可以发现，家庭对于"第一梯队"公办初中的需求上升程度更大，"第二梯队"的次之，"第三梯队"的上升程度最小。

表7-11 学区房溢价的异质性分析：初中梯队

	初中第一梯队 房价（取对数）	初中第二梯队 房价（取对数）	初中第三梯队 房价（取对数）
	（1）	（2）	（3）
$treat \times post$	0.0792*** (0.0086)	0.0653*** (0.0060)	0.0225*** (0.0039)
控制变量	是	是	是
小区固定效应	是	是	是
时间固定效应	是	是	是
样本数量	70478	73887	91676
R^2	0.952	0.953	0.949

注：控制变量同学区房基准回归。

（2）"小升初"入学方式。如前文所述，上海市各区"幼升小"主要存在两种方式，分别是"学籍对口"入学和"户籍对口"入学。两种入学方式下初中教育与房产之间的关联不同，可能会导致"公民同招，民办摇号"政策效果存在差异。相较而言，"学籍对口"入学方式下，政府根据学籍对初中教育资源进行分配，基本不受房产限制；而"户籍对口"入学方式下，房产仍然是初中教育资源分配的重要因素。据此，本章构建了反映"小升初"入学方式的虚拟变量 way，若一个城区根据"户籍对口"分配初中教育资源，则取值为 1，否则取值为 0。进而，我们将变量 way 引入到模型中，具体形式如式（7-13）所示。

$$\ln HP_{ijwt} = \alpha + \beta treat_i \times post_t + \beta_1 treat_i \times post_t \times way_w + \beta_3 way_w$$
$$+ \lambda_j + \mu_t + \gamma \Omega_{it} + \varepsilon_{ijwt} \qquad (7-13)$$

该式中，三重交互项 $treat_i \times post_t \times way_w$ 的估计系数 β_1 是我们重点关注的，反映了"小升初"入学方式不同所导致的政策效果差异。表7-12 展示了"小升初"入学方式对学区房溢价的异质性影响。三重交互项系数为 0.0120，且具有统计意义上的显著性。这表明"户籍对口"下"公民同招，民办摇号"政策的作用效果更明显，家庭对优质公立学校的热衷度更高，从而加剧了教育资本化效应。

表7-12　　　　学区房溢价的异质性分析："小升初"入学方式

变量	区分入学方式
	房价（取对数）
$treat \times post$	0.0333 *** (0.0038)
$treat \times post \times way$	0.0120 * (0.0065)
way	-0.2052 *** (0.0018)
控制变量	是
小区固定效应	是
时间固定效应	是
样本数量	102799
R^2	0.951

注：控制变量同学区房基准回归。

（3）购房需求类型。本章从房屋成交总价和住房面积两个维度考察"公民同招，民办摇号"政策对学区房溢价的异质性影响。具体内容如下：第一，基于房屋成交总价的分组检验。为考察不同成交总价段间政策效应的差异性，我们根据房屋成交总价将样本划分为小于 200 万元、200 万 ~ 400（不含）万元、400 万 ~ 600（不含）万元、600 万 ~ 800（不含）万元、800 万 ~ 1000（不含）万元、1000 万 ~ 1500（不含）万元、1500 万 ~ 2000（不含）万元七个区间段（成交总价高于 2000 万元的样本极少，故本章未对此进行检验），并依次采用模型（7 - 10）进行实证检验，结果如表 7 - 13 所示。通过观察可以发现，对于成交总价低于 200 万元的房屋，政策实施后其房价变化是不显著的；对于成交总价在 200 万 ~ 1000 万元的房屋，"公民同招，民办摇号"政策的实施使得其房价显著上涨；但对于成交总价高于 1000 万元的房屋，其房价也未发生明显变化。上述结果表明，"公民同招，民办摇号"政策实施后，选择成交总价在 200 万 ~ 1000 万元房屋的中产家庭更倾向于通过购买房产获得公立初中的入学资格，这也反映了中产家庭的择校焦虑。

表 7 - 13　　　　　　学区房溢价的异质性分析：房屋成交总价

房屋成交总价（万元）	$treat \times post$
< 200	- 0. 0070 （0. 0075）
200 ~ 400	0. 0282 *** （0. 0042）
400 ~ 600	0. 0217 *** （0. 0049）
600 ~ 800	0. 0186 *** （0. 0048）
800 ~ 1000	0. 0108 ** （0. 0055）
1000 ~ 1500	0. 0126 （0. 0091）
1500 ~ 2000	0. 0201 （0. 0140）

注：控制变量同学区房基准回归。

第二，基于住房面积的分组检验。在其他条件不变的情况下，房屋建筑面积反映了家庭对居住舒适度的要求。为捕获住房面积差异对"公民同招，民办摇号"政策作用效果的影响，本章根据住房面积大小将样本分为4组，分别是小于50平方米、50~90（不含）平方米、90~120（不含）平方米、大于等于120平方米。进一步地，本章采用模型（7-10）进行分组回归，结果如表7-14所示。在各个住房面积段，核心解释变量 treat × post 的估计系数均显著为正，且住房面积越小，估计系数数值越大。这意味着，"公民同招，民办摇号"政策实施后，家庭的购房需求明显增加，其中，对小户型住房的需求增加更多，这一现象表明家庭愿意为了子女就读优质公立学校牺牲一定的居住舒适度。

表7-14　　　　　　　　学区房溢价的异质性分析：住房面积

住房面积（平方米）	$treat \times post$
<50	0.0475 *** (0.0061)
50~90	0.0382 *** (0.0045)
90~120	0.0306 *** (0.0071)
≥120	0.0223 *** (0.0083)

第三，综合考虑了成交总价和住房面积的综合影响。我们按照房屋成交总价将样本划分，具体标准如上文所示。与此同时，本章在模型（7-14）中引入三次交互项——住房面积连续变量 $size$。我们重点关注三重交互项的系数 β_1，反映了住房面积对政策影响的调节效应，检验结果如表7-15所示。无论在哪个房屋成交总价段上，三重交互项的估计系数均显著为负，这意味着住房面积越大，"公民同招，民办摇号"政策对学区房溢价的正向影响越小。与上述研究结果结论一致。

$$\ln HP_{ijst} = \alpha + \beta treat_i \times post_t + \beta_1 treat_i \times post_t \times size_s + size_s + \lambda_j + \mu_t + \gamma\,\Omega_{it} + \varepsilon_{ijst}$$

$$(7-14)$$

表 7-15　　　　学区房溢价的异质性分析：房屋成交总价 & 住房面积

变量	成交总价						
	< 200	200 ~ 400	400 ~ 600	600 ~ 800	800 ~ 1000	1000 ~ 1500	1500 ~ 2000
	(1)	(2)	(3)	(4)	(5)	(6)	(7)
$treat \times post$	0.0637 *** (0.0205)	0.0968 *** (0.0100)	0.0797 *** (0.0156)	0.0800 *** (0.0139)	0.0454 *** (0.0145)	0.0785 *** (0.0227)	0.0779 ** (0.0307)
$treat \times post \times size$	− 0.0018 *** (0.0004)	− 0.0013 *** (0.0001)	− 0.0009 *** (0.0002)	− 0.0007 *** (0.0001)	− 0.0003 *** (0.0001)	− 0.0005 *** (0.0002)	− 0.0004 * (0.0002)
控制变量	是	是	是	是	是	是	是
小区固定效应	是	是	是	是	是	是	是
月份固定效应	是	是	是	是	是	是	是
样本量	9746	46545	22252	9939	5601	5550	1725
R^2	0.970	0.948	0.961	0.971	0.974	0.933	0.961

注：控制变量同学区房基准回归。

7.6.2　"公民同招，民办摇号"政策的漏网之鱼："小升初"确定性影响下的民办初中偏好政策效应评估

民办学校分为九年一贯制和非九年一贯制，其中，九年一贯制学校指的是小学和初中实行一体化教育的学校，学生在九年一贯制小学毕业后可以直接升至对口初中学校，没有"小升初"竞争压力。民办学校附近租金变化反映了家庭的选择偏好，一贯制和非一贯制民办学校间"小升初"确定性变化的差异可能会导致"公民同招，民办摇号"政策效果不同。本章根据民办初中类型将样本划分为一贯制和非一贯制两组，并依次采用模型（7-9）进行检验，结果如表 7-16 所示。该表的列（1）和列（2）分别反映了非一贯制民办初中和一贯制民办初中附近的租金的变化情况。通过观察可以发现，非一贯制民办初中附近租金下降了 0.86%，且在 5% 的水平上显著，而一贯制民办初中附近租金并未发生明显变化，验证了本章的假说 3。

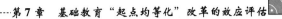

表 7 - 16　　　　"小升初"确定性影响下的民办初中偏好政策效应评估

变量	非一贯制民办初中附近租金	一贯制民办初中附近租金
	租金（取对数）	房价（取对数）
	(1)	(2)
政策效应	- 0.0086 ** (0.00433)	- 0.0056 (0.0078)
建筑面积（取对数）	- 0.409 *** (0.0165)	- 0.4400 *** (0.0277)
卧室	0.0301 *** (0.0034)	0.0357 *** (0.0059)
客厅	- 0.0010 (0.00343)	- 0.0011 (0.0019)
朝向	0.0052 *** (0.0009)	0.0042 *** (0.0013)
房龄	- 0.0069 (0.0049)	0.0012 *** (0.0002)
楼层位置	0.0011 (0.0012)	0.0026 (0.0020)
常数项	6.475 *** (0.101)	6.5057 *** (0.0976)
小区固定效应	是	是
时间固定效应	是	是
样本数量	99338	53184
R^2	0.657	0.794

7.6.3 "以终为始"投资逻辑下学区房价格"削峰填谷"效应评估

　　为了进一步研究稀缺的优质公立初中资源差异化的政策效应，本章将公立小学和公立初中的教育质量同时纳入实证模型中，并将基准回归实验组中的优质公立学校对口小区进一步划分为更加详细的第一梯队、第二梯队和第三梯队对口小区，进行异质性分析。表7-17报告了不同梯队初中对口小区房价对政策反应的回归结果。结果显示，公立小学和初中的教育质量梯队差异会影响"公民同招，民办摇号"政策的作用效果，列（1）~列（3）分别展示了第一、二、三梯队公立初中对口的学区房房价变化情况。如列（1）所示，政策实施后，"小学第一梯队，初中第一梯队"对口学区房价格显著上涨5.77%，"小学第二梯队，初中第一梯队"对口学区房价格显著上涨6.26%，"小学第三梯队，初中第一梯队"对口学区房价格显著上涨10.9%；如列（2）所示，政策实施后，"小学第一梯队，初中第二梯队"对口学区房价格显著上涨3.73%，"小学第二梯队，初中第二梯队"对口学区房价格显著上涨6.47%，"小学第三梯队，初中第二梯队"对口学区房价格显著上涨4.60%；如列（3）所示，政策实施后，"小学第一梯队，初中第三梯队"对口学区房价格显著下降2.71%，"小学第二梯队，初中第三梯队"对口学区房价格显著上涨2.76%，"小学第三梯队，初中第三梯队"对口学区房价格显著上涨3.69%。由此可见，政策带来"小学第三梯队，初中第一梯队"对口学区房价格上涨最高，但"小学第一梯队，初中第三梯队"对口学区房价格却出现显著下降，这就意味着"公民同招，民办摇号"政策带来学区房价格的"削峰填谷"现象，且家庭更加关注公立初中的教育质量，充分印证了本章假说4的判断。

表7-17 划分学校梯队的回归结果

变量	(1)	(2)	(3)
	$\ln Price$	$\ln Price$	$\ln Price$
$treat \times post \times p_1$	0.0577 *** (0.0126)	0.0373 *** (0.0097)	− 0.0271 ** (0.0113)
$treat \times post \times p_2$	0.0626 *** (0.0082)	0.0647 *** (0.0109)	0.0276 *** (0.0060)
$treat \times post \times p_3$	0.109 *** (0.0194)	0.0460 *** (0.0116)	0.0369 *** (0.0073)
控制变量	是	是	是

续表

变量	(1)	(2)	(3)
	ln*Price*	ln*Price*	ln*Price*
小区固定效应	是	是	是
时间固定效应	是	是	是
样本数量	70478	73887	91676
R^2	0.952	0.952	0.949

注：基准表示基准模型的回归结果；列（1）~列（3）对照组均为第四梯队初中对口小区，实验组分别为第一、第二和第三梯队对口小区。

由上述计量回归结果可知，不同质量的优质初中教育资源对口小区的房价对该政策的反应存在显著差异。一方面，该现象是由于优质教育资源稀缺导致的。在优质初中内部，又将各初中学校划分为不同的梯队，一般来说其梯队排名越靠前，其稀缺性越强，即在学区房市场中对口的住宅小区数量越少，而家长又希望在自己的能力范围内为孩子选择相对稀缺的最优质初中，导致需求严重大于供给，从而抬高房价，房价的增幅也随着学校质量的提高而增大；从对公办初中的排名来看，第一、二梯队的公办初中质量与民办初中有一定的可比性，甚至有些第一梯队的公办初中要强于民办初中，因此，第一、二梯队公办初中导致的资本化效应较高，超过了平均水平；而第三梯队与前两梯队水平差距较大，但其质量水平又明显高于第四梯队，故其也呈现出一定的教育资源的资本化现象，但是低于平均水平。

另一方面，购买学区房的家庭对孩子的升学规划也有一定的不同。一部分只锚定优质公办初中而放弃民办初中，进而可以通过公办第一次验证大概率进入理想学校，这部分家长会优先选择质量更高的优质公办初中，进一步加大了对第一、二梯队对口住宅的需求；而另一部分家长依旧青睐平均水平较高的民办初中，希望孩子参加其随机摇号，同时为了避免孩子摇不中被全区统筹，在第一、二梯队学位极其紧张的情况下，会选择购入学位相对宽松的第三梯队学区房，一定程度上增加了第三梯队学区房的需求。在多方因素的影响下，会导致优质初中对口住宅房价的抬高，并且小区对口初中质量越高，房价增长越多。

7.6.4 政策协同的探索："多校划片"政策缓解"以房择优"的不公平风险评估

在样本中加入了长宁区房屋交易数据，引入小区是否受到"多校划片"政策影响的调节变量后，回归结果详见表 7 – 18。结果显示，在 1% 的显著性水平下，"公民同招，民办摇号"政策带来优质公立初中对口学区房价格显著上涨 4.12%，"多校划片"政策带来优质公立初中对口学区房价格显著下降 7.47%，"多校划片"政策和"公民同招，民办摇号"政策的交乘项显著为负，这就意味着"多校划片"政策显著抑制了"公民同招，民办摇号"政策所带来的房价上涨效应。本章假说 5 得以验证。

表 7 – 18 考虑"多校划片"政策调节效应的回归结果

变量	房价（取对数）
treat × post	0. 0412 *** （0. 0035）
Multisch	− 0. 0747 *** （0. 0049）
treat × post × Multisch	− 0. 0603 *** （0. 0055）
控制变量	是
小区固定效应	是
时间固定效应	是
样本数量	109534
R^2	0. 949

注：目前仅有上海市长宁区实施了"多校划片"政策，因此 *Multisch* = 1 表示小区处于上海市长宁区，*Multisch* = 0 表示小区处于上海市其他主城区。

7.7 本章小结

本章研究了基础教育"起点均等化"措施的房地产资本化效应,通过构建教育选择的竞争性均衡模型提出研究假说,利用匹配得到的 2018 年 9 月~2021 年 9 月上海市主城区二手房交易数据,以上海市 2020 年 3 月 11 日出台的"公民同招,民办摇号"政策为事件冲击,使用双重差分法(DID)的识别策略,评估了"公民同招,民办摇号"政策的平均资本化效应、风险溢出效应和政策协同效应。本章主要得到了以下实证结果:第一,"公民同招,民办摇号"政策实施后,民办学校"掐尖"逻辑被打破,民办初中附近房租下降了大约 0.86%,达成了起跑线公平的政策初衷。然而,政策也带来了上海市主城区房屋价格平均上涨约 3.75%,显著增强了区域内学区房的教育资本化溢价,造成"以房择优"的教育不公平风险溢出。第二,政策实施后,非一贯制民办初中"小升初"的不确定性增加,家庭租房需求降低,带来租金显著下降 0.86%,而一贯制民办初中附近的租金并未发生明显变化。第三,政策实施后家庭的教育投资逻辑发生改变,从关注公立小学教育质量转向关注公立初中教育质量,带来学区房价格的"削峰填谷"现象,例如"小学第三梯队、初中第一梯队"对口学区房价格上涨 10.9%,"小学第一梯队、初中第三梯队"对口学区房价格下降 2.71%。第四,"多校划片"改革显著削弱了"公民同招,民办摇号"政策带来的教育资本化溢价,对于实施了"多校划片"政策的上海市长宁区,"公民同招,民办摇号"政策对优质公立初中对口学区房价格的综合影响为 −0.0191,即带来房价显著下降 1.91%。这意味着未来可以通过教育均等化改革措施间的协同来消除强制性制度变迁政策所带来不可回避的隐含社会成本。

本章的研究表明,"公民同招,民办摇号"政策作为基于"起点均等化"的一项新措施,通过引入随机性来打破民办学校和公立学校间的不正当竞争,可以在一定程度上维护基础教育的起点公平和均衡发展,但政策会引发其背后多元利益主体间的博弈,带来"以房择优"的教育不公平风险溢出,并不能从根本上彻底解决优质教育资源的稀缺问题。本章的研究结论能够为相关政策的实践和改革提供参考。

首先，应当正确认识"公民同招，民办摇号"政策落地初期所带来社会新的择校焦虑，以及由此所产生的教育不公平风险溢出，政府和相关部门要合理引导家庭理性择校，并做好公立学校和民办学校之间生源的有效配置。理论推导和实证检验都发现，市场对基础教育公共服务的不确定性表现出明确的风险厌恶偏好，未及时疏解的择校焦虑会直接引发学区房市场的教育资本化溢价，进一步强化"以房择优"的教育不公平风险。同时，优质公立教育资源的稀缺性决定了公立学校生源的容纳风险，"公民同招，民办摇号"政策实施后公立学校和民办学校不应再各行其是，政府需要让二者共同参与到招生治理的全过程中，帮助解决教育生态转型中的短期问题，以避免新的教育不公平问题出现。

其次，需要同"质量均等化"措施相配合，通过优质教育资源供给的增加来实现区域内基础教育的优质均衡发展。要充分理解并注意"公民同招，民办摇号"政策并没有从根本上改变优质教育资源供给不均衡和稀缺的问题，仅仅是在生源分配过程中引入不确定性来实现一定程度上的机会公平，这种扩大"生源选择池"的做法并不能消除优质教育资源供给不足的问题，只是压缩了家庭的教育选择权，本章的实证分析已经证实了"公民同招，民办摇号"政策将原本对优质私立学校的追捧转变为对具有购房锁定确定性的优质初中的青睐。因此，要想从根本上实现基础教育均等化，除了通过"起点均等化"政策构建良性竞争生态外，还需要对区域内教育资源进行"质量均等化"的整合和改革，继续推进校际沟通、取长补短、协调统筹等措施。

最后，重视强制性制度变迁所带来的隐含社会成本和风险溢出，通过教育均等化举措间的政策协同来化解这一风险。本章的实证分析证实了"多校划片"改革能够化解"公民同招，民办摇号"政策带来教育不公平风险，这就要求政策制定当局要提前预判某项强制性制度变迁政策的风险溢出情况，并做好提前应对。党的十九大将改革的系统性、整体性、协同性作为全面深化改革取得重大突破的一项重要经验，并将更加注重改革的系统性、整体性、协同性写进党章，这就为政府和相关部门提供了方向。未来在推进教育均等化改革的过程中，既要注重政策目标的系统性，也要注重政策工具的系统性。

第8章

基础教育"结果均等化"
改革的效应评估

8.1 引　言

党的十八大以来，我国基础教育公共服务均等化进程明显加快，义务教育基本实现了全民覆盖，但优质教育资源的数量与人民群众的更高期待和更大追求仍存在较大差距。在现行的学区房政策下，城市内优质教育资源的稀缺属性导致学区房价格的持续上涨，成为多数家庭享有优质教育权的阻碍（冯皓和陆铭，2010）。2019 年 2 月，中共中央、国务院印发的《中国教育现代化 2035》提出"基本公共教育服务均等化是教育现代化的基本要求。要建立健全基本公共教育资源均衡配置机制，逐步缩小区域、城乡、校际差距，推进城乡义务教育一体化发展，对困难群体精准帮扶，努力让全体人民享有更公平的教育"。教育公平的问题主要体现在教育投入的不均等和优质教育资源的行政性壁垒（李实和朱梦冰，2022；张传勇等，2022）。因此，促进基础教育均等化，既需要促进基础教育投入均等化，也需要破除教育资源的行政性壁垒。

基础教育优质均衡发展是在基本均衡基础上的进一步迭代升级，兼顾促进公平和提高质量，既要强化均衡，也要突出优质。围绕这一目标，现有文献主要聚焦于基础教育的质量均等化与机会均等化两方面。从基础教育的质量均等化视角来看，新建优质学校等优质教育资源供给，集团化办学、教师轮岗、统一推进学校建设标准化、对口帮扶、智慧教育平台建设等缩小校际差距的政策均是促进基础教育质量均等化的举措（孙伟增和林嘉瑜，2020；韩璇等，2020；张传勇等，2022）。从基础教育的机会均等化视角来看，租购同权、多校划片、公民同招等政策均是基础教育机会均等化改革举措（叶菁菁等，2021；邵磊等，2023；童健等，2024）。然而，上述研究并没改变家庭追逐优质教育资源的教育选择偏好，本质上只是增加优质教育资源选择的空间或者通过概率均等的方式进行优质教育资源的配置。

2018 年 3 月 21 日，上海市教育委员会发布《上海市进一步推进高中阶段学校考试招生制度改革实施意见》，明确提出了实施市实验性示范性高中名额分配综合评价录取政策，并扩大了市实验性示范性高中名额分配比例。2021 年 3 月 16 日，《上海市高中阶段学校招生录取改革实施办法》进一步对名额分配到区及名额分配到校批次的分配依据作了补充。"名额分配综合评价录取"政策的初衷是为了减少家庭的升学择校焦虑，让家门口的初中好起来，通过推动生源均衡来推动整体教育的优质均衡。这一政策的出台打破了传统的基础教育均等化改革政策框架，将结果公平引入到"机会均等化"改革进程中来，通过将优质高中的招生名额分散到各区的每一个初中，来引导家庭调整其教育选择偏好。传统意义上兼顾公平与效率的教育资源配置格局所必须解决的优质基础教育资源供给不足和空间分布失衡的难题被"结果公平"分散化处理，让每一个家门口的初中校都具备了进入市实验性示范性高中校的机会，改变了家庭对家门口初中校的认知与选择，以结果公平来引导家庭传统的择校习惯改变，真正实现对择校热的治理。作为一项新举措，"名额分配综合评价录取"重在考核结果的机会均等，将传统的"初中名校对高中名校"的强关联关系转变为"所有初中对高中名校"的弱关联关系，从根本上打破了"优质初中对口学区房与优质高中录取"之间的隐性捆绑关系，将改变家庭只追逐优质初中教育资源的教育选择偏好。作为一项基于"机会均等化"的基础教育公共资源配置结果改革的新尝试，"名额分配综合评价录取"是否发挥了基础教育公共服务均等化的作用？家庭是如何应对结果均等化所带来的教育资源配置改革？这些都是值得深入研究的问题。

本章尝试回答以下问题：首先，能否从理论上推导出增加结果端公共服务随机性对公共服务资本化程度和优质公共服务相对溢价的影响？其次，"名额分配综合评价录取"政策能否起到抑制家庭择校热和学区房平均溢价的作用？它的"结果均等化"目标是否得到家庭的认可并改变其教育选择行为？它的实施是否让家庭的择校偏好由原来的"宁做凤尾，不做鸡头"转变为"宁做鸡头，不做凤尾"？它的开展是否会带来一些非预期的后果？家庭是如何兼顾优质高中名额配置数量和初中学校教育质量的？政策实施过程中还需要注意哪些问题？"结果均等化"政策与现有的"机会均等化"政策之间应该如何配合？

为了回答上述问题，本章将进一步区分家庭教育投资选择偏好的差异化特征，构建学校选择的竞争性均衡模型，从理论上梳理"名额分配综合评价录取"政策的影响机制，并利用上海市所有城区 2016 年 1 月至 2023 年 7 月期间 185308 条二手房成交记录的微观数据，以 2018 年 3 月 21 日上海市印发的《上海市进一步推进高中阶段学校考试招生制度改革实施意见》所发布的"名额分配综合评价录取"政策为事件冲击，使用广义双重差分法来评估基础教育"结果均等化"措施的效果。为了进一步评估政策落地后的效果变化情况，本章还使用了 2022 年 6 月正式发布第一轮"名额分配综合评价录取"结果作为政策冲击。本章主要得到了以下结论：第一，"名额分配综合评价录取"政策实施后，对口初中校的市实验性示范性高中区内竞争录取率每提高 1 个标准差，上海市公立初中对口学区房平均价格下降 1.31%，显著削弱了家庭针对优质学校的择校热。第二，"名额分配综合平价录取"政策实施后，家庭的择校观念发生较大转变，从原来的"宁为凤尾，不做鸡头"转变为"宁做鸡头，不做凤尾"，从而带来了"削尖填谷"效应，原来具有升学优势的初中名校对口学区房房价会下降，而新获得名额配置优势的初中校对口学区房房价会上升。第三，"名额分配综合平价录取"政策实施后，学校教育质量仍然是家庭关注的重要指标，在具备名额数量竞争优势和最低分数竞争优势的学区房中家长更偏好第二、三梯队的初中校，在名额数量竞争劣势和最低分数竞争劣势的学区房中家长最厌恶第一梯队的初中校，这反映了家庭的教育选择偏好是教育质量与教育结果的均好特征。第四，"名额分配综合平价录取"政策实施后，低总价、小面积的房屋价格下降更加明显，这就意味着教育选择弹性空间会影响不同收入家庭的政策响应程度，中、低收入的家庭对"名额分配综合评价录取"政策反应最敏感。

本章的边际贡献包括以下几点：首先，本章进一步拓展了公共服务资本化效应的理论研究，将"名额分配综合评价录取"这一中考新政纳入家庭教育投资选择体系，构建了包含家庭财富水平、学校教育质量水平和优质高中校录取结果的均等化配置的学校选择竞争性均衡模型，推导出兼顾教育质量和录取结果的家庭教育选择均衡，并评估"名额分配综合评价录取"政策实施后的学区房溢价水平变化。其次，本章为中国基础教育均等化改革措施的政策效应贡献了新证据，聚焦于结果公平的"机会均等化"政策效应评估，打破了原有的"家庭择优"选择逻辑，发现该政策会让家庭的择校偏好转化为"宁做鸡头，不做凤尾"，但兼顾教育质量和录取结果，丰富了公共服务均等化措施的政策评估研究。最后，本章关注到不同收入等级下家庭教育选择的差异性，发现中、低收入群体家庭对"名额分配综合评价录取"政策更加敏感，为地方公共服务均等化实践提供了政策启示。

8.2 文 献 综 述

在我国现行教育体制下，家庭对优质教育资源的竞逐主要表现在两个方面：一是中考和高考以成绩为导向的竞逐（沈玉顺，2014；张继平，2024），即绩优者优先获得优质学校的入学机会；二是中小学阶段与房产和户籍因素挂钩的竞逐（Barrow，2002；Black，1999；任强等，2017；林雄斌等，2024）。为了达成绩优者优先的目标，家庭会通过购买优质中小学对口学区房来实现择校选择。在中考和高考阶段，考试分数成为分配教育资源的一个关键指标（陈杰，2021），受制于生源和教育质量，普通中小学的学生往往在这种考试选拔机制中处于相对弱势的地位（方长春，2005；刘泽云等，2017；杨玲和张天骄，2020）。因此，为了让孩子赢在起跑线上，家长们热衷于竞争优质中小学的入场券。现行的中小学教育资源根据就近入学原则进行分配，择校竞争逐渐演变为购房竞争（冯皓和陆铭，2010；张珂等，2018；黄明东等，2021）。由于家庭间的经济、文化资本等差异较大，不同儿童获取优质教育资源的机会也是存在差异的（周秀平，2019），优质教育资源逐渐聚集到少数掌握了较多社会资本的家庭手中，不利于实现基础教育均等化（郭丛斌和闵维方，2006；韩璇等，2020）。家庭对优质教育资源的竞争导致生源质量分化并进一步扩大了学校教育质量差距，这反过来又使得择校竞争问题更加严重，"择校热"愈演愈烈（冯皓和陆铭，2010；张羽等，2017；孙伟增和林嘉瑜，2020）。

针对上述问题，我国采取了一系列教育均等化改革举措，旨在缓解家庭择校竞争白热化现象，以实现基础教育公共服务均等化。学者们对此进行了广泛研究，可以划分为基础教育质量均等化改革和基础教育机会均等化改革两个方面。一方面，学者从质量均等化的视角，探讨了增加优质教育资源供给对基础教育均等化的影响，如新建小学、教育集团化、教师轮岗（孙伟增和林嘉瑜，2020；李奕和赵兴龙，2022；张佳等，2023）。孙伟增和林嘉瑜（2020）以北京市为例，评估小学扩建对基础教育均等化的影响，其研究表明，通过新建小学增加教育资源供给有利于降低原小学学区房的溢价率，且对重点小学的作用更加明显。李奕和赵兴龙（2022）、张佳等（2023）等学者认为教师轮岗有利于促进学校间的教育质量均等化，是实现教育公平的重要一步，但尚未充分发挥教师流动的作用，优质教师带动效应不足。俞明雅（2020）基于江苏省的调研分析基础教育集团化办学存在的现实困境，指出集团化办学存在教育资源供给与配置难度大、学校缺乏集团化办学的自驱力等问题。上述研究表明，质量均等化是实现教育公平的一个重要途径，但短期内难以通过增加教育投入将所有学校的教育质量提升至同等水平，而教育集团化与教师轮岗等促进教育质量均衡发展的措施也缺乏持续动力。

另一方面，也有些学者从机会均等化的视角，分析了多校划片、租购同权、公民同招等具备入学概率均等的措施对基础教育均等化的影响（叶菁菁等，2021；邵磊等，2023；Tong et al.，2024）。叶菁菁等（2021）认为租购同权政策能够削弱教育资源与房产之间的关联，政策的实施将会导致房价下降，这一效应在普通学区表现得更为明显，但在优质学区并无显著影响。邵磊等（2023）以北京市西城区为例评估多校划片政策的影响，研究表明多校划片政策降低了优质学校的进入门槛，肯定了这一政策对促进基础教育均等化的积极作用。童健等（2024）从理论上对单校划片与多校划片政策下的家庭教育选择偏好与教育资本化效应，以北京市海淀区为例对多校划片政策的作用效果进行实证检验，研究结果表明，具有彩票性质的多校划片政策使得买房择校具有不确定性，能够在一定程度上削弱家庭的择校竞争。多校划片政策实施后家庭根据片区平均教育水平进行选择，这将导致"削峰填谷"现象，即同一片区内优质小学学区房价格下降，而普通小学学区房价格上涨，原来选择普通小学学区房的家庭因房价上涨被挤出，被迫选择平均教育质量较差的片区或转向私立学校。此外，片区间的平均教育质量仍然是存在差距的，家庭从选择学校转变为选择片区。倪娟（2020）、陆韵（2023）等学者认为民办学校是公立学校的重要补充，并从理论上分析了公民同招政策的影响，其研究表明，公民同招政策能够压缩家庭资本竞逐空间并降低购房择校的热度。

无论是教育质量均等化措施，还是教育机会均等化措施，本质上是增加优质教育资源选择的空间或者通过概率均等的方式进行优质教育资源的配置，能够在一定程度上缓解择校竞争（孙伟增和林嘉瑜，2020；叶菁菁等，2021；李奕和赵兴龙，2022；张佳等，2023；邵磊等，2023；Tong et al.，2024）。但两类政策均未从根本上解决优质教育资源稀缺的问题，也并未改变家庭对教育资源的竞优偏好。在此情形下，只要学校间的教育质量存在差距，择校竞争现象就不可避免（刘秀峰，2017）。因此，只强调部分增加优质教育资源供给数量与局部范围内的资源配置整合是不够的，还需要以促进结果教育公平为导向完善基础教育政策体系（辛涛等，2018；胡钦太等，2021）。

已经有发达国家尝试从基础教育结果公平的视角进行探索。张君辉和王敬（2005）、张培菡和孔令帅（2019）等对美国20世纪70年代后的"择校运动"进行了分析，指出美国向贫困家庭提供教育券作为其择校基金，大大提升了贫困家庭自由择校的可能性。宋丹等（2020）分析了芬兰多元化的教育体制，指出多元化的教育体系有利于因材施教、满足学生差异化的教育需求，是芬兰促进结果公平的关键举措之一。但美国的"择校运动"、芬兰的多元化教育体制只是扩大了不同家庭的择校范围，但未改变家庭对优质教育资源的竞逐，甚至可能会引发新的教育公平问题（刘宝存和杨秀治，2005；张培菡和孔令帅，2019）。

党的十八大以来，我国也开始探索结果公平导向下的基础教育改革，其中中考新政"名额分配综合评价录取"最为典型，试图通过将优质高中的录取名额分配至各个初中学校，让普通中学的学生也有机会就读于优质高中。这一政策考虑了不同初中学校间的教育质量差异与生源差异，打破了单以成绩论输赢的局面，有利于改变家庭的教育选择偏好，进而缓解家庭对优质教育资源的竞逐。现有研究从理论上分析了"名额分配综合评价录取"政策在促进基础教育公平中的作用。大多学者认为"名额分配综合评价录取"政策有利于促进教育资源分配结果公平，能够缓解社会公众的择校焦虑。赵景辉和张旭（2017）认为"名额分配综合评价录取"政策在缓解择校热的问题上取得了良好成效，但可能会削弱民间资本办学积极性，或因优质高中教育资源分配属地化严重形同虚设。曹飞和杜文平（2021）通过对北京市的"名额分配综合评价录取"政策实施状况进行问卷、访谈等形式的调研，指出"名额分配综合评价录取"政策有利于缩小高中校际差异，但高中学校内部生源质量差异可能会引发学生心理问题。

综上所述，现有研究肯定了促进基础教育结果公平的重要性（吴全华，2008；龚伯韬，2019），以及"名额分配综合评价录取"政策对促进基础教育结果公平的积极意义（赵景辉和张旭，2017；曹飞和杜文平，2021；胡钦太等，2021），但尚未有研究对"名额分配综合评价录取"政策的实施效果进行检验，更鲜有文献关注到不同教育政策间的协同配合关系。本章以2018年上海市"名额分配综合评价录取"政策为例，运用双重差分模型，率先评估了"结果均等化"导向下的"名额分配综合评价录取"政策对促进基础教育公平的影响，并探究了"结果均等化"政策与原有的"机会均等化"政策之间应该如何配合。这不仅是对现有基础教育领域研究的有益补充，也为进一步优化教育政策体系提供参考。

8.3 政策背景与细则变化

8.3.1 政策背景

一直以来，我国的招生考试制度唯分数倾向严重，"一考定终身"不仅加重了学生的学习负担，而且会间接"引导"人们选择升学率高的初中校，倒逼义务教育阶段学校竞争加剧，加剧非理性"择校"问题。为促进基础教育优质均衡发展，我国提出深化考试招生制度改革。2002 年 12 月 18 日，中华人民共和国教育部发布《教育部关于积极推进中小学评价与考试制度改革的通知》，我国首次提出要建立高中招生"名额分配"制度，要求"高中录取标准除考试成绩以外，可试行综合评价进行录取。积极探索建立招生名额分配、优秀学生公开推荐等制度""各级教育行政部门不得以升学率作为评价学校的标准"。2011 年，我国提出在三大直辖市和 20 多个省份进行试点，至 2011 年 7 月，全国所有省（不包括台湾省）和自治区、直辖市都建立了高中"名额分配"制度。

作为试点城市之一，上海市早在 2010 年之前就已经实行了"名额分配"制度，要求市实验性示范性高中将一定比例的招生计划分配到各个初中校。以上海市 2018 年中等学校高中阶段招生考试工作内容为例，市实验性示范性高中招生批次解释及招生计划如表 8 - 1、表 8 - 2 所示，其招生录取工作分为提前招生录取和统一招生录取两个批次。其中，提前招生录取包括自荐生招生和推荐生招生，分别占各市实验性示范性高中总招生计划的 10% 和 30% 。统一招生录取包括"零志愿"招生、本区名额分配招生①、1～15 志愿招生及征求志愿招生。"零志愿"招生占各区属市实验性示范性高中总招生计划的 9% ，本区名额分配招生占各市实验性示范性高中总招生计划的 15% ，

---

① 上海市市实验性示范性高中分为区属市实验性示范性高中和委属市实验性示范性高中，前者受区教育局管辖，后者受上海市教育局管辖。此处的本区名额分配招生仅指区属市实验性示范性高中将部分招生名额按照初三学生数比例分配到本区内的各个初中校。

区属市实验性示范性高中使用1～15志愿招生和委属市实验性示范性高中使用征求志愿招生的计划比例分别为36%和51%。

表8-1　　　　　　上海市市实验性示范性高中招生批次解释

招生录取批次	细分批次	市实验性示范性高中招生批次解释
提前招生录取	推荐生招生	推荐生招生流程主要分为以下几个步骤：（1）各市实验性示范性高中校公布分区推荐生计划；（2）各个初中校可推荐本校在籍在读且各项综合素质评价指标达到"优良"的学生进入市实验性示范性高中校，且推荐比例不超过初中校当年具有中考报名资格的在籍在读初三学生的7%，各初中校将满足条件的学生名单报送教育局审定；（3）教育局审定通过，学生填报志愿；（4）被推荐学生参与所报考的市实验性示范性高中校自主选拔工作，高中校根据分配到各个区的推荐生计划及学生的综合素质评价结果择优确定预录取学生
	自荐生招生	未被推荐的学生可根据自身特长、学业状况和招生学校招生要求，自行向高中招生学校进行自荐，并按规定在网上填报志愿，参与自主招生选拔，各市实验性示范性高中校从全市自荐生中择优预录取
统一招生录取	"零志愿"招生	市实验性示范性高中将部分招生计划名额分配到除自身所在区以外的其他各区的招生方法
	本区名额分配招生	区属市实验性示范性高中将部分招生名额按照初三学生数比例分配到本区内的各个初中校的招生办法
	1～15志愿招生	学生根据本区内的招生计划最多可填报15个志愿
	征求志愿招生	未录满的市实验性示范性高中招生计划列入征求志愿

表8-2　　　　上海市市实验性示范性高中2018年中考招生计划

招生录取批次	细分批次	市实验性示范性高中招生计划*
提前招生录取	自荐生招生	10%
	推荐生招生	30%
统一招生录取	"零志愿"招生	9%
	本区名额分配招生	区属：15%
	1～15志愿招生	区属：36%
	征求志愿招生	委属：51%

注：*该表格内的市实验性示范性高中招生计划未考虑"四校"（上海中学、华东师范大学第二附属中学、复旦大学附属中学和上海交通大学附属中学），下同。在未加说明的情况下，表示区属市实验性示范性高中和委属市实验性示范性高中的招生计划相同。

2016 年 9 月，《教育部关于进一步推进高中阶段学校考试招生制度改革的指导意见》提出："实行优质普通高中和优质中等职业学校招生名额合理分配到区域内初中的办法，招生名额适当向农村初中倾斜，促进义务教育均衡发展"，并要求从 2017 年之后入学的初中一年级学生开始实施"结合综合素质评价的招生录取模式"综合改革试点。应上述政策要求，上海市教育委员会于 2018 年 3 月 21 日发布《上海市进一步推进高中阶段学校考试招生制度改革实施意见》，规定自 2018 年入学的六年级学生起，市实验性示范性高中推行名额分配综合评价录取的招生办法，实行自主招生录取、名额分配综合评价录取和统一招生录取三种招生办法。2018 年 4 月，《关于市实验性示范性高中名额分配综合评价录取招生计划分配原则的补充说明》一文发布，对名额分配综合评价录取的具体分配比例、分配对象和分配原则作了补充说明。

上海市名额分配综合评价录取新政规定的市实验性示范性高中各批次招生解释及计划比例如表 8 - 3、表 8 - 4 所示。各市实验性示范性高中自主招生计划不超过总招生计划的 6%；区属和委属市实验性示范性高中用于名额分配到区的计划比例分别为 18% 和 52%，用于名额分配到校的计划比例分别为 42% 和 13%，用于统一招生录取的比例分别为 34% 和 29%。

表 8 - 3　　　　　　　上海市名额分配综合评价录取新政各批次解释

招生录取批次	细分批次	市实验性示范性高中招生计划
自主招生录取		各市实验性示范性高中从全市参与自主招生选拔的学生中择优预录取的招生办法
名额分配综合评价录取	名额分配到区招生	各市实验性示范性高中将部分招生计划按照各区实际报考人数占比分配到全市各区的招生办法
	名额分配到校招生	区属实验性示范性高中将部分招生计划分配到本区内不选择生源的初中校①；委属市实验性示范性高中先将招生计划分配至全市各区，各区再将名额分配至区内不选择生源的初中校

① 对口入学、摇号入学、统筹入学的学校/学生。除面向全区招生（无对口学区房/小学）的上海中学东校、浦东外国语学校、上海市甘泉外国语中学、上海音乐学院附属安师实验中学四所初中校外，其他所有公办学校均为不选择生源的初中校，本文将所有有对口学区房/小学的公办初中校均视为不选择生源的初中校；除上海新纪元双语学校、上海领科双语学校、张江集团中学、博华双语学校四所民办初中外，其他民办初中均为选择生源的初中校。

续表

招生录取批次	细分批次	市实验性示范性高中招生计划
统一招生录取	1～15志愿招生	同表8-2
	征求志愿招生	

表8-4　　　　　　　上海市名额分配综合评价录取新政各批次招生计划

	细分批次	市实验性示范性高中招生计划
自主招生录取		6%
名额分配综合评价录取	名额分配到区招生	区属：60%×30%＝18% 委属：65%×80%＝52%
	名额分配到校招生	区属：60%×70%＝42% 委属：65%×20%＝13%
统一招生录取	1～15志愿招生	区属：34%
	征求志愿招生	委属：29%

　　由于上海市高中阶段招生细分批次较多，且名额分配综合评价录取政策使得各个批次招生主体、招生对象、招生范围发生了不同程度的变化，显得较为杂乱。为更直观地体现政策变化及变化带来的影响，本章从竞争方式的角度出发将政策前后各个细分批次分为全市选拔、区内选拔、校内选拔三个类别。分类结果如表8-5所示。

　　第一，全市选拔，即全市的学生都可报名市实验性示范性高中，招生高中从报名学生中择优录取学生。由于市实验性示范性高中的自荐生招生、自主招生批次面向全市招生，并将所有报考学生集中起来进行选拔，无关学生来自哪个行政区及哪所初中校，因此属于全市选拔。

　　第二，区内选拔，即市实验性示范性高中校将部分招生名额分配到区，区内初中校毕业生共同竞争这些名额。由于市实验性示范性高中的推荐生招生、"零志愿"招生、自主招生、名额分配到区招生及1～15志愿、征求志愿招生计划是将部分招生名额具体分配到区，然后根据各区学生填报志愿情况以及招生计划人数进行择优录取，即在填报志愿的学生中招收各个区排名靠前的学生，因此上述批次属于区内选拔。

第三，校内选拔，即市实验性示范性高中将部分招生名额分配到各个初中校，根据学生志愿填报情况，从各个初中校选拔出符合计划数的分数排名靠前的初中毕业生。政策前的本区名额分配批次及政策后的名额分配到校批次均采用该选拔方式。

表 8 – 5　　　　　　　　　政策前后各招生批次选拔方式

项目	招生录取批次	细分批次	占比	选拔方式
政策前	提前招生录取	推荐生	30%	区内选拔
		自荐生	10%	全市选拔
	统一招生录取	"零志愿"	9%	区内选拔
		本区名额分配	区属：15%	校内选拔
		1～15志愿	区属：36%	区内选拔
		征求志愿	委属：51%	
政策后	自主招生		6%	全市选拔
	名额分配到区		区属：18%	区内选拔
			委属：52%	
	名额分配到校		区属：42%	校内选拔
			委属：13%	
	统一招生录取 25%～30%	1～15志愿	区属：34%	区内选拔
		征求志愿	委属：29%	

8.3.2　政策细则与演变对比

上海市名额分配综合评价录取政策使得各个批次的分配主体、分配比例、分配对象、分配原则发生了不同程度的变化，对初中校的升学率产生了不同程度的影响。

8.3.2.1　分配主体变化

校内选拔批次的分配主体增加。政策前委属市实验性示范性高中不参与名额分配到校，政策后委属市实验性示范性高中 13% 的招生计划用于名额分配到校。

8.3.2.2 分配比例变化

每所市实验性示范性高中用于分配的招生计划即名额分配到校批次招生计划比例上升，用于竞争的招生计划即区内选拔和全市选拔批次招生计划比例均下降。总结来看，如图 8-1 所示，各区属市实验性示范性高中名额分配到校的招生计划从政策前的 15% 增加到了政策后的 42%，各委属市实验性示范性高中名额分配到校的招生计划从 0 增加到了 13%；相应地，每所市实验性示范性高中用于竞争的招生计划被压缩，即上海市名额分配综合评价录取政策将部分政策前用于区内选拔和市内选拔的招生计划转为了分配招生计划。

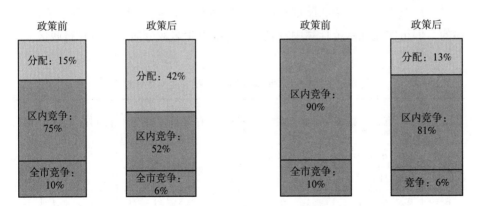

图 8-1 "名额分配综合评价录取"政策前后各选拔方式比例变化

8.3.2.3 分配对象变化

校内选拔批次分配对象减少。政策前名额分配到校（本区名额分配）是指将部分市实验性示范性高中招生名额按初三毕业生人数占比分配至各个初中校；政策后名额分配到校是指仅将部分市实验性示范性高中名额分配到不选择生源的初中校，即对口入学（户籍对口、学籍对口）、摇号入学、统筹入学的初中校。由于名额分配综合评价录取政策发布时上海市民办初中校采取考试、面试等选拔的方式入学，因此民办学校不被纳入名额分配到校的对象，分配对象减少。

8.3.2.4 分配原则变化

区内选拔批次招生计划在各个行政区间的分配更加均衡。政策前市实验性示范性高中推荐生招生和"零志愿"招生均属于区内选拔，前者规定推荐生招生计划中的一半要面向外区招生，具体比例由各高中校自主决定；后者要求"零志愿"招生计划分配给自身所在区以外的其他区，具体比例由各高中校自主决定。

政策前区内选拔批次的招生计划分配的自主性较大，具有一定的倾向性。表8-6展示了上海市各区市实验性示范性高中2018年推荐生招生计划名额，通过对比发现，区属市实验性示范性高中所在的行政区分得的名额往往是最多的，即市实验性示范性高中校倾向于将推荐生名额分向学校所在行政区。

表8-6   上海市市实验性示范性高中2018年推荐生招生计划名额

高中所属区	宝山	崇明	奉贤	虹口	黄浦	嘉定	金山	静安	闵行	浦东	普陀	青浦	松江	徐汇	杨浦	长宁
宝山	192	6	3	4	2	12	2	2	4	12	4	0	1	4	3	1
崇明	2	74	2	1	1	2	1	1	3	3	1	1	1	1	1	1
奉贤	0	0	63	1	1	0	4	1	3	5	1	1	1	1	1	1
虹口	6	0	1	82	0	5	0	6	2	9	2	0	1	7	4	0
黄浦	5	0	20	7	167	15	11	5	53	122	7	0	18	12	2	7
嘉定	5	2	2	4	3	52	2	8	5	11	12	3	3	5	5	6
金山	2	0	2	2	2	5	85	1	2	18	3	0	6	5	2	3
静安	22	0	2	4	13	1	11	171	10	27	18	2	18	14	5	9
闵行	2	0	18	3	3	15	11	7	157	25	5	1	10	17	1	5
浦东	13	11	18	11	2	20	20	10	12	377	13	1	15	19	10	13
普陀	12	5	10	6	2	24	6	8	11	36	90	2	13	8	2	10
青浦	6	1	7	1	0	11	7	1	5	10	3	234	12	1	1	4

续表

高中所属区	宝山	崇明	奉贤	虹口	黄浦	嘉定	金山	静安	闵行	浦东	普陀	青浦	松江	徐汇	杨浦	长宁
松江	2	2	10	2	0	5	17	0	11	20	3	3	132	6	1	2
徐汇	9	1	8	4	4	12	9	7	46	30	6	5	8	119	2	10
杨浦	3	2	1	4	0	3	1	3	2	15	5	0	1	7	153	4
长宁	2	1	3	3	4	4	0	3	6	17	6	2	0	6	1	47
委属	13	2	6	20	17	16	10	47	52	133	26	1	13	46	48	17

资料来源：上海市教育考试院。

　　表 8 - 7 是上海市 16 区 2018 年"零志愿"招生计划以及各区毕业生人数占比和排名情况。由表可知，市实验性示范性高中"零志愿"招生计划并未严格按照毕业生人数占比进行分配，相对于毕业生人数占比排名，徐汇区、静安区、嘉定区、杨浦区、普陀区、虹口区"零志愿"招生计划名额占比排名更靠前，而这些区除嘉定区以外均为上海市中心城区；相对于毕业生人数占比排名，宝山区、松江区、奉贤区"零志愿"招生计划名额占比排名更加靠后，这三个区均为郊区。因此，市实验性示范性高中校倾向于将"零志愿"名额分配向中心城区。政策发布后，市实验性示范性高中名额分配到区批次属于区内选拔，政策规定市实验性示范性高中部分招生计划名额按照各区中考报名人数占比分配至各个行政区，这种分配方式削弱了各高中校分配的自主性，使得到区名额在各个行政区间实现均衡分配。

表 8 - 7　　　　上海市 16 区 2018 年"零志愿"计划占比以及人数占比情况

行政区	中考人数占比	中考人数占比排名	"零志愿"计划占比	"零志愿"计划占比排名	人数占比排名减"零志愿"计划占比排名
浦东	23.86%	1	23.53%	1	0
闵行	8.68%	2	9.27%	2	0
宝山	7.82%	3	6.28%	5	-2
松江	6.45%	4	5.26%	8	-4

行政区	中考人数占比	中考人数占比排名	"零志愿"计划占比	"零志愿"计划占比排名	人数占比排名减"零志愿"计划占比排名
徐汇	6.02%	5	7.13%	3	2
静安	5.78%	6	6.51%	4	2
嘉定	5.59%	7	5.93%	6	1
奉贤	5.31%	8	3.70%	13	-5
杨浦	4.90%	9	5.53%	7	2
金山	4.75%	10	4.23%	10	0
普陀	4.34%	11	4.81%	9	2
青浦	4.04%	12	4.01%	12	0
虹口	3.64%	13	4.10%	11	2
黄浦	2.99%	14	3.61%	14	0
长宁	2.93%	15	3.30%	15	0
崇明	2.90%	16	2.27%	16	0

资料来源：上海市教育考试院；上海市统计局，国家统计局。

8.3.2.5 初中校升入优质高中的名额变化①

假设位于行政区 j 的初中校 i 的初三毕业生②人数为 a_{ij}，行政区 j 总的初三毕业生人数为 $A_j(1 \leqslant j \leqslant 16)$，不选择生源的初中初三毕业生人数为 $B_j(A_j > B_j)$；区属市实验性示范性高中 u 的招生计划为 Q_u，委属市实验性示范性高中 v 的招生计划为 W_v，假设政策前后各初中校毕业生人数和各高中校总招生计划不发生改变，则政策前后各初中校能够进入市实验性示范性高中的人数变化如下。

（1）政策前后各初中校到校名额变化。政策前名额分配到校即本区名额分配批次的分配主体为区属市实验性示范性高中，分配比例为15%，分配对

---

① 此处不考虑四所面向全区招生的公办初中和四所不选择生源的民办初中，即将所有公办初中视为不选择生源的初中校，所有民办初中视为选择生源的初中校。

② 指在籍在读的且具有中考报名资格的初三学生，下同。

象为每个行政区内的所有初中校，分配原则为初中校初三毕业生人数占比，由此可得到政策前初中校 i（公办或民办）的计划到校名额为：

$$X_{ij} = \frac{a_{ij}}{A_j} \times 15\% \times (Q_1 + Q_2 + \cdots + Q_u) \qquad (8-1)$$

政策后名额到校批次的分配主体为区属市实验性示范性高中和委属市实验性示范性高中，前者将 42% 的计划名额按照不选择生源的初中校初三毕业生人数占区内所有不选择生源的初中校初三毕业生人数的比例分配到各个目标初中；后者先将 13% 的计划名额按照各区毕业生人数占比分配到各个区，再由各个区按照随机原则（一般抽签决定）分配到区内初中校。由此可得到政策后民办初中校到校名额为 0，公办初中校的到校名额为：

$$X'_{ij} = \frac{a_{ij}}{A_j - B_j} \times 42\% \times (Q_1 + Q_2 + \cdots + Q_u)$$

$$+ \theta_{ij} \frac{A_j}{\sum\limits_{j=1}^{j=16} A_j} \times 13\% \times (W_1 + W_2 + \cdots + W_v) \qquad (8-2)$$

其中，θ_{ij} 为位于行政区 j 的不选择生源的初中校 i 抽签抽中委属市实验性示范性高中名额的概率。在计算政策前后初中校到校名额变化时，本章将忽略委属市实验性示范性高中部分，理由来自两个方面：第一，委属市实验性示范性高中用于分配到校的名额较少①。上海市仅有 6 所委属市实验性示范性高中，且这些高中用于分配到校的计划比例较小，平均每个行政区能够分得的名额不足委属市实验性示范性高中总的招生计划的 1%。通过对政策实施第一年的名额分配到校计划表进行分析发现，每个行政区分得的委属市实验性示范性高中的到校名额均为个位数，运气较好的初中校大多只抽中 1 个名额，大部分初中得不到委属市实验性示范性高中的到校名额。第二，随机性较大。委属市实验性示范性高中校通过抽签的方式而非根据初中校的属性特征进行分配，不确定性较大，家庭的教育选择所受影响较小。因此，在不考虑委属市实验性示范性高中名额分配到校计划的情况下，政策前后公办初中校到校

---

① 本章未分析全市选拔方式变化对各初中校的影响的理由与此相同，且全市选拔比例从 10% 下降到了 6%，变化较小，因此本章未对此进行分析。

名额变化为：

$$\Delta X_{ij}^{pub} = X_{ij}' - X_{ij} = \frac{0.27A_j + 0.15B_j}{A_j(A_j - B_j)} \times a_{ij} \times (Q_1 + Q_2 + \cdots + Q_u) \qquad (8-3)$$

民办初中到校名额变化为：

$$\Delta X_{ij}^{pri} = 0 - X_{ij} = -\frac{a_{ij}}{A_j} \times 15\% \times (Q_1 + Q_2 + \cdots + Q_u) \qquad (8-4)$$

由于 $A_j > B_j$，所以公办初中名额变化 $\Delta X_{ij}^{pub} > 0$，即每所有对口学区房的公办初中校政策前后到校名额均增加；民办初中 $\Delta X_{ij}^{pri} < 0$，每所非摇号入学的民办初中校政策前后到校名额均减少。

（2）政策前后各初中校到区名额变化。假设位于行政区 j 的初中校 i 的区内竞争优势为 com_{ij}，对于在行政区内具有绝对竞争优势的初中校，$0 < com_{ij} \leq 1$；对于区内竞争优势较小的普通初中校，$com_{ij} = 0$。政策前总的市实验性示范性高中到区计划为 Q^0，行政区 j 分配得到的到区名额占总的市实验性示范性高中到区计划的比例为 P_j；政策后总的市实验性示范性高中到区计划为 $Q^0 - \Delta Q$，行政区 j 得到的到区名额占总的市实验性示范性高中到区计划的比例为 P_j'，则政策前各初中校（包括公办和民办）通过区内竞争可获得的名额为：

$$Y_{ij} = com_{ij} \times P_j \times Q^0 \qquad (8-5)$$

政策后各初中校可获得的到区名额为：

$$Y_{ij}' = com_{ij} \times P_j' \times (Q^0 - \Delta Q) \qquad (8-6)$$

政策前后各初中校区内竞争名额变化为：

$$\Delta Y_{ij} = Y_{ij}' - Y_{ij} = com_{ij} \times \left[(P_j' - P_j) \times Q^0 - P_j' \times \Delta Q \right] \qquad (8-7)$$

对于各行政区内竞争优势较小的初中，其 $com_{ij} = 0$，故 $\Delta Y_{ij} = 0$。对于具有绝对区内竞争优势的初中来说，$0 < com_{ij} \leq 1$，当 $P_j' > \dfrac{P_j Q^0}{Q^0 - \Delta Q}$ 时，$\Delta Y_{ij} > 0$；当 $P_j' < \dfrac{P_j Q^0}{Q^0 - \Delta Q}$ 时，$\Delta Y_{ij} < 0$。ΔY_{ij} 符号因行政区而异。如表 8-8 所示，通过计算可得，只有毕业生人数最多的浦东新区分得的到区名额增加，其余行政区分得的到区名额均减少，即除浦东新区外其余行政区初中校区内竞争优势均被削弱。

表8-8 新分配规则下各初中校到区名额数量变化

行政区	毕业生人数	2018年到区计划人数	新分配规则下可分得的到区名额数	政策前后到区名额数变化
浦东	20105	1629	1799	170
闵行	7316	829	619	−210
宝山	6588	843	769	−74
松江	5434	597	506	−91
徐汇	5074	893	779	−114
静安	4872	1366	848	−518
嘉定	4709	438	345	−93
奉贤	4473	402	336	−66
杨浦	4126	726	620	−106
金山	4003	562	447	−115
普陀	3659	576	500	−76
青浦	3404	640	462	−178
虹口	3071	475	362	−113
黄浦	2521	747	746	−1
长宁	2472	325	310	−15
崇明	2445	279	212	−67

（3）政策前后各初中校可获得的市实验性示范性高中总名额变化。位于行政区 j 的不选择生源的初中校 i 在政策前后可竞争到的市实验性示范性高中名额变化为 $\Delta X_{ij} + \Delta Y_{ij}$，政策前后各初中校可获得的市实验性示范性高中总名额变化分为以下四种情况。

第一，具有绝对区内竞争优势的公办初中。不具有绝对区内竞争优势的公办初中到校名额变化 $\Delta X_{ij}^{pub} > 0$，在区内竞争中可获得的名额变化 ΔY_{ij}^{pub} 的符号因行政区而异，可获得的市实验性示范性高中总名额变化 $\Delta X_{ij}^{pub} + \Delta Y_{ij}^{pub}$ 的符号受初中校 i 的毕业生人数 a_{ij}、区内竞争优势 com_{ij}、所处行政区 j 的毕业生

人数 A_j、不选择生源的初中初三毕业生人数 B_j、分配得到的到区名额占总的市实验性示范性高中到区计划的比例 P_j 等的影响。

第二，不具有区内竞争优势的公办初中。不具有绝对区内竞争优势的民办初中到校名额变化 $\Delta X_{ij}^{pub} > 0$，在区内竞争中可获得的名额变化 $\Delta Y_{ij}^{pub} = 0$，可获得的市实验性示范性高中总名额变化 $\Delta X_{ij}^{pub} + \Delta Y_{ij}^{pub} > 0$，即政策会使得不具有区内竞争优势的公办初中的市实验性示范性高中录取率上升。

第三，具有绝对区内竞争优势的民办初中。具有绝对区内竞争优势的民办初中到校名额变化 $\Delta X_{ij}^{pri} < 0$，在区内竞争中可获得的名额变化 ΔY_{ij}^{pri} 的符号因行政区而异，可获得的市实验性示范性高中总名额变化 $\Delta X_{ij}^{pri} + \Delta Y_{ij}^{pri}$ 的符号受初中校 i 的毕业生人数 a_{ij}、区内竞争优势 com_{ij}、所处行政区 j 的毕业生人数 A_j、不选择生源的初中初三毕业生人数 B_j、分配得到的到区名额占总的市实验性示范性高中到区计划的比例 P_j 等的影响。

第四，不具有区内竞争优势的民办初中。不具有绝对区内竞争优势的民办初中到校名额变化 $\Delta X_{ij}^{pri} < 0$，在区内竞争中可获得的名额变化 $\Delta Y_{ij}^{pub} = 0$，可获得的市实验性示范性高中总名额变化 $\Delta X_{ij}^{pub} + \Delta Y_{ij}^{pub} < 0$，即政策会使得不具有区内竞争优势的民办初中的市实验性示范性高中录取率下降。

综上所述，具有绝对区内竞争优势的公办和民办初中在政策前后可竞争得到的名额变化因各个初中校个体特征、所处位置、家庭偏好而有所差异。不具有区内竞争优势的其他初中可竞争到的市实验性示范性高中名额变化仅受分配到校批次名额变化的影响，这类公办学校可竞争到的市实验性示范性高中名额出现了确定性的增加，即受到了政策的利好影响，民办初中校可竞争到的市实验性示范性高中名额出现了确定性的减少，即受到了政策的不利影响。

8.4 "名额分配综合评价录取"政策对家庭教育选择影响的机制分析

子女的教育投资始终是多数家庭获得较高效用回报的必选项（Avery and Pathak，2021），在优质教育资源相对稀缺的背景下，家庭购买优质教育资源对口学区房就是进入优质公立学校的入场券。在原有政策逻辑下，优质高中的录取结果以中考成绩为主要评判标准，初中的教育质量是家庭择校的关键因素。考虑到学区房是投资性资产，家庭获取优质公立教育所实际承担的教育投资成本就是对口学区房住房贷款的利息成本。假定代表性家庭 i 的财富水平为 m_i，教育投资为 $f(m_i)$，子女的能力素质禀赋为 z_i。公立学校 j 的教育质量为 y_j，其对口学区房的购房成本为 $p(y_j)$，教育质量越高的公立学校对口学区房的购房成本越高 $\left(\dfrac{\partial p(y_j)}{\partial y_j}>0\right)$，对口学区房住房贷款的利息成本为 $rp(y_j)$，家庭 i 教育投资的效用函数会受到子女的能力素质水平 z_i 和升学结果 w 影响，用 $v(z_i, w)$ 来表示，且该函数满足边际效用递增原理，即 $\dfrac{\partial v(z_i, w)}{\partial z_i}>0$、$\dfrac{\partial v(z_i, w)}{\partial w}>0$，且 $v(0, 0)=0$。

代表性家庭 i 的总效用函数设置如下：

$$u_i = \theta_{il} + m_i + v(z_i, w_j) - c(y_j) \tag{8-8}$$

其中，$\theta_{il} = \theta > 0$，表示家庭 i 在片区 l 就近入学能够带来的特有好处，若不选择就近入学，$\theta_{il}=0$。$v(z_i, w_j)$ 表示家庭 i 选择学校 j 获得的效用水平，w_j 表示家庭 i 选择学校 j 后的升学结果，与学校教育质量 y_j 和升学指标分配规则 χ 有关，则 $w_j = q(y_j, \chi)$。$c(y_j)$ 表示家庭 i 选择学校 j 的教育投资成本，则 $c(y_j) = rp(y_j)$。

8.4.1 公立学校教育选择的竞争性均衡

假定公立学校对口学区房的竞争性市场满足市场出清条件：第一，片区 l 内的学区房供给量 S_l 能够满足公立学校 j 对口学区房居住的原生家庭住房需求量 s_l^i，即 $S_l \geq s_l^i$；第二，原先不在公立学校 j 对口学区房居住的非原生家庭住房需求量 s^o 大于住房供给量 S_l，即 $s^o > S_l$。因此，本章就可以得到就近入学政策下公立学校教育选择的竞争性均衡。

同一学区内的 N 所学校被外生划分为 N 个片区，每个片区拥有 1 所公立学校，公立学校的质量各不相同。学区房也被划分到 N 个片区，实际价

格可表示为 $p(y_1)$，$p(y_2)$，$\cdots$，$p(y_N)$。所有学生均等分布在各个片区，对应有 N 种住房需求 s_1，s_2，$\cdots$，s_N。N 所公立学校的质量分别为 y_1，y_2，$\cdots$，y_N。家庭 i 选择公立学校须满足个人理性约束、激励相容约束和学区房定价原则。

（1）个人理性约束。对于每个选择在原片区 l 就读的学生 z，效用函数满足 $\theta + v(z, w_l) - rp(y_l) \geqslant v(z, W) - rp(Y)$。假定 $f(m_i) \geqslant \alpha p(y_l) + rp(y_l)$ 恒成立，即家庭的教育投资应大于其购房首付 $\alpha p(y_l)$ 和利息成本 $rp(y_l)$。个人理性约束指家庭会综合考虑家庭财富水平和就近入学的额外效用来决定学校选择。

（2）激励相容约束。对于每个选择在原片区 l 就读的学生，对任意的 q 片区（$q \neq l$），$v(z, w_l) - rp(y_l) \geqslant v(z, w_q) - rp(y_q)$ 始终成立。激励相容约束指学区内的家庭会选择与其财富水平最匹配的学校。

（3）学区房定价原则。对于片区 l 的学区房，若 $s_l^i < S_l$，则学区房实际价格 $p_l = p(y_l)$，即当原生家庭的住房需求小于房屋供给，学区房 l 的实际价格 p_l 等于竞争性价格 $p(y_l)$。若 $s_l^i = S_l$，则 $p_l \geqslant p(y_l)$。当原生家庭的住房需求等于住房供给时，"望子成龙"教育观念将驱动家庭争相购买优质学区房，导致学区房供不应求。此时学区房 l 的实际价格 p_l 会被不断抬高。

8.4.2 "名额分配综合评价录取"政策实施前后竞争性均衡变化

"名额分配综合评价录取"政策实施前，升学指标分配规则 χ 是以考试成绩为核心指标，而考试成绩更多是由学校教育质量 y_j 决定，则 $w_j = q(y_j$，$\chi(y_j)) = q(y_j)$，因此，$v(z_i, w_j) = v(z_i, q(y_j))$，这就说明家庭会在满足竞争性均衡条件下选择家庭支付能力范围内教育质量最高的学校。然而，"名额分配综合评价录取"政策实施后，升学指标分配规则 χ 出现重大调整。以上海市中考新政为例，各市实验性示范性高中的自主招生计划和统一招生录取比例被限制在 40% 以下，而名额分配到区和名额分配到校的比例则超过 60%，这些指标将依据各初中报考人数占比均匀分配到各个家门口的初中。假定学校 j 分配到的指标个数为 χ_j，由于不同学校的教育质量不同，这就意味着不同初中校上同一所实验性示范性高中的分数线存在差异，假定学校 j

上该高中的分数为 $Score_j$。因此,升学结果 w_j 就是由学校教育质量 y_j、学校分配指标个数 χ_j 和最低限分数 $Score_j$ 构成,即 $w_j = q(y_j, \chi_j, Score_j)$。这就意味着家庭教育投资选择会在竞争性均衡条件下平衡学校教育质量、分配指标和最低限分数。

由于家庭的最终目标是子女的升学结果,这就意味着"名额分配综合评价录取"政策实施后家庭的教育选择将发生重大转变。假定家庭 i 的目标是进入市实验性示范性高中,其子女的能力素质禀赋为 z_i,预计考试分数 $Score_i$,学校 j 共有 N_j 个学生,学校 j 进入市实验性示范性高中的概率为 χ_j/N_j。那么家庭的教育选择将出现以下几种可能。

(1)继续选择学校 j。如果家庭 i 子女考试分数 $Score_i$ 大于学校 j 最低限分数 $Score_j$,且 $\theta + m_i + v(z_i, w_l) - rp(y_l) \geqslant m_i + v(z, W) - rp(Y)$,即家庭 i 的子女能力禀赋水平强,且家庭选择学校 j 的效用高于其他学校,则家庭仍将继续选择学校 j。

(2)选择进入市实验性示范性高中最低限分数低、概率高的学校 p。如果家庭 i 子女能力禀赋水平达不到学校 j 进入市实验性示范性高中的机会,家庭 i 可能会改变其原有的教育选择偏好,"名额分配综合评价录取"政策实施后初中学校 p 具备了进入市实验性示范性高中的机会,其概率为 χ_p/N_p。由于初中学校 p 的竞争不强,其进入市实验性示范性高中的最低限分数 $Score_p < Score_j$,但家庭 i 子女的考试分数 $Score_i > Score_p$,且初中学校 p 对口的学区房价格 $p(y_p) < p(y_j)$,则家庭选择初中学校 p 的效用会更强。

因此,"名额分配综合评价录取"政策实施后,家庭 i 会改变其教育选择偏好,根据进入市实验性示范性高中的最低限分数和概率进行重新配置。

依据学区房定价逻辑,家庭对传统的优质初中学校的住房需求下降,则原有的优质初中学校对口学区房溢价会趋于下降,有利于缓解学区房价格的非理性上涨,促进了基础教育公共服务均等化。由此得出,本章的假说1。

假说1:"名额分配综合评价录取"政策实施后,家庭对传统优质初中学校的住房需求下降,带来学区房溢价的下降,有利于缓解学区房价格的非理性上涨。

不同初中学校进入市实验性示范性高中的概率不同、既有生源的能力禀赋不同，导致各初中学校进入市实验性示范性高中的最低限分数出现差异。依据家庭教育选择偏好可知，家庭会对不同初中学校对口学区房进行差异化重新定价，名额数量竞争优势与最低分数竞争优势将是学区房溢价的新来源。"名额分配综合评价录取"政策实施后，原有的优质初中升学优势被打破，家庭会改变其教育选择偏好，降低对原有的优质初中需求量。同时，政策改革后原有的优质初中进入市实验性示范性高中的概率下降，对应的最低限分数就会上升，子女考试分数低于该水平的家庭会转向选择进入市实验性示范性高中最低限分数低、概率高的初中学校，这就强化了家庭"宁为鸡头，不为凤尾"的新偏好特征。由此得出本章的假说2。

假说2："名额分配综合评价录取"政策实施后，家庭会对不同初中学校对口学区房进行重新定价，带来"削峰填谷"效应。名额数量竞争优势与最低分数竞争优势将是学区房溢价的新来源，具备任一优势的初中学校对口学区房溢价较高。

不同家庭的财富水平存在差异，其教育选择的弹性空间也不同，高收入家庭可以在公立教育、私立教育和国际教育之间弹性选择，其对政策的反应也会存在钝性特征。然而，中、低收入家庭对"名额分配综合评价录取"政策的反应更加敏感，政策对房价的冲击效应也会更大。由此得出本章的假说3。

假说3："名额分配综合评价录取"政策实施后，中、低收入家庭对其教育选择偏好的调整力度更大。这就会意味着，政策实施后低总价、小面积的房屋价格下降更多。

8.5 实证设计与识别策略

8.5.1 实证设计

8.5.1.1 数据来源与变量说明

考虑到上海市基础教育资源的分布情况，本章选取上海市所有城区作为研究区域，包括黄浦区、徐汇区、静安区、虹口区、杨浦区、普陀区、浦东新区等 16 个城区。本章所用数据主要包括两个部分，一是由上海市各区教育局公布的基础教育阶段入学对口划片范围，二是某房地产经纪公司交易平台公布的上海二手房成交数据。

（1）上海市学区数据。本章根据各学校的招生简章信息，通过小区名称或门牌号的直接匹配、道路边界地理信息的空间匹配、居委会管辖范围的间接匹配等方式相结合手工匹配各小区对口的公立初中，共收集整理了 16 个城区 574 所初中（包括各公立初中分校）的划片范围。参考孙伟增和林嘉瑜（2020）等研究，本章剔除了样本期内新建的学校和样本内"民转公"学校对口的小区，以使估计结果更加准确。国内学者多基于 20 世纪 50 年代重点学校名单，并进一步综合了非官方的学校评级作为学校教育质量的衡量（胡婉旸等，2014；张牧扬等，2016；邵磊等，2020）。参考上述文献，本章根据家长帮、搜狐网、上哪学等择校平台提供的公立初中梯队排名，并结合各初中"四校八大"的预录取情况，为本章涉及的 574 所公立初中进行综合评分（j_score）。通过各初中"四校八大"的预录取情况对初中梯队排名进行适当的调整，再通过有序变量量化各小区对口的公立初中的综合评分，公立初中为第一梯队记为 $j\_score=4$，第二梯队记为 $j\_score=3$，第三梯队记为 $j\_score=2$，第四梯队记为 $j\_score=1$；若出现小区对口多所初中的情况，则计算该小区对口初中的平均得分。此外，参考陈等（2020）和张传勇等（2022）的做法，用上一年竞赛成绩衡量当年各初中的生源质量，本章从上海教育（$edu.\ sh.\ gov.\ cn$）获取了 2016～2023 年各学校获得的竞赛成绩，包括上海市青少年科技创新大赛等八个可以计入中考综合测评的竞赛。

（2）上海市二手房交易数据。本章采用的房产交易数据来源于当地市场份额居前的某房地产经纪公司交易平台，覆盖了上海市黄浦区、徐汇区、杨浦区、虹口区、静安区、普陀区及浦东新区等 16 个城区自 2016 年 1 月至 2023 年 7 月共计 308825 条成交住房样本。为了使回归结果更稳健，本章剔除了信息缺失的样本，去除涉及商业办公类、车库、地下室和工业厂房的样本，剔除异常值数据，剔除了样本期内只交易过 1 次的小区及只在政策前或者只在政策后交易的小区，剔除没有公布毕业生人数的虹口区、奉贤区、宝山区、闵行区、长宁区相关样本，剔除 2020 年新冠疫情期间的样本，最终进行实证

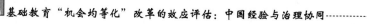

回归的数据为 185308 条，共覆盖了 4378 个住宅小区、400 余所初中学校。房产交易数据中还包含了房屋的一系列特征，例如房屋的建筑面积、房屋户型、梯户比例、是否配备电梯、装修情况、建成年代、所在楼层位置及朝向等。参考张传勇等（2022），本章将民办学校可得性（*mbcz*，即小区附近 1000 米内是否有民办初中）作为控制变量加入模型，考察民办学校对学区房价格的影响。表 8-9 是本章在实证分析中所使用的所有变量说明，及相关取值说明。

表 8-9　　　　　　　　　　　　变量说明

变量	含义	取值
ln*HP*	学区房单价的对数	
ln*area*	面积取对数	
intensity	强度变量	2018 年通过区内竞争人数占比
post	处理期变量	
*yulu*18	"四校八大"录取人数	2018 年"四校八大"录取人数
room	卧室数	
sitting_room	厅数	
floor	所在楼层	低楼层 =1，中楼层 =2，高楼层 =3
orientation	房屋朝向	朝西或西北：1；朝北：2；朝东北：3；朝东或西南（含东西）：4；朝东南：5；朝南（非南北）：6；"南北"朝向：7
age	房龄	成交年代 - 建成年代
decoration	装修情况	毛坯：1；简装：2；精装：3；其他：0
stairway	梯户比	户/梯
lift	是否有电梯	有：1 无：0
mbcz	民办初中可得性	与最近民办初中的距离
way	入学方式	学区对口：1 小学对口：0

8.5.1.2 描述性统计分析

表 8-10 报告了房价回归模型样本期内变量描述性统计信息，包括观测值、均值及标准差。"名额分配综合评价录取"政策颁布于 2018 年 3 月，正式落地于 2022 年 6 月，为了进一步区分家庭对政策颁布和落地影响的差异，本章将样本期拆分为 2016 年 1 月至 2021 年 1 月，2021 年 1 月至 2023 年 7 月两个阶段。因此，描述性统计分析的结果将分别展示。

表 8-10 描述性统计分析结果

Panel 1 样本期为 2016 年 1 月至 2021 年 1 月

变量	*Mean*	*SD*	Min	Max	*N*
HP	53137.9770	19520.8641	17829.1257	128715.4989	138116
ln*HP*	10.8136	0.3708	9.7886	11.7654	138116
intensity	0.1905	0.1043	0	0.7333	138116
*yulu*18	2.5425	7.1877	0	70	138116
room	1.9570	0.7938	0	13	138116
sitting room	1.3105	0.6157	0	6	138116
floor	2.0919	0.8018	1	3	138116
lnarea	4.2404	0.4496	2.3702	6.9491	138116
orientation	5.9296	0.7947	1	7	138116
age	20.1286	9.7897	0	106	138116
decoration	1.4613	1.3115	0	3	138116
stairway	3.0695	2.2298	0.0500	80	138116
lift	0.3636	0.4810	0	1	138116
mbcz	1.9204	1.6058	0.0251	18.7503	138116

Panel 2 样本期为 2021 年 1 月至 2023 年 7 月

变量	*Mean*	*SD*	Min	Max	*N*
HP	062014.8702	23626.5691	16075.1824	133075.8427	47192
ln*HP*	10.9587	0.4025	9.6850	11.7987	47192
intensity	0.1715	0.0605	0	0.2927	47192

续表

Panel 2 样本期为 2021 年 1 月至 2023 年 7 月

变量	*Mean*	*SD*	Min	Max	*N*
yulu18	1.9858	7.8237	0	70	47192
room	1.8888	0.7392	0	8	47192
sitting room	1.2451	0.5728	0	5	47192
floor	2.0958	0.7973	1	3	47192
lnarea	4.1835	0.4108	2.5416	6.6131	47192
orientation	6.0531	0.8457	1	7	47192
age	23.2208	10.6579	0	98	47192
decoration	2.3327	0.7735	0	3	47192
stairway	3.1209	1.7818	0.1000	58	47192
lift	0.3682	0.4823	0	1	47192
mbcz	2.0788	1.6560	0.0251	22.6736	47192

8.5.2　实证模型设定与识别策略

8.5.2.1　基准回归："结果公平"驱动的基础教育公共服务均等化

"名额分配综合评价录取"政策实施是在设置所有初中学校在市实验性示范性高中录取结果均衡的基础上，引导家庭择校的理性偏好，减少家长的升学择校焦虑，通过初中校的生源均衡来推动基础教育的优质均衡。如本章假说1所述，政策实施后家庭对传统优质初中学校的住房需求下降，带来学区房溢价的下降，有利于缓解学区房价格的非理性上涨。由于"名额分配综合评价录取"政策对不同初中学校的影响存在强度差异，参考张铭心等（2022）的做法，本章构建了一个广义双重差分（generalized difference-in-differences，GDID）回归模型，具体为

$$\ln HP_{ijt} = \alpha + \beta_1 intensity_i \cdot post_t + \beta_2 intensity_i + \beta_3 post_t$$
$$+ \lambda_j + \mu_t + \gamma\,\Omega_{it} + \varepsilon_{ijt} \tag{8-9}$$

其中，$\ln HP_{ijt}$ 表示小区 j 住房 i 在 t 时期的二手房成交价格对数水平，$intensity_i$

表示住房 i 对口初中学校区内竞争录取人数占比,反映了不同初中学校在"名额分配综合评价录取"政策实施后的竞争优势,$post_t$ 为政策时间变量,"名额分配综合评价录取"政策出台之前为 0,政策出台之后赋值为 1;交互项 $intensity_i \cdot post_t$ 前系数 β_1 即为该政策效应的估计量,其大小、正负可以反映"名额分配综合评价录取"政策对学区房市场价格的影响,如果系数 β_1 负显著,则意味着"名额分配综合评价录取"政策带来学区房市场价格下降,即公立初中对口住房需求下降。α 为常数;λ_j 为小区 j 的固定效应,控制了影响小区价格的非时变因素,如小区的位置、交通便利性、就医可达性等;μ_t 为月份固定效应,刻画全样本房价的时间趋势;Ω_{it} 为住宅 i 在时间 t 的特征变量,包括建筑面积、卧室个数、客厅个数、楼层所处位置、房龄和房屋朝向;ε_{ijt} 为随机误差项。

8.5.2.2 教育投资偏好调整驱动的学区房价格"削峰填谷"效应评估

"名额分配综合评价录取"政策实施后,家庭的教育投资偏好从聚焦初中学校教育质量转向兼顾初中学校教育质量、名额数量和最低分数,这就会带来不同初中学校对口学区房需求的结构性调整,继而带来对口学区房的差异化再定价。如本章假说 2 所述,政策实施后,家庭的教育选择将呈现"宁为鸡头,不为凤尾"的新偏好特征,不同初中学校对口学区房价格的变化表现为"削峰填谷"特征,其直接决定因素是名额数量竞争优势与最低分数竞争优势。参考童健等(2024)的做法,本章将依据政策实施后各学校进入市实验性示范性高中的名额数量变化值和各学校进入市实验性示范性高中的最低分数较平均分数的差值进行分组检验,以识别政策实施的"削峰填谷"效应。本章将在广义双重差分回归模型分别引入 $Score_i$ 和 $Number_i$,具体为

$$\ln HP_{ijt} = \alpha + \beta_1 intensity_i \cdot post_t + \beta_2 intensity_i + \beta_3 post_t + \beta_4 Score_i \cdot intensity_i \cdot post_t$$
$$+ \beta_5 Score_i \cdot intensity_i + \beta_6 Score_i \cdot post_t + \beta_7 Score_i + \lambda_j + \mu_t + \gamma \Omega_{it} + \varepsilon_{ijt}$$

$$(8-10)$$

$$\ln HP_{ijt} = \alpha + \beta_1 intensity_i \cdot post_t + \beta_2 intensity_i + \beta_3 post_t + \beta_4 Number_i \cdot intensity_i \cdot post_t$$
$$+ \beta_5 Number_i \cdot intensity_i + \beta_6 Number_i \cdot post_t + \beta_7 Number_i$$
$$+ \lambda_j + \mu_t + \gamma \Omega_{it} + \varepsilon_{ijt}$$

$$(8-11)$$

其中，$\ln HP_{ijt}$表示小区j住房i在t时期的二手房成交价格对数水平，$intensity_i$表示住房i对口初中学校区内竞争录取人数占比，反映了不同初中学校在"名额分配综合评价录取"政策实施后的竞争优势，$post_t$为政策时间变量，"名额分配综合评价录取"政策出台之前为0，政策出台之后赋值为1。$Number_i$表示政策实施后各学校进入市实验性示范性高中的名额数量变化值，若$Number_i > 0$则表示政策实施后该学区房对口初中学校进入市实验性示范性高中的名额数量增加；反之，若$Number_i < 0$则表示政策实施后该学区房对口初中学校进入市实验性示范性高中的名额数量减少。$Score_i$表示政策实施后各学校进入市实验性示范性高中的最低分数较平均分数的差值，若$Score_i > 0$则表示政策实施后该学区房对口初中学校进入市实验性示范性高中的最低分数高于平均水平；反之，若$Score_i < 0$则表示政策实施后该学区房对口初中学校进入市实验性示范性高中的最低分数低于平均水平。式（8 - 10）中交互项$Score_i \cdot intensity_i \cdot post_t$的系数$\beta_4$表示最低分数竞争优势的调节效应，$\beta_4 < 0$则表示家庭会更好拥有最低分数竞争优势的初中学校对口学区房，最低分数竞争优势越大，对口学区房价格下降越少。式（8 - 11）中交互项$Number_i \cdot intensity_i \cdot post_t$的系数$\beta_4$表示名额数量竞争优势的调节效应，$\beta_4 > 0$则表示家庭会更好拥有名额数量竞争优势的初中学校对口学区房，名额数量竞争优势越大，对口学区房价格下降越少。

8.5.2.3 教育选择弹性空间驱动的不同类型学区房价格变化差异性评估

如本章假说3所述，不同家庭的财富水平存在较大差异，其教育选择弹性空间也存在较大差异，教育选择弹性空间越大的家庭对"名额分配综合评价录取"政策反应越不敏感。参考童健等（2024）的做法，本章将进一步在广义双重差分回归模型中分别引入$Area$和$TotalHP$。$Area$是依据住房面积划分的虚拟变量，依次为小于60平方米、60~90平方米、90~120平方米、大于120平方米；$TotalHP$是依据住房总价划分的虚拟变量，依次为小于300万元、300万~600万元、600万~900万元、900万~1200万元、大于1200万元。因此，该广义DID模型应该为：

$$\ln HP_{ijt} = \alpha + \beta_1 intensity_i + \beta_2 post_t + \beta_3 Area_1 \cdot intensity_i \cdot post_t$$

$$+ \beta_4 Area_2 \cdot intensity_i \cdot post_t + \beta_5 Area_3 \cdot intensity_i \cdot post_t$$

$$+ \beta_6 Area_4 \cdot intensity_i \cdot post_t + \lambda_j + \mu_t + \gamma \Omega_{it} + \varepsilon_{ijt} \qquad (8-12)$$

$$\ln HP_{ijt} = \alpha + \beta_1 intensity_i + \beta_2 post_t + \beta_3 TotalHP_1 \cdot intensity_i \cdot post_t$$

$$+ \beta_4 TotalHP_2 \cdot intensity_i \cdot post_t + \beta_5 TotalHP_3 \cdot intensity_i \cdot post_t$$

$$+ \beta_6 TotalHP_4 \cdot intensity_i \cdot post_t + \beta_7 TotalHP_5 \cdot intensity_i \cdot post_t$$

$$+ \lambda_j + \mu_t + \gamma \Omega_{it} + \varepsilon_{ijt} \qquad (8-13)$$

通过对比不同面积段、不同总价段的系数显著性和数值就可以识别家庭对不同类型学区房价格影响的大小。

8.6　实证结果与分析

8.6.1　基准回归与进一步分析："结果公平"驱动的基础教育公共服务均等化

8.6.1.1　基准回归结果与分析

根据模型（8-9）的设定，该部分从整体上讨论了"名额分配综合评价录取"政策冲击对公立初中对口学区房价格产生了多大的影响。表 8-11 报告了广义双重差分模型的估计结果，基准回归中均控制了小区固定效应和月份固定效应。列（1）为未控制房屋特征情形下政策实施对房价的影响，列（2）在此基础上加入一系列房屋特征的控制变量进行回归。结果显示，该政策效应的系数为 -0.0303，"名额分配综合评价录取"政策实施后，市实验性示范性高中区内竞争录取率每提高 1 个标准差，上海市学区房价格平均下降了 0.85%（= -3.03% × 0.1043/0.3708）。加入房屋特征控制变量后，该政策效应的系数为 -0.0467，即市实验性示范性高中区内竞争录取率每提高 1 个标准差，政策带来房价下降 1.31%，均通过了 1% 的显著性检验。在考虑控制变量后，政策效应的大小、正负号和显著性均未发生较大改变，说明基准回归稳健。观察各房屋特征变量的系数，其大小与正负与实际情况和相

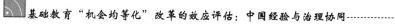

关文献资料相符合。这就验证了本章假说1的观点，即"名额分配综合评价录取"政策削弱了家庭对优质公立学校的热衷度，将家庭对优质公立学校的需求分散到每一个普通初中，带来学区房平均溢价水平的下降，缓解学区房价格的非理性上涨，促进了基础教育公共服务均等化。

表 8 – 11　　基准回归："名额分配综合评价录取"政策颁布对学区房市场影响

变量	（1）	（2）
	ln*HP*	ln*HP*
intensity · post	− 0.0303 *** (0.0104)	− 0.0467 *** (0.0102)
intensity		0.0855 *** (0.0207)
post		0.5296 *** (0.0048)
yulu18		0.0005 *** (0.0002)
room		0.0408 *** (0.0014)
sitting_room		0.0117 *** (0.0010)
floor		− 0.0081 *** (0.0007)
lnarea		− 0.2625 *** (0.0057)
orientation		0.0120 *** (0.0007)
age		− 0.0029 *** (0.0002)

续表

变量	(1)	(2)
	ln*HP*	ln*HP*
decoration		0.0072 *** (0.0005)
stairway		−0.0069 *** (0.0004)
lift		0.0111 *** (0.0028)
mbcz		0.0037 *** (0.0008)
Constant	10.4344 *** (0.0024)	11.4502 *** (0.0232)
小区固定效应	是	是
时间固定效应	是	是
样本数量	138116	138116
R^2	0.931	0.943

8.6.1.2　稳健性检验

为了验证学区房溢价基准回归结果的稳健性，本章进行了一系列稳健性检验：对控制组、实验组是否满足平行趋势的检验，随机抽取控制组、实验组的安慰剂检验，替换被解释变量，替换普通双重差分模型，排除其他政策干扰等对回归结果的影响。以上检验结果均显示回归结果是稳健的。

（1）平行趋势检验。如图 8 − 2 所示，在 10% 显著性水平下，政策冲击前的系数无法拒绝原假设，即在政策发生前控制组和实验组具有相同的趋势，通过了平行趋势检验；但在政策发布 6 个月后，房价呈现出下降的趋势，且变量的系数为负且显著，这说明"名额分配综合评价录取"政策对房价的影响是显著且持续的。

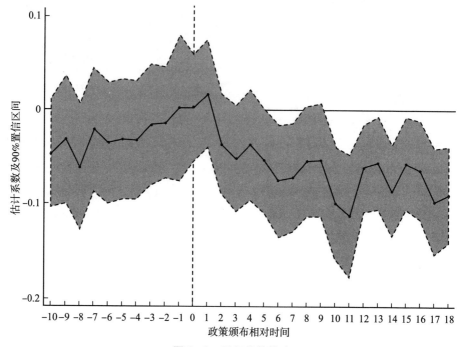

图 8 - 2　平行趋势检验

（2）安慰剂检验。为了进一步确定"名额分配综合评价录取"的政策不是偶然得到的，本章使用蒙特卡洛法通过虚构处理组进行检验。将全国样本中的小区在控制组和实验组之间进行随机分配，随机抽取实验组，并估计安慰剂效应的系数，采用蒙特卡洛法重复1000次实验。图8-3为随机化实验组后1000次模拟回归系数的核密度估计图，得到的系数接近均值为0的正态分布，可以看出模拟系数的均值与真实系数差距十分明显，这说明基准回归结果并非偶然所得，是可靠的。

（3）替换被解释变量。参考张牧扬等（2016）、刘亚南和汤玉刚（2021）、童健等（2024）、童健和薛景（2024）的做法，本章将被解释变量替换为挂牌价进行稳健性检验，考察"名额分配综合评价录取"政策对挂牌价的影响，回归结果见表8-12。结果显示，在1%的显著性水平下，该政策效应的系数为－0.0512，即市实验性示范性高中区内竞争录取率每提高1个标准差，政策实施使公立初中对口小区房价下降了大约1.42%，与基准回归结果基本一致,进而验证了该政策的实施对学区房市场房价的影响具有稳健性。

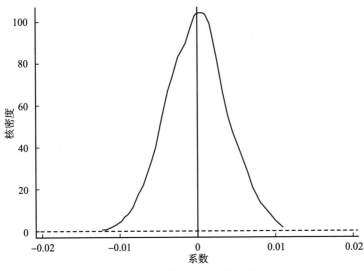

图 8 - 3　系数的核密度估计

表 8 - 12　　　　　　　　　　替换被解释变量为挂牌价的回归结果

变量	挂牌价（取对数）
intensity · post	- 0.0512 *** (0.0106)
控制变量	是
小区固定效应	是
时间固定效应	是
样本数量	137883
R^2	0.935

（4）替换为双重差分模型。为了进一步明确回归结果的稳健性,参考童健等（2024）做法,本章依据各初中区内竞争名额占比的中位数设置实验组和对照组,以高于中位数的初中对口学区房样本为实验组,低于中位数的初中对口学区房样本为对照组,使用双重差分模型（DID）进行估计,回归结

果见表8-13。结果显示，在1%的显著性水平下，该政策实施对公立初中对口学区房价格的影响具有稳健性。

表8-13   替换为普通 DID 模型的回归结果

变量	挂牌价（取对数）
intensity · post	-0.0102 *** (0.0025)
控制变量	是
小区固定效应	是
时间固定效应	是
样本数量	138116
R^2	0.943

（5）排除其他政策干扰。在本章的样本期内还存在其他教育政策的颁布与实施，为了保证基准回归结果的稳健性，该部分进行了排除其他相关政策干扰的稳健性检验。首先，为了剔除"多校划片"政策干扰，本章在样本中剔除了实施了"多校划片"政策的上海市长宁区样本和一套房子对口多所学校的学区房样本，回归结果见表8-14的列（1）。结果显示，政策效应系数为-0.0564，在1%的显著性水平下显著。其次，学校合并和集团化办学会影响薄弱学校的教育质量，参考邵磊等（2020）的做法，剔除了2020年开始试点的杨浦、金山、徐汇、静安四个试点行政区学校合并或集团化的薄弱学校样本后重新回归，回归结果见表8-14的列（2）。结果显示，政策效应系数为-0.0639，在1%显著性水平下显著。再次，2020年3月实施的"公民同招，民办摇号"政策会改变家庭对于公立学校的需求结构，并影响名额分配的结果，因此，本章剔除了2020年3月之后的样本数据后重新回归，回归结果见表8-14的列（3）。结果显示，政策效应系数为-0.0366，在1%显著性水平下显著。最后，2021年修订后的《民办教育促进法实施条例》规定，部分民办学校将转为公办学校，甚至终止办学。"民转公"政策实施后改变了公立学校选择集合，为此，本章剔除了民转公的样本张江集团中学对

口样本后重新回归，回归结果见表8－14的列（4）。结果显示，政策效应系数为－0.0460，在1%的显著性水平下显著。综上可知，在剔除了相关可能性干扰政策后，"名额分配综合评价录取"政策的效果与基准回归结果一致。

表8－14　　　　　　　　排除其他政策干扰的回归结果

变量	（1）	（2）	（3）	（4）
	多校划片政策	集团化办学政策	公民同招政策	民转公政策
intensity · post	－ 0.0564 *** (0.0107)	－ 0.0639 *** (0.0127)	－ 0.0366 *** (0.0101)	－ 0.0460 *** (0.0102)
控制变量	是	是	是	是
小区固定效应	是	是	是	是
时间固定效应	是	是	是	是
样本数量	119718	111192	101128	137913
R^2	0.942	0.946	0.943	0.943

8.6.1.3　进一步分析

（1）政策落地期的回归结果与分析。区别于以往的其他政策，"名额分配综合评价录取"政策从颁布到落地间隔了4年，政策的影响对象是2018年入学的初中学生，2022年该批学生参加中考时政策才正式落地。这就意味着，2018年政策颁布后的影响更多是对未来政策实施情况的预期效应，而非政策的实际落地效应。为了更加清晰地识别"名额分配综合评价录取"政策的落地效应，本章将以2022年6月"名额分配综合评价录取"政策名单发布为政策冲击试点，基于2021年1月至2023年7月的上海市所有城区的二手房成交数据，构建广义双重差分模型来识别政策效果。表8－15报告了政策落地期广义双重差分模型的计量结果，回归过程中均控制了小区固定效应和月份固定效应。列（1）未控制房屋特征，列（2）在此基础上加入了一系列房屋特征的控制变量进行回归，结果表明该政策效应系数为－0.0556，在加入房屋特征控制变量后，政策效应系数为－0.0515，分别通过了1%和5%的

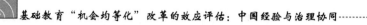

显著性检验。这就表明，市实验性示范性高中区内竞争录取率每提高1个标准差，政策落地带来学区房价格下降0.77%。其他房屋特征变量的系数大小和正负均与实际情况和相关文献一致。

表8-15　　进一步回归："名额分配综合评价录取"政策落地期回归结果

变量	(1)	(2)
	lnHP	lnHP
intensity·post	-0.0556*** (0.0206)	-0.0515** (0.0202)
intensity		-0.1853 (0.2162)
post		0.0183*** (0.0057)
yulu18		0.0055** (0.0025)
room		0.0396*** (0.0026)
sitting_room		0.0110*** (0.0015)
floor		-0.0055*** (0.0010)
lnarea		-0.2052*** (0.0086)
orientation		0.0117*** (0.0009)
age		-0.0022*** (0.0003)
decoration		0.0118*** (0.0008)

续表

变量	(1)	(2)
	ln*HP*	ln*HP*
stairway		−0.0082 *** (0.0011)
lift		0.0165 *** (0.0037)
mbcz		0.0009 (0.0032)
Constant	10.8721 *** (0.0024)	11.6459 *** (0.0506)
小区固定效应	是	是
时间固定效应	是	是
样本数量	47192	47192
R^2	0.959	0.964

表 8 - 15 的回归结果进一步验证了本章假说 1 的观点，即"名额分配综合评价录取"政策会带来公立初中对口学区房价格下降，有助于缓解学区房溢价的非理性上涨。进一步将该结果与基准回归结果加以对比发现，政策落地期，"名额分配综合评价录取"政策对公立初中对口学区房价格的负向影响更强，这就意味着，政策落地兑现进一步强化了家庭的教育投资行为选择。一方面，结果公平政策成功地打破了原有的优质生源在部分学校集中的现象，而生源的校际均衡也进一步提升了各初中学校的教育质量，形成"教育选择——升学结果"之间的正向激励循环。另一方面，政策实施细节的颁布、各学校进入市实验性示范性高中的最低分数线公布让家庭的教育投资行为选择有了明确的标尺，可以据此作出最契合每个家庭实际情况的教育选择。

（2）稳健性检验。为了验证学区房溢价基准回归结果的稳健性，本章进行了一系列稳健性检验：对控制组、实验组是否满足平行趋势的检验，随机抽取控制组、实验组的安慰剂检验，替换被解释变量，替换普通双重差分模型，排除其他政策干扰等对回归结果的影响。以上检验结果均显示回归结果是稳健的。

①平行趋势检验。如图 8 - 4 所示，在 10% 显著性水平下，政策冲击前的系数无法拒绝原假设，即在政策发生前控制组和实验组具有相同的趋势，通过了平行趋势检验；但在政策落地 6 个月后，房价呈现出下降的趋势，且变量的系数为负且显著，这说明"名额分配综合评价录取"政策对房价的影响是显著且持续的。

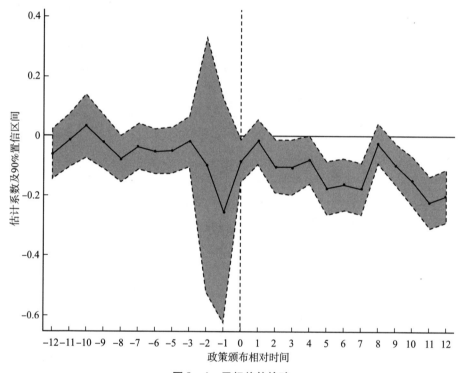

图 8 - 4　平行趋势检验

②安慰剂检验。为了进一步确定"名额分配综合评价录取"的政策不是偶然得到的，本章使用蒙特卡洛法通过虚构处理组进行检验。将全国样本中的小区在控制组和实验组之间进行随机分配，随机抽取实验组，并估计安慰剂效应的系数，采用蒙特卡洛法重复 1000 次实验。图 8 - 5 为随机化实验组后 1000 次模拟回归系数的核密度估计图，得到的系数接近均值为 0 的正态分布，可以看出模拟系数的均值与真实系数差距十分明显，这说明基准回归结果并非偶然所得，是可靠的。

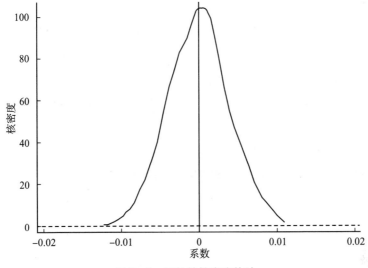

图 8 - 5　系数的核密度估计

③替换被解释变量。参考前面做法，本章进一步将被解释变量替换为挂牌价进行稳健性检验，考察"名额分配综合评价录取"政策落地对挂牌价的影响，回归结果见表 8 - 16。结果显示，在 1% 的显著性水平下，该政策效应的系数为 - 0.0449，与基准回归结果基本一致，进而验证了该政策的落地对学区房市场房价的影响具有稳健性。

表 8 - 16　　　　　　　　替换被解释变量为挂牌价的回归结果

变量	挂牌价（取对数）
intensity · post	- 0. 0449 *** （0. 0194）
控制变量	是
小区固定效应	是
时间固定效应	是
样本数量	47287
R^2	0. 967

④替换为双重差分模型。参考童健等（2024）做法，本章依据各初中区内竞争名额占比的中位数设置实验组和对照组，以高于中位数的初中对口学区房样本为实验组，低于中位数的初中对口学区房样本为对照组，使用双重差分模型（DID）进行估计，回归结果见表8-17。结果显示，在1%的显著性水平下，该政策落地对公立初中对口学区房价格的影响具有稳健性。

表8-17 替换为普通DID模型的回归结果

变量	挂牌价（取对数）
$intensity \cdot post$	-0.0080 *** (0.0029)
控制变量	是
小区固定效应	是
时间固定效应	是
样本数量	47192
R^2	0.964

⑤排除其他政策干扰。在本章的样本期内还存在其他教育政策的颁布与实施，为了保证基准回归结果的稳健性，该部分进行了排除其他相关政策干扰的稳健性检验。首先，为了剔除"多校划片"政策干扰，本章在样本中剔除了实施了"多校划片"政策的上海市长宁区样本和一套房子对口多所学校的学区房样本，回归结果见表8-18的列（1）。结果显示，政策效应为-0.0628，在1%的显著性水平下显著。其次，2021年8月24日上海市发布了《关于进一步减轻义务教育阶段学生作业负担和校外培训负担的实施意见》，全面落实中央的"双减"工作部署，为此本章剔除了2021年8月至2022年1月的样本，回归结果见表8-18的列（2）。结果显示，政策效应系数为-0.0489，在1%显著性水平下显著。在剔除了相关可能性干扰政策后，"名额分配综合评价录取"政策的效果与回归结果一致。

表 8 - 18 排除其他政策干扰的回归结果

变量	"多校划片" 政策	"双减" 政策
	(1)	(2)
intensity · post	- 0. 0628 *** (0. 0204)	- 0. 0489 ** (0. 0223)
控制变量	是	是
小区固定效应	是	是
时间固定效应	是	是
样本数量	43233	41058
R^2	0. 964	0. 963

8.6.2 教育投资偏好调整驱动的学区房价格 "削峰填谷" 效应评估

正如本章假说 2 所述,"名额分配综合评价录取"政策实施后,家庭的教育投资偏好发生变化,由于原来优质初中进入市实验性示范性高中的名额减少,进一步提高了该初中进入市实验性示范性高中的最低分数线,导致该初中的部分家庭失去了进入市实验性示范性高中的机会。这些家庭将重新进行教育选择,其选择的主要判断依据是名额数量竞争优势 *Number* 和最低分数竞争优势 *Score*。根据模型(8 - 10)和(8 - 11)的设定,该部分将通过交乘项和分组变量来分析政策的 "削峰填谷" 效应。表 8 - 19 报告了广义双重差分模型的估计结果,回归中均控制了小区固定效应和月份固定效应。首先,从名额数量竞争优势来看,表 8 - 19 列(1)是名额数量竞争优势分析的交乘项回归结果。本节构建了名额数量竞争优势的虚拟变量 *Number*,将政策实施后名额数量增加的样本设置为 1,名额数量减少的样本设置为 0。结果显示,交乘项系数为 0. 0584,这就意味着政策实施对名额数量减少样本的房价影响系数为 - 0. 0817,而政策实施对名额数量增加样本的房价影响系数为 - 0. 0232,所有系数均在 1% 显著性水平下显著,这就证实了名额数量竞争优势的存在性。列（2）是区分了名额增加数量 *upNumber* 和减少数量 *downNumber* 的回归结果。结果显示，*upNumber* 交乘项的系数为 0.0079，*downNumber* 交乘项的系数为 – 0.0057，均在 1% 显著性水平下显著。这就意味着名额数量增加得越多，政策实施对房价的负向影响越小，当名额数量增加超过 10 个时，名额数量增加的样本在政策实施后房价出现上涨；反之，名额数量减少的越多，政策实施对房价的负向影响越大。

其次，从最低分数竞争优势来看，表 8 – 19 列（3）将最低分数竞争优势的交乘项引入模型。参考刘瑞明等（2021）的做法，将各个房屋对口初中的通过"名额分配综合评价录取"政策进入市实验性示范性高中的最低分数线做标准化处理，得到最低分数竞争优势变量 *Score*，该变量的交乘项系数为 – 0.0413，在 10% 的显著性水平下显著，这就意味着，进入市实验性示范性高中的最低分数线越高的房屋在政策实施后房价下降的幅度越高。进一步，为了区分"名额分配综合评价录取"政策实施后不同学校间最低分数竞争优势，列（4）将每所初中进入市实验性示范性高中的最低分数与所有初中的最低分数的平均值进行比较，区分出高于平均水平的最低分数优势组和低于平均分的最低分数劣势组，得到高于平均分的差值 *upScore* 和低于平均分的差值 *downScore*，并将这两个变量与 *intensity · post* 的交乘项引入模型中进行回归。结果显示，*upScore* 交乘项的系数是 – 0.0023，而 *downScore* 交乘项的系数是 0.0038，均在 5% 的显著性水平下显著。这就意味着，具有最低分数优势的样本，最低分数相差越大，政策实施对房价的负向影响越小，当最低分数较平均分低 16 分时，政策实施带来房价上涨；反之，最低分数高于平均分数越多，政策实施对房价的负向影响越大。

综上可知，在"名额分配综合评价录取"政策带来房价负向影响的基础上，家庭会根据名额数量竞争优势和最低分数竞争优势对每所初中对口学区房进行重新定价。当某所学校具备名额数量竞争优势或最低分数竞争优势时，政策实施对房价的负向影响较小，甚至当名额数量增加较多、最低分数相差较大时，政策实施会带来房价上涨。当学校处于名额数量竞争劣势或最低分数竞争劣势时，政策实施对房价的负向影响会被进一步放大。这印证了本章假说 2 的"名额分配综合评价录取"政策的"削峰填谷"效应。

表 8 – 19　　　"名额分配综合评价录取"政策"削峰填谷"的回归结果

变量	名额数量 竞争优势 （交乘）	名额数量 竞争优势 （分组）	最低分数 竞争优势 （交乘）	最低分数 竞争优势 （分组）
	(1)	(2)	(3)	(4)
intensity · post	− 0. 0817 *** (0. 0157)	− 0. 0729 *** (0. 0110)	− 0. 0232 * (0. 0123)	− 0. 0354 *** (0. 0116)
Number · intensity · post	0. 0584 *** (0. 0210)			
upNumber · intensity · post		0. 0079 *** (0. 0009)		
downNumber · intensity · post		− 0. 0057 *** (0. 0010)		
Score · intensity · post			− 0. 0413 * (0. 0207)	
upScore · intensity · post				− 0. 0023 ** (0. 0010)
downScore · intensity · post				0. 0038 ** (0. 0008)
控制变量	是	是	是	是
小区固定效应	是	是	是	是
时间固定效应	是	是	是	是
样本数量	138116	138116	104954	104954
R^2	0. 943	0. 943	0. 947	0. 947

考虑到家庭教育选择往往是在学校教育质量、名额数量竞争优势和最低分数竞争优势之间权衡，因此，本节进一步在不同竞争优势组内引入学校等级与 *intensity · post* 的交乘项进行估计，结果见表 8 – 20。结果显示，列（1）是政策实施后名额数量上升组的回归结果，第二梯队和第三梯队初中的交乘项系数分别为 0. 2641 和 0. 1875，且在 10% 和 1% 的显著性水平下显著，这就

反映了家庭更加偏好于第二梯队和第三梯队初中名额数量增加的学校。列
（2）是政策实施后名额数量下降组的回归结果，第一、三、四梯队初中的交
乘项系数负显著，且第一梯队的下降幅度最大，这就意味着家庭对名额数量
下降的第一梯队初中需求下降最大，背后反映了高竞争的厌恶偏好。列（3）
是政策实施后最低分数优势组的回归结果，第一、二、三梯队初中的交乘项
系数正显著，且第一、二梯队初中交乘系数最大，反映了家庭更加偏好教育
质量高且具有最低分数优势的初中。列（4）是政策实施后最低分数劣势组
的回归结果，第一、三、四梯队初中交乘项系数负显著，且第一梯队初中交
乘项系数最大，这就意味着家庭对最低分数较高的第一梯队更厌恶。综上可
知，家庭的教育选择偏好仍然是学校教育质量、名额数量竞争优势、最低分
数竞争优势的均好特性，但会依据家庭的实际情况作出最优选择，这就进一
步印证了本章假说2。

表 8 – 20　　　　区分学校等级的名额数量和最低分数竞争优势的异质性效果

变量	名额数量上升组	名额数量下降组	最低分数优势组	最低分数劣势组
	(1)	(2)	(3)	(4)
$Echelon1 \cdot intensity \cdot post$	0.0826 (0.0561)	− 0.6786 *** (0.1168)	0.2255 *** (0.0548)	− 1.3734 *** (0.2347)
$Echelon2 \cdot intensity \cdot post$	0.2641 * (0.1567)	− 0.0162 (0.0639)	0.3517 *** (0.0407)	− 0.0272 (0.0422)
$Echelon3 \cdot intensity \cdot post$	0.1875 *** (0.0466)	− 0.2451 *** (0.0392)	0.0941 *** (0.0287)	− 0.3769 *** (0.1398)
$Echelon4 \cdot intensity \cdot post$	− 0.0342 ** (0.0145)	− 0.0368 ** (0.0157)	0.0145 (0.0164)	− 0.0316 * (0.0176)
控制变量	是	是	是	是
小区固定效应	是	是	是	是
时间固定效应	是	是	是	是
样本数量	88342	49774	35291	69663
R^2	0.940	0.943	0.944	0.945

8.6.3　教育选择弹性空间驱动的不同类型学区房价格变化差异性评估

为了进一步分析教育选择弹性空间对政策实施的影响，本节进一步在广义双重差分模型中引入住房面积 *Area* 和住房总价 *TotalHP* 的虚拟变量，回归结果见表 8-21。首先，列（1）是式（8-12）引入住房面积的回归结果，面积小于 60 平方米和 60~90 平方米的交乘项系数分别为 -0.0530 和 -0.0328，且在 1% 和 5% 的显著性水平下显著；而面积为 90~120 平方米、大于 120 平方米的交乘项系数不显著。其次，列（2）是式（8-13）引入住房总价的回归结果，总价为 300 万~600 万元、600 万~900 万元、900 万~1200 万元的交乘项系数分别为 -0.0733、-0.0376、-0.0551，且在 1% 和 5% 的显著性水平下显著，而其他价格段交乘项并不显著。综合比较可知，中、低收入群体对"名额分配综合评价录取"政策的反应更加敏感，而高收入群体反应呈现钝性，这也就印证了本章假说 3 关于教育选择弹性空间对学区房价格变化的影响。

表 8-21　　区分学校等级的名额数量和最低分数竞争优势的异质性效果

变量	ln*HP*	ln*HP*
	（1）	（2）
*Area*1 · *intensity* · *post*（<60m²）	-0.0530 ** (0.0233)	
*Area*2 · *intensity* · *post*（60~90m²）	-0.0328 *** (0.0125)	
*Area*3 · *intensity* · *post*（90~120m²）	-0.0241 (0.0184)	
*Area*4 · *intensity* · *post*（>120m²）	-0.0160 (0.0235)	
*TotalHP*1 · *intensity* · *post*（<300 万元）		-00179 (0.0143)

变量	lnHP	lnHP
	(1)	(2)
$TotalHP2 \cdot intensity \cdot post$ （300 万 ~ 600 万元）		-0.0733^{***} (0.0130)
$TotalHP3 \cdot intensity \cdot post$ （600 万 ~ 900 万元）		-0.0376^{**} (0.0179)
$TotalHP4 \cdot intensity \cdot post$ （900 万 ~ 1200 万元）		-0.0551^{**} (0.0275)
$TotalHP5 \cdot intensity \cdot post$ （> 1200 万元）		-0.0597 (0.0339)
控制变量	是	是
小区固定效应	是	是
时间固定效应	是	是
样本数量	138116	138116
R^2	0.945	0.951

8.7　本章小结

　　上海市推行的"名额分配综合评价录取"的中考新政对应的是"全员择优选拔"的录取方式。为了服务于加快推进国家战略发展的需求，长期以来我国实施的是统一招录、择优录取的政策，体现出"效率优先"的价值导向。以分数高低来分配优质高中资源，是一种公众可接受的公平方案，但也带来了义务阶段教育的过度竞争，家庭的过度择校竞争不仅带来学区房溢价持续上涨，也不利于孩子的身心健康。2012 年，教育部等部门联合印发《治理义务教育阶段择校乱收费的八条措施》，首次明确提出优质高中"名额分配"的比例，要求不低于30%的比例。区别于现有政策，上海市推出的"名额分配综合评价录取"政策具有名额分配力度大、名额跨区分配、名额到区又到校且校际基本均等的特点。政策改革中制度间相互嵌套，让每所家门口的初中都获得优质高中的升学名额，缓解家长的焦虑，同时倒逼各区加大对本区优质高中的投入力度，加快区内义务教育均衡化。由于上海新政对每所初中设置了"托底保障"，规模较小的普通初中反而具备了相对升学优势，促使家庭改变其教育选择偏好，转向"宁为鸡头，不做凤尾"的偏好，实现学区的再平衡，推动居住空间的再平衡。

　　本章通过构建学校选择的竞争性均衡模型，将不同家庭教育投资选择偏好的差异化特征进一步细化，从理论上梳理"名额分配综合评价录取"政策的影响机制，并利用上海市所有城区 2016 年 1 月至 2023 年 7 月期间二手房成交数据，以 2018 年 3 月 21 日政策颁布时间为时间冲击，构建广义双重差分模型来评估政策效果。研究发现，第一，政策实施后，优质初中进入市实验性示范性高中的竞争加剧且最低分数线上涨，倒逼部分家庭放弃传统优质初中学校，市实验性示范性高中区内竞争录取率每提高 1 个标准差，带来学区房溢价下降 1.31%，缓解学区房价格的非理性上涨。第二，政策实施后，家庭对不同初中学校对口学区房重新定价，依据学校教育质量、名额数量竞争优势和最低分数竞争优势进行再评估，带来学区房价格的"削峰填谷"效应。第三，家庭的财富结构决定其子女教育选择的弹性空间，高收入家庭对政策的反应存在钝性，中、低收入家庭对政策的反应更加敏感，"名额分配综合评价录取"政策实施带来低总价、小面积学区房价格下降更明显。

　　本章系统性研究了基础教育的结果公平政策改革的效应，为基础教育均等化改革提供了新的视角。2013 年 9 月 25 日，习近平总书记在联合国"教育第一"全球倡议行动周年贺词中提出，努力让 13 亿人民享有更好更公平的教育。在传统观念中，以分数为基础的择优录取才是最公平的，符合效率优先的稀缺教育资源配置导向，但这种配置模式仅考虑了机会公平，忽略了起点公平和结果公平。当前中国已经进入了高质量发展阶段，教育公平超越了之前的机会公平和过程公平的内涵，要努力以结果均等化为导向消除阶层差距、促进社会流动。促进基础教育优质均衡发展，要求所有的初中学校站在相同的起点上竞优发展，这就要打破"优质生源—高升学结果——更优质生源"的优质初中的正反馈循环机制，这就要从高中招录环节上设置生源与升

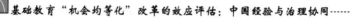

学率之间的负反馈机制。上海市的"名额分配综合评价录取"政策就是建立在这个内涵逻辑上的政策设计，辅之以全面实施的"公民同招，民办摇号"政策作为配套，真正实现基础教育优质均衡。

"名额分配综合评价录取"政策的"托底保障"和"发展激励"协同是基础教育公共服务均等化改革对效率与公平的兼顾，本质上是对现有基础教育"质量均等化"措施和"机会均等化"措施的补充，打破了既有的扩大优质教育选择空间和配置优质教育资源的概率公平的特殊性选项，让所有公立学校获得均等化的优质生源，倒逼各地方政府、公立学校加大教育投入力度，与所有的优质公立学校站在同一起点上竞争。未来我们应进一步加大对"结果公平"类制度的理论探讨和效应测度，从制度实施经验上寻找对其他社会公共治理改革的有效借鉴。

第9章

主要结论与政策建议

9.1 主要结论

习近平总书记在 2021 年的"七一"重要讲话中指出："我们坚持和发展中国特色社会主义，推动物质文明、政治文明、精神文明、社会文明、生态文明协调发展，创造了人类文明新形态"，并在党的二十大报告中对"中国式现代化"的内涵进行了系统阐述。在未来数年乃至更长的一段时间，中国将继续推进中国式现代化建设、助力实现中华民族伟大复兴。中国式教育现代化是中国式现代化的基石，党的二十大报告也充分肯定了教育的重要性，明确将"教育强国"摆在首位。换言之，教育定位于以中国式现代化全面推进中华民族伟大复兴的历史进程中。教育公平是中国式教育现代化的价值追求，是我国教育长期坚持的基本政策。其中，基础教育在整个教育体系中具有基础性、支撑性作用。从社会整体发展的角度审视，促进基础教育均等化有利于缓解人民群众对高质量教育的需求和优质教育资源有限性之间的矛盾。"优质均衡"成为实现教育现代化乃至中国式现代化的必由之路。

党的十八大以来中国出台的一系列教育均等化改革措施可以划分为"质量均等化"措施和"机会均等化"措施两类。"质量均等化"措施强调缩小公共服务供给水平的差异，而"机会均等化"措施则强调所有适龄儿童拥有同样的机会（概率）接受优质教育。现有的基础教育均等化措施大多属于强制性制度变迁，往往存在不可回避的隐含成本，即在解决某些社会问题的同时可能引发另一些社会问题（王一涛，2021）。现有研究主要聚焦在"质量均等化"措施，针对教育资源供给不足和配置不均的现状，中国陆续出台了教育集团化办学、新建小学、对口直升、学校合并和教师轮岗等一系列改革措施，这些措施在一定程度上促进基础教育公共服务均等化（邵磊等，2020；孙伟增和林嘉瑜，2020；叶菁菁等，2022），但尚未解决基础教育的普惠性问题和优质教育资源配置不均问题，且对在优质教育资源配置过程中引入不确定性的"机会均等化"措施关注较少。

为了提出基础教育均等化改革的有效方案，本书在梳理了新中国成立以来基础教育的发展历程以及美国、英国、芬兰和日本等发达国家的基础教育均等化改革的动向和趋势的基础上，聚焦于中国基础教育"机会均等化"改革实践，系统性评估"市民待遇均等化——租购同权""入学机会均等化——多校划片""起点均等化——公民同招""结果均等化——名额分配综合评价录取"等各类均等化措施的资本化效应和风险溢出效应，并从强制性制度变迁制度的"副效应"入手，从理论上厘清各项基础教育"机会均等化"措施的"副效应"，并评估其他"机会均等化"措施和"质量均等化"措施的风险化解效应和政策协同效应，同时从最小风险转化成本的视角，探索基础教育均等化改革措施间的协同机制和出台顺序，以期为各地方政府设计具有系统性、整体性和协同性的教育改革政策体系提供经验证据。

9.1.1 基础教育"市民待遇均等化"改革的效应评估

在免试就近入学政策下，房产是影响教育资源分配的重要因素，租房家庭的子女难以获得所在城市公立学校就读资格。租购同权政策试图赋予租房家庭子女同样的受教育权，以促进市民待遇均等化。本书立足于市民待遇均等化视角，系统考察租购同权政策实施后家庭是否愿意"为权而租"以及家庭教育选择偏好如何变化。首先，本书以2017年租购同权试点政策为例，利用2010~2020年中国家庭追踪调查数据（CFPS）评估"为权而租"的现象是否存在，有房家庭和无房家庭在为"权"租房上的行为表现，家庭经济状况、父母受教育程度、家庭教育分配、有无适龄儿童和户籍因素如何影响家庭为"权"租房的意愿。其次，本书聚焦于广州市"租购同权"政策改革，考察家庭教育选择偏好如何变化，如"买房择校"的偏好是否下降，"租房择校"偏好是否上升。最后，本书考察了租赁住房供给如何影响"租购同权"政策的实施效果。实证结果表明：（1）"为权而租"的现象是存在的，"租购同权"政策实施后家庭愿意承担更高的租房成本，其租房支出显著增加了 0.0081%。由于优质教育资源相对稀缺，"为权而租"现象主要发生在无房家庭当中，有房家庭仍更倾向于"买房择校"。（2）"为权而租"的异质性分析表明，经济水平较高、父母教育教育程度较高、家庭教育氛围浓厚的家庭更愿意"为权而租"；在户籍约束较弱的情况下，有适龄儿童的家庭为"权"而租的意愿明显更强，但在户籍约束较强的情况下，有无适龄儿童对家庭为"权"租房的意愿并无显著影响。（3）"租购同权"实施后，家庭"购房择校"需求减少而"租房择校"需求增加，导致房价显著下降了 0.0622%、租金显著上涨了 0.0115%。（4）家庭教育选择偏好的异质性分析表明，一方面，家庭对优质教育资源的需求较大，学校教育质量越高，其周边房价下降程度越小；另一方面，一般重点小学周边租金显著增加，而优质小学和普通小学周边租金未发生明显变化。（5）城市租赁住房供给影响着"租购同权"政策的实施效果，租赁住房供给越充足，家庭租房支出的涨幅越小。实际上，"租购同权"政策的有效落实是一个长期且缓慢的过程，需要逐步放宽租房入学的门槛，慢慢缩小租房者同购房者的差距，保障租房者平等享受基本公共服务的权益。

9.1.2　基础教育"入学机会均等化"改革的效应评估

单校划片免试就近入学政策在房产与教育资源之间建立了"一对一"强绑定关系，强化了教育资本化效应。"多校划片"政策在一定区域范围内打破了房产与教育资源的强绑定关系，是基础教育"入学机会均等化"改革过程中的一项重要举措。基于"多校划片"这一基础教育"入学均等化"改革，本书通过构建学区房市场竞争模型分析了教育资源配置改革对义务教育公共服务均等化的影响机制。理论模型表明：（1）教育资源分布不均时，单校划片强化了教育资本化效应，优质学区房价格表现出自驱型上涨的特征；多校划片政策打破了学区房与学校之间"一对一"强绑定关系，家庭会根据片区平均教育质量对学区房进行均值定价，有利于缓解学区房价格的非理性上涨。（2）单校划片政策下，学校评分根据唯一学校的教育质量确定，而在多校划片政策下，学校评分由片区平均教育质量确定。多校划片政策的实施可能会导致学校评分发生变化，若学校评分上涨，则会引起学区房价格上涨，若学校评分下降，则会导致学区房价格下降，即"削峰填谷"效应。（3）多校划片政策扩大了不同家庭进入优质学校的机会，相较而言，普通家庭从中获益更多。（4）多校划片政策实施后，不同片区的整体教育水平仍然是存在差异的，相较而言，若一个片区优质小学占比越高，片区内家庭的适龄儿童就读优质学校的概率越大，相应的，其学区房价格也相对更高。（5）部分家庭为获得优质教育资源会选择私立学校，以降低不确定性入学造成的效用损失，这将推动私立学校附近租金上涨。（6）"多校划片"政策实施后，部分家庭会选择在公立学校附近租房，从而推动公立学校附近租金上涨。

在理论分析的基础上，本书以北京市2018年海淀区的政策试点为准自然实验，对"多校划片"政策的实施效果进行实证检验。实证结果表明，"多校划片"政策确实使得海淀区平均房价显著下降了4.5%，进一步地，我们发现"多校划片"政策带来了普通家庭福利的实质性改善，其子女进入优质学校的机会显著上升了7%。但"多校划片"政策下的学区房均值定价也带来了新的问题。第一，政策的落实引发了片区内房价的"削尖填谷"效应。相较于政策落实前，同一片区内教育质量"下降"的学区房价格相对下降了0.9%，给收入相对较低的家庭提供了获取优质教育资源的机会，而划片后教育质量"上升"的学区房价格反而上升了0.8%。第二，"多校划片"并没有改变片区间的教育质量差异，产生了片区间学区房溢价的新来源。当片区的平均教育质量和优质学校占比更高时，学区房溢价就相对更高。第三，"多校划片"政策所带来的学校分配结果不确定性，使得高收入家庭和低收入家庭在一定程度上被挤出。部分高收入家庭可能转向优质私立学校，导致私立学校附近租金上涨，其中优质私立学校附近租金上涨更显著，涨幅为 6.42% 。第四，"多校划片"政策使得家庭住址和学校所在地之间的距离扩大，部分家庭为降低上学的通勤成本在公立学校附近租房，使得租金上涨了 0.58% ，相较而言，优质片区内租房需求更大，其租金显著增加了 1.14% 。

本书研究结论证实了学校分配规则的改革可以帮助发展中国家解决过度"买房择校"引发的学区房乱象，对绝大多数家庭而言提升了教育的公平性，但需要关注政策影响的结构性差异。这一研究不仅丰富了发展中国家基础教育改革的理论与实证研究，也对正在推行教育改革的国家和地区具有重要的政策启示。

9.1.3 基础教育"机会均等化"改革的效应评估

"公民同招，民办摇号"政策是维护基础教育起点公平和均衡发展的一项重要举措。本书构建了学校选择的竞争性均衡模型，从理论上梳理"公民同招，民办摇号"政策的影响机制，并利用上海主城区 2018 年 9 月至 2021 年 9 月期间 116079 条二手房成交记录的微观数据，以 2020 年 3 月 11 日上海出台的"公民同招，民办摇号"政策为事件冲击，使用双重差分法（DID）来评估基础教育"起点均等化"政策效果。研究结果表明：第一，"公民同招，民办摇号"政策实施后，民办学校"掐尖"逻辑被打破，入学不确定性的增加削弱了民办学校的热度度，带来民办初中附近租房需求下降，使得民办初中附近房租下降了大约 0.86% ，为公立初中和民办初中塑造了一个公平的起跑线；但与此同时，"公民同招，民办摇号"政策导致公立初中对口学区房价格非预期性上涨，政策实施带来上海市主城区平均房价上涨了 3.75% ，造成"以房择优"的教育不公平风险溢出。第二，家庭租房需求下降主要是由"小升初"确定性增加引起的，非一贯制民办初中附近租金显著下降，而一贯制民办初中附近的房价并未发生明显变化。第三，政策实施后家庭的教育投资逻辑发生改变，从关注公立小学教育质量转向关注公立初中教育质量，带来学区房价格的"削峰填谷"现象。例如"小学第三梯队、初中第一梯队"对口学区房价格上涨 10.9% ，"小学第一梯队、初中第三梯队"

对口学区房价格下降 2.71%。第四，教育改革政策间的协同可以缓解"公民同招，民办摇号"政策所带来的"以房择优"的不公平风险，"多校划片"政策实施显著削弱了"公民同招，民办摇号"政策对学区房价格上涨的影响。这意味着未来可以通过教育均等化改革措施间的协同来消除强制性制度变迁政策所带来不可回避的隐含社会成本。

9.1.4 基础教育"结果均等化"改革的效应评估

"名额分配综合评价录取"政策是为了减少家庭的升学择校焦虑，通过推动生源均衡来实现整体教育优质均衡的一项重要举措。本书构建了学校选择的竞争性均衡模型，从理论上梳理"名额分配综合评价录取"政策的影响机制，并利用上海主城区 2016 年 1 月至 2023 年 7 月期间 185308 条二手房成交记录的微观数据，以 2018 年 3 月上海出台的市实验性示范性高中"名额分配综合评价录取"政策为事件冲击，使用广义双重差分法来评估基础教育"结果均等化"政策颁布的预期效果，并以 2022 年 7 月"名额分配综合评价录取"名单公布为政策落地冲击，评估政策落地效果。研究结果表明：第一，"名额分配综合评价录取"政策实施后，上海市市实验性示范性高中区内竞争录取率每上升一个标准差，学区房价格下降 1.31%，即政策实施缓解了学区房价格的非理性上涨。第二，"名额分配综合评价录取"政策落地实施后，对口初中校的市实验性示范性高中区内竞争录取率每上升一个标准差，学区房价格进一步下降 0.77%。第三，政策实施后，名额数量竞争优势和最低分数竞争优势是学区房溢价的新来源，具备优势的学区房价格在政策实施后出现上涨，而处于劣势的学区房价格在政策实施后下降更多，这就是政策实施带来的"削峰填谷"效应。第四，尽管政策实施让家庭的教育投资偏好由"宁做凤尾，不做鸡头"转向"宁做鸡头，不做凤尾"，但家庭仍然是以学校教育质量、名额数量竞争优势和最低分数竞争优势均好为选择的标准。第五，家庭的教育选择弹性空间将决定不同财富水平的家庭对政策响应程度的差异，中、低收入群体对政策反应更敏感，低总价、小面积的学区房在政策实施后价格下降幅度更大。

9.2 政 策 建 议

2021 年政府工作报告中提出"发展更加公平更高质量的教育",这是由我国社会主要矛盾所决定的。2017 年 10 月 18 日,习近平总书记在党的十九大报告中指出:"我国社会主要矛盾已经转化为人民日益增长的美好生活需要和不平衡不充分的发展之间的矛盾。"改革开放以来,人民群众的生活得到了切实改善,当满足了基本物质生活需求之后,人民群众更加向往更高层面的精神生活,也更加注重社会公平问题。教育等基本公共服务是影响人民群众获得感、幸福感与安全感的重要因素。要实现社会主义的最终目标——共同富裕,必须要为全体人民接受公平而质量高的教育、增加自身能力发掘创造更加公平普惠的条件。基础教育对于个人发展进步、培养就业能力、塑造基本品德、获得幸福生活具有奠基性作用,也是个人走向社会、参与社会发展建设、共享社会发展成果与福利的基本途径,但我国基础教育发展不平衡不充分的问题仍十分突出。因此,补齐基础教育的短板、缩小区域/城乡/校际之间的教育质量差距、实现基础教育的均衡化发展,对于促进教育公平、乃至实现共同富裕均具有十分重要的意义。为了每名适龄儿童获得公平而高质量的教育,更为了乘势而上开启全面建设社会主义现代化国家新征程、向第二个百年奋斗目标进军,《中共中央关于制定国民经济和社会发展第十四个五年规划和二〇三五年远景目标的建议》提出:"基本公共服务均等化水平明显提高,全民受教育程度不断提升"。这意味着中国将进入一个以追求基本公共服务均等化为基础的高质量教育发展阶段,应继续加强实施全域优质教育的战略。

实现全域优质教育战略,既要"治标",又要"治本"。所谓"治标",指的是优质教育资源分配的问题,具体而言,当前我国仍处于优质教育资源十分稀缺的阶段,分配不当则可能会加剧教育不公的社会问题,"治标"就是要在现有条件下,做好优质教育资源这块"蛋糕"的切分工作,通过分好优质教育资源,让每个人获得平等接受优质教育资源的机会。如边远地区支教、校长和其他教师交流轮岗、开设远程课程等。所谓"治本"，就是要做大优质教育资源这块"蛋糕"，从根本上解决优质教育资源稀缺的问题，让每个人都能够接受高质量的教育，真正地实现教育公平。当然，具体政策的制定实施还要与我国国情相适应，结合以上各章研究结论，本书提出以下几点政策建议。

第一，加强"租购同权"政策的实施力度，逐步扩大政策的在全国的覆盖面。"租购同权"政策是伴随"租购并举"住房制度应运而生的，一方面，该政策有利于社会基本公共服务均等化的实现，有效保障承租人的基本权益；另一方面，该政策能推动住房租赁市场的发展，改善"重售轻租"的房地产现状，起到缩小租金与房价差距、平稳房价的作用。但是，鉴于我国现行的户籍制度的制约和优质教育资源匮乏的现状，以及政策落实不到位、租赁市场供给短缺等原因，"租购同权"政策还需逐步加强完善，努力实现真正意义上的"同权"，此过程必定是漫长且艰难的。因此国家应加大各地"租购同权"的政策力度，严格监管政策的实施效果，进一步完善该项政策实施细则，明确租房者该享受的权利和义务。相信随着政策稳步推进，"租购同权"政策对租金和房价的有效作用能够逐渐凸显出来。

第二，教育资源分布的均衡性是"单校划片"与"多校划片"政策影响差异的关键，教育资源分布不均衡的地方应该尽早推行"多校划片"，但教育资源分布相对均衡的地方不应盲目跟进。对于教育资源分布相对均衡的地方，盲目采取多校划片非但不能促进教育公平，还会增加家庭的时间成本与交通成本。"多校划片"政策是中国教育资源配置改革的一大尝试，以"多对多"的弱绑定关系为同一片区内居民提供均等的受教育机会，对于推动中国义务教育公共服务均等化具有重要的意义。中国现阶段采取的是"大学区、小片区"的教育资源配置模式，只能在一定空间内打破优质教育资源与学区房所有权间的强绑定关系，虽然可以通过将热点优质学校分散划入不同片区以保证片区间优质教育资源大体均衡，但并不能从根本上解决优质教育资源稀缺的问题。尤其是在面临海淀区一流小学分布过于集中的历史背景下，优质教育资源在片区间大体均衡的排布也难以解决。因此，正如2022年4月教育部文件强调一样，教育资源分布均衡的地方鼓励实施"单校划片"政策，但教育资源分布不均衡的地方在推进"多校划片"改革时要注重片区划分的合理性，尤其是优质学校在不同片区间分布的均衡性。本书的研究结果也能够为正在或即将推行这一教育资源配置改革的城市或地区提供参考。

第三，在义务教育均等化的原则下，引入社会资本发展民办教育，增加区域内优质义务教育资源的供给，推进公办、民办学校竞相发展。优质的民办教育是区域内优质义务教育资源供给的重要组成部分，对于部分财政压力高企的地方政府而言更为重要。然而，现阶段部分民办学校通过强大资金支持的师资及硬件资源和"掐尖行为"支持的生源质量来保证其教育质量和盈利性，破坏了教育生态，造成公共资源的浪费。因此，各地政府要认真落实民办教育促进法，坚持以公益性原则推进民办教育规范提质，用共同的办学标准保证公办、民办学校处于公平竞争地位，促进公办、民办学校竞相发展。同时，在过渡阶段要落实"公民同招，民办摇号"等政策，打破"掐尖行为"和"双学区保险"现象，切断当前民办教育不正当的利益链条，优化教育生态。

第四，全方位改变现有的教育选拔体制和教育格局，构建真正促进义务教育的课程改革、培养和选拔模式。应当正确认识"公民同招，民办摇号"政策落地初期所带来社会新的择校焦虑，以及由此所产生的教育不公平风险溢出，政府和相关部门要合理引导家庭理性择校，并做好公立学校和民办学校之间生源的有效配置。理论推导和实证检验都发现，市场对基础教育公共服务的不确定性表现出明确的风险厌恶偏好，未及时疏解的择校焦虑会直接引发学区房市场的教育资本化溢价，进一步强化"以房择优"的教育不公平风险。同时，优质公立教育资源的稀缺性决定了公立学校生源的容纳风险，"公民同招，民办摇号"政策实施后公立学校和民办学校不应再各行其是，政府需要让二者共同参与到招生治理的全过程中，帮助解决教育生态转型中的短期问题，以避免新的教育不公平问题出现。

第五，加快推动实施全域优质教育战略，既要做好优质教育资源的"蛋糕切分"工作，也要做好优质教育资源的"蛋糕扩充"工作。"多校划片"政策只是针对学区房乱象的阶段性过渡措施，从实现义务教育公共服务均等化的根本目标看，多校划片政策力量仍显单薄。义务教育公共服务均等化的实现不仅要关注教育资源的空间配置问题，更应关注优质教育资源的供给和教育质量的全面提升，从根本上消除片区间的教育质量差异。全域优质教育战略要做好优质教育资源的分配，通过校长与教师轮岗、集团化办学、优质中学招生指标均衡分配、打破学区房与教育资源的链接关系等多种教育资源配置改革政策，来打造优质教育机会公平配置新格局（杨俊等，2008；孙伟增和林嘉瑜，2020）。

第六，重新定义教育公平的内涵，重视结果均等化在提高社会流动性上的作用。当前中国已经进入高质量发展阶段，社会政策不仅要把公平放在效率之前，还要重新审视教育公平的内涵，突破传统认知上的机会公平和过程公平，更加重视教育结果的均等化。以结果均等化推进生源均衡，打破家庭教育选择"逐优"的唯一偏好，最终实现学校间的均衡发展，提高社会流动性。同时，在结果均等化政策出台时，要兼顾"托底保障"与"发展激励"间的平衡，从而实现基础教育的优质均衡发展。

第七，重视各类教育改革政策的协同性。本书的实证分析证实了"多校划片"改革能够化解"公民同招，民办摇号"政策带来教育不公平风险，这就要求政策制定当局要提前预判某项强制性制度变迁政策的风险溢出情况，并做好提前应对。党的十九大将着力强调改革的系统性、整体性、协同性作为全面深化改革取得重大突破的一项重要经验，并将更加注重改革的系统性、整体性、协同性写进党章，这就为政府和相关部门提供了方向。未来在推进教育均等化改革的过程中，既要注重政策目标的系统性，也要注重政策工具的系统性，从教育资源配置的视角去推动教育公平的实现。

第八，丰富优质教育资源供给，加快教育均等化进程。优质教育资源的稀缺性是问题的症结，优质教育资源供求平衡时才可缓解学区压力。全域优质教育战略要进一步落实义务教育公共服务均等化清单，从生均教育事业费的财政支持、基本办学条件、教师配置标准、学校建设标准等多维度资源提升区域内底部学校的办学条件和办学水平，全方面提升基础教育质量，从根本上改变优质教育资源稀缺的问题，满足居民日益增长的优质教育资源需求。

总之，基础教育公共服务均等化要求政策多管齐下，真正为居民提供公平的教育机会、优质的教育资源、多样性的教育选择。追求共同富裕，必须为全体人民提高受教育水平、增强自我发展能力创造更加公平普惠的条件，推进基础教育公共服务均等化是必由之路。基础教育对于每个人的发展进步、就业谋生、幸福生活，具有基础性、根本性和奠基性，是造就每个人走向社会、参与社会、享受社会发展成果、实现共同富裕的根本途径。

参 考 文 献

［1］曹飞、杜文平：《"双减"背景下中招"校额到校"政策实施现状及建议——基于北京市的调研分析》，载《上海教育科研》2022年第9期。

［2］陈冰：《中美基础教育预算管理比较》，载《当代教育科学》2005第1期。

［3］陈杰、吴义东：《租购同权过程中住房权与公共服务获取权的可能冲突——为"住"租房还是为"权"租房》，载《学术月刊》2019年第2期。

［4］陈杰：《优质高中名额再分配——"阶层混合"的政策实验与教育公平的倒逼机制》，载《探索与争鸣》2021年第5期。

［5］陈婧：《浅析"租售同权"政策内涵与影响》，载《经贸实践》2018年第17期。

［6］陈琳、袁志刚：《中国代际收入流动性的趋势与内在传递机制》，载《世界经济》2012年第6期。

［7］陈卫华、林超、吕萍：《"租购同权"对住房市场的影响与政策改进——基于改进"四象限模型"的理论分析》，载《中国软科学》2019年第11期。

［8］陈友华、施旖旎：《租购同权：何以可能?》，载《吉林大学社会科学学报》2018年第2期。

［9］成刚、孙宏业、杜育红：《教育财政经费反腐模式研究——基于中美中央政府教育经费监管体系的比较》，载《教育发展研究》2015年第11期。

［10］崔光灿、刘羽晞、王诤诤：《城市新市民住房状况及决策影响研究——基于上海的调查实证》，载《城市发展研究》2020年第2期。

［11］丁维莉、陆铭：《教育的公平与效率是鱼和熊掌吗——基础教育财政的一般均衡分析》，载《中国社会科学》2005年第6期。

［12］丁维莉、章元：《局部改革与公共政策效果的交互性和复杂性》，载《经济研究》2009 年第 6 期。

［13］杜欣悦：《"公民同招"政策对住房价格的影响——以上海市徐汇区为例》，载《上海房地》2021 年第 10 期。

［14］段云华：《美国义务教育均衡的财政变革及启示》，载《湖北大学学报（哲学社会科学版）》2013 年第 4 期。

［15］方长春：《家庭背景与教育分流过程中的非学业性因素分析》，载《社会》2005 年第 4 期。

［16］冯皓、陆铭：《通过买房而择校：教育影响房价的经验证据与政策含义》，载《世界经济》2010 年第 12 期。

［17］高金锋：《二战后美国基础教育改革价值取向的演变与启示》，载《教育评论》2021 年第 3 期。

［18］高政：《公平与质量可以兼得的一项政策——山西省晋中市优质普通高中招生"指标到校"执行效果研究》，载《人民教育》2019 年第 20 期。

［19］龚伯韬：《教育信息化：促进教育结果公平之路——基于学校信息化对学业成就影响的实证分析》，载《教育研究与实验》2019 年第 1 期。

［20］顾明远：《习近平总书记关于教育的重要论述的方法论》，载《教育研究》2022 年第 9 期。

［21］郭丛斌、闵维方：《家庭经济和文化资本对子女教育机会获得的影响》，载《高等教育研究》2006 年第 11 期。

［22］郭笑辰：《租售同权背景下二手学区房交易价格变化趋势分析》，载《产业创新研究》2018 年第 9 期。

［23］郭元祥、叶飞、刘志军，等：《中国式基础教育现代化的理论思考与实践路向》，载《中国电化教育》2023 年第 1 期。

［24］韩璇、沈艳、赵波：《房价中的优质教育溢价评估——以北京市为例》，载《经济学（季刊）》2020 年第 5 期。

［25］侯慧丽：《积分入户制在城市化进程中的风险分担——以深圳市为例》，载《新视野》2014 年第 6 期。

［26］胡钦太、林晓凡、张彦：《信息化何以促进基础教育的结果公平——

基于中国教育追踪调查数据的分析》，载《教育研究》2021 年第 9 期。

[27] 胡婉旸、郑思齐、王锐：《学区房的溢价究竟有多大：利用"租买不同权"和配对回归的实证估计》，载《经济学（季刊）》2014 年第 3 期。

[28] 胡咏梅、屠彦斌：《美国择校制度的公平与效率分析》，载《外国中小学教育》2006 年第 12 期。

[29] 胡中锋、王友涵：《中国式教育现代化的内涵与特征》，载《苏州大学学报（教育科学版）》2023 年第 1 期。

[30] 黄明东、黄炳超、刘婷：《租购同权：缓解义务教育供给侧矛盾的"药方"》，载《教育科学》2021 年第 1 期。

[31] 黄燕芬、王淳熙、张超，等：《建立我国住房租赁市场发展的长效机制——以"租购同权"促"租售并举"》，载《价格理论与实践》2017 年第 10 期。

[32] 黄志龙：《以"租售同权"推动租赁市场建设》，载《中国房地产》2017 年第 32 期。

[33] 江求川、任洁：《教育机会不平等：来自 CEPS 的新证据》，载《南开经济研究》2020 年第 4 期。

[34] 金志云、吴薇：《租售并举对大中城市房价影响研究》，载《价格理论与实践》2019 年第 6 期。

[35] 靳玉乐、王潇晨：《新时代教材建设的基本经验及趋势》，载《课程．教材．教法》2023 年第 8 期。

[36] 句华：《共同富裕视角下基本公共服务均等化的发展趋势与路径》，载《国家现代化建设研究》2022 年第 5 期。

[37] 孔令帅、马文婷：《英国中小学课外辅导的教育公平：问题、策略与启示》，载《现代基础教育研究》2018 年第 3 期。

[38] 雷欣、贾亚丽、龚锋：《机会不平等的衡量：参数测度法的应用与改进》，载《统计研究》2018 年第 4 期。

[39] 李昌麒：《经济法学（第 2 版）》，法律出版社，2017 年版。

[40] 李多慧、姚继军：《基础教育集团化办学促进了师资均衡吗——基于南京市小学校级数据的政策效果分析》，载《基础教育》2019 年第 3 期。

[41] 李佳丽、胡咏梅：《"望子成龙"何以实现？——基于父母与子女教育期望异同的分析》，载《社会学研究》2021年第3期。

[42] 李娟：《21世纪以来：我国城乡义务教育均衡发展的动因、历史进程与基本经验》，载《湖州师范学院学报》2022年第9期。

[43] 李娟、杨晶晶、赖明勇：《教师激励、基础教育发展与人力资本积累——基于中小学教师职称制度改革的实证研究》，载《经济学（季刊）》2023年第3期。

[44] 李实、朱梦冰：《推进收入分配制度改革　促进共同富裕实现》，载《管理世界》2022年第1期。

[45] 李雪松、陈曦明、方芳，等：《"二孩政策"与学区房溢价——基于人口政策变化的政策评价分析》，载《财经研究》2017年第6期。

[46] 李奕、赵兴龙：《新时代教师交流轮岗的新发展》，载《教育研究》2022年第9期。

[47] 李永华：《长沙：暂停集团化办学，学区房"变脸"》，载《中国经济周刊》2021年第2期。

[48] 梁若冰、汤韵：《地方公共品供给中的Tiebout模型：基于中国城市房价的经验研究》，载《世界经济》2008年第10期。

[49] 梁雪峰、乔天文：《城市义务教育公平问题研究——来自一个城市的经验数据》，载《管理世界》2006年4期。

[50] 林攀登：《从基础公平到差异公平：信息化促进基础教育公平研究图景透视》，载《中国教育信息化》2023年第2期。

[51] 林雄斌、牛步青、窦茜茜，等：《基础教育空间资本化效应与空间优化策略》，载《中国软科学》2024年第3期。

[52] 刘宝存、杨秀治：《西方国家的择校制度及其对教育公平的影响》，载《教育科学》2005年第2期。

[53] 刘桂海、张若枫：《新时代我国住房"租购同权"：缘由、难点与对策研究》，载《经济研究参考》2019年3期。

[54] 刘金凤、刘瑞明、石阳：《从"半城市化"到"城市化"：农业转移人口市民化进程中的教育推动机制研究》，载《数量经济技术经济研究》

2023 年第 9 期。

[55] 刘明钰、黄金鲁克：《10 年了，美国"不让一个孩子落后"了吗》，中国教育报 2012 年 3 月 23 日第 007 版。

[56] 刘涛、曹广忠：《大都市区外来人口居住地选择的区域差异与尺度效应——基于北京市村级数据的实证分析》，载《管理世界》2015 年第 1 期。

[57] 刘秀峰：《初衷与现实：就近入学政策的困境与走向》，载《四川师范大学学报（社会科学版）》2017 年第 2 期。

[58] 刘训华、代冉：《中国式教育现代化：概念、意蕴与战略基点》，载《宁波大学学报（教育科学版）》2023 年第 2 期。

[59] 刘亚南、汤玉刚：《分离小学和初中对房价的影响：测度教育均等化的一个新方案》，载《财贸经济》2021 年第 12 期。

[60] 刘泽云、原莹、王骏：《普通高中招生"指标到校"政策是否有利于农村初中学生？——基于 J 市的经验研究》，载《教育与经济》2017 年第 1 期。

[61] 陆铭、蒋仕卿：《反思教育产业化的反思：有效利用教育资源的理论与政策》，载《世界经济》2007 年第 5 期。

[62] 陆铭、张爽：《"人以群分"：非市场互动和群分效应的文献评论》，载《经济学（季刊）》2007 年第 3 期。

[63] 陆韵：《从抑制到激活："公民同招"对家庭资本效应的影响及其优化》，载《中国教育学刊》2023 年第 5 期。

[64] 吕东良：《择校现象中凸显的教育机会均等问题》，载《科技视界》2016 年第 27 期。

[65] 吕萍、丁富军、马异观：《快速城镇化过程中我国的住房政策》，载《中国软科学》2010 年第 8 期。

[66] 罗俊、黄佳琦、刘靖姗，等：《保障性住房、社会身份与公平感——来自社区实地实验的证据》，载《经济理论与经济管理》2022 年第 10 期。

[67] 马秀莲、韩君实：《中国住房体系的代际和户籍分层及影响机制——基于 CHFS2017 数据的实证分析》，载《社会学研究》2022 年第 3 期。

[68] 倪超军：《城市公共服务开放度与农民工流迁行为》，载《产经评

论》2021 年第 5 期。

[69] 倪娟：《从"教育之制"到"教育之治"："公民同招"政策要义及实施风险防范》，载《中国教育学刊》2020 年第 12 期。

[70] 牛楠森、李红恩：《基础教育是全社会的事业——习近平总书记关于教育的重要论述学习研究之八》，载《教育研究》2022 年第 8 期。

[71] 彭飞、许文立、吕鹏，等：《未预期的非税负担冲击：基于"营改增"的研究》，载《经济研究》2020 年第 11 期。

[72] 钱小英：《试析日本学校的"平等教育"》，载《教育研究》2000 年第 5 期。

[73] 秦英、黄江玉：《英国"PFI 学院"模式及对我国教育 PPP 发展的重要启示》，载《中国政府采购》2017 年第 11 期。

[74] 阙明坤、王华、王慧英：《改革开放 40 年我国民办教育发展历程与展望》，载《中国教育学刊》2019 年第 1 期。

[75] 任强、侯一麟、马海涛：《公共服务资本化与房产市值：对中国是否应当开征房地产税的启示》，载《财贸经济》2017 年第 12 期。

[76] 商丽浩：《审视美国学区教育筹资制度》，载《比较教育研究》2004 年第 5 期。

[77] 尚珂、邢妮：《租购同权政策对房价的影响研究——基于四象限模型》，载《中国物价》2018 年第 8 期。

[78] 邵磊、李林、童健，等：《基础教育"机会均等化"措施的效应评估——以北京市西城区"多校划片"政策为例》，载《财经研究》2023 年第 7 期。

[79] 邵磊、任强、侯一麟：《基础教育均等化措施的房地产资本化效应》，载《世界经济》2020 年第 11 期。

[80] 邵挺、袁志刚：《土地供应量、地方公共品供给与住宅价格水平——基于 Tiebout 效应的一项扩展研究》，载《南开经济研究》2010 年第 3 期。

[81] 佘宇、单大圣：《中国教育体制改革及其未来发展趋势》，载《管理世界》2018 年第 10 期。

[82] 佘宇、单大圣：《中国学前教育发展 70 年及未来展望》，载《发展

《研究》2019年第10期。

[83] 沈玉顺：《中招考试制度改革若干政策问题分析》，载《华东师范大学学报（教育科学版）》2014年第3期。

[84] 石阳、毛宇：《高校招生均等化政策改革与生源质量提升》，载《经济研究》2021年第7期。

[85] 宋丹、刘晏如、高树仁：《芬兰教育体系的公平之维：历程、经验与启示》，载《大连理工大学学报（社会科学版）》2020年第6期。

[86] 宋傅天、姚东旻：《"城投部门"议价能力与地方政府债务扩张》，载《管理世界》2021年第12期。

[87] 孙伟增、林嘉瑜：《教育资源供给能够降低学区房溢价吗？——来自北京市新建小学的证据》，载《经济学（季刊）》2020年第2期。

[88] 孙晓辉、刘璇、刘宝贞，等：《租购并举政策执行状况及其影响研究》，载《现代商业》2019年第17期。

[89] 汤玉刚、陈强、满利苹：《资本化、财政激励与地方公共服务提供——基于我国35个大中城市的实证分析》，载《经济学（季刊）》2016年第1期。

[90] 唐将伟、寇宏伟、黄燕芬：《住房不平等与居民社会地位认知：理论机制与实证检验——来自中国社会综合调查（CGSS2015）数据的分析》，载《经济问题探索》2019年第7期。

[91] 唐雪梅、何小路：《私立学校能否抑制学区房溢价？——来自上海市重点小学与二手房价格数据的实证分析》，载《经济学动态》2021年第2期。

[92] 王晨晓：《英国课后服务实践的经验与启示》，载《江苏教育研究》2022年第35期。

[93] 王丽燕、王建萍：《基于"宽松教育"的日本基础教育改革及其思考》，载《教育评论》2019年第1期。

[94] 王茹、胡竞尹、徐舒，等：《随迁还是留守：异地入学门槛对农村流动人口子女的影响》，载《经济学（季刊）》2023年第6期。

[95] 王学龙、袁易明：《中国社会代际流动性之变迁：趋势与原因》，载《经济研究》2015年第9期。

[96] 王学男、吴霓：《教育是阻断贫困代际传递的治本之策——习近平总书记关于教育的重要论述学习研究之二》，载《教育研究》2022 年第 2 期。

[97] 王一涛：《义务教育"公民同招"政策的制定、执行与路径优化——兼论我国民办教育政策变迁》，载《教育与经济》2021 年第 5 期。

[98] 王毅杰、卢楠：《随迁子女积分入学政策研究——基于珠三角、长三角地区 11 个城市的分析》，载《江苏社会科学》2019 年第 1 期。

[99] 王有升、兰玉萍：《英国中小学"学院化"改革的政策经验与反思》，载《全球教育展望》2017 年第 5 期。

[100] 魏万青、高伟：《经济发展特征、住房不平等与生活机会》，载《社会学研究》2020 年第 4 期。

[101] 吴安春、姜朝晖、金紫薇，等：《落实立德树人根本任务——习近平总书记关于教育的重要论述学习研究之十》，载《教育研究》2022 年第 10 期。

[102] 吴全华：《教育结果公平的内涵及其衍生规定》，载《教育理论与实践》2008 年第 25 期。

[103] 吴仁英、王坦：《翻转课堂：教师面临的现实挑战及因应策略》，载《教育研究》2017 年第 2 期。

[104] 夏怡然、陆铭：《城市间的"孟母三迁"——公共服务影响劳动力流向的经验研究》，载《管理世界》2015 年第 10 期。

[105] 向为民、甘蕾：《抑制和稳定房价背景的"租购同权"政策匹配》，载《改革》2017 年第 11 期。

[106] 辛涛、姜宇、王旭冉：《从教育机会到学习机会：教育公平的微观视域》，载《清华大学教育研究》2018 年第 2 期。

[107] 徐刘杰、陈玲、余胜泉：《中学生在线课后服务行为特征和学习效果研究》，载《中国远程教育》2022 年第 10 期。

[108] 晏成步：《二十年来高中阶段教育普及发展的政策文本分析》，载《现代教育管理》2017 年第 6 期。

[109] 杨成荣、张屹山、张鹤：《基础教育公平与经济社会发展》，载《管理世界》2021 年第 10 期。

［110］杨春梅：《论以教育公平促进社会公平》，载《科学咨询（科技·管理）》2022 年第 9 期。

［111］杨红旻：《我国民办高等教育政策变迁及发展困境》，载《河南科技学院学报》2018 年第 2 期。

［112］杨俊、黄潇、李晓羽：《教育不平等与收入分配差距：中国的实证分析》，载《管理世界》2008 年第 1 期。

［113］杨玲、张天骄：《家庭背景、重点中学和教育获得》，载《教育与经济》2020 年第 5 期。

［114］杨威：《日本教育公平分析及借鉴》，载《教育导刊》2011 年第 6 期。

［115］杨洲、田振华：《基础教育集团化办学的内涵意蕴、发展现状及可能进路》，载《中国教育学刊》2018 年第 8 期。

［116］叶菁菁、谢尚、余建宇，等：《租售同权政策与住房租购市场联动》，载《世界经济》2022 年第 3 期。

［117］于朝霞：《毛泽东"两条腿走路"的办学思想与刘少奇两种教育制度思想之比较》，载《湖南第一师范学报》2005 年第 4 期。

［118］于洋、潘亚东：《美国课后服务运行模式与保障机制研究》，载《外国教育研究》2022 年第 10 期。

［119］余雅风、姚真：《教师轮岗：质量风险与制度完善》，载《中国教育学刊，》2022 年第 11 期。

［120］俞明雅：《基础教育集团化办学的实践困境与破解策略——基于江苏省的调研分析》，载《中国教育学刊》2020 年第 11 期。

［121］张传勇、赵柘锦、王天宇：《民办学校、学区房溢价与基础教育资源的空间配置》，载《经济学（季刊）》2022 年第 4 期。

［122］张继平：《公平而高质量的中考分流：价值向度、实践样态及路径选择》，载《教育与经济》2024 年第 2 期。

［123］张佳、刘智慧、夏美茹：《教师交流轮岗政策实施现状及优化对策——利益相关者视角下的混合研究》，载《教育发展研究》2023 年第 20 期。

［124］张君辉、王敬：《从择校制度看美国基础教育改革的教育公平》，

载《外国教育研究》2005 年第 7 期。

　　[125] 张珂、张立新、朱道林：《城市基础教育资源对住宅价格的影响——以北京市海淀区为例》，载《教育与经济》2018 年第 1 期。

　　[126] 张铭心、谢申祥、强皓凡，等：《数字普惠金融与小微企业出口：雪中送炭还是锦上添花》，载《世界经济》2022 年第 1 期。

　　[127] 张牧扬、陈杰、石薇：《租金率折价视角的学区价值测度——来自上海二手房市场的证据》，载《金融研究》2016 年第 6 期。

　　[128] 张楠、林嘉彬、李建军：《基础教育机会不平等研究》，载《中国工业经济》2020 年第 8 期。

　　[129] 张培菡、孔令帅：《大力推动择校能否让美国基础教育更加卓越？——美国特朗普政府基础教育政策择校主张述评》，载《外国中小学教育》2019 年第 2 期。

　　[130] 张翔、刘晶晶：《教师轮岗交流中优质教师能量扩散机制研究》，载《中国教育学刊》2019 年第 12 期。

　　[131] 张欣、陈新忠：《卓越社会流动性教育路径：芬兰的理念与行动》，载《比较教育研究》2022 年第 1 期。

　　[132] 张勋、寇晶涵、张欣，等：《学区房溢价的影响因素：教育质量的视角》，载《金融研究》2021 年第 11 期。

　　[133] 张羽、覃菲、刘娟娟：《十年教育均衡之路——对高中名额分配招生政策效果的自然实验研究》，载《清华大学教育研究》2017 年第 5 期。

　　[134] 赵德成、贺梦圆：《美国加利福尼亚州公立基础教育经费投入体制的特点及启示》，载《北京教育学院学报》2022 年第 2 期。

　　[135] 赵华平、高晶晶：《租售同权政策对房价的异质性影响研究》，载《调研世界》2022 年第 2 期。

　　[136] 赵景辉、张旭：《新中考改革背景下"指标到校"探究》，载《上海教育科研》2017 年第 13 期。

　　[137] 赵驹、汪锐、杨继瑞：《全面实现农民工"市民待遇"的思考与重庆实践》，载《经济社会体制比较》2011 年第 5 期。

　　[138] 赵中建：《不让一个儿童落后——美国布什政府教育改革蓝图述

评》，载《上海教育》2001 年第 5 期。

［139］周军、黄秋霞：《刍议我国义务教育发展基本均衡与优质均衡的区别和联系》，载《教育与教学研究》2018 年第 8 期。

［140］周秀平：《学生群体的政策分类与教育治理》，载《清华大学教育研究》2019 年第 3 期。

［141］Agarwal, S., Rengarajan, S., Sing, T. F. and Yang, Y., School allocation rules and housing prices: A quasi-experiment with school relocation events in Singapore. *Regional Science and Urban Economics*, Vol. 58, 2016, pp. 42 – 56.

［142］Avery, C. and Pathak, P. A., The distributional consequences of public school choice. *American Economic Review*, Vol. 111, No. 1, 2021, pp. 129 – 152.

［143］Barrow, L., School choice through relocation: evidence from the Washington, DC area. *Journal of Public Economics*, Vol. 86, No. 2, 2002, pp. 155 – 189.

［144］Beracha, E. and Hardin III, W. G., The capitalization of school quality into renter and owner housing. *Real Estate Economics*, Vol. 46, No. 1, 2018, pp. 85 – 119.

［145］Bibler, A. and Billings, S. B., Win or lose: Residential sorting after a school choice lottery. *Review of Economics and Statistics*, Vol. 102, No. 3, 2020, pp. 457 – 472.

［146］Bifulco, R., Ladd, H. F. and Ross, S. L., The effects of public school choice on those left behind: Evidence from Durham, North Carolina. *Peabody Journal of Education*, Vol. 84, No. 2, 2009, pp. 130 – 149.

［147］Black, S. E., Do better schools matter? Parental valuation of elementary education. *The quarterly journal of economics*, Vol. 114, No. 2, 1999, pp. 577 – 599.

［148］Buddin, R. J., Cordes, J. J. and Kirby, S. N., School choice in California: who chooses privateschools? . *Journal of Urban Economics*, Vol. 44, No. 1, 1998, pp. 110 – 134.

［149］ Campello, M. and Larrain, M. , Enlarging the contracting space: Collateral menus, access to credit, and economic activity. *The Review of Financial Studies*, Vol. 29, No. 2, 2016, pp. 349 – 383.

［150］ Chan, J. , Fang, X. , Wang, Z. , Zai, X. and Zhang, Q. , Valuing primary schools in urban China. *Journal of Urban Economics*, Vol. 115, 2020, p. 103183.

［151］ Dinerstein, M. and Smith, T. D. , Quantifying the supply response of private schools to public policies. *American Economic Review*, Vol. 111, No. 10, 2021, pp. 3376 – 3417.

［152］ Doepke, M. andZilibotti, F. , Love, money, and parenting: How economics explains the way we raise our kids. *Princeton University Press*, 2019.

［153］ Downes, T. A. and Schoeman, D. , School finance reform and private school enrollment: Evidence from California. *Journal of Urban Economics*, Vol. 43, No. 3, 1998, pp. 418 – 443.

［154］ Epple, D. N. and Romano, R. , Neighborhood schools, choice, and the distribution of educational benefits. In the economics of school choice. *University of Chicago Press*, 2003.

［155］ Fack, G. and Grenet, J. , When do better schools raise housing prices? Evidence from Paris public and private schools. *Journal of public Economics*, Vol. 94, No. 1 – 2, 2010, pp. 59 – 77.

［156］ Feng, H. and Lu, M. , School quality and housing prices: Empirical evidence from a natural experiment in Shanghai, China. *Journal of Housing Economics*, Vol. 22, No. 4, 2013, pp. 291 – 307.

［157］ Figlio, D. N. and Stone, J. A. , Can public policy affect private school cream skimming? . *Journal of Urban Economics*, Vol. 49, No. 2, 2001, pp. 240 – 266.

［158］ Gibbons S, Machin S, Silva O. , Valuing school quality using boundary discontinuities. *Journal of Urban Economics*, Vol. 75, 2013, pp. 15 – 28.

［159］ Han, X. , Shen, Y. and Zhao, B. , Winning at the starting line:

The primary school premium and housing prices in Beijing. *China Economic Quarterly International*, Vol. 1, No. 1, 2021, pp. 29 – 42.

[160] Jin, Z., Wang, X. and Huang, B., The enrolment reform of schools and housing price: Empirical evidence from Shanghai, China. *International Review of Economics & Finance*, Vol. 84, 2023, pp. 262 – 273.

[161] Jud, G. D. and Watts, J. M., Schools and housing values. *Land Economics*, Vol. 57, No. 3, 1981, pp. 459 – 470.

[162] Lankford, H. and Wyckoff, J., Who would be left behind by enhanced private schoolchoice? . *Journal of Urban Economics*, Vol. 50, No. 2, 2001, pp. 288 – 312.

[163] Machin, S. andSalvanes, K. G., 2016. Valuing school quality via a school choice reform. *The Scandinavian Journal of Economics*, Vol. 118, No. 1, pp. 3 – 24.

[164] Nechyba, T. J., Introducing school choice into multidistrict public school systems. *In The economics of school choice*. University of Chicago Press, 2003.

[165] Nguyen – Hoang, P. and Yinger, J., The capitalization of school quality into house values: A review. *Journal of Housing Economics*, Vol. 20, No. 1, 2011, pp. 30 – 48.

[166] Oates, W. E., The effects of property taxes and local public spending on property values: An empirical study of tax capitalization and the Tiebout hypothesis. *Journal of political economy*, Vol. 77, No. 6, 1969, pp. 957 – 971.

[167] Park, H., Tidwell, A., Yun, S. andJin, C., Does school choice program affect local housing prices?: Inter-vs. intra-district choice program. *Cities*, Vol. 115, 2021, p. 103237.

[168] Park, J. and Lee, S., Effects of private education fever on tenure and occupancy choices in Seoul, South Korea. *Journal of Housing and the Built Environment*, Vol. 36, No. 2, 2021, pp. 433 – 452.

[169] Peng, Y., Tian, C. and Wen, H., How does school district adjust-

ment affect housing prices: An empirical investigation from Hangzhou, China. *China Economic Review*, Vol. 69, 2021, p. 101683.

[170] Roemer, J. E. and Trannoy, A., Equality of opportunity: Theory and measurement. *Journal of Economic Literature*, Vol. 54, No. 4, 2016, pp. 1288 – 1332.

[171] Rosen, H. S. and Fullerton, D. J., A note on local tax rates, public benefit levels, and property values. *Journal of Political Economy*, Vol. 85, No. 2, 1977, pp. 433 – 440.

[172] Schneider, B., Schiller, K. S. and Coleman, J. S., Public school choice: Some evidence from the National Education Longitudinal Study of 1988. *Educational Evaluation and Policy Analysis*, Vol. 18, No. 1, 1996, pp. 19 – 29.

[173] Tiebout, C. M., A pure theory of local expenditures. *Journal of political economy*, Vol. 64, No. 5, 1956, pp. 416 – 424.

[174] Tong, J., Zhang, C., Yue, T., Bai, Y. and Shao, L., The distributional effects of introducing a lottery system in school assignment rule: Evidence from an experiment in BeiJing, China. *International Journal of Educational Development*, Vol. 107, 2024, p. 103030.

[175] Vig, V., Access to collateral and corporate debt structure: Evidence from a natural experiment. *The Journal of Finance*, Vol. 68, No. 3, 2013, pp. 881 – 928.

[176] Wen, H., Xiao, Y. and Zhang, L., School district, education quality, and housing price: Evidence from a natural experiment in Hangzhou, China. *Cities*, Vol. 66, 2017, pp. 72 – 80.

[177] Wen, H., Zhang, Y. and Zhang, L., Do educational facilities affect housing price? An empirical study in Hangzhou, China. *Habitat International*, Vol. 42, 2014, pp. 155 – 163.

[178] Zhang, M. and Chen, J., Unequal school enrollment rights, rent yields gap, and increased inequality: The case of Shanghai. *China Economic Re-*

view, Vol. 49, 2018, pp. 229 –240.

[179] Zheng, S., Hu, W. and Wang, R., How much is a good school worth in Beijing? Identifying price premium with paired resale and rental data. *The Journal of Real Estate Finance and Economics*, Vol. 53, 2016, pp. 184 – 199.